# Ingmar Bergman

DER FILM, DAS THEATER, DIE BÜCHER

# INGMAR BERGMAN
## DER FILM, DAS THEATER, DIE BÜCHER

Herausgegeben von Roger W. Olivier

Vorwort
von
PIER MARCO DE SANTI

**GREMESE**

*Ingmar Bergman* wurde in Zusammenhang mit dem Bergman-Festival konzepiert, das im Mai und Juni 1995 in New York unter der Schirmherrschaft von König Carl Gustav XVI und der Königin Silvia von Schweden stattfand.

Das Festival hat alle Aspekte des schöpferischen Lebens Bergmans geehrt, vom Film bis zur Theaterregie, von der Literatur – sowohl die Drehbücher als auch die Romane – bis zu seiner Arbeit im Fernsehen.

Vodka Absolut war der Hauptsponsor des Bergman-Festivals, der mit seinen Beiträgen die Brooklyn Academy of Music unterstützt hat (eine gemeinnützige Einrichtung), die ihrerseits das Festival ausgerichtet hat.

An dem Festival haben folgende Organisationen teilgenommen:

American Museum of the Moving Image
Brooklyn Academy of Music
Film Society of Lincoln Center
The New York Public Library for the Performing Arts
The Museum of Modern Art
The Museum of Television & Radio
Thirteen – WNT

Weitere Unterstützungen leisteten das Schwedischen Konsortium der Körperschaften: Pharmacia, Skandinaviska Enskilda Banken, Skanska, Volvo und Scandinavian Airlines; der Rat der Humanistischen Studien des Staates New York; die skandinavisch-amerikanische Stiftung und die Stiftung Bernard Osher. Die schwedische Regierung hat das Festival über das schwedische Kultusministerium, das schwedische Filminstitut, das schwedische Außenministerium und den schwedischen Informationsdienst unterstützt.

Ehrenpräsident des Bergman-Festivals war der schwedische Generalkonsul Dag Sebastian Ahlander. Die Präsidenten des Festivals waren Michael J. Fuchs und Christina Ofverholm-Molitéus.

### Bildnachweise

Svensk Filmindustri S. 12, 14, 16, 17, 20, 22, 23, 25, 29, 32, 34, 40, 43, 44, 45, 48, 50, 51, 52, 53, 55, 57, 59, 60, 61, 62, 63, 66, 68, 69, 70, 71, 73, 74, 75, 76, 77, 79, 80, 82, 84, 85, 88, 89, 93, 96, 100, 104, 105, 108, 111, 114, 115, 117, 119, 120, 123, 125, 126, 127, 137, 139, 140, 151, 152, 153, 154, 155, 157, 159, 160, 162, 164, 167, 169, 171, 173, 174, 176, 177, 178, 181, 183; Bengt Wanselius S. 13, 31, 35, 110, 112, 117, 131, 132, 133, 170, 175, 180, 182, 184, 185, 187; Königliches Dramatisches Theater Schweden S. 36, 165, 166; Arne Carlsson S. 136, 143, 147. Die Fotos auf den Seiten 24, 26, 42, 46-47, 54, 56, 58, 83, 86, 94, 97, 103, 107, 124, 138, 142, 145, 150, 156, 158 wurden dem Buch *Bilder* von Ingmar Bergman, Arcade Publishing, 1994, entnommen.

*Originaltitel*:
Ingmar Bergman: An Artist's Journey – On Stage, On Screen, In Print
Edited by Roger W. Oliver
Arcade Publishing, Inc., New York
Copyright © 1995 by Roger W. Oliver

*Übersetzung*: Isabel Leppla

*Umschlaggestaltung*:
Liv Ullmann und Bibi Andersson in einer Szene aus *Persona*.

*Umschlagfoto*:
Von links nach rechts Ewa Fröling, Ingmar Bergman, Harriet Andersson und Erland Josephson (Foto Dufoto).

*Fotokomposition und Fotosatz*:
GraficArte Severini – Spoleto (PG)

*Druck*:
Conti Tipocolor – Calenzano (FI)

GREMESE
1. Auflage © 1999
2. Auflage, revidiert und korrigiert © 2001

New Books s.r.l.
Via Virginia Agnelli, 88 - 00151 Rom
Fax 39/0665740509
E-mail: gremese@gremese.com
Internet: www.gremese.com

ISBN 88-7301-358-9

«Jeder Film ist mein letzter» von Ingmar Bergman, Copyright © 1966, Nachdruck mit Genehmigung von *Drama Review*, Vol. 11, N. 1, T-33, Herbst 1966; «Erinnerung an Alf Sjöberg», aus *Mein Leben* von Ingmar Bergman, Übersetzung von Joan Tate, Copyright © 1987 by Ingmar Bergman, Nachdruck mit Genehmigung der Viking Penguin, eine Gruppe der Penguin Books USA, Inc.; «Die besten Absichten Bergmans», Copyright © 1991 by Lasse Bergström, Copyright für die Übersetzung © 1992, Nachdruck mit Genehmigung von Richard Nord, erstmals veröffentlicht in *Scanorama*, Mai 1992; «Das Leben wie in einem Spiegel», Copyright © 1988 by Woody Allen, Nachdruck mit Genehmigung von Rollins und Joffe im Auftrag des Autors, erstmals veröffentlicht in The New York Times Book Review, 18. September 1988; «Ingmar Bergman», Auszug aus *The Films in My Life*, François Truffaut, Copyright © 1975 by Flammarion, Copyright für die Übersetzung © 1978 by Simon & Schuster, Inc., Nachdruck mit Genehmigung von Simon & Schuster; «Bergmanorama» von Jean-Luc Godard, Copyright © 1988, Nachdruck mit Genehmigung des Schwedischen Filminstituts, erstmals veröffentlicht in *Ingmar Bergman mit siebzig Jahren: ein Beitrag*, Sondernummer des *Chaplin Film Magazine*, herausgegeben von Lars Åhlander, 1988; «Die Arbeit mit Bergman: Auszug aus einem Seminar mit Liv Ullmann», erstmals veröffentlicht in *American Film*, März 1973; «Die Impfmethode Bergmans» von Erland Josephson, Copyright © 1988, Nachdruck mit Genehmigung des Schwedischen Filminstituts, erstmals veröffentlicht in *Ingmar Bergman mit siebzig Jahren: ein Beitrag*, Sondernummer des *Chaplin Film Magazine*, herausgegeben von Lars Åhlander, 1988; «Ein Brief an Ingmar Bergman» von Max von Sydow, Copyright © 1988, Nachdruck mit Genehmigung des Schwedischen Filminstituts, erstmals veröffentlicht in *Ingmar Bergman mit siebzig Jahren: ein Beitrag*, Sondernummer des *Chaplin Film Magazine*, herausgegeben von Lars Åhlander, 1988; «Bekenntnisse einer Mitarbeiterin Ingmar Bergmans» von Gunnel Lindblom, Copyright © 1988, Nachdruck mit Genehmigung des Schwedischen Filminstituts, erstmals veröffentlicht in *Ingmar Bergman mit siebzig Jahren: ein Beitrag*, Sondernummer des *Chaplin Film Magazine*, herausgegeben von Lars Åhlander; «Einige Gedanken über einen alten Kollegen auf dem Weg zur Heiligsprechung» von Eva Dahlbeck, Copyright © 1988, Nachdruck mit Genehmigung des Schwedischen Filminstituts, erstmals veröffentlicht in *Ingmar Bergman mit siebzig Jahren: ein Beitrag*, Sondernummer des *Chaplin Film Magazine*, herausgegeben von Lars Åhlander, 1988; «Bergman am Theater und im Film: Auszüge aus einem Seminar mit Bibi Andersson», Copyright © 1977, Nachdruck mit Genehmigung von Bibi Andersson, erstmals veröffentlicht in *American Film*, März 1977; «Der Protestant, der aus dem Norden kommt», Copyright © 1960 von James Baldwin, Nachdruck mit Genehmigung des Fonds James Baldwin, erstmals veröffentlicht in *Esquire* und abgedruckt in *Nobody Knows My Name: More Notes on a Native Son*, herausgegeben von Vintage Books; «Ein Filmemacher im Grenzgebiet: Bergman und die kulturellen Traditionen» von Mikael Timm, Copyright © 1988, Nachdruck mit Genehmigung des Schwedischen Filminstituts, erstmals veröffentlicht in *Ingmar Bergman mit siebzig Jahren: ein Beitrag*, Sondernummer des *Chaplin Film Magazine*, herausgegeben von Lars Åhlander, 1988; «Die Bedeutung Ingmar Bergmans» von Jörg Donner, Copyright © 1988, Nachdruck mit Genehmigung des Schwedischen Filminstituts, erstmals veröffentlicht in *Ingmar Bergman mit siebzig Jahren: ein Beitrag*, Sondernummer des *Chaplin Film Magazine*, herausgegeben von Lars Åhlander, 1988; «Die Bergman-Trilogie: Tradition und Erneuerung» von Roger W. Olivier, Copyright © 1992, Nachdruck mit Genehmigung von The John Hopkins University Press, erstmals veröffentlicht in *Performing Arts Jounal 40*, Vol. 14, Nr. 1, Januar 1992; «Der Schriftsteller Bergman» von Caryn James, Copyright © 1994, Nachdruck mit Genehmigung der *New York Times*, erstmals veröffentlicht unter dem Titel «Ingmar Bergman Adds to the Mosaic of Autobiography» in der *New York Times*, 22 April 1994; «Die Sicht der Vergangenheit» in «Die besten Absichten» von Ingmar Bergman, Copyright © 1994 by Rochelle Wright; «Das typisch Schwedische bei Ingmar Bergman» von Maaret Koskinen, Copyright © 1988, Nachdruck mit Genehmigung des Schwedischen Filminstituts, erstmals veröffentlicht in der Spezialausgabe anläßlich des 25 jährigen Jubiläums des *Chaplin Film Magazine*, herausgegeben von Lars Åhlander, 1984; «Manhattan von Ingmar Bergman umzingelt», Copyright © 1994 by Brigitta Steene; «Winterlieder», Copyright © by John H. Lahr, Nachdruck mit Genehmigung von Georges Borchardt, Inc. im Auftrag des Autors, erstmals veröffentlicht in *The New Yorker*, 3. Oktober 1994.

# Index

| | |
|---|---|
| DER WEISSE CLOWN UND DER DUMME AUGUST | 7 |
| EINFÜHRUNG von *Roger W. Oliver* | 13 |

**ERSTER TEIL: BERGMAN ÜBER BERGMAN**

| | |
|---|---|
| JEDER FILM IST MEIN LETZTER *Ingmar Bergman* | 21 |
| ERINNERUNG AN ALF SJÖBERG *Ingmar Bergman* | 28 |
| BERGMANS BESTE ABSICHTEN *Lasse Bergström* | 31 |

**ZWEITER TEIL: BERGMAN AUS DER SICHT DER REGISSEURE**

| | |
|---|---|
| DAS LEBEN WIE IN EINEM SPIEGEL *Woody Allen* | 41 |
| INGMAR BERGMAN *François Truffaut* | 49 |
| BERGMANORAMA *Jean-Luc Godard* | 58 |

**DRITTER TEIL: BERGMAN AUS DER SICHT DER SCHAUSPIELER**

| | |
|---|---|
| DIE ARBEIT MIT BERGMAN: AUSZÜGE AUS EINEM SEMINAR MIT *Liv Ullmann* | 67 |
| DIE IMPFMETHODE BERGMANS *Erland Josephson* | 75 |
| EIN BRIEF AN INGMAR BERGMAN *Max von Sydow* | 79 |
| BEKENNTNISSE EINER MITARBEITERIN BERGMANS *Gunnel Lindblom* | 81 |
| EINIGE GEDANKEN ÜBER EINEN ALTEN KOLLEGEN AUF DEM WEG ZUR HEILIGSPRECHUNG *Eva Dahlbeck* | 87 |
| BERGMAN AM THEATER UND IM FILM: AUSZÜGE AUS EINEM SEMINAR MIT *Bibi Andersson* | 92 |

**VIERTER TEIL: GEDANKEN ÜBER BERGMAN**

| | |
|---|---|
| DER PROTESTANT, DER AUS DEM NORDEN KOMMT *James Baldwin* | 101 |
| EIN FILMEMACHER IM GRENZGEBIET: BERGMAN UND DIE KULTURELLEN TRADITIONEN *Mikael Timm* | 109 |
| DIE BEDEUTUNG INGMAR BERGMANS *Jörn Donner* | 123 |
| DIE BERGMAN-TRILOGIE: TRADITION UND ERNEUERUNG *Roger W. Oliver* | 129 |
| DER SCHRIFTSTELLER BERGMAN *Caryn James* | 135 |
| DIE SICHT DER VERGANGENHEIT IN *DIE BESTEN ABSICHTEN* VON INGMAR BERGMAN *Rochelle Wright* | 139 |
| DAS TYPISCH SCHWEDISCHE BEI INGMAR BERGMAN *Maaret Koskinen* | 149 |
| «MANHATTAN VON BERGMAN UMZINGELT»: DER ERFOLG EINES SCHWEDISCHEN FILMEMACHERS IN AMERIKA *Brigitta Steene* | 163 |
| WINTERLIEDER *John Lahr* | 184 |
| DANKSAGUNGEN | 189 |

**B**ergman und Fellini: Der Weiße Clown und der Dumme August, zwei unterschiedliche Persönlichkeiten, die sich gegenseitig anziehen.

# Der Weiße Clown und der Dumme August

**Ein wertvolles Buch**

Es besteht nicht der geringste Zweifel, dass man heute, auf der Schwelle zum 3. Jahrtausend, das Gesamtwerk Ingmar Bergmans aufs Neue durchleuchten und untersuchen muss, um es einer viel eingehenderen Analyse zu unterziehen, als es bisher geschehen ist. Diese These findet auch Unterstützung und Bestätigung durch die Lektüre des vorliegenden Bandes, der bereits vor vier Jahren in Amerika zum ersten Mal veröffentlicht wurde und eine nicht zu unterschätzende Lücke füllt, was sicherlich auch in Deutschland und ganz Europa von Bedeutung ist.

Es handelt sich um Interviews, Artikel, Aufsätze und Aussagen von Mitte der Sechziger bis Mitte der Neunziger Jahre, die vereinzelt und fragmentarisch in allen Ländern der Welt veröffentlicht wurden, und hier nun (endlich, das muss man wirklich sagen) in ein System gebracht wurden, um dem Leser – der nicht unbedingt ein Experte sein muss – zu helfen, eine Reise durch das Werk eines Künstlers zu unternehmen, der sich, wie im Falle Bergmans, im Theater, im Film und in der Literatur in einer Zeitspanne von fünfzig Jahren ausgedrückt hat.

Zunächst finden wir einige wesentliche Aufsätze, Zeugnisse und Interviews von Bergman über Bergman (*Jeder Film ist mein letzter, Erinnerung an Alf Sjöberg, Die besten Absichten Bergmans*). Anschließend die Gedanken einiger großen Regisseure über Bergman und sein Werk, wie zum Beispiel von Woody Allen (*Das Leben wie in einem Spiegel*), François Truffaut (*Ingmar Bergman*) und Jean-Luc Godard (*Bergmanorama*). Dann kommen einige seiner größten und bekanntesten Schauspieler in Form von Artikeln und Interviews zur Sprache, wie zum Beispiel Liv Ullmann (*Die Arbeit mit Bergman*), Erland Josephson (*Die Impfmethode Bergmans*), Max von Sydow (*Ein Brief an Ingmar Bergman*), Gunnel Lindblom (*Bekenntnisse einer Mitarbeiterin*), Eva Dahlbeck (*Einige Gedanken über einen alten Kollegen auf dem Weg zur Heiligsprechung*) oder Bibi Andersson (*Bergman im Theater und im Film*). Schließlich folgen Aufsätze von bekannten Mitarbeitern und Experten, wie *Der Protestant, der aus dem Norden kommt* von James Baldwin, *Ein Filmemacher im Grenzgebiet: Bergman und die kulturellen Traditionen* von Mikael Timm, *Die Bedeutung Ingmar Bergmans* von Jörn Donner, *Die Bergman-Trilogie: Tradition und Erneuerung* von Roger W. Olivier, *Der Schriftsteller Bergman* von Caryn James, *Die Sicht der Vergangenheit in "Die besten Absichten"* von Rochelle Wright, *Das typisch Schwedische bei Bergman* von Maaret Koskinen, *"Manhattan von Ingmar Bergman umzingelt": Die Reaktion Amerikas auf einen schwedischen Filmemacher* von Birgitta Steene und *Winterlieder* von John Lahr.

Dieses Buch, das mit vielen zum größten Teil unveröffentlichten Fotos ausgestattet ist, liefert ein breitgefächertes Angebot an Anregungen und Ideen für diejenigen, die sich näher mit diesem großen Regisseur beschäftigen möchten, aber es soll vor allem auch dazu dienen, denjenigen seine Filme und seine Kunst näher zu bringen, die, ob jung oder alt, Filmliebhaber sind und die die – sinnlichen oder grotesken, realistischen oder fantastischen – Filme Bergmans wie in einem riesigen filmischen Exkurs, der in einem ständigen menschlichen und existentiellen *Krisenzustand* von einem der rätselhaftesten Filmemacher des Jahrhunderts erzählt wird, interpretieren und/oder neuinterpretieren wollen.

**"Kino ist Traum und Traum ist Kino"**

Noch nie hat sich ein Regisseur so zermürbt wie Ingmar Bergman. Seine Ängste, seine existenziellen Zweifel, seine familiären Probleme, seine Seelendramen und seine moralischen wie religiösen Konflikte haben wahre filmische Meisterwerke hervorgebracht, und das *Bergmansche Schweigen* des Menschen und Gottes in diesem Tal der Tränen haben ihren künstlerischen Ausdruck in vielen Filmen gefunden, so dass sie geradezu zu einem Kulturgut, einem Gut der gesamten Menschheit geworden sind.

Und gerade darin liegt die Größe des Genies Bergmans. Ein Autor, den man – trotz all dem, was über ihn in der ganzen Welt bei der Analyse seiner Werke geschrieben worden ist – auch noch heute untersuchen und *entdecken* kann, der äußerst schwierig zu analysieren ist und absolut in keine der praktischen Schubladen gesteckt werden kann, gerade weil seine künstlerische Stärke die eines Genies ist.

Es ist kein Zufall, dass es auf der ganzen Welt keine ausreichende Monographie über seine gesamte und immense Regiearbeit gibt, die er sowohl am Theater als auch beim Film geleistet hat. Denn Bergman ist ein Regisseur, der Angst einflößt und jedem, der sich mit ihm beschäftigt, das Leben schwer macht: und das weiß er ganz genau. Das geht so weit, dass er sich vor fünfzehn Jahren, seit er sich nämlich selbst dazu gezwungen hat, *aus kreativer Sättigung* und aus Angst davor, „Bergmanfilme" zu machen, mit dem Filmemachen aufzuhören, so wie er sich auch geweigert hat, Interviews zu geben (die wichtigsten und aufklärendsten sind in diesem Band abgedruckt) und seine Filme in mehr als vierzig Jahren Tätigkeit zu erklären, den Entschluss gefasst hat, Papier und Stift in die Hand zu nehmen, um – als Autobiographie getarnt – seine Version der Tatsachen zu veröffentlichen, vor allem in den beiden Büchern *Mein Leben* und *Bilder*, die 1987 bzw. 1991 veröffentlicht wurden.

Dank Bergman haben wir also heute für jeden einzelnen Film eine analytische und detaillierte Bestätigung dessen, was zum Beispiel François Truffaut seinerzeit geahnt hat, nämlich dass seine Filme das Werk des „autobiographischsten Regisseurs den es heute im Kino gibt" ist. (1)

Dank Bergman, seiner Interviews und Erklärungen, aber vor allem dank seines Buches *Mein Leben*, konnte Woody Allen, der einige sehr traurige und beängstigende Abschnitte aus der Autobiographie über die Kindheit des schwedischen Regisseurs analysiert hat, seinen wunderbaren Aufsatz *Das Leben wie in einem Spiegel* schreiben, wobei er unter anderem zu folgendem Schluss gekommen ist: „Mit einem solchen Hintergrund wird man gezwungenermaßen ein Genie. Entweder man wird es oder man endet kichernd hinter geschlossenen Türen in einem Raum, dessen Wände gütigerweise vom Staat gepolstert wurden". (2)

Diese These bestätigt, dass die Filme Bergmans – ohne Ausnahme – das Ergebnis eines außergewöhnlichen, besessenen und einzigartigen autogenen Trainings eines Autors sind, der als Mensch sein ganzes, sehr bewegtes Leben am Rande des Wahnsinns geführt hat, wobei er die Hindernisse überwunden und mit seinen Filmgeschichten, in denen er als Künstler ein Gigant ist, Distanz dazu geschaffen hat.

Im Wesentlichen verzweigen sich das *Ich* und das *Ego* des Regisseurs, seine Lebenserfahrung, seine Hypersensibilität, seine komplizierte Psyche, seine ungezügelte Fantasie und seine scharfe Beobachtungsgabe in tausend Strömungen, in zig Ereignisse, in Hunderte von Personen, in Tausende von Situationen und Varianten, die einen universalen Charakter annehmen.

„Die gesamte Kunst", erläutert James Baldwin mit der Scharfsicht und der Autorität eines Schriftstellers und Bühnenautors „ist ein mehr oder weniger indirektes Geständnis. Am Ende müssen alle Künstler, wenn sie überleben wollen, die ganze Geschichte erzählen, all ihre Ängste gänzlich abwerfen. Alles erzählen, die Prosa und die Poesie. Die Autorität Bergmans schien mir schließlich daher zu kommen, dass er diese schwierige, heikle und disziplinierte Praxis der Selbstdarstellung akzeptiert hatte". (3)

Das Bewundernswerte an den Filmen Bergmans, ob sie nun realistisch sind oder wunderbare autobiographische Fantasien, liegt darin, dass sie nichts Irreales haben: Es dominiert nur die Realität. Und wenn Flaubert behaupten konnte, dass *er* Madame Bovary sei, so kann man über Bergman sagen, dass *alle seine Filme* sowie auch *alle seine Personen das Spiegelbild seines Lebens zwischen Wirklichkeit, Traum und Fantasie sind.*

Jörn Donner, der Produzent von *Fanny und Alexander* schreibt: „Früher oder später (…) wird ein sowohl psychologisch als auch biographisch geschulter Experte die Träume und Alpträume Bergmans (in seinen Filmen) mit seinem persönlichen Leben in Verbindung bringen wollen, und er wird entdecken, dass sie nichts anderes sind als eine geschickt verschleierte endlose Autobiographie, genauso wie seine offizielle Biographie *Mein Leben*". (4)

## Bergman und Fellini

Die oben angeführten Thesen und vor allem diese letzte Schlussfolgerung von Jörn Donner, auf die ich, wie ich hoffe, bald in einer spezifischen Monographie näher eingehen kann, bringen die Persönlichkeit und die Kunst Ingmar Bergmans in die Nähe eines weiteren Genies des Films, nämlich Federico Fellini. Eigentlich handelt es sich um zwei gegensätzliche und gleichzeitig völlig komplementäre Persönlichkeiten, die sich künstlerisch, wie in der Physik, wie positive und negative Pole anziehen, aber menschlich Antipoden sind, wie beim Zirkus der Weiße Clown und der Dumme August.

Wie Bergman vermischt und verbindet auch Fellini seine „realistischen" und autobiographischen Erzählungen im Film mit „visionären" Erzählkomponenten, die der Welt der Träume und der Fantasie angehören.

Wie Bergman bereichert auch Fellini seine Geschichten, die in Kapitel und Quadrate aufgeteilt sind wie antike Fresken, Schaubilder von Bänkelsängern oder Comics, mit dem Versuch, sich von der objektiven Realität zu lösen, um die Personen auf ungeahnte Dimensionen zu projizieren, die über die Realität hinausgehen.

Fellini ist neben Bergman der Regisseur, dem es mehr als allen anderen gelungen ist, Aspekte einer übersinnlichen Realität in seine Filme einzubringen, indem er häufig in berühmten Sequenzen die Fantasie, die visionäre und magische Macht seiner Träume und seiner Ängste zitiert, die er manchmal als „Weltanschauung" und Inspirationsquelle für Jahre später gedrehte Szenen verwendet.

Fellini und Bergman machen sich den Ausspruch, dass *der einzige wahre Realist der Träumer ist*, zueigen. Der Träumer beschreibt nämlich Ereignisse, die für ihn Realität sind, also das realistischste, was es gibt. Der Ruf als *große Schwindler des Kinos* ist eine passende Definition, die auf beide zutrifft.

Bergman ist wie Fellini ein Kind geblieben, das stets den Erzählstoff für seine Filme in der Kiste seiner Spielsachen, seiner Träume und seiner Fantasien findet. Diese Behauptung wird auch durch die Aussagen Jörn Donners bestätigt, der seit Beginn der Achtziger Jahre einer der engsten Mitarbeiter des Regisseurs ist: Bergman hat „ein kindliches Wese" und es gelingt ihm, „die Neugier eines Kindes mit der kindlichen Weisheit und Naivität zu kombinieren. Eben dieses kindliche Wesen hat ihm erlaubt, die natürliche Scheu und die Grenzen der Schauspieler zu überwinden, die ihrerseits wiederum in die Lage gebracht wurden, mit ihm eine Beziehung aufzubauen, die der ähnelt, die man mit einem Kind eingeht (...). Kindlichkeit bedeutet auch die Fähigkeit, einen ganzen Ablauf von Ereignissen in einem einzigen Symbol zusammenzufassen, einfach und prägnant. Kindlichkeit ist die Fähigkeit, sich zu demaskieren (...). Die unvergleichliche Kindlichkeit hat sich im Verlauf von vierzig Jahren Filmgeschichte erhalten". (5)

„Auf dem Set" schreibt Bergman über die Dreharbeiten zu *Fanny und Alexander* „tanzt meine Kreativität", wobei er ganz lapidar zum Ausdruck bringen möchte, dass der Film für ihn eine Lebensweise war. „Auf dem Set" sagt Pasolini über Fellini „tanzt er".

Unter diesen Voraussetzungen sollte es nicht überraschen, dass zwischen Bergman und Fellini, trotz *gebührender Distanz*, große Übereinstimmung und gegenseitige Anerkennung herrsche. Auch bei den ästhetischen Vorstellungen über den Film waren sich die beiden immer vollkommen einig. „Film als Traum, Film als Musik" kann man oft in ihren Interviews hören. Der Film ist für beide eine bis ins kleinste Detail geplante Illusion, der Spiegel einer Realität, die umso lebendiger ist, je mehr sie illusorisch scheint.

1965, bei den Dreharbeiten zu *Julia und die Geister*, sagt Fellini folgendes über Bergman und seine Filme: „*Wilde Erdbeeren* und auch *Das Gesicht* kommen meinem Wesen sehr nahe; ich habe Bergman nie persönlich kennen gelernt, aber bei seinen Filmen verspüre ich den Hauch brüderlicher Komplizenschaft. Er ist ein Illusionist, halb Hexenmeister halb Marktschreier; bei ihm gefällt mir auch der Betrug, ein Spektakel, das aus nichts besteht. Er ist wirklich ein großer Filmemacher". (6)

Ungefähr im selben Jahr sagt Bergman über Fellini: „Ich bewundere Fellini sehr, ich fuhle mich irgendwie brüderlich mit ihm verbunden, ich weiß nicht, warum. Wir haben uns häufig kurze und verworrene Briefe geschrieben. Es ist komisch. Ich mag ihn, weil er er selbst ist, er ist, wer er ist und was er ist. Er hat etwas, das mich berührt, obwohl er ganz anders ist als ich. Aber ich verstehe ihn so gut und ich bewundere ihn sehr. Ich habe gehört, dass er von meinen Filmen fasziniert ist. Dasselbe verspüre ich bei seinen Filmen". (7)

Als sich Fellini und Bergman Anfang der Siebziger Jahre zum ersten und einzigen Mal in Rom trafen, ereignete sich etwas, dass Liv Ullmann in ihrer Biografie folgendermaßen beschreibt: „Sie waren sofort wie zwei Brüder. Sie umarmten sich, brachen aus demselben Grund in Gelächter aus, so als hätten sie ihr ganzes Leben miteinander verbracht. Sie spazierten Arm in Arm nachts durch die Straßen, Fellini mit seinem theatralischen schwarzen Mantel und Ingmar mit seiner Mütze und einem alten Wintermantel". (8)

### Der Dämon der Neurose

Liv Ullmann hatte einen falschen und „theatralischen" Eindruck von der „Persönlichkeit Fellini" als „verschlossenen" und „geheimnisvollen" Menschen: sowie auch Fellini die „Persönlichkeit Bergman" falsch eingeschätzt hatte. Abgesehen von der äußeren Erscheinung und trotz der „unendlichen Bewunderung", die Bergman für Fellini hegte, gewann der Autor von *Das süße Leben* einen Eindruck von dem Menschen Bergman, der viel zutreffender ist und keine Missverständnisse zulässt.

Ein paar Monate nach ihrem Zusammentreffen fertigte Fellini eine Karikatur von dem Gesicht Bergmans als Spiegel der Seele an; ein in modrigem Grün skizziertes Profil, das einen diabolischen, Furcht einflößenden, fahlen und galligen Bergman darstellt: Eine wunderbare und bissige Karikatur, die bei ihrer Veröffentlichung dem Autor von *Wilde Erdbeeren* überhaupt nicht gefiel, da Fellini ihn durch die Darstellung all der typischen Eigenschaften seines komplexen, neurotischen Charakters völlig entblößt hatte. Auch der Titel der beängstigenden „Interpretation Fellinis" ließ keinen Zweifel aufkommen: *Ein Weißer Clown: Ingmar Bergman*. In Wirklichkeit ist es Bergman selbst, der in *Bilder* schreibt: „Hat meine Erziehung einen fruchtbaren Boden für die Dämonen der Neurose geschaffen?". (9)

Bergman jedoch, der von Fellini als *Dämon der Neurose* karikiert wurde, gibt uns eine Definition über die Weißen Clowns, die haargenau passt: „Die Weißen Clowns haben einen zweideutigen Charakter: Sie sind schön, unbeugsam, gefährlich und balancieren auf der Grenze zwischen Tod und destruktiver Sexualität". (10)

Um bei dem Vergleich mit den beiden bekannten Typen der Zirkusclowns zu bleiben, ist Fellini, nach seiner eigenen Aussage, der Dumme August, während Bergman in seinem Privatleben und bei seiner Arbeit der unnahbare und unnachahmliche Weiße Clown ist.

Bei dem Versuch, sich Bergman und seiner Fantasiewelt zu nähern, kommen wir nochmals auf Fellinis Definition des Clowns zurück, den er als Schatten und Spiegel versteht, in dem sich der Mensch als groteske, entstellte und komische Karikatur sieht.

"Der Weiße Clown ist Eleganz, Grazie, Harmonie, Intelligenz und Scharfsinn, die sich moralisch gesehen als ideale, einzigartige und unbestritten göttliche Wesenszüge herausstellen. Und genau hierin liegt der negative Aspekt des Ganzen: Denn auf diese Weise wird der Weiße Clown zur Mutter, zum Vater, zum Meister, zum Künstler, zum Schönen, kurz, zu *all dem, was man sein sollte*. An diesem Punkt rebelliert der Dumme August, der dem Reiz dieser Perfektion unterliegen müßte, wenn sie nicht dauernd so zur Schau gestellt würde. Er sieht, dass die Pailletten glänzen, aber der Dünkel, mit dem sie vorgezeigt werden, machen sie unerreichbar.

Der Dumme August, der das Kind ist, das sich in die Hosen macht, rebelliert gegen eine solche Perfektion; er betrinkt sich, wälzt sich auf dem Boden und bezeugt dadurch seinen ständigen Protest.

Denn genau hierin besteht der Kampf zwischen dem überheblichen Kult der Vernunft (die zu einer gewaltsam auferlegten Ästhetik führt) und der Instinktivität, der istinktiven Freiheit.

Der Weiße Clown und der Dumme August sind Lehrerin und Kind, Mutter und frecher Sohn; man könnte also sagen: der Engel mit dem Flammenschwert und der Sünder.

Kurz gesagt, es handelt sich um zwei Charaktereigenschaften des Menschen: Der Drang nach Höherem und der Drang nach Niedrigerem, die sich völlig voneinander unterscheiden". (11)

Das Spiel Fellinis, der die Welt als riesigen, von Clowns bevölkerten Zirkus sieht, führt ihn zu dieser berühmten Selbstdarstellung: "Wenn ich mir vorstelle, ich sei ein Clown, so bin ich sicher der Dumme August. Aber auch der Weiße Clown. Oder vielleicht bin ich auch der Zirkusdirektor. Der Arzt für Verrückte, der selbst verrückt geworden ist". (12) Für Fellini sind in seinem Spiel mit den Zirkuscharakteren Hitler, Papst Pius XII und Freud Weiße Clowns, während Mussolini, Papst Johannes XIII und Jung die Dummen Auguste sind. Unter den Regisseuren ist Pasolini ein anmutiger und vorlauter Weißer Clown, Antonioni ein stiller, stummer und trauriger Dummer August und Visconti ist ein sehr angesehener Weißer Clown mit prächtigem Gewand, das allein schon einschüchternd wirkt... Und Bergman? Er ist der beängstigendste und ängstlichste der Weißen Clowns was die Kunst seiner Themen, seiner Inszenierungen und seiner Filmregien betrifft; im Privatleben ist er ein vagabundierender August, aber er ist auch ein boshafter, spitzzüngiger und frauenfeindlicher Weißer Clown, einer von der Sorte, die dem Dummen August ohne jede Erklärung eine Ohrfeige geben; eine Musterkollektion an Weißen Clowns und Dummen Augusten, die sich als Figuren in jedem seiner Filme und in den verworrenen Konfliktsituationen jedes Beziehungsverhältnisses ständig gegenseitig bekämpfen.

**Ein enormes Rätsel**

Bergman ist letztendlich in seinem Leben wie in seinen Filmen ein enormes Rätsel, über das man, wie bei jedem großen Künstler oder Genie der Menschheit, alles und das Gegenteil von allem schreiben kann – so wie es bereits gemacht wurde – um schließlich festzustellen, dass man, wenn man meint, die Lösung gefunden zu haben, wieder von vorne anfangen muss, da es noch so viele offene Fragen bei der Interpretation gibt, auf die man eine Antwort finden muss.

Bei Bergman und seinem Werk ist es immer gefährlich, die Gefühle, die man bei seinen Filmen empfunden hat, durch eine kritische Betrachtungsweise abzukühlen und herunterzuschrauben, lau werden zu lassen, auszulöschen oder zu bedauern. Die Kritik riskiert, sich in Masochismus zu verwandeln, bei der sowohl der Mensch als auch der Künstler die Oberhand gewinnen. Dies ist einer der Gründe, weshalb Bergman sich immer skeptisch, misstrauisch, wenn nicht sogar völlig uninteressiert denjenigen gegenüber gezeigt hat, die sich daran gemacht haben, die "kopflastigen" und "zwischen den Zeilen gelesenen" Interpretationen seiner Filme "akademisch" oder in "pindarischem Flug" zu analysieren. Von seiner totalen Ablehung gegenüber oberflächlichen, zensorischen und vorgefaßten Meinungen wollen wir erst gar nicht reden.

Heute stehen uns dank Bergman und seiner Autobiographien alle nötige Mittel zur Verfügung, um den Menschen den Künstler näher zu bringen, um sein Werk mit Sachkenntnis zu deuten und zu interpretieren, sein Werk, das in seiner Kompliziertheit so einfach und in seiner Einfachheit so kompliziert ist, so wie auch die menschliche Seele einfach und zugleich kompliziert ist.

Bei Bergman, wie bei jedem Künstler oder Genie, das man bewundert, gehören das Leben und die Kunst zur selben Seite der Medaille, und sie können keinesfalls voneinander getrennt werden. Alles ist von Bedeutung, auch das, was auf den ersten Blick überflüssig scheint: Vorsicht, man sollte sich nicht von diesem teuflischen Spiel mit den drei Karten und den Täuschungsmanövern mit den Dummen Augusten und den Weißen Clowns ablenken lassen, in denen der Monsieur Loyal des großen Zirkus des Lebens und der filmischen Kreativität Bergmans bisher Meister war.

Und doch bestehen keine Zweifel: Nach Jean-Luc Godards Worten nennt Bergman, wenn er sich mit allen Wahrheiten beschäftigt, selbst mit den unangenehmsten, in seinen Filmen, die mit einzigartiger Leichtigkeit geschrieben und absolut meisterhaft verfilmt wurden, "Brot Brot und Wein Wein". (13)

"Ausdehnen und zusammenfassen, zusammenfassen und ausdehnen, auf der ständigen Suche nach neuen und überraschenden Entdeckungen – so könnte man" wie Erland Josephson, einer der größten Schauspieler und Darsteller Bergmans, behauptet "vielleicht den grundsätzlichen Charakter der Werke Bergmans beschreiben, eine Art stille Ausübung der Unruhe: übertrieben selbstsicher bei den Anstrengungen, die eigene Unsicherheit zu bekämpfen; voller Standhaftigkeit, um die eigene Ungeduld kontrollieren zu können; voller Ungeduld, um die eigenen Gefühle kontrollieren zu können, wenn sie das, was wichtig ist, bedrohen". (14)

In der Literatur würde man von einem Oxymoron sprechen. Einfacher und komplizierter als so...

"So wie seine Werke" sagt Eva Dahlbeck, die wunderbare Schauspielerin aus *Sehnsucht der Frauen* und die unvergessliche Darstellerin in *In Sachen Liebe*, über Bergman "muss auch Bergman schließlich als ein einzigartiges und unvergleichliches Phänomen angesehen werden, das vielschichtig und undurchdringlich, manchmal fragwürdig und immer umstritten ist (...). Auf der einen Seite steht der Mensch, der lacht und verhöhnt, auf der anderen Seite der Mensch auf der Suche nach Gott". (15) In ihrer wunderbaren Beschreibung Bergmans kommt Dahlbeck bei ihrem sowohl gewagten als auch passenden Vergleich mit einem Narren zu folgendem Ergebnis: "Ein Narr ist ein Mensch ohne Maske, ein Kritiker der Gesellschaft, ein Spiegel der Gesellschaft. Wenn die Leute über den Narren lachen, dann lachen sie über sich selbst; wenn der Narr weint, beweinen sie sich selbst; und wenn der Narr hasst, dann hassen sie sich selbst. Der Narr ist derjenige, der aufdeckt, der die Wahrheit ans Licht bringt, er ist ein Auspeitscher, der durch die unheilbare Liebe zum Menschen angetrieben wird. Die Narren lieben alle und wollen von allen geliebt werden (...). Mir scheint Ingmar Bergman ein geborener Narr, mit all der Macht der Selbstbetrachtung, die diese Rolle mit sich bringt; die Erkenntnis über die Beschaffenheit und die Widersprüchlichkeiten der Welt, über die menschliche Seele und all ihre Konflikte; über die Abscheu und den Ekel, über die Wut und die Auflehnung, die aus dem Narren das machen, was er ist, und über die Liebe, die diese Rolle auferlegt, gemeinsam mit der Notwendigkeit nachzudenken, zu beschreiben, zu tadeln, zu unterhalten, aufzurütteln – in einem Wort: mitzuteilen". (16)

## Bergman, der Illusionist

Wenn man die Seiten dieses Buches sehr aufmerksam liest und vor allem die Aussagen seiner Schauspieler und all derer zur Kenntnis nimmt, die ihm nahe standen und an seinem Privatleben teilhatten, sei es als Ehefrau oder Geliebte oder ganz einfach als Freunde, dann kann man leicht verstehen, dass man die Filme Bergmans, ohne den Menschen zu kennen, nur sehr oberflächlich interpretieren kann. Um in die Tiefe zu dringen, um das Fruchtfleisch zu kosten und zum Kern vorzudringen – wie Erland Josephson schreibt – muss man das kennen, was der Schauspieler mit großer Sachkenntnis als *Impfmethode* bezeichnet. Und dieses Bild sollte man sich vorhalten: Das Bild "eines von Versagensängsten geplagten Mannes, dem es gelungen ist, dieses Versagen besser als alle anderen darzustellen"; das Bild eines erfolgreichen Mannes, der seine Autobiographie als "die Geschichte eines als Künstler wie auch im Privatleben unglaublich faszinierenden Versagers" schreibt; das Bild eines Mannes, der sich stets selbst gegeißelt hat und dem es gelungen ist, "das Leben in ein fiktives Modell einzubetten und die persönlichen Modelle in seinen Filmen aufzuzeigen"; schließlich das Bild eines Mannes, der die eigenen Dämonen, die er bekämpfen muß, heraufbeschworen hat, "damit alles auf der Leinwand geschieht, bevor es im richtigen Leben passiert".

Und so wird im Leben Bergmans "die unbedeutendste Gewohnheit ein Willensakt, eine Entscheidung, eine Übung in Selbstdarstellung, etwas, das angepasst und weiterentwickelt und dem eine andere Bedeutung zugemessen werden kann". (17)

So – und nur so – ist das Leben Bergmans in seinen Filmen zu einer faszinierenden Vorstellung geworden.

Pier Marco De Santi<br>Februar 1999

(1) vgl.: François Truffaut, *Ingmar Bergman*, S. 56-57 des vorliegenden Bandes.
(2) vgl.: Woody Allen, *Das Leben wie in einem Spiegel*, S. 41 des vorliegenden Bandes.
(3) vgl.: James Baldwin, *Der Protestant, der aus dem Norden kommt*, S. 107 des vorliegenden Bandes.
(4) vgl.: Jörn Donner, *Die Bedeutung Ingmar Bergmans*, S. 128 des vorliegenden Bandes.
(5) vgl.: Jörn Donner, *Die Bedeutung Ingmar Bergmans*, S. 127-128 des vorliegenden Bandes.
(6) *Das lange Interview* aus *Julia und die Geister* (herausgegeben von Tullio Kezich), Cappelli, Bologna, 1965, S. 25-26.
(7) Zitat aus *Ingmar Bergman* von Tino Ranieri, La Nuova Italia, Firenze, 1974, S. 29.
(8) Liv Ullman, *Cambiare*, Mondadori, Mailand, 1977, S. 144.
(9) Ingmar Bergman, *Bilder*, Garzanti, Mailand, 1991, S. 34.
(10) Ingmar Bergman, *Bilder*, s.o., S. 31.
(11) Federico Fellini, *Fare un film*, Einaudi, Turin, 1980, S. 117-118.
(12) Federico Fellini, *Fare un film*, s.o. S. 131.
(13) vgl.: Jean-Luc Godard, *Bergmanorama*, S. 63 des vorliegenden Bandes.
(14) vgl.: Erland Josephson, *Die Impfmethode Bergmans*, S. 78 des vorliegenden Bandes.
(15) vgl.: Eva Dahlbeck, *Einige Gedanken über einen Alten auf dem Weg zur Heiligsprechung*, S. 87 des vorliegenden Bandes.
(16) vgl.: Eva Dahlbeck, s.o., S. 88 des vorliegenden Bandes.
(17) Erland Josephson, *Die Impfmethode Bergmans*, S. 75 u. 76 des vorliegenden Bandes.

Naima Wifstrand und Bibi Andersson in einer ausdrucksstarken Szene in *Das Gesicht* (1958).

# Einführung

Als Ingmar Bergman 1983 verkündete, dass *Fanny und Alexander* sein letzter Film sei, nahmen viele die Nachricht seines freiwilligen Rücktritts mit Skepsis auf. Immerhin hatte es den Anschein, dass er mit diesem so opulenten und vielseitigen Werk an der Spitze seiner cineastischen Fähigkeiten angelangt war. Obwohl Bergman seit fast vierzig Jahren Drehbücher geschrieben und Filme gedreht hatte, schien es, dass *Fanny und Alexander* ihm neue Horizonte eröffnet hatte, sowohl was die Erforschung der eigenen Psyche und der eigenen persönlichen Erfahrung anging, als auch bei der Erzeugung von Bildern, die einen stark „archetypischen" Charakter aufweisen. Und obwohl Bergman seinen Rücktritt damit begründete, dass das Filmemachen ihn physisch zu sehr beanspruchte, glaubten (und wünschten sich sicherlich) viele seiner Bewunderer, dass er nicht wirklich in der Lage sei, sich zurückzuziehen.

In den Jahren nach *Fanny und Alexander* stellte sich jedoch heraus, dass der „Rückzug" Bergmans sich nur auf einen kleinen Teil seines künstlerischen Schaffens bezog. Im Gegensatz zu vielen anderen Künstlern, die sich dazu entschließen, sich in anderen Bereichen zu versuchen, nachdem sie diejenigen, in denen sie den größten Erfolg hatten, hinter sich gelassen hatten, verlegte sich Bergman ganz einfach auf zwei seiner Interessensgebiete, die er schon sein ganzes Leben gepflegt hatte: das Theater und die Schriftstellerei. Und schon seit dem Anfang seiner Karriere waren diese zwei Bereiche äußerst wichtig, um seine künstlerische Identität zu definieren. Außerdem hatte Bergmann, nachdem er sein Filmtalent 1957 auf das neue Medium Fernsehen angewandt hatte, weiterhin als Regisseur und Drehbuchschreiber für diesen Bereich gearbeitet. Obwohl Bergman beim internationalen Publikum vor allem als Kinoregisseur bekannt war, so konnte seine größere „sichtbare" Präsenz doch nie seine beiden anderen Tätigkeiten als Schriftsteller (vor allem seiner eigenen Drehbücher für Film und Fernsehen) und als Theaterregisseur in den Schatten stellen. Und eben diese Fähigkeit Bergmans, sein künstlerisches Talent, sowohl als Filmemacher als auch als Theaterregisseur und als Fernsehautor auf dem höchsten Niveau zu halten, machen aus ihm eine einzigartige Persönlichkeit, sowohl

Ingmar Bergman am ersten Tag der Proben zu *Der Traum* von Strindberg, der 1986 im Königlichen Dramatischen Theater von Schweden aufgeführt wurde.

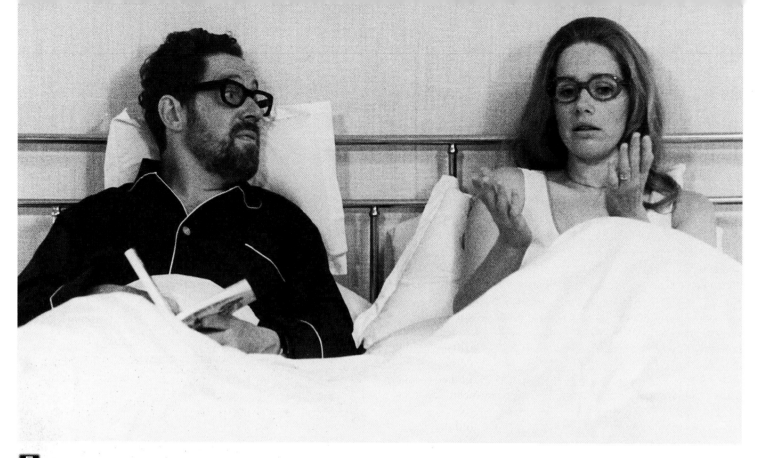

**E**rland Josephson und Liv Ullmann sind die hervorragenden Darsteller des Fernsehfilms *Szenen einer Ehe,* der 1973 zum ersten Mal ausgestrahlt wurde. Die sechsteilige Serie, deren einzelnen Folgen etwa 46 Minuten lang sind, wurde für das Kino auf zweieinhalb Stunden gekürzt und im darauffolgenden Jahr in ganz Europa gezeigt.

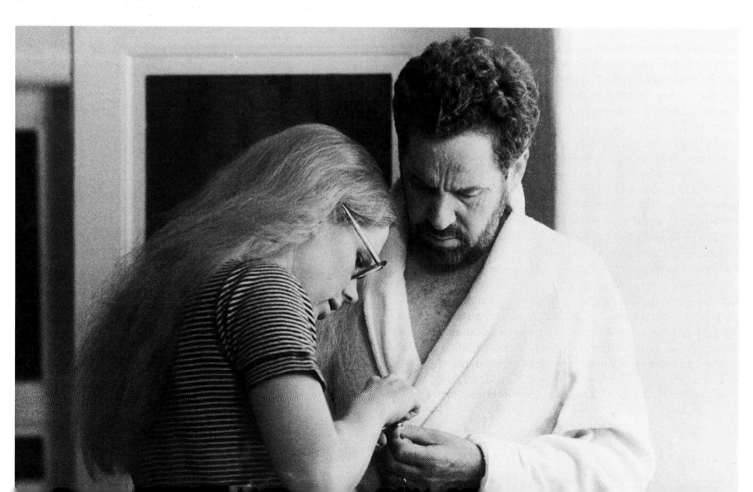

als Autor als auch als Darsteller. Und wenn es auch viele sehr berühmte Regisseure gab und gibt, die sowohl für das Theater als auch für den Film gearbeitet haben, so kann man doch fast in allen Fällen mit ziemlicher Genauigkeit feststellen, dass sie ihre größten Erfolge nur in einem der beiden Bereiche erzielt haben. Seit Beginn seiner künstlerischen Laufbahn in den Vierziger Jahren bis zu seinem Rückzug aus dem Filmgeschäft in den Achtziger Jahren hat Bergman nicht nur abwechselnd für das Theater und den Film gearbeitet, sondern wurde auch in beiden Bereichen als Meister seines Faches anerkannt und hoch gelobt.

Obwohl er nur wenige Opern inszeniert hat, so konnte man doch bei *Das Leben eines Wüstlings/The Rake's Progress* in der königlichen Oper von Schweden, bei der *Lustigen Witwe* im Stadttheater von Malmö und der Filmversion der *Zauberflöte* seine ganz persönliche Handschrift feststellen, wobei all diese Werke als Meilensteine angesehen wurden. In den letzten Jahren hat er auch einen starken Eindruck als Schriftsteller hinterlassen. Sowohl seine Erzählungen (*Die besten Absichten* und *Sonntagskinder*) als auch seine Memoiren (*Mein Leben* und *Bilder*) haben sein Ansehen als wahrer Renaissancemensch des 20. Jahrhunderts gefestigt.

Auch wenn es unmöglich ist, den Ursprung und das Wesen des Genies genau festzustellen, so gibt es bei Bergman doch einige Vorbilder und kulturelle Institutionen, die uns zu verstehen helfen, warum er sich immer geweigert hat, sich nur einem einzigen und bestimmten Genre des Ausdrucks zu widmen. Als schwedischer Schriftsteller und Regisseur des 20. Jahrhunderts wurde er ziemlich sicher von August Strindberg beeinflusst, der nur sechs Jahre vor seiner Geburt gestorben war. Strindberg, einer der Gründer des modernen Theaters, war nicht nur Schriftsteller und Bühnenautor, sondern auch Maler, Fotograf und Alchimist. Zu den ersten künstlerischen Versuchen Bergmans gehören Inszenierungen von Opern Strindbergs, die er zunächst auf der Marionettenbühne seiner Kindheit und später in einem Kindertheater aufführte, das er leitete, bevor er seine wahre berufliche Karriere begann. Während seiner Arbeit am Theater kehrte Bergman immer wieder zu Strindberg zurück, wie z.B. bei den verschiedenen Inszenierungen von *Fräulein Julie*, *Gespenstersonate* und *Der Traum*, die er nicht nur für das Theater, sondern auch für Radio und Fernsehen bearbeitet hat.

Der Einfluss Strindbergs auf Bergman ist ganz deutlich in der Beschreibung des schmerzhaften Verhältnisses zwischen Mann und Frau, besonders in der Institution der Ehe, zu spüren. Meisterwerke Strindbergs wie *Der Vater* oder *Totentanz* kann man als Vorbilder einiger Werke Bergmans mit analogen Themen sehen, wie z.B. *Passion* oder der sechsteilige Fernsehfilm *Szenen einer Ehe*, der später zu einem Kinofilm verkürzt wurde. Aber nicht nur die in Angriff genommenen Themen, sondern auch die Art der Laufbahn Strindbergs, die durch ein unermüdliches Experimentieren mit den verschiedenen Ausdrucksmitteln, die er erforscht hatte, gekennzeichnet ist, könnten Bergman als sozusagen vielseitiges Modell gedient haben, das er anstreben wollte.

Es dürfte also nicht verwundern, dass einer dieser Bereiche das Kino war, wenn man die Zeit berücksichtigt, in der Bergman aufwuchs. Das Kino war nicht nur ein Phänomen, dessen internationale Popularität in den Zwanziger und Dreißiger Jahren immer mehr zunahm; in Schweden wurde es ganz außerordentlich geschätzt. In den Zwanziger Jahren wurde die Svenk Filmindustri, die später die meisten Filme Bergmans produzierte, die wichtigste Filmproduktionsgesellschaft in ganz Skandiniavien. Außerdem erhielten die bedeutendsten Regisseure des Stummfilms, wie z.B. Georg af Klecker (von dem Bergman in seinem Drama *Der letzte Schrei* spricht), Mauritz Stiller und Viktor Sjöström (der in *Wilde Erdbeeren* den alten Professor spielt) mit ihren Filmen internationale Anerkennung. So schreibt der Filmhistoriker Robert Sklar in seiner Abhandlung *Film: An International History of the Medium*: "Der englische Filmhistoriker Fosyth Hardy schrieb am Anfang der Fünfziger Jahre, dass kein Land mit einer so geringen Bevölkerungsdichte so viel für das Kino beigetragen hat wie Schweden und Dänemark (und das bevor der Schwede Ingmar Bergman als Regisseur von Kunstfilmen internationalen Ranges Berühmtheit erlangte)".

Dieser Beitrag dürfte sich nicht nur auf die obengenannten Regisseure beziehen, sondern auch auf Alf Sjöberg, der einen wesentlichen Einfluss auf das künstlerische Schaffen Bergmans ausübte. Die Karriere Sjöbergs umfasste sowohl die Stummfilmzeit als auch die des Tonfilms. Als seine Kinoversion von Strindbergs *Fräulein Julie* 1950 beim Filmfestival von Cannes die Goldene Palme gewann, war er der erste Schwede, der diesen Preis erhielt. Sjöberg war jedoch noch viel mehr als ein Vorbild und ein Inspirator für Bergman. 1944 führte er bei *Die Hörige* Regie, dem ersten Drehbuch Bergmans, das verfilmt wurde und dessen Erfolg Bergman das Debüt als Regisseur im darauffolgenden Jahr erleichterte. Sjöberg, dessen Kinokarriere schnell von derjenigen des jungen Kollegen in den Schatten gestellt wurde, führte bei einem weiteren Drehbuch Bergmans, *Sista paret ut (Das letzte Paar)*, Regie.

Die Vorrangstellung, die Sjöberg im schwedischen Kino einnahm, und seine Bedeutung für Bergman gehen jedoch weit über diese zwei Zusammenarbeiten hinaus. Obwohl Sjöberg im Filmgeschäft große Erfolge erzielt hatte, konnte er als Theaterregisseur noch wichtigere künstlerische Erfolge verbuchen. Fast ein halbes Jahrhundert lang ragten seine Arbeiten für das Königliche Dramatische Theater von Stockholm (Dramaten) aufgrund ihrer starken Interpretation und ihrer Kühnheit heraus. Als Bergman gefragt wurde, warum er in der Zeit, als er mit Sjöberg am Dramaten arbeitete, nie ein Werk von Shakespeare herausgebracht hatte, antwortete er, dass es dafür keinen Grund gegeben hätte, da diejenigen von Sjöberg so gut gewesen waren. Als Hommage an seinen Freund und Kollegen nahm Bergman nach dessen Tod die letzte Theaterinszenierung Sjöbergs, *Die*

Szenenfoto aus *Die Hörige* (1944). Das erste Drehbuch Bergmans, der gerade als Drehbuchautor bei der Svensk Filmindustri eingestellt wurde, wird von dem großen Regisseur Alf Sjöberg verfilmt. Die Verfilmung, die stark an eine Theaterinszenierung erinnert, rief heftige Kritiken hervor.

*Schule der Frauen* von Moliére, für das Fernsehen auf und schloss somit den Kreis, der mit *Die Hörige* begonnen hatte.

Wenn das Vorbild Sjöbergs so wichtig war für einen Regisseur, der abwechselnd und mit viel Erfolg sowohl für das Theater als auch für das Kino arbeitete, dann war seine Theaterkarriere in irgendeiner Weise geradezu ein Symbol für seine Kontinuität. Sjöberg wirkte zwischen 1923 und 1931 bei mehr als fünfzig Aufführungen des Dramatens als Schauspieler mit und führte zwischen 1930 bis 1980 183-mal Regie. Das Dramaten, in dem Bergman als Jugendlicher seine erste Theateraufführung gesehen hatte – die übrigens von Sjöberg inszeniert worden war – wurde für ihn seit 1961 sozusagen seine „Theater-Heimat". Dort inszenierte er jedes Jahr ein oder zwei Aufführungen, wobei er abwechselnd Klassiker und moderne Stücke des internationalen Repertoires auf die Bühne brachte.

Das Dramaten ermöglicht Bergman nicht nur, mit einigen der besten Schauspieler und Schauspielerinnen Schwedens zusammenzuarbeiten, sondern auch freundschaftliche Kontakte zu Künstlern zu pflegen, die er seit Beginn seiner Karriere kennt. Erland Josephson, der 1994 in der Version Bergmans der *Goldbergvariationen* von George Tabori die Hauptrolle übernahm, kennt den Regisseur seit 1939. Er spielte in vielen Filmen Bergmans mit, angefangen von *Das Gesicht*, über *Szenen einer Ehe* bis zu *Fanny und Alexander*, und war der Vorgesetzte sowohl von Bergman als auch von Sjöberg als er das Dramaten leitete, eine Stellung, die auch Bergman eine Zeit lang innehatte. Bibi Andersson, die unter der Regie Bergmans an den Aufführungen *Eines langen Tages Reise in die Nacht*, *Goldbergvariationen* und *Das Wintermärchen* mitwirkte, arbeitet seit den Fünfziger Jahren mit Bergman zusammen. Ähnliches gilt auch für Max von Sydow, der allerdings in letzter Zeit am Dramaten bei Stücken mitwirkt, die nicht von Bergman inszeniert sind. Bergman hat die Absicht, ein Stück für und mit Max von Sydow zu schreiben und zu inszenieren.

Die lange Freundschaft zwischen Bergman und Max von Sydow zeigt eindeutig, wie die Karriere Bergmans zwischen Bühne und Film aufgeteilt ist. (1950 verglich Bergman das Theater mit einer treuen Ehefrau und das Kino mit einer kostspieligen und anspruchsvollen Geliebten, aber zwanzig Jahre später korrigierte er seine Behauptung, indem er erklärte:

**G**unnar Björnstrand als Doktor Vergérus, Arzt des Rats für Gesundheitspflege, Toivo Pawlo als Polizeichef Starbeck und Erland Josephson als Konsul Egerman bei der meisterhaften Darstellung der Charaktere der Hauptpersonen aus *Das Gesicht* (1958).

«Heute lebe ich als perfekter Bigamist"). In den Fünfziger Jahren spielte Max von Sydow in einem einzigen Sommer in den Bergmanfilmen *Das siebente Siegel*, *Das Gesicht* und *Die Jungfrauenquelle* mit, während er gleichzeitig am Stadttheater von Malmö unter der Regie Bergmans die Rollen des Fausts, des Peer Gynts, des Alcestes aus *Der Misanthrop* von Moliére und des Bricks aus *Die Katze auf dem heißen Blechdach* spielte. Für von Sydow besteht ein enger Zusammenhang zwischen den Theaterstücken und den Filmen Bergmans, was übrigens auch ganz deutlich wird, wenn man die Szenenfotos von *Faust* und dem *Siebenten Siegel* vergleicht.

Es besteht kein Zweifel, dass die Arbeit Bergmans mit den verschiedenen Medien seine Kunstauffassung generell beeinflusst hat. Seine Erfahrungen und seine Tätigkeit am Theater haben schon immer eine wichtige Rolle in seinen Filmen gespielt, von *Abend der Gaukler* bis zu *Fanny und Alexander*, während sich seine vom Film kommende Auffassung des Raumes ganz deutlich in den Theaterstücken *Nora* und *Madame de Sade* widerspiegeln. Es ist ziemlich unwahrscheinlich, dass ohne die vorherige Erfahrung mit *Fanny und Alexander* eine so opulente und vielseitige Inszenierung wie *Das Wintermärchen* möglich gewesen wäre. Bei seinen Aufführungen geht Bergman wie ein Schriftsteller vor, der seinen Text teilweise radikal zerschnipselt und wieder zusammenfügt. Obwohl die von ihm ausgewählten Theatertexte ihm im Allgemeinen nicht dieselbe Möglichkeit zur autobiographischen und persönlichen Identifikation lassen wie seine filmischen und literarischen Werke, so beinhalten sie doch viele Themen psychologischer und mythischer Art, die schon immer typisch für letztere waren. Die Interviews und Aufsätze, die in diesem Band gesammelt sind, beschreiben den künstlerischen Weg Bergmans ab Mitte der Vierziger Jahre bis heute. Eine Reise, die fast ein halbes Jahrhundert angedauert hat, und auf der Bergman weiterhin neue Wege einschlägt, mit derselben unersättlichen Neugier seiner Jugend, mit seinem existenziellen Schmerz und seiner staunenden Bewunderung für die Kunst und die unzähligen Möglichkeiten, mit der sich diese beiden Konstanten seines Lebens unentwegt ineinander verflechten, um sich gegenseitig zu bereichern.

Roger W. Oliver

Gruppenfoto der weiblichen Schauspielerinnen Bergmans auf dem Set von *Ach, diese Frauen* (1964). Von links nach rechts: Harriet Andersson (*Isolde*), Mona Malm (*Cecilia*), Eva Dahlbeck (*Adelaide*), Barbro Hior of Ornas (*Beatrice*), Karin Kavli (*Madame Tussaud*), Gertrud Fridh (*Traviata*), Bibi Andersson (*Humlan*).

## ERSTER TEIL

## Bergman über Bergman

Der junge Bergman in einer Drehpause auf dem Set des Films *An die Freude* (1950).

# Jeder Film ist mein letzter

INGMAR BERGMAN

*In den Fünfziger Jahren wurde Bergman oft aufgefordert, seine Einstellung zum Film zu erläutern. Der folgende Aufsatz, der 1966 von Erika Munk für die Herbstausgabe des „Drama Review" redigiert wurde, ist eine Zusammenfassung zweier Reden Bergmans, die er vor der Svensk Filmindustri hielt, die zu dieser Zeit seine Filme produzierte.*

Ich vergleiche das künstlerische Schaffen mit dem Hunger. Das habe ich mit großer Befriedigung festgestellt und trotzdem habe ich mich mein ganzes Leben lang nie bewusst gefragt, woher dieser Hunger kommt. In den letzten Jahren ist der Hunger geringer geworden und hat sich in etwas anderes verwandelt. Jetzt möchte ich wissen, warum dies alles geschehen ist. Ich erinnere mich, dass ich in meiner frühen Kindheit immer meine Erfolge herzeigen wollte: mein Talent im Zeichnen, im Ballwerfen, beim Schwimmen. Ich wollte unbedingt die Aufmerksamkeit der Erwachsenen auf die Anzeichen meiner Gegenwart in der nach außen gelebten Welt ziehen. Ich hatte nie den Eindruck, dass die Leute sich genug für mich interessierten. Als schließlich die Wirklichkeit nicht mehr ausreichte, begann ich, mir die Dinge auszudenken: Ich unterhielt meine Freunde mit ungeheuerlichen Geschichten, die ich alle selbst erfunden hatte. Es handelte sich um beschämende Lügen, die jedes Mal unweigerlich in sich zusammenfielen, wenn sie auf die ausgewogene Skepsis meiner Umwelt trafen. Schließlich resignierte ich und beschloss, meine Traumwelt für mich zu behalten. Ein Kind, das auf der Suche nach menschlichem Kontakt war und besessen von der eigenen Phantasie, hatte sich ganz plötzlich in ein kleines, verletztes, listiges und misstrauisches Wesen verwandelt, das mit offenen Augen träumte.

Aber wer mit offenen Augen träumt, ist noch lange kein Künstler, außer in seinen Träumen.

Das Bedürfnis jedoch, angehört zu werden, mitzuteilen und in der Wärme einer menschlichen Umgebung zu leben, blieb bestehen. Je mehr ich in meiner Abgeschlossenheit aufwuchs, desto mehr verstärkte sich dieses Gefühl. Es ist wohl überflüssig zu sagen, dass das Kino zu meinem Ausdrucksmittel wurde. Ich machte mich durch eine Sprache verständlich, die über die Worte hinausging, die mich immer verrieten, über die Musik, die ich nicht beherrschte, über die Malerei, die mich gleichgültig ließ. Auf einmal war ich in der Lage, mit meiner Umwelt zu kommunizieren, und zwar durch eine Sprache, die buchstäblich in meinem Geist entstand und die sich in Sätzen ausdrückte, die der Kontrolle des Verstandes auf geradezu wundersame Weise entschlüpften. Mit dem absoluten und wütenden Hunger eines Kindes habe ich mich an dieses Mittel geklammert und zwanzig Jahre lang unermüdlich und geradezu süchtig die Welt mit Träumen, Gefühlen, Fantasien und kleinen Funken des Wahnsinns erfüllt. Mein Erfolg war überraschend, aber im Grunde war er eigentlich nur wenig mehr als die unbedeutende Konsequenz von allem.

Das soll nicht bedeuten, dass ich das, was ich erreicht habe, unterschätze. Ich glaube, dass das sehr wichtig war und immer noch ist. Trotzdem betrachte ich jetzt meine Vergangenheit in einem neuen, weniger romantischen Licht; ich habe meine Sicherheit und mein Auskommen. Heute ist mein Leben weniger kompliziert, weniger interessant und vor allem nicht mehr so faszinierend, wie es einmal war. Um es ganz klar auszudrücken, ich konnte feststellen, dass die Kunst (und nicht nur die des Kinos) in der heutigen Zeit absolut unbedeutend ist: Die Kunst hat weder die Macht noch die Möglichkeit, den Verlauf unseres Lebens zu beeinflussen.

Die Literatur, die Malerei, die Musik, das Kino und das Theater wachsen und entwickeln sich aus Selbstzweck. Es gibt Veränderungen, es entstehen neue Kombinationen, die sofort wieder ausgelöscht und überholt werden; und diese Bewegung kann in gewissem Sinne – wenn man sie von außen betrachtet – nur hektisch lebendig erscheinen. Mit wunderbarem Eifer schaffen die Künstler für sich selbst und für ein immer unaufmerksameres Publikum Bilder einer Welt, in der sich niemand mehr für ihre Wünsche oder Gedanken interessiert. In einigen Ländern werden die Künstler bestraft, die Kunst wird als Gefahr angesehen, sie wird unterdrückt oder gleichgeschaltet. In allen anderen ist die Kunst jedoch frei, unvoreingenommen und verantwortungslos; die Aktivitäten sind intensiv, fast fieberhaft, und erinnern beim Betrachten an die Haut einer Schlange, die mit Ameisen übersät ist. Die Schlange ist seit langem tot, sie ist satt und hat kein Gift mehr und ihre Haut ist mit wimmelndem Leben bedeckt.

Wenn ich meinerseits eine dieser Ameisen geworden bin, so muss ich mich unweigerlich fragen, ob es noch einen Grund für mich gibt, meine Arbeit fortzusetzen.

Der kleine Jörgen Lindström in der Rolle Johans, der Hauptfigur aus *Das Schweigen* (1963).

Meine Antwort lautet ja. Obwohl ich davon überzeugt bin, dass das Theater inzwischen nur mehr an eine alte, verwöhnte und ausgehaltene Dame erinnert. Obwohl ich und viele andere glauben, dass ein alter Western im Kino anregender ist, als ein Antonioni oder ein Bergman.

Obwohl die moderne Musik uns das Gefühl gibt, von einer zu dünnen und mathematischen Luft erstickt zu werden. Obwohl die Malerei und die Bildhauerei in ihrer heutigen Sterilität gerade aufgrund ihrer lähmenden Freiheit ihrem unvermeidlichen Niedergang entgegengehen. Obwohl sich die Literatur in eine unendliche Aneinanderreihung von Worten ohne irgendeinen Inhalt oder Qualität verwandelt hat, die sie zu einem wirklich gefährlichen Werkzeug machen könnten.

Ich glaube, dass die Menschen auf das Theater verzichten können, da sie selbst mitten in einem Drama leben, dessen verschiedene Phasen unaufhörlich neue Tragödien hervorbringen. Sie brauchen keine Musik, da sie unentwegt einem Geräuschpegel ausgesetzt sind, der jede Schwelle des Widerstandes zunichte macht. Sie brauchen keine Poesie, da ihre Auffassung des Universums sie in animalische Funktionen des kosmischen Zyklus verwandelt hat und ihre Existenz auf ein Alternieren von metabolischem Gleich- und Ungleichgewicht reduziert hat – was sicherlich interessant, aber vom poetischen Gesichtspunkt aus völlig unbrauchbar ist. Der Mensch (so wie ich mich fühle und wie ich die Welt verspüre, die mich umgibt) hat sich frei gemacht; schrecklich und beängstigend frei. Kunst und Religion werden aus Gründen der Höflichkeit und des Respekts gegenüber der Vergangenheit am Leben erhalten, als eine Art gutmütiger und demokratischer Aufforderung an rastlose Bürger, die immer mehr freie Zeit zur Verfügung haben.

Wenn ich all diese Probleme betrachte und dennoch behaupte, weiterhin im künstlerischen Bereich arbeiten zu wollen, so geschieht dies aus einem ganz einfachen Grund (abgesehen von den rein materiellen Gesichtspunkten). Der Grund ist die *Neugier*. Eine unersättliche, unbegrenzte Neugier, die immer neu ist und mich immer weiter treibt – eine Neugier, die mich nie verlässt und die meine alte Sehnsucht nach Kommunikation völlig ersetzt hat. Ich fühle mich wie ein Gefangener, der plötzlich, nachdem er eine lange Strafe verbüßt hat, mit dem bewegten und turbulenten Leben der Außenwelt konfrontiert wird. Ich nehme zur Kenntnis, betrachte, halte die Augen offen; alles scheint mir so unwirklich, fantastisch, erschreckend oder lächerlich. Ich nehme ein bisschen Staub in die Hand; vielleicht ist das ein Film – kann das irgendeine Bedeutung haben? Überhaupt keine, aber es scheint mir interessant, dann ist es also doch ein Film. Ich gehe mit dem bisschen Staub in der Hand umher. Ich bin traurig oder glücklich. Ich bahne mir seufzend meinen Weg durch die anderen Ameisen; und alle zusammen erfüllen wir eine große Aufgabe. Wir lassen die Haut der Schlange in Bewegung geraten.

Dies und nur dies ist *meine* Wahrheit. Ich behaupte nicht, dass dies auch für jemand anderen gilt, und sicherlich ist dies als Trost gegenüber der Ewigkeit recht mager. Aber trotzdem, als Fundament für meine zukünftige künstlerische Tätigkeit ist dies vollkommen ausreichend, jedenfalls für mich. Das eigene Leben dem künstlerischen Schaffen zu widmen, um sich selbst zu befriedigen, ist nicht immer angenehm. Aber jedenfalls hat es einen großen Vorteil: Der Künstler lebt genauso wie all die anderen Lebewesen, die ihrerseits nur für sich selbst existieren. Und dies schafft um ihn herum eine Art großer Solidarität.

In einer Abhandlung wurde geschrieben, dass man seine Erfahrungen gemacht haben sollte, bis man vierzig Jahre alt wird. Danach erst ist es möglich, seine eigene Meinung zu sagen und Stellung zu nehmen. In meinem Fall könnte man das Gegenteil behaupten. Niemand war sich bisher seinen eigenen

Bergman auf dem Set von *Ach, diese Frauen* (1963) erklärt Jarl Kulle (*Cornelius*), wie er die nächste Szene spielen soll.

Theorien so sicher und wollte sie unbedingt verbreiten wie ich. Niemand wusste mehr und niemand konnte sie besser erklären. Jetzt, da ich älter bin, bin ich etwas vorsichtiger geworden. Die Erfahrungen, die ich gesammelt habe und die ich zur Zeit noch einmal überprüfe, erschweren es mir, meine Ansichten über die Filmkunst auszudrücken. Der einzige wirkliche Beitrag, den ein Künstler in diesem Sinne leisten kann, besteht in seiner Arbeit. Daher finde ich es ziemlich sinnlos, sich auf Diskussionen, Erklärungen oder Entschuldigungen einzulassen.

Früher war die Tatsache, dass ein Künstler unbekannt blieb, oft ein positiver Faktor. Seine relative Unbekanntheit war eine Garantie, die ihn vor unwichtigen äußeren Einflüssen, vor Gesichtspunkten materieller Art und vor der Gefahr, sich zu prostituieren, schützte. Der Künstler brachte sein Werk zu Ende im Geiste und in der Wahrheit, wie er sie sah, und überließ Gott die Aufgabe, es zu beurteilen. So lebte und starb er, ohne jemals mehr oder weniger wichtig als irgendein anderer Handwerker gewesen zu sein. Unter diesen Umständen blühte unweigerlich ein natürliches Selbstvertrauen auf und gleichzeitig eine unantastbare Bescheidenheit, zwei Tugenden, die typisch für die Kunst sind.

In der heutigen Zeit ist die Stellung der Künstler immer schwieriger geworden: Der Künstler ist eine eigenartige Figur geworden, eine Art Unterhalter und Athlet, der von einer Arbeit zur anderen hechtet. Sehr leicht können seine Isolierung, sein fast sakraler Sinn für den Individualismus und seine künstlerische Subjektivität zu Magengeschwüren und Neurosen führen. Die Exklusivität des Künstlers wird zu einer Verdammnis, die er sich selbst ausgesucht hat. Das Ungewöhnliche ist gleichzeitig seine Befriedigung und sein Leid...

Ein Drehbuch entsteht oft aus etwas Undefinierbarem und Vagem – eine zufällige Beobachtung, einem wiederholt geführten Wortwechsel, einem unscheinbaren, aber angenehmen Ereignis, das nicht unbedingt etwas mit der gegenwärtigen Situation zu tun haben muss. Mir ist es während meiner Theaterarbeit passiert, dass ich die zukünftigen Schauspieler bereits voll in Maske vor Augen hatte, aber ihre Rollen waren noch nicht besetzt. Oft handelt es sich nur um kurze Gedankenblitze, die nur wenige Sekunden andauern und so schnell wieder verschwinden, wie sie aufgetaucht sind, und die einen bunten und leuchtenden Faden bilden, der aus dem dunklen Sack des Unbewussten aufgetaucht ist. Wenn es mir gelingt, diesen Faden vorsichtig abzuwickeln, dann entsteht ein vollständiger Film mit seinem Rhythmus und dem Pulsschlag, der typisch ist für nur diesen Film und für keinen anderen. Und nur wenn man diesen innerlichen Rhythmus befolgt, bekommen die Gedankengänge eine Struktur, die durch ihre ursprüngliche Inspiration unterstützt wird.

Das Gefühl zu scheitern stellt sich meist noch vor der Phase des Schreibens ein. Die Gedanken verwandeln sich in Spinnennetze, die Bilder verschwimmen und werden grau und unbedeutend, das Herz des Films schlägt nicht mehr, das Ganze reduziert sich auf müde Fantasien ohne Kraft und Realität.

Trotzdem habe ich bereits beschlossen, einen bestimmten Film zu machen, und die harte Arbeit muss in Angriff genommen werden: den Rhythmus, die Launen, die Atmosphäre, die Spannungen, die Sequenzen, die Töne und die Düfte in ein lesbares oder zumindest verständliches Drehbuch umzuwandeln.

Das ist schwierig, aber nicht unmöglich.

Der wichtigste Bestandteil ist der Dialog, aber der Dialog ist eine heikle Sache und kann Widerstand leisten. Der Theaterdialog ist wie eine Musikpartitur und kann für den normalen Leser fast unverständlich sein; die Interpretation erfordert technisches Können sowie eine gute Dosis Vorstellungskraft und Einfühlungsvermögen. Man kann einen Dialog schreiben, aber die Art, in der er gesprochen wird – der Rhythmus, das Tempo,

B ergman als Regisseur seines ersten Films *Krise* (1945). Neben ihm der Kameramann Gösta Roosling.

die Schnelligkeit, mit der er rezitiert wird – und alles was zwischen den Zeilen steht – muss ausgelassen werden, denn ein Drehbuch, das all diese Details enthielte, wäre einfach unleserlich.

Ich kann in meinen Filmdrehbüchern die Regie, das Ambiente, die Charakterisierung und die allgemeine Atmosphäre in verständlichen Ausdrücken vorgeben. Danach kommen die anderen Dinge, die wesentlichen: Darunter verstehe ich das Schneiden des Films, den Rhythmus und das Verhältnis der jeweiligen Einstellungen zueinander – die «dritte Dimension», die so wichtig für den Film ist und ohne die er träge und leblos wäre. Hier kann ich keine «Schlüssel» benützen oder passende Angaben über die Zeiten dieser Phasen machen; es ist unmöglich, in klaren Worten auszudrücken, wieviel das Leben innerhalb eines Kunstwerkes mit sich bringt. Ich habe oft eine Art Kriterium gesucht, das mir ermöglicht, die Töne und die Gefühlsnuancen einer Idee sowie die innere Struktur eines Films zu beschreiben. Wenn ich diesen Prozess von Grund auf beherrschen würde, könnte ich mit der absoluten Sicherheit arbeiten, dass es mir jedesmal, wenn ich es wollte, gelingen würde, die Verbindung zwischen dem Rhythmus und dem Erzählfaden eines Teils und des Ganzen aufzuzeigen... kurz gesagt: Ein Filmdrehbuch ist eine technisch sehr unvollkommene Vorlage für einen Film.

Das Kino ist nicht wie die Literatur. Sehr oft treten das Wesen und die Substanz dieser beiden Kunstformen in Konflikt. Das geschriebene Wort wird, dank eines Bewusstseinsaktes, der eng mit dem Intellekt verbunden ist, gelesen und aufgenommen und wirkt nach und nach auf unsere Vorstellungskraft und unser Gefühl ein. Im Kino ist das ganz anders. Wenn wir uns einen Film im Kino ansehen, dann wissen wir ganz genau, dass für uns eine Illusion geschaffen wurde, wir entspannen uns und akzeptieren all das freiwillig und mit unserem Verstand. Wir ebnen den Weg für diese Illusion innerhalb unserer Vorstellungskraft. Die Bilderfolge wirkt direkt auf unser Gefühl ein, ohne unseren Geist zu berühren.

Es gibt sehr viele Gründe dafür, ein literarisches Werk nicht zu verfilmen, aber der Hauptgrund besteht darin, dass die ungreifbare Dimension, die die Basis eines literarischen Werkes bildet, oft nicht umsetzbar ist, und ihre Umsetzung sich oft als fatal für die besondere Dimension des Films erweist. Wenn man jedoch trotzdem etwas Literarisches verfilmen möchte, muss man unendlich viele komplizierte Umwandlungen vornehmen, die oft begrenzte oder sogar nichtige Ergebnisse erzielen im Verhältnis zu der Arbeit, die man investiert hat. Ich weiß, wovon ich spreche, denn ich bin oft die Zielscheibe der sogenannten Literaturkritik gewesen.

Das ist so, als ob man einen Musikkritiker aufforderte, eine Gemäldeausstellung zu beurteilen, oder einen Fußballexperten, die aktuelle Theatersaison zu besprechen. Der einzige Grund dafür, dass jeder meint, ein gültiges Urteil über den Film abgeben zu können, besteht in der Unfähigkeit des Films selbst, sich als Kunstform anzusehen, in seinem Bedarf nach einem eigenen künstlerischen Vokabular, in seiner außergewöhnlichen Jugend im Verhältnis zu den anderen Kunstformen, in seiner selbstverständlichen Verbindung zu der wirtschaftlichen Realität und in seinem direkten Einfluss auf die Gefühle. Dies alles führt dazu, dass ein Film verächtlich betrachtet wird. Seine direkte Ausdruckskraft lässt ihn in den Augen einiger verdächtig erscheinen, und das

Ergebnis ist, dass jeder meint, über das Kino sagen zu können, was ihm passt.

Ich hatte nie den Ehrgeiz, ein Schriftsteller zu werden. Ich wollte keine Romane, Erzählungen, Aufsätze, Biographien oder Abhandlungen über bestimmte Themen schreiben. Und ich will auch bestimmt keine Theaterstücke schreiben. Das Kino liegt mir am Herzen. Ich möchte Filme machen, die sich um die Umstände, die Spannungen, die Bilder, die Rhythmen und die Personen drehen, die in mir ein besonderes Interesse wecken. Das Kino und der komplizierte Produktionsprozess sind meine Art, meine Fragen und meine Bedürfnisse an meinesgleichen zu stellen. Es irritiert mich, wenn ein Werk wie ein Buch behandelt wird, obwohl es sich um einen Film handelt. Daher ist für mich die Phase, in der ich einen Film schreibe, sehr schwierig aber auch nützlich, da ich dazu gezwungen bin, die Stichhaltigkeit meiner Ideen logisch zu überprüfen. Während dieses Prozesses befinde ich mich in dem Konflikt zwischen meinem Bedürfnis, eine Methode zu finden, um eine komplexe Situation zu verfilmen und meinem Wunsch nach absoluter Einfachheit. Nachdem ich meine Arbeit als etwas

D er lächelnde Bergman, der sich über den grottesken Humor einer Szene aus *Ach, diese Frauen* (1963) amüsiert.

B ergman bei den letzten Vorbereitungen für die Innenaufnahmen einer Szene aus *Ach, diese Frauen* (1963). Auf dem Bild wird deutlich, wie Bergman als Regisseur auf jedes kleinste Detail achtet.

sehe, dass nicht nur Sinn und Gültigkeit für mich und ein paar wenige Auserwählte haben soll, sondern für ein größtmögliches Publikum, ist es ein unbedingtes Muss, dem Publikumsgeschmack entgegenzukommen. Manchmal versuche ich einen etwas gewagteren Weg einzuschlagen, wobei sich anschließend zeigt, wie sehr das Publikum umfangreichere und fortschrittlichere Entwicklungen der Sprache zu schätzen weiß...

Ich stehe inmitten des Scheinwerferlichtes des Filmstudios, mit all seinem Lärm und seiner Menschenmenge, seiner staubigen und höllischen Atmosphäre, und frage mich jedesmal, weshalb ich mich dieser schwierigsten Form des künstlerischen Schaffens widmen wollte.

Es gibt viele und anstrengende Regeln. Ich muss jeden Tag drei Minuten Film drehen und schneiden. Ich muss mich streng an den Drehplan halten, der so unflexibel ist, dass alles, was nicht unbedingt wichtig ist, ausgeschlossen ist. Ich bin von technischen Geräten umgeben, die ständig mit teuflischer List versuchen, meine besten Absichten zu sabotieren. Ich zwänge mich in eine Ecke und bin gezwungen, am Gemeinschaftsleben des Studios teilzunehmen. Daneben muss ein sensibler Prozess, der Ruhe, Konzentration und Vertrauen erfordert, Gestalt annehmen.

Ich meine damit die Arbeit mit den Schauspielern und den Schauspielerinnen. Es gibt viele Regisseure, die vergessen, dass die Filmarbeit mit dem menschlichen Gesicht beginnt. Man kann sicherlich von der Ästhetik des Schneidens völlig in Anspruch genommen werden. Man kann Gegenstände und Stilleben ein-

Bergman bespicht mit Signe Hasso und Alf Kjellin die Einzelheiten einer Szene aus *Menschenjagd* (1950).

angesehen als der Schauspieler, und die Bildeinstellung bestätigt sich selbst. Dies kann jedoch nur zur Zerstörung der Illusion führen und ein künstlerisches Desaster zur Folge haben. Um den Ausdruck des Schauspielers optimal hervorzuheben, muss die Bewegung der Kamera einfach, frei und völlig synchron mit der Aktion sein. Die Filmkamera muss ein objektiver Beobachter sein und nur in seltenen Fällen darf sie an der Handlung teilnehmen. Man muss bedenken, dass das beste Ausdrucksmittel, das dem Schauspieler zur Verfügung steht, sein *Aussehen* ist. Die Nahaufnahme ist, wenn sie objektiv eingestellt, perfekt dirigiert und ausgeführt wird, das wirksamste Mittel, das einem Filmregisseur zur Verfügung steht, und gleichzeitig ist sie der direkteste Beweis seines Könnens oder seiner Unfähigkeit. Zu viele oder zu wenige Nahaufnahmen enthüllen unweigerlich das Wesen des Regisseurs und wie weit er am Menschen interessiert ist.

Einfachheit, Konzentration, perfekte Kenntnis und technische Genauigkeit müssen die Grundlage jeder Szene und jeder Sequenz sein. Aber trotzdem ist das immer noch nicht alles. Es fehlt noch das wichtigste: Der innerste Lebensfunke, der wesentlich und unkontrollierbar ist und der, je nach dem, auftaucht oder auch nicht.

Bei jeder Szene, die gedreht wird, muss zum Beispiel alles bis ins kleinste Detail vorbereitet sein; jedes Mitglied der Crew muss genau wissen, was es tun muss. Der ganze Mechanismus muss natürlich ganz exakt funktionieren. Diese Vorbereitungen können viel oder weniger Zeit in Anspruch nehmen. Die Proben für den Beginn der Aufnahme müssen mit äußerster technischer Präzision durchgeführt werden, und nochmal, jeder muss genau wissen, was er zu tun hat. Dann fällt die Klappe.

Aus meiner Erfahrung heraus weiß ich, dass die erste Aufnahme oft die beste ist, da sie am natürlichsten ist. In diesem Moment sind die Schauspieler darauf konzentriert, etwas zu schaffen, und ihr kreatives Bedürfnis kommt direkt aus der Identifikation mit ihrer Rolle. Die Kamera nimmt diesen intimen Schöpfungsakt auf, was für ein ungeübtes Auge oder Ohr schwer wahrnehmbar ist. Diesen plötzlichen Lebensblitz auszudehnen und zu hüten ist für mich die größte Entschädigung nach tausend und abertausend Stunden der Trauer, der Proben und der Schwierigkeiten jedweder Art.

Viele sind der Meinung, dass es der kommerziellen Filmindustrie an Moral mangelt oder dass ihre moralischen Regeln so eng mit dem Prinzip der Unmoral verknüpft sind, dass es aus künstlerischer Sicht unmöglich ist, eine ethische Perspektive einzuhalten.

Unsere Arbeit wird Geschäftsmännern anvertraut, die diese oft mit Skepsis betrachten, da es sich um etwas so Unzuverlässiges wie Kunst handelt. Nachdem viele unsere Arbeit als irgendwie widersprüchlich ansehen, möchte ich unterstreichen, dass sie genauso moralisch ist, wie jede andere Tätigkeit, und dass sie so gründlich ist, dass es manchmal sogar richtig peinlich wirkt. Trotzdem ist mir aufgefallen, dass ich mich ein bisschen wie ein Engländer in den Tropen benehme, der sich jeden Tag rasiert und sich zum Abendessen umzieht. Natürlich machen sie das nicht, um den wilden Tieren zu gefallen, sondern ausschließlich zu ihrem eigenen Vergnügen. Wenn die Engländer auf ihre Disziplin verzichten würden, hieße dies, dass der Dschungel stärker ist als

fügen, um den Erzählrhythmus wirkungsvoller werden zu lassen, man kann wunderschöne Landschaftsaufnahmen machen, aber der Einsatz des menschlichen Gesichtsausdruckes bildet zweifellos die besondere Eigenheit eines Films. Daraus kann man schließen, dass der Filmstar unser wertvollstes Ausdrucksmittel ist, und dass die Kamera sich nur darauf beschränkt, die Reaktionen dieses Werkzeuges aufzunehmen. Trotzdem werden in vielen Fällen die Position und die Bewegungen der Kamera für wichtiger sie. Genauso weiß ich, dass ich dem Dschungel ausgeliefert wäre, wenn ich, vom moralischen Gesichtspunkt aus gesehen, Schwächen aufweisen würde. Aus diesem Grund habe ich schließlich meine persönliche These aufgestellt, die auf drei Geboten basiert. Die folgenden Grundsätze sind die Grundlagen meiner Tätigkeit in der Welt des Films geworden.

Der erste könnte unmoralisch scheinen, aber er ist in Wahrheit höchst moralisch:

### MACHE DICH IMMER BELIEBT

Das Publikum, das sich meine Filme ansieht und auf diese Weise meine Existenz sichert, hat das Recht, sich von ihnen eine unterhaltsame, intensive, freudige und lebhafte Erfahrung erhoffen zu dürfen. Die Verantwortung, ihnen diese Art Erlebnis zu liefern, liegt bei mir. Dies ist die einzige Rechtfertigung für meine Arbeit.

Trotzdem bedeutet das nicht, dass ich mich prostituieren muss, was uns gleich zum nächsten Gebot führt.

### FOLGE IMMER DEINEM KÜNSTLERISCHEN GEWISSEN

Dieses Gebot ist sehr schwer zu befolgen, da es mir ganz eindeutig verbietet zu stehlen, zu lügen, mich zu prostituieren, zu töten und zu fälschen. Trotzdem behaupte ich, dass es mir in Wahrheit erlaubt ist zu fälschen, wenn es künstlerisch gerechtfertigt ist; ich darf auch lügen, wenn meine Lüge schön ist; ich darf meine Freunde oder mich selbst oder auch irgendjemand anderen umbringen, wenn das meiner Kunst dient; ich darf mich auch prostituieren, wenn das meiner Sache nützt, und ich darf auch stehlen, wenn mir nichts anderes übrig bleibt. Wenn ich gänzlich und in jeder Hinsicht auf mein künstlerisches Gewissen hören würde, müsste ich mich wie ein Hochseilartist verhalten, der auf einem Seil balanciert, und die Übung könnte so riskant werden, dass ich mir in jedem Moment den Hals brechen könnte. Und wenn das einträfe, dann könnten alle sittsamen und vernünftigen Zuschauer sagen: »Hier liegt der Dieb, der Mörder, der Satyr, der Lügner. Das geschieht ihm recht!« – ohne zu bedenken, dass in der Kunst alles erlaubt ist, was nicht zum Ruin führt; dass die gefährlichsten Unterfangen die einzig möglichen sind; dass Besessenheit und Wahnsinn zwei wesentliche Aspekte unserer Tätigkeit sind; und dass die Freude an unserer Schöpfung, die immer aus Freude und Schönheit besteht, auch immer von der Furcht vor der Schöpfung begleitet wird...

Um meinen Willen zu bekräftigen, damit ich nicht von meinem rechten Weg abkomme und im Graben lande, habe ich ein drittes Gebot:

### DREHE JEDEN FILM, ALS WÄRE ER DER LETZTE

Mancher könnte meinen, dass dieses letzte Gebot ein amüsanter Widerspruch sei, ein vergänglicher Aphorismus oder einfach ein schöner und leerer Satz über die völlige Nutzlosigkeit des Ganzen. Aber das ist nicht so.

Es ist hingegen die Wahrheit.

In Schweden wurde im Jahre 1951 die Filmproduktion völlig eingestellt. In dieser Zeit der auferzwungenen Untätigkeit begriff ich, dass ich, aufgrund umfangreicher wirtschaftlicher Probleme und obwohl ich daran keinerlei Schuld hatte, plötzlich von einem Tag zum anderen arbeitslos auf der Straße stehen könnte. Ich beklage mich nicht darüber noch bin ich verängstigt oder verbittert; ich ziehe nur einfach den logischen und höchst moralischen Schluss daraus: *Jeder Film ist mein letzter*.

Was mich betrifft, so gibt es nur eine Form der Loyalität: diejenige, die ich gegenüber dem Film verspüre, an dem ich gerade arbeite. Das, was danach kommt (oder auch nicht kommt), ist unbedeutend, regt mich nicht auf und macht mir auch keine Sorgen. Das flößt mir Vertrauen ein und gibt mir, nach künstlerischen Gesichtspunkten, Sicherheit. Auch wenn die materielle Sicherheit, zumindest vordergründig, begrenzt ist, so war für mich doch stets die künstlerische Integrität am wichtigsten, weshalb ich immer dem Prinzip folge, dass *jeder Film mein letzter ist*. Dies gibt mir auch noch unter einem anderen Gesichtspunkt Kraft. Ich habe schon zu viele Filmemacher gesehen, die von Angst gepeinigt waren und trotzdem ihre Aufgabe bis auf den Grund erfüllten. Am Ende ihrer Arbeit waren sie erschöpft, zu Tode gelangweilt und erfreuten sich kein bisschen daran. Sie mussten Angriffe und Demütigungen aller Art seitens der Produzenten, der Kritiker und des Publikums ertragen, ohne dass sie je aufgegeben, sich zurückgezogen oder den Beruf an den Nagel gehängt hätten. Sie beschränkten sich darauf, immer müder die Schultern zu zucken, und leisteten ihren Beitrag zu dieser Kunstform, bis sie schließlich zusammenbrachen oder vom Felde geräumt wurden.

Es könnte der Tag kommen, an dem ich vom Publikum mit Gleichgültigkeit aufgenommen werde. Vielleicht werde ich mich an diesem Tag selbst verabscheuen. Müdigkeit und Leere werden sich über mich senken wie eine graue und schmutzige Dunsthaube, und die Angst wird alles andere ersticken. Das Nichts wird mir schließlich direkt ins Angesicht blicken. Wenn das eintritt, dann werde ich mein Werkzeug niederlegen und freiwillig den Schauplatz verlassen, ohne Bitterkeit und ohne darüber zu brüten, ob meine Arbeit angesichts der Ewigkeit nützlich und ehrlich war. Im Mittelalter verbrachten weise und weitblickende Männer die Nacht in ihrem eigenen Sarg, um nie die schreckliche Bedeutung jeden Augenblicks, den wir erleben dürfen, zu vergessen, und dass das Leben nur eine vorübergehende Phase darstellt. Ohne diese unbequeme und drastische Methode anzuwenden, bestärke ich mich angesichts der augenscheinlichen Nichtigkeit und der schrecklichen Oberflächlichkeit des Films durch die unerschütterliche Überzeugung, dass *jeder Film mein letzter ist*.

# Erinnerung an Alf Sjöberg

INGMAR BERGMAN

*Obwohl die Karriere des Regisseurs Bergman sowohl am Theater als auch beim Film von vielen Seiten beeinflusst wurde, so gehörte doch der Einfluss Alf Sjöbergs sicherlich zu den wichtigsten. Die erste Aufführung, bei der Bergman am Königlichen Dramatischen Theater (Dramaten) mitarbeitete, wurde von Alf Sjöberg inszeniert, der einige Jahre später einen Film nach dem ersten Drehbuch von Bergman drehte. Als Bergman Intendant des Dramaten wurde, befand er sich in der ungewöhnlichen Rolle des Vorgesetzten gegenüber seines älteren Kollegen.*

Für den Chor in Alkestis hatte Sjöberg junge, groß gewachsene Schauspielerinnen ausgesucht, unter denen sich die vielversprechende Margaretha Byström befand, die gerade von der Schauspielschule kam. Ein anderer Regisseur wollte sie für eine wichtige Rolle. Als Intendant des Theaters nahm ich Kraft meines Amtes ihre Umbesetzung vor, ohne die Meinung Sjöbergs eingeholt zu haben. Die Entscheidung wurde von den Vertretern akzeptiert und die Liste der Rollenverteilung am schwarzen Brett ausgehängt. Einige Stunden später hörte ich durch die doppelten Türen und die dicken und gut isolierten Wände des Intendantenbüros ein Gebrüll. Danach weiteren Lärm und einen Schrei. Alf Sjöberg trat ein, blass vor Wut. Er befahl mir, ihm Margaretha Byström zurückzugeben. Ich sagte ihm, dass das unmöglich sei, da sie endlich eine wirkliche Chance bekommen hätte; und außerdem akzeptierte ich keine Befehle. Sjöberg meinte, dass die Stunde gekommen sei, mir mit der Faust die Fresse zu polieren. Ich flüchtete hinter den Konferenztisch und murmelte etwas über seine verdammte Art, sich wie ein Bauernrüpel aufzuführen. Der wutentbrannte Regisseur antwortete, dass ich ihn seit dem ersten Tage behindert hätte, und dass er nun endlich die Schnauze voll hätte. Ich näherte mich ihm und forderte ihn auf zuzuschlagen. Sjöberg zitterte im Gesicht und am ganzen Körper. Wir atmeten beide schwer. Beiden war bewusst, in welcher absurden Situation wir uns befanden.

Sjöberg setzte sich auf den nächsten Stuhl und fragte sich, wie zwei eigentlich gut erzogene Personen sich so idiotisch aufführen konnten. Ich versprach, ihm Margaretha Byström zurückzugeben. Er machte eine verächtliche, abwehrende Geste und verließ das Zimmer. Als wir uns das nächste Mal über den Weg liefen, sprachen wir nicht mehr von der ganzen Sache. Später gab es zwischen uns noch einige lebhafte Diskussionen, sowohl künstlerischer als auch persönlicher Art, aber wir waren immer höflich zueinander und nie nachtragend.

Weihnachten 1930 betrat ich zum ersten Mal das Dramatiska Teatern. Es wurde das Märchen *Der große Klas und der kleine Klas* von Geijerstam aufgeführt. Alf Sjöberg war der Regisseur. Er war siebenundzwanzig Jahre alt und das war seine zweite Regiearbeit. Ich kann mich noch an jedes einzelne Detail erinnern: das Licht, die Bilder, die Sonne die hinter den in Nationaltracht gekleideten Sylphiden aufging, das Boot auf dem Fluss, die alte Kirche mit dem Heiligen Petrus als Pförtner, das zweigeteilte Haus. Ich saß in der zweiten Reihe des zweiten Rangs neben der Eingangstüre. Manchmal, in der stillen Stunde, die zwischen den Proben und der Abendaufführung herrscht, setze ich mich an meinen alten Platz und überlasse mich meiner Nostalgie mit dem Gefühl, dass dieser alte und unbequeme Ort mein wirkliches Zuhause ist. Dieser große, in Stille und Halbdunkel getauchte Saal ist – ich muss das nach langem Zögern schreiben – „der Anfang, das Ende und fast alles, was dazwischen liegt". So niedergeschrieben, schwarz auf weiß, sieht das irgendwie dumm und übertrieben aus, aber ich finde keine andere, distanziertere Art, um das auszudrücken: der Anfang, das Ende und fast alles, was dazwischenliegt.

Alf Sjöberg gibt Alf Kjellin und Mai Zetterling, den Hauptdarstellern aus *Die Hörige* (1944), dem ersten Film, der von Bergman geschrieben wurde, Regieanweisungen. An der Kamera sieht man den Aufnahmeleiter Martin Bodin. Daneben beobachtet Stig Järrel, ein weiterer Hauptdarsteller, die Szene.

Alf Sjöberg erzählte einmal, dass er nie ein Lineal benützen oder Maße nehmen müsse, um die Bühnenfläche zu zeichnen, um anschließend das Bühnenbild zu entwerfen. Seine Hand kannte die genauen Maßstäbe.

So blieb er am Dramaten, nachdem er dort als junger und begeisterter Schauspieler debütiert hatte (seine Lehrerin Maria Schildknecht sagte: «Er war ein junger, sehr begabter Schauspieler, aber so verdammt faul, dass er Regisseur wurde"). Er blieb bis zu seinem Tode an demselben Theater, arbeitete zwei oder drei Mal als Gastregisseur an anderen Theatern, aber blieb immer im Hause; dort war er Prinz und Gefangener. Ich glaube, ich habe nie einen Menschen getroffen, der so voller abgrundtiefer und gewaltiger Widersprüche war.

Sein Gesicht war eine Maske, bei der jeder Gesichtszug der Willenskontrolle und einem brutalen Charme unterworfen war. Hinter dieser bewusst konstruierten Fassade vereinten und bekämpften sich gleichzeitig soziale Unsicherheit, intellektuelle Leidenschaft, Selbstkritik und Selbsttäuschung, Mut und Feigheit, makaberer Humor und absolute Ernsthaftigkeit, Milde und Härte, Ungeduld und unendliche Geduld. Wie alle Darsteller spielte er auch die Rolle des Regisseurs, und da er ein talentierter Schauspieler war, gelang ihm das sehr überzeugend.

Ich trat nie in Konkurrenz mit Sjöberg. Am Theater war er mir überlegen: Seine Shakespeare-Interpretationen waren, meiner Meinung nach, perfekt. Ich konnte nichts hinzufügen, er wusste mehr darüber als ich, sein Blick war tiefer gedrungen und er konnte das, was er gesehen hatte, wieder aufleben lassen.

Seine Großzügigkeit stand oft im Gegensatz zu einer kleinlichen und undurchsichtigen Kritik. Damals wusste ich noch nicht, dass er sich von diesem farblosen Gejammere verletzt fühlte.

Was ihn am meisten verletzte war unsere Kulturrevolution in der Zeit der Studentenunruhen. Im Gegensatz zu mir war Sjöberg politisch engagiert und diskutierte leidenschaftlich über das Theater als Waffe. Als das Dramaten zur Zielscheibe der Bewegung wurde, wollte er mit den Jugendlichen auf die Barrikaden gehen. Seine Verbitterung war enorm, als er lesen musste, dass man das Dramaten niederbrennen und Sjöberg und Bergman an der Uhr des Tornberg auf dem Nybroplan aufhängen sollte.

Eines Tages gelingt es vielleicht einem mutigen Gelehrten festzustellen, wie sehr die 68-er Bewegung unserem kulturellen Leben direkt oder indirekt geschadet hat. Das ist möglich, aber unwahrscheinlich.

Frustrierte Revoluzzer klammern sich an ihren Schreibtischen in den Zeitungsredaktionen fest und reden voller Bitterkeit von der "missglückten Erneuerung". Sie begreifen nicht (und wie könnten sie auch), dass ihre Bewegung einer Entwicklung, die nie von ihren Wurzeln getrennt werden darf, einen tödlichen Schlag versetzt hat. In anderen Ländern, in denen es möglich ist, dass sich gleichzeitig verschiedene Meinungen entwickeln, sind die Tradition und die Kultur nicht ausradiert worden. Nur in China und in Schweden wurden die Künstler und die Meister gedemütigt und ausgelacht.

Ich selbst wurde vor den Augen meines Sohnes aus der staatlichen Schauspielschule geworfen. Als ich erklärte, dass die jungen Schauspielschüler sich trotz allem die Techniken der Rezitation aneignen müssten, wenn sie wollten, dass das Publikum von ihren revolutionären Ideen erreicht werden sollte, pfiffen sie mich aus und schwenkten ihr rotes Büchlein, wohlwollend unterstützt von dem damaligen Schuldirektor Niklas Brunius.

Die Jugendlichen organisierten sich schnell und geschickt, eroberten die Aufmerksamkeit der Massenmedien und verbannten uns Alte und Ausgelaugte in eine grausame Isolierung. Was mich betrifft, so erlitt meine Arbeit keinen zu großen Schaden. Ich hatte mein Publikum in anderen Ländern, es gab mir, was ich zum Leben brauchte und hielt meine gute Laune aufrecht. Ich verachtete einen Fanatismus, den ich aus meiner Kindheit kannte: Der Gefühlsmorast war der gleiche, nur die Ereignisse waren andere. Statt frischer Luft erhielten wir Desinformation, Sektierertum, Intoleranz, ängstliche Fügsamkeit und Machtmissbrauch. Das Schema ist immer dasselbe: Die Ideen werden verbürokratisiert und korrumpiert. Manchmal geschieht das schnell, manchmal dauert es hundert Jahre. Bei der 68-er Bewegung geschah alles wahnsinnig schnell. Die in kurzer Zeit entstandenen Schäden waren unglaublich und schwer zu reparieren.

In den letzten Jahren machte Alf Sjöberg große Dinge. Er übersetzte und adaptierte *Mariä Verkündigung* von Claudel, ein unvergessliches Theaterstück. Er inszenierte *Das Leben des Galilei* von Brecht, das er in große Blöcke aufteilte, und schließlich *Schule der Frauen*, lustig, konzentriert und ohne Sentimentalitäten.

Unsere Büros lagen sich im Gang des zweiten Rangs gegenüber und oft trafen wir uns, wenn wir zwischen den Proben und den Besprechungen hin- und herliefen. Manchmal setzten wir uns auf einen wackligen Holzstuhl und diskutierten, tratschten oder fluchten. Es passierte selten, dass einer in das Zimmer des anderen kam, wir trafen uns nie privat, wir saßen einfach nur auf den Holzstühlen, und das manchmal stundenlang.

Noch heute, wenn ich auf dem Weg in mein Zimmer den fensterlosen Gang entlang eile, der voller Gerüche und schwach beleuchtet ist, stelle ich mir manchmal vor, dass wir uns, wer weiß, wieder treffen könnten.

# Bergmans beste Absichten

LASSE BERGSTRÖM

*Lasse Bergström war fast dreißig Jahre lang der Chefredakteur des schwedischen Verlags Norstedts Förlag, der die Werke Bergmans veröffentlicht hat. Außer Kritiker war Bergström auch einer der engsten Freunde Bergmans.*

Börje Ahlstedt und Solveig Ternström in *Peer Gynt* von Ibsen, der 1991 im Königlichen Dramatischen Theater von Schweden und 1993 in der Brooklyn Academy of Music aufgeführt wurde.

Im Alter von 74 Jahren ist Bergman einer der bedeutendsten lebenden Filmemacher, ein kreatives Genie, dessen Magie sich auch auf das Theater, die Oper und das Fernsehen ausdehnt. Aber er ist auch ein sehr reservierter Mensch, der im Laufe der Jahre gelernt hat, sein Privatleben zu schützen. Er ist selten bereit, Interviews zu geben.

Meine außergewöhnliche Gelegenheit, ein Gespräch mit ihm auf Band aufzunehmen ist das Ergebnis einer langen beruflichen Beziehung, die sich mit der Zeit in Freundschaft verwandelt hat. Als wir uns vor fast vierzig Jahren das erste Mal begegneten standen wir auf den entgegengesetzten Seiten der Barrikade: er war ein Filmemacher und ich ein Kritiker. Sein Misstrauen war verständlich. Er war von den schwedischen Kritikern, seinen Landsleuten, so angegriffen worden, dass er sich sogar eine Zeit lang weigerte, seine Drehbücher in seiner Heimat zu veröffentlichen. Am Anfang der Sechziger Jahre wurde ich sein Herausgeber; seither stehen wir in einem andauernden Verhältnis, das sich mit der Zeit vertieft hat.

Vor einigen Jahren haben wir uns in seinem Haus auf Fårö, einer Insel in der Ostsee getroffen, die von der intellektuellen Elite Schwedens als Ort des Rückzugs sehr geschätzt wird, und auf der viele Filme Bergmans gedreht wurden. Unsere Gespräche, die sich über mehr als fünfzig Stunden ausdehnten, lieferten die Grundlage für das Buch Bergmans *Bilder*. Später trafen wir uns nochmal auf Fårö. Das folgende Interview ist das Resultat dieses Treffens.

Fårö ist das Privatreich Ingmar Bergmans, sein persönliches irdisches Paradies. Dort hat er in völliger Isolation fast ein Viertel-Jahrhundert verbracht. Das Haus ist von Blätterwerk umrankt und liegt fast unsichtbar am Rande eines Waldes, oberhalb eines einsamen, steinigen Strandes.

Auch nach seiner Verhaftung und der Demütigung durch das schwedische Finanzministerium, als er beschlossen hatte Schweden zu verlassen und sich nach München ins Exil zu begeben, gelang es ihm nicht, auf Fårö zu verzichten.

„Ich kann verstehen, dass die Leute es eigenartig finden, dass jemand sich plötzlich dazu entschließt, auf einer Insel zu leben, von der sie noch nie etwas gehört haben" gab er zu.

„Wie bist Du auf sie gekommen?", fragte ich.

„Ich fing gerade mit den Dreharbeiten zu *Wie in einem Spiegel* an. Der Film spielt auf einer Insel, und in der ersten Szene sieht man vier Personen, die in der Dämmerung aus dem Meer kommen und am Strand entlanggehen, um so die Geschichte einzuleiten. Ich hatte vor, den Film auf den Orkney-Inseln zu drehen.

Aber nachdem die Orkney-Inseln aus finanziellen Gründen nicht in Frage kamen, fragte mich jemand, nachdem ich einige ergebnislose Ortsbesichtigungen im Archipel von Stockholm unternommen hatte, ob ich jemals auf Fårö gewesen sei".

BERGSTRÖM: War es Liebe auf den ersten Blick?

BERGMAN: Ich war fasziniert und wurde von einem eigenartigen Gefühl gepackt. Während der Drehpausen streifte ich auf der Insel umher, und als ich wenige Jahre später dorthin zurückkehrte, um *Persona* zu drehen, spürte ich plötzlich: Das ist der Ort, an dem ich leben will.

BERGSTRÖM: Kannst du erklären, weshalb?

BERGMAN: Ja, teilweise. Wegen des unaufhörlichen Rauschen des Windes, der Wellen, der Möwen. Die unendliche Weite des Meeres verschafft einem das Gefühl der Zeitlosigkeit, der Unbeweglichkeit, der Sicherheit. Aber es hat auch mit den Proportionen und der archaischen Natur zu tun. Es gibt wenig Grün, wenig Sand, wenige Klippen

Liv Ullman und Elisabeth Vogler in *Persona* (1965).

und Felsen und nicht einmal viel Wald. Aber es gibt von allem etwas, eine Art wunderbare Ausgewogenheit und Harmonie – die niedrigen Steinmauern, die die flache Landschaft durchziehen und die bisweilen nackt und düster erscheinen können, um schließlich im Frühling ganz plötzlich inmitten eines Meeres aus Blüten und Knospen aufzublühen.

Und dann das Licht. Ich kann stundenlang am Fenster sitzen und ganz einfach nur hinaussehen, um das Licht zu betrachten, das sich bewegt und die Farbe ändert.

Zu dieser Zeit arbeitete Bergman bereits intensiv an der Vorbereitung für *Die Bacchantinnen*. Es war seine erste Arbeit für die Oper von Stockholm nach der Aufführung von *Das Leben eines Wüstlings/The Rake's Progress* von Strawinskij aus dem Jahre 1961. Er war direkt nach seinem großen Erfolg mit *Peer Gynt* nach Fårö gekommen. Von Fårö aus hielt er sich über die Gastspiele seiner drei Stücke in New York auf dem Laufenden, die er in Stockholm inszeniert hatte: *Eines langen Tages Reise in die Nacht*, *Nora* und *Fräulein Julie*. Zur gleichen Zeit überarbeitete er das Manuskript seines letzten Buches *Die besten Absichten (Den goda viljan, 1992)* ein Roman, der von der Jugend seiner Eltern und den ersten Jahren ihrer Ehe handelte. Die Verfilmung des Romans *Die besten Absichten* durch Bille August, die zu dieser Zeit das ehrgeizigste Projekt des schwedischen Fernsehens war, hatte 1991 im schwedischen Weihnachtsprogramm einen riesigen Erfolg. Eine verkürzte Kinoversion wurde 1992 beim Festival von Cannes erstaufgeführt.

BERGSTRÖM: Für einen alten Herren, der dasitzt und das Meer betrachtet, hast du eine erstaunliche Menge Arbeit zu bewältigen. Denkst du nicht daran, dass bald der Augenblick kommt, in dem du das Theater aufgibst, so wie du es einst mit dem Film gemacht hast?

BERGMAN: Das mache ich bestimmt. Das ist unbedingt notwendig. Ich freue mich schon auf das, was ich als absolute Freiheit betrachte, nämlich den ganzen Tag in einem Sessel zu sitzen und ein Buch zu lesen, das mir lesenswert erscheint. Oder vielleicht auch einen dicken, schwer lesbaren Wälzer, bei dem ich über das Gelesene nachdenken, unterstreichen und Notizen machen muss. Und dann einen Film anschauen, Spaziergänge machen, Zeitung lesen, etwas schreiben. Auch wenn die Theaterarbeit anregend und abwechslungsreich ist, so beginnt doch der Einsatz, den sie erfordert, für mich etwas zu anstrengend zu werden.

BERGSTRÖM: In letzter Zeit hast du sehr anspruchsvolle Stücke inszeniert, wie zum Beispiel *Peer Gynt* und jetzt die neue Opernfassung von *Die Bacchantinnen*.

BERGMAN: Richtig. Trotzdem mache ich heute nur noch, was mir Spaß macht. Früher habe ich viele Theaterstücke aus rationellen, logischen oder einfach auch aus finanziellen Gründen gemacht. Weil es für das Dramatische Theater von Stockholm oder für den einen oder anderen Schauspieler wichtig war.

BERGSTRÖM: Gibt es nicht auch einen Kompromiss? Du hast mir einmal erzählt, dass du deine Theaterkarriere mit irgendeinem kleinen Stück an einem unbedeutenden Ort mit wenigen, aber jungen und hübschen Schauspielerinnen beenden wolltest.

BERGMAN: Es hat einen großen Vorteil, so viele Jahre am Theater gearbeitet zu haben. Als ich jung war, wurde die Erfahrung hoch geschätzt. Diejenigen, die seit vielen Jahren ihrem Beruf nachgingen und einem viel beibringen konnten, waren sehr gefragt. Aber als beschlossen wurde, dass die Traditionen, das Insichgehen und das Gewissen überhaupt nichts mehr wert waren, gab es diese Haltung nicht mehr. Jetzt sind diejenigen, die Gewissen und Erfahrung haben, auch wenn sie vielleicht schon alt oder müde sind, wieder gefragt, um den jungen Schauspielern behilflich zu sein. Man hat genug von Mystifikation und Gedankenlosigkeit.

BERGSTRÖM: Gibt es einen besonderen Bereich, in dem du glaubst, etwas vermitteln zu können?

BERGMAN: Ich habe kein Programm oder sonst irgendetwas. Trotzdem glaube ich, dass es schön ist, mit jungen Leuten zu arbeiten und zu sehen, wie sie von mir profitieren können.

BERGSTRÖM: Beziehst du dich vor allem auf die Schauspieler?

BERGMAN: Nur auf sie und auf niemand anderen.

BERGSTRÖM: Besteht denn deinerseits nicht auch derselbe Wille, für die jungen Theaterregisseure sozusagen als Zeuge aufzutreten?

BERGMAN: Nein, ich glaube nicht. Es gibt junge Regisseure, die glauben, es sei vorteilhaft, mich in ihrer Nähe zu haben. Sie stimmen mir freundlich zu und scheinen interessiert, aber ich glaube nicht einen einzigen Moment lang, dass ich ihnen nützlich sein könnte.

BERGSTRÖM: Als wir zusammen an *Bilder* arbeiteten, haben wir darüber diskutiert, auf welche Weise die Studentenbewegung von 68, rückblickend betrachtet, Chaos in vielen kulturellen Institutionen verursacht hat. Denkst du, dass die Mystifikation daran schuld ist?

BERGMAN: Das Theater hat dadurch einen irreparablen Schaden erlitten, während beim Film die Marktkräfte die Situation unter Kontrolle halten konnten. Was jedoch das staatlich subventionierte Theater – und natürlich auch die Schulen betrifft – so hat die Kulturrevolution nichts heil gelassen.

BERGSTRÖM: Im literarischen Bereich könnte man mit etwas Übertreibung sagen, dass eine ganze Generation von Dichtern und Schriftstellern verlorengegangen ist.

BERGMAN: Ich glaube, dass es heute, abgesehen von denen, die am Königlichen Dramatischen Theater arbeiten, einige erwachsene Schauspieler gibt, die bedeutende Darsteller hätten werden können, wenn sie die Tradition fortgeführt hätten, aber stattdessen fehlt es ihnen jedoch völlig an Vorbereitung und Ausbildung, so dass es ihnen folglich nie gelungen ist, ihre wahre künstlerische Identität zu finden.

BERGSTRÖM: Es ist eine Art Versuch unternommen worden, die Klassiker zu unterdrücken und auszulöschen, nicht wahr?

BERGMAN: Die Klassiker durften vor allem nicht als solche aufgeführt werden. Sie mussten unbedingt umgeschrieben oder ausgeschlachtet werden, um ausschließlich Gelegenheit für öffentliche Polemiken und private Debatten zu geben. Die Klassiker wurden geschliffen und entwaffnet. Statt die originalen Klassiker mit ihrer explosiven Energie zu zeigen, wurden Anstrengungen unternommen, sie auf verkrüppelte, ausgetrocknete, forciert klare, eindeutige und leicht verständliche Objekte zu reduzieren.

BERGSTRÖM: Seit du aus Deutschland zurück bist, hast du dich bemüht, die Vitalität dieser Klassiker aufzuzeigen.

Liv Ullmann in einer ausdrucksstarken Nahaufnahme aus *Persona* (1965).

Harriet Andersson *(Monika)* und Lars Ekborg *(Harry)* in *Die Zeit mit Monika* (1952).

Eva Dahlbeck in der Rolle der Marianne Erneman, Protagonistin aus *Lektion in Liebe* (1953).

Harriet Andersson als Karin in einer unvergesslichen Rolle in *Wie in einem Spiegel* (1960).

BERGMAN: Ich bin sicher nicht der einzige, der das tut. Zur Zeit herrscht die Tendenz, Theaterstücke so zu inszenieren, wie sie geschrieben wurden, ohne zu versuchen, sie zu verändern oder sie unkenntlich zu machen. Aber es hat viel Zeit gebraucht, um an diesen Punkt zu gelangen. Mindestens zwanzig Jahre.

BERGSTRÖM: Der riesige Erfolg von *Peer Gynt*, sowohl beim Publikum als auch bei den Kritikern müsste dich doch sehr befriedigen.

BERGMAN: Sicherlich, aber es war nicht so fantastisch wie damals, als ich, nachdem ich ans Königliche Dramatische Theater zurückgekehrt war, den *König Lear* von Shakespeare inszenierte, der hundert Mal vor einem vollen Theater aufgeführt wurde. Und das Stück hat noch nie zu den Publikumsfavoriten gezählt.

Als Bergman seinen ersten *Peer Gynt* 1957 in Malmö inszenierte, wurde der Text praktisch nicht verkürzt und die Aufführung dauerte fast fünf Stunden, während der Text der letzten Inszenierung um circa zwanzig Prozent reduziert wurde.

BERGSTRÖM: Jetzt wurde der *Peer Gynt* klug und sinnvoll bearbeitet in Szene gesetzt, nicht so wie in Malmö, wo du dich einfach darauf beschränkt hast, den Text, so wie er geschrieben worden war, auf die Bühne zu bringen.

BERGMAN: Ich glaube, das ist ein Zeichen des Alters. Auch amüsante Texte wie dieser müssen durchdacht werden. Um zu vermeiden, dass die Proben langweilig werden, muss man auch Tricks, Gags und spektakuläre Szenen mit Bedacht einbauen.

BERGSTRÖM: Ich kann mir vorstellen, dass man sich am Beginn der Inszenierungsarbeit langweilen kann, aber im Verlauf der Proben verwandelt sich die Langeweile in Spaß.

BERGMAN: In Wirklichkeit ist es umgekehrt. Das aufregendste ist die Vorbereitung des Theaterstückes. Die Freude, der Spaß, die Träume und das Spiel sind alle in den Szenennotizen enthalten – man verspürt ein wunderbares Gefühl der totalen Freiheit, das machen zu können, was man will. Danach jedoch, wenn man all dies mit dem Text und den Schauspielern vereinbaren muss, dann muss man aufpassen, dass sich das Vergnügen nicht in Langweile verwandelt. Man muss dieses Vergnügen mit äußerster Sorgfalt und großer Aufmerksamkeit im Detail wieder aufleben lassen. Ich muss mich zu Hause an meinen Schreibtisch setzen, die Szene aufzeichnen und versuchen all das, was in meinen Gedanken amüsant und phantasievoll war, in langweilige Pfeile und Nummern umzuwandeln. Danach muss all das wieder den Schauspielern übermittelt und von ihnen aus ihrer eigenen Kreativität heraus wieder interpretiert werden, so dass auch sie ihrerseits das Gefühl der Freiheit, des Vergnügens und der Freude verspüren können. Für mich war die Theaterarbeit stets in zwei Phasen aufgeteilt: Die erste war amüsant und die Zeit verflog im Nu, während die zweite langweilig und pedantisch war.

BERGSTRÖM: Kann es vorkommen, dass die langweilige Phase ihren Schatten auf die amüsante wirft und sie so zerstören kann?

BERGMAN: Nein, sie sind zu unterschiedlich. Und dann verspüre ich auch eine ungeheure Befriedigung, wenn ich merke, dass die Schauspieler Spaß an der Sache haben. Wenn es uns gelingt, während der Proben eine tiefgehende Beziehung aufzubauen, wenn sie mich mit Begeisterung ansehen, weil sie spüren, dass sie auf meiner Wellenlänge sind und dass wir denselben Weg beschreiten, dann weiß ich, dass die ganze schwere und langweilige Arbeit, die ich auf mein Regiebuch verwendet habe, nützlich gewesen ist.

Bei der Inszenierung von *Die Bacchantinnen* hat Bergman besonderen Wert darauf gelegt, den Mitgliedern des Chors

Börje Ahlstedt als Peer Gynt während der Aufführung der Ibsen-Oper im Königlichen Dramatischen Theater von Schweden im Jahr 1991.

Jarl Kulle, der Hauptdarsteller in *König Lear*, der 1984 im Königlichen Dramatischen Theater von Schweden aufgeführt wurde. Er wird von einigen großen Schauspielern des Dramaten umringt, unter ihnen Ewa Froling (zweite von links), die die Rolle der Emilie Ekdahl in *Fanny und Alexander* (1982) gespielt hat.

individuelle Gesichtszüge zu verleihen, im Gegensatz zu den anonymen Masken, die normalerweise in der griechischen Tragödie benutzt werden. Er sah den Chor als eine Gruppe von Terroristen, die sich mit dem Dionysos-Kult identifiziert und in Theben zusammentrifft, um an dem grausamen Gemetzel teilzunehmen.

Bergman ist sogar soweit gegangen, dass er jedem einzelnen von ihnen einen Namen und eine persönliche Geschichte gegeben hat, wobei er sich ihre Reise nach Theben mit Hilfe einer antiken Landkarte vorgestellt hat und sie aus weit entfernten Ländern wie das heutige Afghanistan und Pakistan aufbrechen ließ.

Diese Geschichten haben keinerlei Einfluss auf den Verlauf der Handlung, aber sie dienen Bergman dazu, die einzelnen Personen des Chores dadurch zu charakterisieren.

BERGSTRÖM: Wir haben kürzlich über die absolute Freiheit gesprochen. Du hast jetzt zweifellos die große Gelegenheit, völlig frei zu schreiben.

BERGMAN: Manchmal denke ich an Tomasi di Lampedusa, der den *Leopard* geschrieben hat. Er war ein alter sizilianischer Aristokrat, der in seiner schon ziemlich heruntergekommenen Villa lebte. Jeden Tag nahm er seine Mappe, schritt die Stufen seines Palastes hinab und begab sich in die Trattoria an der Straßenecke. Dort hatte er seinen Tisch, trank seinen Kaffee oder etwas anderes und schrieb anschließend bis zum Mittagessen. So verbrachte er seine Tage und produzierte hunderte von Manuskriptseiten. Ganz offensichtlich hatte er nicht vor, irgendetwas zu veröffentlichen. Das hat für mich etwas besonders Faszinierendes, da ich in meiner ganzen Laufbahn und mein ganzes Leben lang bei meiner Arbeit immer an das Publikum gedacht habe. Jetzt versuche ich, in die Zukunft zu blicken, bis zum nächsten Sommer. Von Mai bis Weihnachten möchte ich hier in Fårö einfach nur so zum Spaß schreiben. Das ist für mich ein neues Gefühl. Ich muss mir keine Sorgen über das machen, was gehört, gesehen oder inszeniert wird.

BERGSTRÖM: Aber ist das nicht einfach eine neue Form der künstlerischen Arbeit? In seinem eigenen Zimmer zu sitzen, weit entfernt von der großen „Maschinerie" der industriellen Kunstproduktion, die dich sonst beschäftigen würde?

BERGMAN: Ich habe immer meine Schriftstellerfreunde beneidet, wenn sie mir sagten: „Ich glaube nicht, dass ich dieses Jahr meinen Roman zu Ende bringe. Ich glaube, ich brauche noch ein weiteres Jahr". Was für ein wunderbares Gefühl der Zeitlosigkeit! Tomasi di Lampedusa war sicher ein glücklicher Mensch. Für mich, der ich jetzt wie ein alter Landadliger auf Fårö leben kann, mit einem abenteuerlichen Leben hinter mir, ist es ein wahres Vergnügen, eine friedvolle Existenz zu planen, in der ich an meinem Schreibtisch sitzend Seite um

Seite schreiben kann, und einfach nur genießen, dass meine Hand über das Papier gleitet. Meine einzige Leserin und Zuhörerin wird meine Frau Ingrid sein, und das ist genau das, was ich will.

BERGSTRÖM: Es gibt viele, die behaupten, dass ein Text einen Sinn hat, wenn er auch nur einen einzigen Leser findet.

BERGMAN: Heute verspüre ich eine große Befriedigung, wenn ich auf alle Angebote antworte, die mir als Filmemacher gemacht werden. Ich kann ganz ehrlich sagen: „Es tut mir leid, aber ich habe mich zurückgezogen. Ich kann mich nicht mehr auf diese Art von Tätigkeit einlassen. Ich bedanke mich für die mir erwiesene Ehre, aber ich habe keine Zeit. Ich habe keine Lust mehr, ich habe keine Lust mehr, dieses Spiel zu spielen".

BERGSTRÖM: In *Die besten Absichten* gibt es so etwas wie „ängstliche" Skrupel gegenüber deiner Autobiographie *Mein Leben*. Du wolltest die Beschreibung deiner Eltern korrigieren, so als hättest du etwas verstanden, was dir noch nicht klar war, als du deine Autobiographie geschrieben hast.

BERGMAN: Es handelt sich um einen viel langwierigeren Prozess. Ich habe angefangen, mit Mama und Papa abzurechnen, als sie noch lebten. Lange Zeit war das Verhältnis zu meinen Eltern neurotisch, irgendwie schrecklich, voll des Hasses und der Unverständnis. Mein Lebensstil, meine Art zu leben und zu ergreifen, was das Leben mir bot, erschreckten sowohl meine Mutter als auch meinen Vater, da sie beide immer ein ganz anderes Leben geführt hatten, das aus strengen moralischen Normen bestand. Die einzige Gemeinsamkeit bestand darin, dass ich seit meiner Kindheit stets von einem schrecklichen Pflichtgefühl verfolgt werde. Das ist etwas, das sie mir mit Erfolg eintrichtern konnten, und es ist immer noch stark vorhanden.

BERGSTRÖM: Aber vielleicht hat das nicht nur seine negativen Seiten, wie du glaubst, oder nicht?

BERGMAN: Für jemanden wie mich, der einen etwas hysterischen Charakter hat, der ständig das Bedürfnis hat, wegzulaufen und sich eine Decke über den Kopf zu stülpen, ist die Peitsche hinter dem Rücken zweifellos etwas Positives. Du darfst nie weglaufen, du darfst nie auch nur versuchen, dich vor deiner Verantwortung zu drücken. Das haben mir meine Eltern in die Wiege gelegt und das habe ich im Blut. Aber das Bild meiner Eltern, das durch alles, was geschrieben wurde, das durch Biographien und Zeitungsartikel über meine unglückliche Kindheit und über meinen schrecklichen Vater an die Öffentlichkeit gebracht wurde – das alles ist nicht wahr. Meine Jugend war unter vielen Aspekten schwierig, aber unter anderen auch reich und lebendig. Ich habe mich nie gelangweilt.

BERGSTRÖM: Aber in deinen Filmen kam immer die düstere Seite zum Vorschein, nicht wahr?

BERGMAN: Ja, sicher, das war der sichtbarste Aspekt, die Hölle des bürgerlichen Lebens und alles, was daraus folgt. Aber dann habe ich *Mein Leben* geschrieben und begonnen, das Bild von Mama und Papa neu zu zeichnen. Eines Tages, als ich eine schwedische Fernsehserie anschaute, habe ich angefangen an ein Thema für eine eigene Fernsehserie zu denken und war durch das Vergnügen ermutigt, das mir das Schreiben von *Szenen einer Ehe* bereitet hatte, eine Serie, die ich einige Jahre zuvor realisiert hatte. Der erste Gedanke, der mir in den Sinn kam, war diese Geschichte über Mama und Papa, über die ich so lange nachgedacht hatte. Ich hatte einige Fotografien aus ihrer Jugend angesehen und begann, sie mit dem in Zusammenhang zu bringen, was ich von ihnen wusste. Es war, als würde ich von einem Eisblock zu einem anderen springen. Einige Dinge, die mir meine Mutter erzählt hatte, einige Dinge, die mir mein Vater erzählt hatte und anderes, das ich aus der Familienchronik kannte. In dem Augenblick, in dem all diese Fragmente begannen, sich ineinanderzufügen, haben sie eine Art Geschichte gebildet. Am Ende von *Mein Leben* gibt es ein Kapitel, in dem ich meine Mutter nach ihrem Tod besuche. Ich glaube nicht, dass es sehr gelungen ist, es konnte nicht besonders funktionieren, da mir noch viel Wissen fehlte, das ich erst später erlangt habe. Heute wäre ich in der Lage, dieses Kapitel sehr viel besser zu schreiben. Heute habe ich Zugang zu den Tagebüchern meiner Mutter und außerdem habe ich *Die besten Absichten* geschrieben – heute weiß und fühle ich sehr viel mehr und besser.

Es hat mir wirklich viel Spaß gemacht, über all diese Dinge nachzuforschen und anschließend zu schreiben. Und im Verlauf der ganzen Arbeit spürte ich, dass ich endlich anfing, meine Eltern kennenzulernen, ihre Wünsche, ihre Verzweiflung, ihre Erfahrung, ihre Güte, ihre Wut und ihre Eifersucht. Ich habe begonnen, sie als zwei Menschen zu sehen. Das war möglich, da ich genau das Produkt meiner Mutter und meines Vaters bin. Es ist fast unglaublich, wieviel von ihnen in mir steckt. Und ich bin sicher, dass du verstehen kannst, dass nach all dem jede Form von Anschuldigung, Groll, Bitterkeit oder auch nur die leise Ahnung, dass sie mein Leben zerstört haben, für immer aus meinen Gedanken gestrichen ist.

BERGSTRÖM: Das muss eine große Erleichterung für dich sein.

BERGMAN: Das ist ein wahrer Segen. Mein Bruder ist unversöhnlich gestorben. Meine Schwester hegt immer noch Zorn. Ich bin ein Privilegierter.

## ZWEITER TEIL

# Bergman aus der Sicht der Regisseure

**S**zenenfoto aus *Die Zeit mit Monika* (1953). Harriet Andersson und Lars Ekborg sind die jungen Hauptdarsteller einer leidenschaftlichen Liebesgeschichte voller Poesie und Melancholie.

# Das Leben wie in einem Spiegel

WOODY ALLEN

*Woody Allen, einer der wichtigsten amerikanischen Filmemacher, hat oft und viel über seine Bewunderung für Ingmar Bergman geschrieben und gesprochen. Unter den zahlreichen Filmen, die Allen gedreht hat, erinnern wir an* Die letzte Nacht des Boris Gruschenko, Der Stadtneurotiker, Manhattan, Innenleben, Hannah und ihre Schwestern, Eine andere Frau, Manhattan Murder Mystery *und* Bullets over Broadway. *Diese Rezension über* Mein Leben, *den Memoiren Bergmans, erschien zum ersten Mal 1988 in der "New York Times Book Review".*

**Die Stimme des Genies!**

"Tag für Tag wurde ich gewaltsam in die Schule geschleppt, ich schrie verängstigt, kotzte auf alles, was ich sah, fiel in Ohnmacht und verlor das Gleichgewicht".

Über die Mutter: "Ich versuchte, sie zu umarmen und zu küssen, aber sie stieß mich von sich und ohrfeigte mich".

Über den Vater: "Es wurde oft mit brutalem Auspeitschen argumentiert". "Er schlug mich und ich schlug zurück. Ich schwankte und viel rücklings auf den Boden". "Papa wurde ins Krankenhaus gebracht, um an einem bösartigen Tumor an der Speiseröhre operiert zu werden. Mama wollte, dass ich ihn besuche. Ich sagte ihr, dass ich weder Zeit noch Lust dazu hätte".

Über den Bruder: "Mein Bruder hatte Scharlach ... (Ich hoffte natürlich, dass er daran stirbt. Damals war das eine gefährliche Krankheit)". "Als mein Bruder die Tür öffnete, schlug ich ihm die Karaffe auf den Kopf. Die Karaffe zerbrach und mein Bruder fiel, aus einer tiefen Wunde blutend, zu Boden. Ungefähr einen Monat später griff er mich ohne Vorwarnung an und schlug mir mit seinen Fäusten zwei Vorderzähne heraus. Ich rächte mich, indem ich sein Bett anzündete, als er schlief".

Über die Schwester: "Mein älterer Bruder und ich schlossen Frieden, obwohl wir gewöhnlich Todfeinde waren, und schmiedeten diverse Pläne, wie wir diese blöde Kuh umbringen könnten".

Über sich selbst: "Mindestens ein oder zwei Mal in meinem Leben habe ich mit dem Gedanken gespielt, mich umzubringen".

Eine religiöse Familie: "Unsere Erziehung basierte zum größten Teil auf den Begriffen Sünde, Beichte, Bestrafung, Verzeihen und Gnade ... das hat vielleicht dazu geführt, dass wir den Nazismus naiv akzeptiert haben".

Und am Schluss die Bilanz des Lebens: "Man wird ohne Zweck geboren, man lebt ohne Sinn ... und wenn man stirbt, ist man ausgelöscht".

Mit einem solchen Hintergrund wird man gezwungenermaßen ein Genie. Entweder man wird es oder man endet kichernd hinter geschlossenen Türen in einem Raum, dessen Wände gütigerweise vom Staat gepolstert wurden.

Meinen ersten Bergman-Film habe ich mir aus einem nicht gerade noblen Grund angesehen. Die Dinge standen so: Ich war ein Junge, der in Brooklyn aufwuchs, und es ging das Gerücht um, dass in unserem Kino, in dem ausländische Filme gezeigt wurden, ein schwedischer Film anlief, in dem man ein Mädchen völlig nackt schwimmen sehen konnte.

Es kam nicht häufig vor, dass ich eine Nacht auf dem Bürgersteig schlief, um der Erste in der Kinoschlange zu sein, aber als *Die Zeit mit Monika* im Jewel-Kino in Flatbush zum ersten Mal gezeigt wurde, konnte man einen rothaarigen Jungen mit einer schwarzumrandeten Brille sehen, der ältere Zuschauer schubste und zu Boden warf, um den besten Platz im Kinosaal zu ergattern.

Ich wusste nicht, wer der Regisseur des Films war, noch hat es mich nur im geringsten interessiert, und noch weniger hatte ich zu dieser Zeit ein Gefühl für den Wert dieses Werkes – seine Ironie, seine dramatische Spannung, sein Stil, der an den deutschen Expressionismus erinnerte, die Poesie der Schwarz-Weiß-Aufnahmen und seine erotische Ausstrahlung, die einen sadomasochistischen Beigeschmack hatte. Als ich das Kino verließ, erinnerte ich mich nur noch an die Szene, als sich Harriet Andersson auszog, und obwohl dies meine erste Begegnung mit einem Regisseur war, den ich später für den besten aller Filmemacher hielt, wusste ich das damals alles noch nicht. Wenige Jahre später, als ich etwas Aufregenderes machen woll-

Eine Szene aus *Einen Sommer lang* (1950). Maj-Britt Nilsson *(Marie)* und Annalisa Ericson *(Kaj)* im Spiegel in ihrem Ankleideraum, wo sie sich auf das Ballett *Schwanensee* von Tschaikovskij vorbereiten.

te, als einen Abend lang Minigolf zu spielen, streifte ich mit meiner Freundin lange auf der Jagd nach einem Film herum, der *Abend der Gaukler* hieß.

Ich war schon ein bisschen größer und begann, mich immer mehr für Filme zu interessieren, weshalb jener Film bei mir einen weit größeren Eindruck hinterließ. Man verspürte wiederum einen deutlichen deutschen Einfluss, und der Höhepunkt des Films bestand aus einer Prügelszene, die an Sadismus grenzte; obwohl das Ereignis nicht ganz deutlich gezeigt wurde, war der Film von einem Regisseur mit einem so außergewöhnlichen Talent gedreht worden, dass ich noch eineinhalb Stunden mit geschwollenen Augen im Saal sitzen blieb. Die Szene, in der der Clown Frost seine Frau zurückholt, eine Schlampe, die nackt im Wasser herumplantscht, um ein paar Soldaten zu amüsieren, war so meisterhaft in der Einstellung, im Rhythmus des Schnitts, in der ausdrucksstarken Darstellung der Demütigung und des Schmerzes, dass man bis zu Eisenstein zurückgehen muss, um eine derartige filmische Ausdruckskraft zu finden. Dieses Mal nahm ich von dem Namen des Regisseurs Notiz, ein schwedischer Name, aber wie so oft archivierte ich ihn und vergaß ihn.

Aber das, was sich für mich als eine wahre Form der Besessenheit für die Filme Ingmar Bergmans erweisen sollte, und die ich mein ganzes Leben lang beibehielt, begann erst am Anfang der Fünfziger Jahre, als ich mit meiner ersten Frau ins Kino ging, um einen Film anzusehen, von dem viel gesprochen wurde und der einen nicht gerade vielversprechenden Titel hatte: *Wilde Erdbeeren*. Ich erinnere mich noch an meinen ausgetrockneten Mund und an mein Herz, das von der ersten mysteriösen Traumsequenz bis zum heiteren Schlussbild wie verrückt klopfte. Wer wird je diese Bilder vergessen können? Die Uhr ohne Zeiger. Der von Pferden gezogene Leichenwagen, der plötzlich stehenbleibt – und dann das blendende Licht der Sonne und der Ausdruck des alten Mannes in dem Moment, in dem er von seiner eigenen Leiche in den Sarg gezogen wird. Man stand ganz eindeutig einem Meister gegenüber, der einen ungeheuer inspirierten Stil hatte; einem Künstler von tiefgründigem Engagement und außerordentlicher Intelligenz, dessen Filme es mit der großen europäischen Literatur aufnehmen konnten. Wenig später sah ich *Der Ritus*, eine mutige Schwarz-Weiß-Umsetzung einiger Ideen Kirkegaards, die unter einer originellen und hypnotisierenden Regie in Form einer okkulten Erzählung auf die Leinwand gebracht wurde. Diese Art der Regieführung erreichte ihren Höhepunkt ein paar Jahre später mit dem traumartigen Film *Schreie und Flüstern*.

Man muss nicht befürchten, dass der Bezug zu Kirkegaard den Film zu kalt oder lehrhaft macht. Wie viele andere Filme Bergmans ist auch *Der Ritus* mit einem Fuß fest im Show-Business verankert.

Denn Bergman ist, abgesehen von all seinen anderen Tugenden – und das ist vielleicht sogar die wichtigste – auch ein großer Mann des Spektakels; ein aufmerksamer Erzähler, der nie vergisst, dass ein Film über die Ideen hinaus, die er als Autor vermitteln will, vor allem dazu dient, beim Publikum Ergriffenheit und Gefühle auszulösen. Bei ihm spürt man stets den Sinn fürs Theatralische. Die Art der Ausleuchtung im gotischen Stil und die stilisierte Komposition der Aufnahmen sind voller Fantasie. Die surrealistische Darstellung von Träumen und Symbolen ist krass. Die Anfangsszene des Films *Persona*, das Abendessen in *Die Stunde des Wolfs* und der Einfall, in *Passion* den Verlauf der Handlung in Intervallen zu unterbrechen, um den Schauspielern Gelegenheit zu geben, dem Publikum zu erklären, was sie mit ihrer Interpretation übermitteln möchten, sind einfach spektakulär.

*Das siebente Siegel* war schon immer mein Lieblingsfilm und ich erinnere mich daran, dass ich ihn zum ersten Mal mit wenig anderen Zuschauern im alten New York Theater gesehen habe. Wer hätte je gedacht, dass ein derartiges Thema der Auslöser für eine positive Erfahrung sein kann? Wenn ich den Film beschreiben und versuchen sollte, einen Freund dazu zu überreden, ihn mit mir anzusehen, wie könnte ich das anpacken? "Gut", würde ich sagen, "er spielt im von der Pest heimgesuchten Schweden des Mittelalters, erforscht die Grenzen des Glaubens und des Verstandes und ist inspiriert von dänischen und deutschen philosophischen Thesen". Nun, das ist nicht gerade das, was man sich unter Unterhaltung vorstellt, und trotzdem wird alles mit so viel Fantasie, Stil und Spannung behandelt, dass man sich bei diesem Film wie ein Kind vorkommt, das ein herzzereißendes und gleichzeitig fesselndes Märchen ansieht.

Die schwarze Gestalt des Todes, die plötzlich am Strand auftaucht, um ihr Opfer zum Appell zu rufen, und der Ritter der Vernunft, der sie zu einer Schachpartie herausfordert, um Zeit zu gewinnen und einen Grund für die Existenz zu finden. Die Erzählung wird immer spannender und nimmt ihren erbarmungslos unvermeidlichen Verlauf. Und dann wieder atemberaubende Bilder! Die Geißelbrüder, die Hexenverbrennung (eines Carl Dreyers würdig), das Finale, bei dem der Tod in einer der unvergesslichsten Szenen der ganzen Filmgeschichte mit den zur Hölle Verdammten tanzt.

Bergman ist schöpferisch, und die Filme, die auf diese ersten Werke folgten, waren reichhaltig und unterschiedlich, da er wie besessen zwischen dem Schweigen Gottes und den quälenden Beziehungen verängstigter Wesen, die versuchen, ihren eigenen Gefühlen einen Sinn zu geben, hin- und herpendelte. (Eigentlich sind die zuvor beschriebenen Filme nicht seine ersten, sondern Werke einer mittleren Phase, da Bergman schon zuvor mehrere Filme gedreht hatte, die wir jedoch nicht gesehen hatten, da sein Stil und sein Name noch unbekannt waren. Diese ersten Filme sind sehr schön, aber auch überraschend traditionell in ihrer Form, was einen wundert, wenn man bedenkt, welchen Weg Bergman später eingeschlagen hat). Sein Einfluss auf das

Isak Borg, meisterhaft von Victor Sjöström dargestellt, muss im Traum das Examen des Lebens ablegen, eine beklemmende Alptraumsequenz aus *Wilde Erdbeeren* (1957).

# Ingmar Bergman

**K**arin, dargestellt von Harriet Andersson, wird in einer Schlüsselszene von *Wie in einem Spiegel* (1960) von ihren Alpträumen und Ängsten gepeinigt.

**W**irtshausszene aus *Die Jungfrauenquelle* (1959).

**G**ruppenfoto auf dem Set von *Schreie und Flüstern* (1971).

**G**ruppenfoto auf dem Set von *Das Gesicht* (1958).

Kino der Fünfziger Jahre gewann an Bedeutung, sobald sein Genie erkannt wurde. Der Einfluss des Deutschen war noch sehr stark spürbar. In seinen Werke erkenne ich Fritz Lang und den Dänen Carl Dreyer wieder. Aber auch Tschechow, Strindberg und Kafka. Ich unterteile seine Filme in die einfach großartigen (*Wie in einem Spiegel*, *Licht im Winter*, *Das Schweigen*, *Die Jungfrauenquelle*, *Passion*, um nur einige zu nennen) und die absoluten Meisterwerke (*Persona*, *Schreie und Flüstern*, *Szenen einer Ehe*, und einige andere, die ich schon zuvor erwähnt habe).

Es gibt auch einige untypische, wie *Schande* und *Fanny und Alexander*, die einen ganz eigenen Charme haben, und auch gelegentliche Fehlgriffe wie *Das Schlangenei* und *Das Gesicht*.

Aber auch in den weniger gelungenen Versuchen Bergmans kann man einige denkwürdige Passagen finden. Zum Beispiel das Kreischen einer Kreissäge, das während einer Bettszene zwischen den Liebenden im Film *The touch/Die Berührung* aus einem Fenster kommt, oder die Szene in der Ingrid Bergman in dem Film *Herbstsonate* ihrer Tochter zeigt, wie ein bestimmtes Präludium auf dem Klavier gespielt werden sollte. Seine misslungenen Filme sind oft interessanter als die gelungenen vieler anderer Regisseure. Ich denke dabei an Filme wie *Aus dem Leben der Marionetten* und *Nach der Probe*.

Ein kleiner Exkurs über den Stil. Der bevorzugte Schauplatz für die Austragung von Konflikten im Film war immer die äußere Welt, die physische Welt. Den Beweis dafür liefern die Stummfilmklamotten, Western, Kriegsfilme und Verfolgungsjagden, Gangsterfilme und Musicals. Aber wie bereits die Freudsche Revolution bestätigt hat, befindet sich der faszinierendste Schauplatz von Konflikten im Inneren, und das Kino musste sich mit dieser Problematik beschäftigen. Die Psyche ist nicht sichtbar. Nachdem die interessantesten und entscheidendsten Schlachten im Herzen und im Geist ausgetragen werden, was kann man da machen? Bergman hat einen Stil entwickelt, der sich mit dem menschlichen Innenleben auseinandersetzt; er ist der einzige Regisseur, der die Kämpfe, die sich im Inneren der Seele abspielen, bis auf den Grund erforscht hat. Erbarmungslos hat er die Kamera auf die Gesichter der Schauspieler und Schauspielerinnen gerichtet, die gegen ihre eigenen Ängste ankämpfen. Man konnte große Darsteller in quälend langen Nahaufnahmen sehen, die weit über das hinausgehen, was die Lehrbücher als korrektes Filmtempo beschreiben. Für ihn waren die Gesichter alles. Nahaufnahmen. Und nochmal Nahaufnahmen. Riesige Nahaufnahmen. Er schaffte Träume und Phantasien und vermischte sie so geschickt mit der Wirklichkeit, dass es ihm nach und nach gelang, das innere Gefühl eines Menschen hervortreten zu lassen. Mit langen Schweigeszenen erzielte er eine ungeheure Wirkung. Der Nährboden der Filme Bergmans unterscheidet sich von denen seiner Zeitgenossen: Er rivalisiert mit den düsteren Stränden der felsigen Insel auf der er lebt. Man könnte sagen, dass er eine Methode gefunden hat, die innere Seelenlandschaft nach außen zu kehren. (Bergman hat einmal

Maj-Britt Nilsson *(Marie)* auf der Suche nach Frieden und Unbeschwertheit auf einer Insel des Archipels von Stockholm in *Einen Sommer lang* (1950).

gesagt, dass er sich die Seele wie eine Membran vorstellt, eine rote Membran, und so hat er sie in *Schreie und Flüstern* dargestellt). Da er die konventionellen Handlungen, die der konventionelle Film fordert, ablehnt, lässt er die Kriege im Innersten einer Person wüten, und setzt sie als gegensätzliche Bewegung zweier feindlicher Heere ins Bild. So wie in *Persona*.

Das hat er alles gemacht, meine Damen und Herren, und noch dazu mit wenig Geld. Bergman ist schnell; seine Filme kosten wenig, und die kleine Gemeinde seiner ständigen Mitarbeiter ist in der Lage, ein absolutes Meisterwerk in der Hälfte der Zeit und für ein Zehntel der Kosten herzustellen, die andere benötigen, um eine nutzlose Zelluloidverschwendung zu produzieren. Außerdem schreibt er seine Drehbücher alleine. Was könnte man mehr von ihm verlangen? Er hat Tiefe, Intelligenz, Stil, Sinn für die Bilder, schöne Aufnahmen, dramatische Spannung, den Instinkt

des Erzählers, er ist schnell, sparsam, schöpferisch, erfinderisch, und einzigartig in der Führung der Schauspieler. Das meine ich, wenn ich sage, dass er der Beste ist. Vielleicht können ihn andere Regisseure in bestimmten Bereichen überflügeln, aber kein anderer ist als Künstler des Kinos so komplett.

Okay, und jetzt kommen wir zu seinem Buch. Es wird viel von Magenproblemen gesprochen.

Aber es ist interessant. Es hat einen anekdotischen, zufälligen Stil. Es ist nicht chronologisch aufgebaut, so wie eine Lebensgeschichte normalerweise sein sollte. Es ist keine Saga über seine Anfänge und wie es ihm allmählich gelungen ist, das schwedische Theater und den schwedischen Film zu dominieren. Die Erzählung dreht sich um sich selbst, geht vor und zurück und hängt augenscheinlich vom Impuls des Autors ab. Eine Sammlung extravaganter Episoden, Reflexionen, Gefühle. Eine eigenartige Geschichte: sie wird von ihm als Jungen erzählt, der in einer Leichenhalle eingesperrt ist und nach und nach von dem nackten Körper einer toten jungen Frau fasziniert wird. Ein Gefühl der Traurigkeit: "Ich und meine Frau sind uns sehr nahe. Der eine denkt und der andere antwortet oder umgekehrt. Ich sehe keinen Grund, unsere Affinität zu beschreiben. Ein einziges Problem ist unlösbar. Eines Tages wird es einen Schlag tun und wir werden getrennt. Und kein freundschaftlicher Gott wird uns in einen Baum verwandeln, um dem Bauernhof Schatten zu spenden". Es sind Dinge ausgelassen worden, über die man unweigerlich hätte diskutieren können. Seine Filme zum Beispiel. Nicht, dass sie gänzlich fehlen, aber sie kommen viel weniger vor, als man hätte erwarten können, wenn man bedenkt, dass er mehr als vierzig gedreht hat. Auch über seine Frauen steht nicht viel in diesem Buch. Und er hat viele gehabt. (Und auch viele Kinder, obwohl sie nur selten genannt werden). Es wird über Liv Ullmann gesprochen, die viele Jahre mit ihm gelebt und die Mutter eines seiner Kinder ist, und die auch eine große Darstellerin in seinen Filmen ist. Dagegen erfährt man wenig über die anderen Schauspieler und Schauspielerinnen seiner Filme.

Also, was enthält dieses Buch? Viele fesselnde Enthüllungen, die sich in der Hauptsache auf seine Kindheit beziehen. Und seine Theaterarbeit. Es ist interessant zu erfahren, dass Bergman jede einzelne Szene eines Theaterstückes selbst zeichnet, bevor er sie auf die Bühne bringt. Und es gibt eine rührende Erzählung über seine Arbeit mit Anders Ek, der in vielen seiner Filme gespielt hatte und der an Leukämie erkrankt war, und wie Ek sich seine eigene Todesangst für die Interpretation einer Figur Strindbergs zunutze gemacht hat. Bergman liebt das Theater. Das Theater ist seine wahre Familie. Die herzliche und liebenswerte Familie aus *Fanny und Alexander* hat in Wirklichkeit nie existiert – über sie wollte er das Theater darstellen. (Das steht nicht im Buch. Das sage ich). Er schreibt auch über seine Krankheiten: "Ich habe an vielen undefinierbaren Krankheiten gelitten und ich habe mich nie wirklich entschieden, ob ich wirklich leben wollte". Oder über seine gestörten Körperfunktionen: "Alle Theater, an denen ich gearbeitet habe, haben mir jederzeit eine eigene Toilette zur Verfügung gestellt".

Er schreibt auch über seinen Nervenzusammenbruch, der auf den Steuerskandal folgte. Das ist ein bestürzendes Kapitel. 1976 wurde Bergman brutal aus einer Theaterprobe geholt und auf die Polizeiwache gebracht, wo ihm vorgeworfen wurde, dass er dem Staat wegen Steuerhinterziehung Geld schulde. Es ging in etwa darum, dass man, wie so häufig, einen Steuerberater beauftragt, sich darauf verlässt, dass er seine Arbeit zuverlässig und absolut durchschaubar ausführt, und dann merkt, dass man gutgläubig Dokumente unterschrieben hat, ohne zu verstehen, um was es sich handelt oder ohne sie überhaupt gelesen zu haben. Die Tatsache, dass er völlig unschuldig war und ein nationales Gut darstellte, hinderte die Behörden nicht daran,

L iv Ullmann *(Elisabeth Vogler)* ist die von Ängsten gequälte Hauptfigur aus *Persona* (1965).

ihn mit Härte und Arroganz zu behandeln. Das Ergebnis war ein Nervenzusammenbruch, Einlieferung ins Krankenhaus und eine freiwillige Auswanderung nach Deutschland, die von tiefen Gefühlen des Zorns und der Demütigung begleitet war.

Kurz und gut, das Bild das man bekommt, ist das einer äußerst emotionalen Person, die sich schwer tut, sich an diese eisige und grausame Welt anzupassen, die jedoch in der Arbeit äußerst ernsthaft und produktiv ist und natürlich ein Genie im Bereich der dramatischen Künste.

Bergman kann sehr gut schreiben, und man ist oft betroffen und gerührt von seinen Beschreibungen. Ich persönlich habe jede Seite verschlungen, aber das hat nichts zu bedeuten, da ich schon immer ein großes und besonderes Interesse für diesen Künstler gehegt habe. Für mich war es schwierig, die Tatsache anzuerkennen, dass er schon über siebzig Jahre alt war. In diesem Buch erinnert er sich, wie er als Zehnjähriger eine *Laterna magica* geschenkt bekommen hatte, die Schatten auf die Wand warf. Durch sie entstand in ihm die große Liebe für das Kino, die durch ihre Intensität und tiefen Gefühle so rührend ist. Jetzt ist Bergman ein weltweit bekannter Autor, jetzt, wo er sich zurückgezogen hat, schreibt er noch solche Dinge: «Mein Stuhl ist bequem, das Zimmer ist abgeschirmt, es wird dunkel und nun erscheint auf der weißen Wand das erste, wacklige Bild. Es ist stumm. Der Projektor surrt kaum hörbar in dem gut isolierten Projektionsraum. Die Schatten bewegen sich, kommen auf mich zu, wollen, dass ich mich ihrem Schicksal annehme. Es sind sechzig Jahre seither vergangen, aber die Erregung ist immer dieselbe".

# Ingmar Bergman

FRANÇOIS TRUFFAUT

*Neben seiner brillanten Kinokarriere, die in Filmen wie* Sie küssten und sie schlugen ihn, Schießen Sie auf den Pianisten, Jules und Jim, Die amerikanische Nacht *und* Die letzte Metro *gipfelte, war François Truffaut auch als Filmkritiker hoch angesehen. Er arbeitete an den* „CAHIERS DU CINÉMA", *der berühmten Zeitschrift der Nouvelle Vague mit, in der die folgenden Artikel, der erste 1958 und der zweite 1973, herausgegeben wurden.*

## Das Werk Bergmans

Wie man weiß, ist Ingmar Bergman, der dieses Jahr seinen vierzigsten Geburtstag feiert, der Sohn eines protestantischen Pastors. Bevor er 1945 begann, Filme zu drehen, schrieb er Dramen, Romane und leitete vor allem eine Theatergruppe, was er heute immer noch tut. Er hat in Stockholm verschiedene Werke von Anouilh, Camus und auch einige französische und skandinavische Klassiker inszeniert.

Diese intensive Arbeit hat ihn nicht daran gehindert, neunzehn Filme in dreizehn Jahren zu drehen, und das außergewöhnlichste daran ist, dass er sie im allgemeinen ganz alleine geschrieben hat: die Drehbücher, die Dialoge, die Regie. Von diesen neunzehn Filmen wurden nur sechs in den kommerziellen Kinos gezeigt: *Es regnet auf unsere Liebe, Die Zeit mit Monika, Das Lächeln einer Sommernacht, Abend der Gaukler, Das siebente Siegel* und *Einen Sommer lang*. Dank der Preise, die Bergman in den letzten drei Jahren auf den verschiedenen Festivals erhalten hat, und dank des Erfolges, den seine Filme bei dem immer zahlreicheren Publikum der Kinos für „Kunstfilme" (achtzehn in Paris) erzielen, werden einige seiner älteren Werke als Erstaufführung in der nächsten Saison gezeigt werden. Meiner Meinung nach werden die Filme, die einen ähnlichen Erfolg wie *Das Lächeln einer Sommernacht* verbuchen können, *Lektion in Liebe* (spritzige Komödie à la Lubitsch), *Sehnsucht der Frauen* und *Frauenträume*, ebenfalls eine Komödie, allerdings mit bitterem Beigeschmack, sein. Zwei weitere Filme, die anspruchsvoller aber sehr unterschiedlich sind, könnten es mit *Abend der Gaukler* aufnehmen: *Gefängnis* – der die Geschichte eines Kinoregisseurs erzählt, der von seinem alten Mathematiklehrer den Vorschlag bekommt, einen Film über die Hölle zu drehen – und vor allem *Durst*, in dem es einem schwedischen Ehepaar auf einer Reise durch das zerstörte Nachkriegsdeutschland bewusst wird, wie unterschiedlich ihre Ansichten sind.

Ingmar Bergman gilt zur Zeit in Schweden als der wichtigste nationale Filmemacher, aber das war nicht immer so. Seinen ersten Kontakt zum Kino hatte er, als er das Drehbuch für *Die Hörige* schrieb, das von Sjöberg verfilmt wurde, dem Regisseur, der Strindbergs *Fräulein Julie* auf die Leinwand brachte. Es handelte sich um „Krämpfe", die ein Lateinlehrer mit dem Spitznamen Caligula bei seinen Schülern auslöste. (Kurz zuvor hatte Bergman *Caligula* von Camus inszeniert). Ein Jahr später drehte Bergman seinen ersten Film *Krise*, der die traurige Geschichte eines Mädchens erzählt, um das sich seine leibliche und seine Adoptivmutter streiten. Dann folgten *Es regnet auf unsere Liebe, Hafenstadt* und so weiter.

Die ersten Filme Bergmans erregten Aufsehen wegen ihres Pessimismus und ihrem umstürzlerischen Geist. Es handelte sich fast immer um ein junges Pärchen, das sein Glück in der Flucht vor der bürgerlichen Gesellschaft suchte. Diese ersten Werke kamen im allgemeinen nicht sehr gut an. Bergman wurde wie ein subversiver, blasphemischer und aufrührerischer Schuljunge behandelt.

Der erste Film, der ihm eine positive Kritik einbrachte, war *Musik im Dunkeln*: Es ist die Geschichte eines Pianisten, der während des Militärdienstes sein Augenlicht verliert und deshalb, als er in das Zivilleben zurückkehrt, alle Vorurteile aufgrund seiner Behinderung ertragen muss bis ihn eines Tages ein Nebenbuhler in einem Wutanfall verprügelt und er verrückt vor Freude ist, weil ihn endlich jemand als normalen Menschen behandelt hat. Bergman wurde bereits hochgeschätzt als 1951 die schwedische Filmindustrie in eine Krise geriet; in jenem Jahr wurde kein einziger Film produziert und Bergman drehte neun Werbekurzfilme für eine Seifenmarke, um sich über Wasser zu halten.

Im Jahr darauf nahm er seine wahre Arbeit mit noch größerem Eifer wieder auf und drehte einen seiner besten Filme: *Sehnsucht der Frauen*, der eventuell durch den Film *Ein*

Gunnar Björnstrand *(Doktor David Erneman)* und Yvonne Lombard *(Suzanne)* bei Außenaufnahmen zu *Lektion in Liebe* (1953).

*Brief an drei Frauen (A Letter to Three Wives*, 1949) von Joseph Mankiewicz beinflusst wurde. Andererseits sind die Werke Bergmans die eines geborenen Filmemachers. Als er sechs Jahre alt war verbrachte er seine Freizeit damit, einen kleinen Projektor in Gang zu bringen, durch den immer wieder dieselben Filme liefen. In *Gefängnis* zitiert er liebevoll diese Kindheitserinnerung, indem er einen Filmfan zeigt, der in der Getreidescheune einen alten Komikfilm projiziert, in dem sich im Zeitraffertempo einer im Nachthemd, ein Polizist und der Teufel gegenseitig verfolgen. Im Moment besitzt Bergman eine private Cinemathek mit hundertfünfzig Filmen im 16 mm Format, die er manchmal seinen Mitarbeitern und Schauspielern vorführt.

Bergman hat viele amerikanische Filme gesehen und ist scheinbar von Hitchcock beinflusst worden; wenn man *Durst* sieht, wird man unweigerlich an *Verdacht (Suspicion*, 1941) und an *Endlich sind wir reich (Rich and Strange*, 1932) erinnert, und zwar durch die Art des Dialogs zwischen einem Mann und einer Frau, der sich über kleine, fast unmerkliche und sehr wahrheitsgetreue *Gesten* abspielt und vor allem auf einem Spiel präziser und stilisierter Blicke basiert. Außerdem hört Bergman ab 1948 – dem Jahr, in dem *Cocktail für eine Leiche (Rope)* von Hitchcock herauskam – auf, die Einstellungen zu zerstückeln, und bemüht sich der Kamera und den Darstellern mehr Bewegungsfreiheit zu geben und die wichtigen Szenen kontinuirlich zu filmen.

Im Gegensatz zu Juan Bardem, dessen Filme jeweils von einem anderen Filmemacher beeinflusst wurden, und dem es daher nicht gelang, seiner Arbeit eine persönliche Note zu verleihen, assimiliert Bergman auf perfekte Weise all das, was er an Cocteau, Anouilh, Hitchcock und dem klassischen Theater bewundert.

Wie schon bei Renoir und Ophüls konzentrieren sich die Werke Bergmans auf die Frauen, aber das was ihn mehr mit Ophüls als mit Renoir verbindet ist, dass der Autor von *Abend der Gaukler* eher den Blickwinkel der weiblichen als den der männlichen Personen einnimmt. Genauer gesagt, Renoir fordert uns auf, seine Heldinnen durch die Augen ihrer männlichen Partner zu sehen, während Ophüls und Bergman die Tendenz haben, uns die Männer vorzuführen, wie sie sich im Blick der Frauen spiegeln. Das wird besonders deutlich in dem Film *Das Lächeln einer Sommernacht*, in dem die Männer sehr stereotyp sind, während die Frauengestalten sehr sorgfältig charakterisiert sind.

Ein schwedischer Schriftsteller hat einmal geschrieben: «Bergman weiß mehr über die Frauen als die Männer", und Bergman hat darauf geantwortet: «Alle Frauen beeindrucken mich: alte, junge, große, kleine, dicke, dünne, fette, schwere, leichte, hässliche, schöne, faszinierende, plumpe, lebendige oder tote. Ich liebe auch Kühe, weibliche Kälber, Säue, Hündinnen, Affenweibchen, Hühner, Gänse, Truthennen, Nilpferdweibchen und Mäuseweibchen. Aber die Kategorien der Frauen, die ich am meisten schätze, sind die wilden Bestien und die perfiden Reptilien. Es gibt Frauen, die ich hasse. Ich möchte eine oder zwei umbringen oder mich von ihnen umbringen lassen. Die Welt der Frauen ist mein Universum. Es ist möglich, dass ich mich ungeschickt darin bewege, aber kein einziger Mann kann behaupten, dass er völlig damit zu Rande kommt".

Es wird immer mehr über Bergman geschrieben, und das ist gut so. Die Kritiker, die sich nicht darauf beschränken, über den tiefen Pessimismus des Bergmanschen Werkes zu schimpfen, gehen im allgemeinen einen Schritt weiter und analysieren seinen Optimismus; und alles ist wahr, sofern man in allgemeinen Ausdrücken über dieses Werk spricht, denn Bergman liebt die Wahrheit. Und deshalb geht es stur in alle Richtungen. Der folgende Satz, der aus einem Dialog aus *Das Lächeln einer Sommernacht* stammt, spiegelt ziemlich genau eine wohlwollende und etwas mechanische Philosophie à la Audiberti wieder: «Das, was uns schließlich zur Verzweiflung bringt, ist, dass man kein einziges Lebewesen vor einem einzigen Moment des Leidens schützen kann".

Die ersten Filme Bergmans handeln von gesellschaftlichen Problemen; in einer zweiten Phase wird die Analyse persönlicher, eine reine Durchleuchtung des Innenlebens seiner Figuren; einige Jahre später wird er sich in *Abend der Gaukler* und in *Das siebente Siegel* mit moralischen und metaphysischen Problematiken auseinandersetzen. Dank der Freiheit, die ihm seine schwedischen Produzenten lassen (die praktisch alle seine Filme in den skandinavischen Ländern herausgebracht haben), hat Bergman alle verschiedenen Phasen hinter sich gelassen und in zwölf Jahren einen kreativen Zyklus durchlaufen, der vergleichbar ist mit dem, den Hitchcock und Renoir in dreißig Jahren geschaffen haben.

Es ist viel Poesie in den Filmen Bergmans, aber das merkt man erst später. Das Essentielle liegt eher in der Suche nach der Wahrheit, die immer ergiebiger wird. Die Stärke Bergmans liegt

**D**ie Hauptpersonen aus *Lektion in Liebe* stellen sich zu einem Gruppenfoto auf: unter ihnen Eva Dahlbeck, Gunnar Björnstrand und Harriet Andersson.

**B**irger Malmsten *(Martin Lobelius)* und Maj-Britt Nilsson *(Marta)*, die Hauptdarsteller einer Episode aus *Sehnsucht der Frauen* (1952).

**E**va Henning *(Rut)* und Birger Malmsten *(Bertil)* sitzen sich bei ihrer verhängnisvollen Zugfahrt in *Durst* (1949) gegenüber.

**E**va Henning und Birger Malmsten in einer Schlüsselszene aus *Durst*: das Auseinanderbrechen eines Paars, das miteinander abrechnet.

**S**zenenfoto aus *Durst* (1949). „Durst", schrieb Bergman, „beweist eine respektable filmische Vitalität. Ich beginne, meinen eigenen Stil beim Filmemachen zu finden. Ich bin dieser dummen Kamera Herr geworden. Es ist mir im wesentlichen gelungen, sie das machen zu lassen, was ich will. Und jedes Mal war es ein Triumph".

Lars Ekborg und Harriet Andersson in einer Liebesszene aus *Die Zeit mit Monika* (1952).

schen und Gott behandelt, uninteressant ist". Dieser Satz definiert sehr gut seine Absichten in *Das siebente Siegel*, dem ich jedoch *Dem Leben nahe* vorziehe. *Das siebente Siegel* ist eine Meditation über den Tod. *An der Schwelle des Lebens* ist eine Meditation über die Geburt. Das ist dasselbe, denn beide handeln vom Leben.

Die Handlung von *An der Schwelle des Lebens* spielt in einer Frauenklinik in einem Zeitraum von vierundzwanzig Stunden. Ich könnte die Handlung und den Geist des Filmes nicht besser zusammenfassen als Ulla Isaksson, die ihn zusammen mit Bergman geschrieben hat:

«Das Leben, die Geburt, der Tod sind Geheimnisse, Geheimnisse, von denen es abhängt, ob jemand leben darf oder zum Tod verurteilt ist. Wir können den Himmel und die Wissenschaft mit Fragen bombardieren. Alle Antworten reduzieren sich auf eine. Während das Leben weitergeht und den Lebenden Freude und Ängste bereitet. Es ist die Frau, die sich nach Zärtlichkeit sehnt und deren Erwartungen enttäuscht werden, die ihre Sterilität akzeptieren muss. Es ist die Frau voller Leben, der man verweigert, das Kind zu sehen, das sie so leidenschaftlich erwartet hat. Es ist das junge, unerfahrene Mädchen, das plötzlich von der Überraschung des Lebens überwältigt wird und sich auf einen Schlag zwischen der Menge der Gebärenden befindet. Das Leben berührt sie alle, ohne Fragen zu stellen, ohne Antworten zu geben: es geht seinen Weg ununterbrochen weiter, neuen Geburten entgegen; neuem Leben entgegen. Nur die Männer stellen Fragen".

in erster Linie in der Führung seiner Schauspieler. Er verteilt die Hauptrollen seiner Filme an fünf oder sechs seiner Lieblingsschauspieler, wobei es ihm gelingt, sie von einem Film zum nächsten unkenntlich zu machen, indem er ihnen oft ganz gegensätzliche Rollen gibt. Er entdeckte Margit Carlqvist in einem Hemdengeschäft und Harriet Andersson im Vorprogramm einer Provinzrevue, wo sie in schwarzen Strümpfen sang. Er verlangt sehr selten von seinen Schauspielern eine Szene nochmal zu drehen und er ändert keine einzige Zeile seiner Dialoge, die er ohne ein vorgefertigtes Konzept aus dem Handgelenk schüttelt.

Wenn einer seiner Filme beginnt, hat der Zuschauer das Gefühl, dass selbst Bergman beim Drehen der ersten Szene noch nicht weiß, wie die Geschichte enden wird, und vielleicht ist dem auch wirklich so. Man hat auch, wie bei fast allen Filmen Renoirs, das Gefühl, dass man der Realisierung beiwohnt, dass man den Film in der Phase seiner Entstehung sieht, fast, als würde man mit dem Regisseur zusammenarbeiten.

Der beste Beweis für den Erfolg Bergmans ist – meiner Meinung nach – seine Fähigkeit, uns seine Figuren, die in seiner Phantasie entstanden sind, mit Gewalt aufzudrängen. Seine Dialogszenen sind natürlich, eloquent und haben einen "vertrauten" Ton. Bergman zitiert häufig O'Neill und denkt wie er, dass «jede dramatische Kunst, die nicht das Verhältnis zwischen dem Men-

Im Gegensatz zu *Das siebente Siegel*, das von mittelalterlichen Kirchenfenstern inspiriert ist und mit vielen pittoresken Effekten ausgestattet ist, ist *An der Schwelle des Lebens* mit außerordentlicher Schlichtheit gedreht worden. Der Hintergrund ist immer zweitrangig im Gegensatz zu den drei Heldinnen, genauso wie die Regie Bergmans gegenüber dem Drehbuch Ulla Isakssons in den Hintergrund getreten ist. Eva Dahlbeck, Ingrid Thulin und vor allem Bibi Andersson sind aufgrund ihrer Präzision und ihrer Gefühle bemerkenswert. In diesem Film, dessen Elemente alle auf Klarheit ausgerichtet sind, gibt es keine musikalische Untermalung. Es ist auffällig, dass in den letzten Filmen Bergmans jeder unnötiger Flitter völlig fehlt. All diejenigen, die auf die Welt gekommen sind und leben, können ihn verstehen und schätzen. Ich glaube, dass es Ingmar Bergman gelingt, ein riesiges Publikum in der ganzen Welt gerade deswegen in seinen Bann zu ziehen, da er sich mit dieser verblüffenden Einfachheit ausdrückt.

### Schreie und Flüstern

Er beginnt wie *Die drei Schwestern* von Tschechow und endet wie *Der Kirschgarten* und dazwischen ist sehr viel Strindberg. Es geht um den Film *Schreie und Flüstern*, dem letzten Film Bergmans, der seit vielen Monaten einen großen Erfolg in London und New York hat und der letzte Woche auf dem Festival von Cannes großes Aufsehen erregt hat.

Im September wird er in Paris herauskommen. *Schreie und Flüstern*, der einstimmig als Meisterwerk gilt, versöhnt Ingmar Bergman mit dem großen Publikum, das ihn seit seinem letzten Film *Das Schweigen* ignoriert hat.

Trotz allem existieren in der Filmgeschichte der Nachkriegszeit wenige Werke, die so einheitlich und konsequent sind, wie die von Bergman.

Zwischen 1945 und 1972 hat er dreiunddreißig Filme gedreht. Seit er 1956 in Cannes mit *Das Lächeln einer Sommernacht*, seinem sechzehnten Film, großen Erfolg hatte, ist sein Name allen geläufig.

Zehn Jahre zuvor wurde der erste Film Bergmans, der in Frankreich gezeigt wurde, nur von einem einzigen Kritiker bemerkt, André Bazin, der dem jungen schwedischen Regisseur dazu beglückwünschte, dass es ihm gelungen sei «eine Welt voller blendender filmischer Reinheit wieder auferstehen zu lassen" (Rezension über *Schiff nach Indialand* im „L'Ecran Français", September 1947).

Ab 1957 sind fast alle Filme Bergmans in Frankreich erschienen, wenn auch nicht in der richtigen Reihenfolge; die bekanntesten sind: *Abend der Gaukler*, *Das siebente Siegel*, *Wilde Erdbeeren*, *Die Jungfrauenquelle*, *Das Schweigen* und *Persona*. Die wahrscheinlich beeindruckendsten sind *Einen Sommer lang*, *Licht im Winter* und *Der Ritus*. Sprechen wir über *Der Ritus*.

In den letzten Wochen wurde in Paris dieser außergewöhnliche Film gezeigt, den Bergman vor fünf Jahren in schwarz-weiß für das schwedische Fernsehen gedreht hat. Der Saal des Studio Galande ist klein und die achtzig Zuschauer, die ihn tagtäglich

L iv Ullmann *(Maria)* und Erland Josephson *(David, der Arzt)* in der Ehebruchszene aus *Schreie und Flüstern* (1971).

Die Ernüchterung Monikas, dargestellt von Harriet Andersson, nach ihrem Traum von der Sommerliebe in *Die Zeit mit Monika* (1952).

bis auf den letzten Platz füllten, reichten nicht aus, um die Kosten der Vorführung zu decken. Dummerweise wurde *Der Ritus* einen Tag bevor Bergman nach Cannes kam, wo man ihn seit fünfzehn Jahren erwartete, aus dem Programm genommen. Daß man *Der Ritus* letzte Woche abgesetzt hat, ist ein bisschen so, wie wenn man die Bücher eines Schriftstellers an dem Tag aus der Auslage der Buchhandlungen nimmt, an dem er den Prix Goncourt gewinnt. Was für eine Schande! Eine Schande, an der auch die Pariser Kritiker teilweise schuld sind. *Der Ritus*, ein Film von außergewöhnlicher innerer Gewalt, erzählt davon, dass drei Schauspieler einen Richter, d.h. einen Kritiker, zum Tode verurteilen, und es ist ungewöhnlich, dass die Presse beschlossen hat, diesen Film zu ignorieren.

Bergman ist stur und scheu. Er widmet sein Leben dem Theater und dem Kino, er fühlt sich nur glücklich, wenn er im Kreis seiner Schauspielerinnen arbeitet, und es wird nicht leicht einen Film Bergmans geben, in dem keine Frauen vorkommen. Ich stelle ihn mir eher feminin als feministisch vor, denn in seinen Filmen werden die Frauen nicht aus dem männlichen Gesichtspunkt heraus dargestellt, sondern mit tiefem Mitgefühl und extremer Feinheit gezeichnet, während die männlichen Gestalten stereotyp sind.

Statt die Zeit zu raffen, wie es die meisten zeitgenössischen Regisseure tun, die aus einem vierstündigen Thema einen eineinhalbstündigen Film drehen, besteht die Handlung bei Bergman aus einer kurzen Erzählung: wenige Personen, wenig Handlung, wenige Szenen, begrenzte Zeit, und jeder seiner Filme – es ist interessant, sie alle zusammen in einer Filmreihe, einer Werkschau oder bei einem Festival zu sehen – wird wie zu einem Bild in einer Ausstellung. Es gibt tatsächlich „Bergman-Perioden". Seine aktuelle Periode scheint eher physisch als metaphysisch zu sein, der bizarre Titel *Schreie und Flüstern* geht einem nicht mehr aus dem Sinn, wenn man aus dem Film kommt, in dem geschrien und geflüstert wird.

Bergman hat drei Lehren: freier Dialog, radikale Reinheit der Bilder und absolute Vorrangstellung des menschlichen Gesichtes. Was den freien Dialog angeht, so ist der Filmtext kein literarisches Werk, sondern er besteht aus einfachen, ehrlichen Worten, ausgesprochenen und verschwiegenen, aus Geständnissen und Vertraulichkeiten. Diese Lehre hätten wir auch von Jean Renoir erhalten können, und doch zeigt sie sich uns überraschenderweise viel deutlicher über eine fremde und filmisch jungfräuliche Sprache. Das ist nach *Einen Sommer lang* eingetreten, dem Film unserer Ferien, unserer zwanzig Jahre, unserer ersten Erfahrungen in der Liebe. Während der Vorführung eines Bergman-Filmes werden unsere Sinne stark in Anspruch genommen. Unsere Ohren hören die schwedische Sprache, die für uns wie Musik oder auch wie eine dunkle Farbe ist, und unsere Augen lesen die Untertitel, die die Dialoge entweder vereinfachen oder verstärken. Wenn jemand die mexikanischen oder spanischen Filme Buñuels mit den in Frankreich gedrehten vergleichen würde, hätte er die Gelegenheit, über dieses Phänomen der sozusagen "verschobenen" Kommunikation nachzudenken.

Kommen wir nun zur Reinheit der Bilder. Es gibt Regisseure, die den Zufall in die Bilder treten lassen – die Sonne, Fußgänger, ein Fahrrad (Rossellini, Lelouch, Huston) – und es gibt jene, die jeden Zentimeter der Einstellung kontrollieren wollen (Eisenstein, Lang, Hitchcock). Bergman hat wie die ersteren angefangen und dann seine Einstellung geändert; in seinen letzten Filmen läuft Ihnen nicht mehr zufällig ein Fußgänger über den Weg, Ihr Blick wird nicht mehr von einem für die Szene unbedeutendem Gegenstand oder von einem Vogel im Garten abgelenkt. Auf der weißen Leinwand befindet sich nichts anderes, als das, was Bergman (nüchtern wie alle wahren Filmemacher) zeigen will.

Das menschliche Gesicht. Es gibt niemanden, der sich ihm so nähert, wie Bergman. In seinen letzten Filmen gibt es nichts anderes als sprechende Münder, zuhörende Ohren und Augen, die Neugier, Verlangen oder Panik ausdrücken.

Hören Sie den verliebten Worten Max von Sydows zu, die er an Liv Ullmann in *Die Stunde des Wolfs* richtet. Dann achten Sie auf die Worte des Hasses, die sich dasselbe Paar zwei Jahre später in *Passion* entgegenschleudert. Sie hören dabei dem autobiographischsten Regisseur zu, den es heute im Kino gibt.

Sein bösester Film heißt *Ach, diese Frauen*. Er ist voller Ironie, wenn man bedenkt, dass das beste seiner Arbeit darin bestand, das oft verborgene Talent jeder seiner Schauspielerinnen, mit denen er arbeiten wollte, zu enthüllen: Maj-Britt Nilsson, Harriet Andersson, Eva Dahlbeck, Gunnel Lindblom, Ingrid Thulin, Bibi Andersson, Liv Ullmann; sie sind weder Kätzchen noch Puppen, sondern Frauen, echte Frauen. Bergman filmt ihre Blicke, die in ihrer Härte und ihrem Leid immer intensiver werden. Das Ergebnis sind wunderbare Filme, die so einfach sind, wie Guten Tag zu sagen – wie die von Renoir. Aber ist es wirklich so einfach, Guten Tag zu sagen?

Ingmar Bergman, der mit den Hauptdarstellern von *Ach, diese Frauen* für ein Foto posiert, verabschiedet sich zufrieden am Ende der Dreharbeiten mit diesem Gruppenfoto, auf dem Jarl Kulle, Georg Funkquist, Allan Edwall, Eva Dahlbeck, Karin Kavli, Harriet Andersson, Gertrud Fridh, Bibi Andersson, Barbro Hiort af Ornäs und Mona Malm ins Objektiv lächeln.

# Bergmanorama

## JEAN-LUC GODARD

*Jean-Luc Godard, ein Regisseur der Nouvelle Vague der Sechziger und Siebziger Jahre, hat viele Artikel für die «CAHIERS DU CINÉMA" geschrieben, darunter den folgenden, der 1958 veröffentlicht wurde. Zu den bekanntesten seiner Filme aus der Nouvelle-Vague-Periode zählen* Außer Atem, Lemmy Caution gegen Alpha 60 *und* Weekend.

Es gibt vier oder fünf Filme in der Fillmgeschichte, die man nur mit diesen Worten beschreiben kann: "Das ist der schönste Film der Welt!". Es gibt kein besseres Lob. Filme wie *Tabu* (1931) von Murnau/Flaherty, *Liebe ist stärker* (1955) von Rossellini und *Die goldene Karosse (Le Carrosse d'or,* 1948) von Jean Renoir benötigen keine langen Reden. Wie Seesterne, die sich öffnen und schließen, sind sie in der Lage sich zu öffnen, um anschließend die Geheimnisse einer Welt zu vebergen, die nur sie besitzten, und die sie gleichzeitig auf mysteriöse Weise reflektieren können. Sie besitzen die einzige Wahrheit. Tief begraben in ihrem tiefsten Inneren, obwohl sie ständig der ganzen Welt auf der Leinwand ausgesetzt sind.

"Das ist der schönste Film der Welt!" besagt alles. Warum? Weil es so ist und Schluss. Nur das Kino kann sich selbst mit einer solch kindlichen Einfachheit ausdrücken, ohne falsche Bescheidenheit. Warum? Weil es Kino ist. Und das Kino genügt sich selbst. Um die Verdienste von Wells, Ophüls, Dreyer, Hawks, Cukor und sogar Vadim zu loben, genügt es zu sagen: "Das ist Kino!". Wir könnten dasselbe sagen, auch wenn wir sie mit den bedeutenden Künstlern der vergangenen Jahrhunderte vergleichen würden.

Im Gegensatz dazu ist es schwierig, sich einen Kritiker vorzustellen, der den letzten Roman Faulkners lobt, indem er sagt: "Das ist Literatur", oder Strawinsky oder Paul Klee mit den Worten "Das ist Musik" oder "Das ist Malerei". Noch undenklicher ist es, sich mit diesen Worten auf Shakespeare, Raffael oder Mozart zu beziehen. Was die Verleger angeht, so würde es

Anders Ek als Frost, der weiße Zirkusclown, und Gudrun Brost als seine Frau Alma in einer dramatischen Szene aus *Abend der Gaukler* (1953).

M aj-Britt Nilsson *(Marie)* tanzt im Ballett *Schwanensee* von Tschaikovskij, der Schlusszene von *Einen Sommer lang* (1950).

einem Bernhard Grasset nie in den Sinn kommen, einen Dichter mit den Worten „Das ist Poesie!" zum Erfolg zu verhelfen.

Sogar Jean Vilar würde erröten, wenn er auf ein Plakat des *Cid* „Das ist Theater!" schreiben müsste.

Trotzdem, „Das ist Kino!" ist nicht nur ein Slogan, sondern auch ein Schlachtruf sowohl der Filmemacher als auch der Leute aus der Filmindustrie. Kurz gesagt, einer der am wenigsten untersuchten Vorteile des Films ist seine Möglichkeit, seine eigene Existenz dadurch zu rechtfertigen, dass er existiert und dass er daher seine eigene Ästhetik auf der eigenen Ethik aufbauen kann. Fünf oder sechs Filme habe ich gesagt, plus einem, denn *Einen Sommer lang (Sommarlek*, 1950) ist der schönste Film der Welt.

Die bedeutendsten Künstler unterscheiden sich vielleicht dadurch, dass man ihre Namen nicht nennen kann, ohne dass es unmöglich wird, auf eine andere Weise die Flut der Gefühle und der Emotionen zu erklären, die uns in bestimmten außergewöhnlichen Situationen, gegenüber grandiosen Szenarien eines unerwarteten Ereignisses überwältigen: Beethoven unter dem Sternenhimmel oder auf einem Felsen, an dem sich sturmgepeitschte Meereswogen brechen; Balzac, wenn man sich auf dem Montmartre aus dem Fenster lehnt und man das Gefühl hat ganz Paris läge einem zu Füßen; wenn Gegenwart und

Maj-Britt Nilsson, John Botvid und Stig Olin in einer berühmten Szene aus *Einen Sommer lang* (1950).

Vergangenheit gegenüber dem Objekt Eurer Liebe Versteck spielen; wenn der Tod Euch mit eisiger Ironie auffordert zu überleben, wenn Ihr verletzt und gedemütigt ihm die letzte Frage stellt; wenn Euch Worte wie "Sommer der Liebe", "letzte Ferien" oder "ewige Luftspiegelung" auf die Lippen kommen, dann habt Ihr unbewusst einen Mann heraufbeschworen, den die Cinémathèque Française als den originellsten europäischen Filmemacher der Bewegung bestätigt hat – dank einer zweiten Retrospektive für all diejenigen, die nur einige seiner neunzehn Filme gesehen haben: Ingmar Bergman.

Originell? *Das siebente Siegel* und *Abend der Gaukler* entsprechen dieser Definition; ebenso *Das Lächeln einer Sommernacht*. Während *Die Zeit mit Monika*, *Frauenträume* und *An die Freude* Verwandte von Maupassants Erzählungen sein könnten. Vom technischen Gesichtspunkt aus hat man seine Einstellungen schon in den Filmen von Germaine Dulac gesehen, die optischen Effekte in denen von Man Ray, die Reflexionen auf dem Wasser bei Kirsenoff und die Rückblenden können heute mehr oder weniger als Archäologie angesehen werden. Ist er also altmodisch? Nein, das Kino ist anders, rufen die Anwälte der Technik aus; es ist in erster Linie ein Beruf.

Überhaupt nicht! Das Kino hat ganz und gar nichts mit einem Beruf zu tun. Es ist eine Kunst. Es ist ganz und gar keine Teamarbeit. Man ist immer alleine, sowohl im Filmstudio wie auch vor einem leeren Blatt. Und für Bergman bedeutet allein zu sein, sich Fragen zu stellen. Und Filme zu machen bedeutet, sie zu beantworten. Man könnte dem klassischen Konzept der Romantik nicht näher kommen.

Er ist sicher der einzige zeitgenössische Filmemacher, der die experimentellen Arbeitsmethoden der avantgardistischen Filmemacher der Dreißiger Jahre, die man noch heute auf jedem Amateur- oder Experimental-Filmfestival sehen kann, nicht ablehnt.

Bei dem Film *Durst* könnten diese Methoden jedoch als eine mutige Geste des Regisseurs angesehen werden, nachdem Bergman diese Suppe wieder aufgewärmt hat, obwohl er völlig andere Filme im Sinn hat. In der Ästhetik Bergmans sind die Landschaftsszenen mit ihren Seen, Wäldern, Wiesen und Wolken, die scheinbar natürliche Einstellungen sind, obwohl, ganz im Gegenteil, das Ergebnis geschickter Gegenlichtaufnahmen, kein abstrakter Beweis für die Fähigkeit des Kameramanns, sondern sie reflektieren die psychische Verfassung der Hauptdarsteller in einem besonderen Moment, wenn Bergman ein ebenso besonderes Gefühl ausdrücken möchte, wie zum Beispiel die Euphorie Monikas, als sie das Boot nimmt und

**H**arriet Andersson verkörpert mit provokanter Weiblichkeit die Hauptperson aus *Die Zeit mit Monika* 1952).

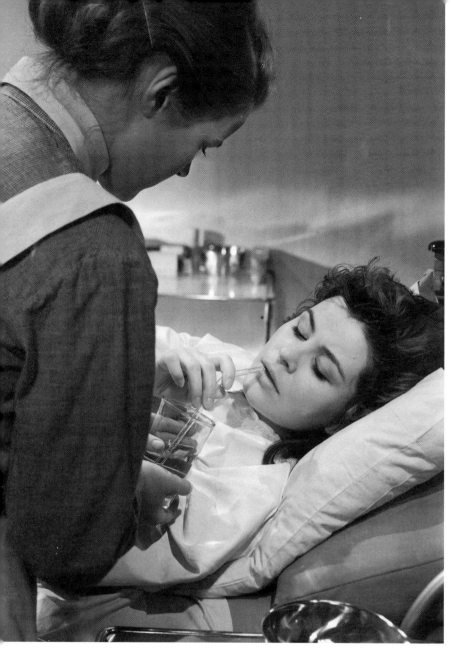

Maj-Britt Nilsson, Hauptdarstellerin einer Episode aus *Sehnsucht der Frauen* (1952).

Ein Film Bergmans ist sozusagen der vierundzwanzigste Teil einer Sekunde, der umgewandelt und auf eineinhalb Stunden ausgedehnt wird. Er stellt die Welt in einem Lidschlag, die Trauer in zwei aufeinanderfolgenden Herzschlägen, die Lebensfreude zwischen einem zweimaligen Händeklatschen dar.

Daher rührt die außerordentliche Wichtigkeit der Rückblenden in die einsamen Wanderungen durch die schwedische Traumlandschaft.

In *Einen Sommer lang* genügt Maj-Britt-Nilsson ein einziger Blick in den Spiegel, um sich wie Orpheus oder Lanzelott auf der Suche nach dem verlorenen Paradies und der wiedergewonnen Zeit gehen zu lassen. Die Flashbacks, die von Bergman in vielen seiner Werke fast systematisch eingesetzt werden, sind daher keine „kleinen Tricks" mehr, wie sie von Orson Welles angewandt wurden, sondern werden, im Gegenteil, wenn nicht gerade zum Gegenstand des Films, aber sicherlich zu seinem charakteristischsten Stilmittel.

Dieser Stil hat außerdem den unvergleichlichen Vorteil, dass er dem Drehbuch Dichte und Substanz verleiht, wobei er ihm gleichzeitig sowohl den inneren Rhythmus als auch den dramatischen Kern liefert. Wenn man die Filme Bergmans betrachtet, kann es einem nicht entgehen, dass alle Rückblenden am richtigen Ort beginnen und enden, oder besser gesagt an zwei Orten. Seine Fähigkeit besteht darin, dass jeder Szenenwechsel, genauso wie in den besten Filmen Hitchcocks, immer mit den Gefühlen der Hauptperson übereinstimmt. Mit anderen Worten: Er lässt die Erzählung weiterlaufen, und darin liegt die Stärke eines großen Filmemachers. Das, was einfach erscheint, ist in Wirklichkeit äußerst strengen Regeln unterworfen. Unter diesem Aspekt kann der Autodidakt Bergman, wie er von einigen „professionellen" Filmemachern abschätzend genannt wird, allen unseren Drehbuchschreibern etwas beibringen. Und nicht nur auf diesem Gebiet, wie wir gleich sehen werden.

Als Vadim seinen Durchbruch hatte, zollten wir ihm alle als dem Mann des Augenblicks Beifall, während viele seiner Kollegen zurückgeblieben waren. Als wir die mimische Poesie Giulietta Masinas gesehen haben, haben wir auf die gleiche Weise Fellini wegen seiner barocken Frische, die wir wie einen Frühling des Kinos verspürt haben, applaudiert. Trotz allem hatte diese Art Wiedergeburt des Kinos schon fünf Jahre zuvor seinen Höhepunkt erreicht, dank des Sohnes eines schwedischen Pastors.

Von was träumten wir, als *Die Zeit mit Monika* in den Pariser Kinos gezeigt wurde? All das, was uns bei den französischen Filmemachern fehlt, hat Bergman gemacht. *Die Zeit mit Monika* war der Vorläufer zu *Und immer lockt das Weib* (*Et Dieu créa la femme*, 1956), allerdings hatte er den Vorzug, dass er in jedem Detail perfekt war. Und wenn wir uns an die

durch das Stockholm im Morgengrauen fährt, und ihre Enttäuschung, als sie auf dieselbe Weise in eine verschlafene Stadt zurückkehrt.

*In einem besonderen Moment.* Bergman ist der Filmer von besonderen Momenten. Seine Filme sind so strukturiert, dass sie bei den Gedanken beginnen, die sich die Hauptperson über die Gegenwart macht, und die im Verlauf durch die Zerstückelung der Zeit vertieft werden – ähnlich wie bei Proust, aber noch wirkungsvoller, so als ob Proust gleichzeitig mit Joyce und Rousseau multipliziert würde, uns so werden sie zu einer Art gigantischer Meditation, die von einer Momentaufnahme ausgeht.

Schlusszene von *Die Nächte der Cabiria* (1957) mit Giulietta Masina erinnern, die mit leerem Blick in die Kamera schaut: Haben wir etwa vergessen, dass genau dasselbe in der vorletzten Szene von *Die Zeit mit Monika* vorkam?

Und was die spontane Beziehung zwischen Schauspielern und Zuschauern angeht, von der André Bazin so begeistert ist: Haben wir vergessen, dass wir genau dieselbe Situation, aber tausend Mal besser, mit mehr Kraft und mehr Poesie von Harriet Andersson dargestellt in der Szene gesehen haben, in der sie mit lachendem aber bestürztem Blick in die Kamera sieht und uns dabei zu den Zeugen ihres Schmerzes macht, da sie die Hölle statt des Himmels gewählt hat.

Es ist nicht alles Gold was glänzt. All die, die von den Dächern rufen, sind keine Erneuerer. Ein wirklich origineller Autor schafft niemals etwas für die Gesellschaft, der er angehört.

Bergman demonstriert uns, dass Erneuerung Präzision ist, und dass Präzision Tiefe ist. Das was in Filmen wie *Einen Sommer lang, Die Zeit mit Monika, Durst* und *Das siebente Siegel* absolut neu ist, ist die bewundernswerte Präzision ihres Tones. Bergman nennt Brot Brot und Wein Wein. Aber das machen auch die anderen, und es hat keine große Bedeutung. Das wichtige ist, dass Bergman, der mit einem unfehlbaren moralischen Gespür ausgestattet ist, sich mit allen Wahrheiten, selbst den unangenehmsten (wie zum Beispiel in der Schlusszene von *Sehnsucht der Frauen*) auseinandersetzt.

Er ist äußerst unberechenbar, weswegen jeder neue Film dieses Autors sogar seine begeistertsten Anhänger immer wieder überrascht. Man erwartet sich eine Komödie und am Ende kommt ein mittelalterliches Rätsel heraus. Das Einzige, was seine Filme normalerweise gemeinsam haben, ist die erstaunliche Einfachheit, mit der Bergman Situationen zu erzählen weiß, die sogar Feydeau übertrifft; die Glaubwürdigkeit seiner

Harriet Andersson liegt müßig ausgestreckt wie eine Eidechse in der Sommersonne in *Die Zeit mit Monika* (1952).

Dialoge, die die Montherlants übertrifft; und seine Bescheidenheit, die paradoxerweise sogar Giraudoux hinter sich lässt. Es ist überflüssig zu sagen, dass Bergman, abgesehen von seinem großartigen Schreibtalent, während der Dreharbeiten ein absoluter Meister in der Führung seiner Schauspieler ist. In diesem Bereich ist er vergleichbar mit Cukor und Renoir.

Man sollte daran erinnern, dass die meisten seiner Schauspieler, von denen viele zu seiner Theatergruppe gehören, zu den bedeutendsten Vertretern ihres Faches zählen. Ich denke im besonderen an Maj-Britt Nilsson, die mit ihrem energischen Kinn und ihrem schmollenden und verächtlichen Ausdruck an Ingrid Bergman erinnert. Aber nachdem man Birger Malmsten in der Rolle eines engelhaften Jünglings in *Einen Sommer lang* und später nicht wiederzuerkennen in der Rolle eines Spießbürgers mit Brillantine im Haar im Film *Durst* gesehen hat, Gunnar Björnstrand und Harriet Andersson in der ersten Episode von *Frauenträume* und dann in ganz anderen Rollen, mit neuen körperlichen Rhythmen und neuen Ticks in *Das Lächeln einer Sommernacht*, dann erkennt man das wunderbare Talent Bergmans in der Führung seiner „Herde", wie Hitchcock sie definierte, das heißt seiner Schauspieler und seiner Schauspielerinnen.

Ist es wirklich so, dass ein Drehbuchautor mit dem Regisseur in Konkurrenz treten muss? Alex Joffé und René Clement sind zum Beispiel, was ihr Talent angeht, absolut vergleichbar.

Aber wenn das Talent an Genialität grenzt, wie in *Einen Sommer lang* oder *Weiße Nächte* von Visconti, ist es da keine Zeitverschwendung ewig lang darüber zu diskutieren, wer dem anderen überlegen ist, der Autor dem Regisseur oder umgekehrt? Vielleicht nicht, da man über zwei verschiedene Aspekte des Films diskutiert, von denen einer tatsächlich den anderen überflügeln könnte.

Es gibt grundsätzlich zwei Typen von Filmemachern. Die, die mit gesenktem Blick einhergehen und die, die mit erhobenem Kopf schreiten. Diejenigen, die zur ersten Kategorie gehören, müssen ihren Blick erheben, um sehen zu können, was um sie herum geschieht, und ihn nach rechts und links schweifen lassen, um eine Reihe von Bildern aufzunehmen, die sie umgeben. Sie *sehen*. Die anderen sehen nichts; sie *beobachten*, wobei sie ihre Aufmerksamkeit auf einen bestimmten Punkt richten, der sie interessiert. Wenn sie einen Film machen, so produzieren jene, die zur ersten Kategorie gehören, fließende und luftige Bilder (Rossellini); die, die zur zweiten Kategorie gehören produzieren dagegen Bilder von millimeterhafter Exaktheit (Hitchcock). Bei der ersten Kategorie kann man zweifellos sehr viele verschiedene Bilder finden, die jedoch auch schrecklich genau zu den momentanen Ereignissen passen (Welles); bei der zweiten Kategorie findet man äußerst präzise Kamerabewegungen, die bei der Erfassung des Raumes eine eigene abstrakte Bedeutung haben (Lang). Bergman gehört zur ersten Kategorie, zu der der freien Filmemacher. Visconti gehört zur zweiten, zu der der rigorosen Filmemacher.

Ich für meinen Teil ziehe *Die Zeit mit Monika* dem Film *Senso* vor und die Interpretation des Autors der des Regisseurs. Mit Ausnahme Renoirs ist Bergman ganz eindeutig der größte Vertreter dieser Interpretation in Europa. Auch wenn der Film *Gefängnis* nicht ganz das erfüllt, was eben gesagt wurde, so präsentiert er sich doch zumindest als eine durchsichtige Metapher. Das Thema ist bekannt: Einem Regisseur wird von seinem Mathematikprofessor ein Manuskript über den Teufel angeboten. Dennoch ist nicht er das Opfer einer Reihe von Unglücksfällen, sondern der Drehbuchschreiber, der den Auftrag erhalten hat, die Geschichte zu überarbeiten.

Als Theaterregisseur ist Bergman dazu bereit, die Werke anderer zu bearbeiten. Aber als Filmemacher möchte er alles alleine machen. Im Gegensatz zu Bresson und Visconti, die Sujets bearbeiten, die sie selten selbst erfunden haben, schöpft Bergman seine Geschichten und seine Personen *ex nihilo*. Zweifellos ist *Das siebente Siegel* nicht so brillant verfilmt wie *Weiße Nächte*, die Bilder sind weniger präzise, die Einstellungen weniger rigoros. Und trotzdem – und das macht den Unterschied aus – genügt es einem ungeheuren Talent wie Visconti, seinem guten Geschmack zu vertrauen, um einen guten Film zu machen. Er weiß immer, was er macht, und in gewissem Sinne macht er es sich leicht. Für den, der diese seine Gabe kennt, ist es nicht schwierig, die schönen Szenenauftakte, die perfekte Ausstattung und die stets korrekte Kameraführung zu identifizieren. Ein Künstler, der zu sehr von sich eingenommen ist, unterliegt oft der Versuchung, den einfachsten Weg einzuschlagen.

Viel schwieriger dagegen ist es, sich auf unbekanntem Terrain zu bewegen, Gefahren zu entdecken, Risiken einzugehen, Schrecken zu empfinden. Die Szene aus *Weiße Nächte*, in dem der Schnee auf das Boot fällt, in dem Marcello Mastroianni und Maria Schell sitzen, ist hervorragend. Aber sie ist nichts im Vergleich zu der Szene aus *An die Freude*, in der der alte Dirigent auf dem Gras ausgestreckt liegt und Stig Olin beobachtet, der Maj-Britt Nilsson, die auf ihrem Liegestuhl sitzt, verliebte Blicke zuwirft, wobei er denkt: "Wie kann man eine so schöne Szene beschreiben?". Ich bewundere *Weiße Nächte*, aber ich liebe *Einen Sommer lang*.

# DRITTER TEIL

# Bergman aus der Sicht der Schauspieler

Liv Ullmann bei den Dreharbeiten zu *Passion* (1969).

# Die Arbeit mit Bergman:
# Auszüge aus einem Seminar mit *Liv Ullmann*

*Liv Ullmann hat ihre ersten internationalen Erfolge als Filmschauspielerin der Zusammenarbeit mit Ingmar Bergman in Filmen wie* Persona, Herbstsonate, Passion *und* Schreie und Flüstern *zu verdanken. Sie ist nicht nur als Film- und Theaterschauspielerin sondern auch als Schriftstellerin sehr erfolgreich, und kürzlich hat sie zum ersten Mal bei einem Film Regie geführt. Das Seminar, aus dem die folgenden Auszüge stammen, wurde vom American Film Institute gesponsort und fand im Jahr 1973 statt.*

EINFÜHRUNG: Beginnen wir mit einer banalen Frage: Wie arbeitet Ingmar Bergman mit seinen Schauspielern und wie führt er sie?

LIV ULLMANN: Er ist ganz anders, als viele ihn sich vorstellen. Er hat den Ruf, ein Dämon zu sein, aber das ist absolut falsch. Er verlässt sich ganz auf seine Schauspieler. Er weiß ganz genau, wem er sich anvertraut hat. Er hört ihnen zu und beobachtet sie. Er versucht, das aus ihnen herauszuholen, was sie geben können und nicht das, was er in einer ähnlichen Situation machen würde. Er ist ein wunderbarer Zuhörer und hat eine außerordentliche Beobachtungsgabe. Er sieht das, was einer auszudrücken versucht, und beginnt an diesem Punkt zu arbeiten. Er hilft dir aus dir selbst herauszugehen. Außerdem macht er sehr schöne Choreographien. Wie sollte man das sonst nennen, außer Choreographie? Ich meine damit, dass die Bewegungen in den Szenen in sich selbst ausdrucksstark sind, dass sie sehr viel über die Szene aussagen. Er erklärt nur das Nötigste.

FRAGE: Spielen Sie darauf an, dass er die Angewohnheit hat, die Szenen zu zeichnen?

ULLMANN: Genau. In dieser Zeichnung gibt er die Form vor, wie er sich die Szene vorstellt, und dann ist es die Aufgabe des Schauspielers, sie zu verdeutlichen.

FRAGE: Wo befindet er sich genau während der Aufnahmen?

ULLMANN: Er sitzt neben der Kamera. Seine Gegenwart ist sehr deutlich spürbar, und wenn er nicht neben der Kamera ist, ist man versucht, sich während des Spielens ihm zuzuwenden. Er ist immer, immer neben der Kamera, und der Schauspieler fühlt sich wahnsinnig inspiriert. Ich weiß nicht, was sein Geheimnis ist, aber es ist etwas, dass in dir den Wunsch aufkommen lässt, alles zu geben, was du geben kannst.

FRAGE: Gibt er euch Anweisungen, oder müsst ihr das selber aus euch herausholen?

ULLMANN: Er hasst es, zu diskutieren, zu analysieren. Er ist der Ansicht, dass jemand, der den Beruf des Schauspielers gewählt hat, zumindest ein bisschen wissen muss, wie man spielt. Er setzt voraus, dass man ausreichend intelligent ist. Er spürt, dass das Analysieren die Fantasie verdrängen würde. Er glaubt, dass das der Weg ist, den ein Schauspieler einschlagen muss, um etwas entstehen zu lassen. Der Schauspieler muss seine eigene Fantasie und seine eigene Vorstellungskraft benützen.

FRAGE: Wie oft dreht Bergman gewöhnlich eine Szene?

ULLMANN: Das kommt darauf an. Manchmal nur einmal. Andere Male dreht er sie 20, 30 oder 40 mal, bis man völlig erschöpft ist.

FRAGE: Lässt er einem die Freiheit zu proben?

ULLMANN: Ja, sicher, bei den technischen Proben. Er profitiert gern von der ersten Probe, denn sie ist die emotionalste, und manchmal ist sie wirklich die beste Aufnahme.

FRAGE: Mich interessiert eine Szene aus *Persona* (1965), in der sich Bibi Anderson vor Sie setzt und Ihnen die Geschichte Ihrer Ehe und Ihres Sohnes erzählt. Könnten Sie diese als Beispiel nehmen?

ULLMANN: Gerade diese Szene war besonders ungewöhnlich, weil sie mit zwei Kameras aufgenommen wurde. Eine war auf Bibi gerichtet, als sie mir meine Geschichte erzählte, und eine andere auf mich, während ich ihr zuhörte. Es war vorgesehen, dass die bessere Einstellung gewählt und die andere herausgeschnitten werden sollte. Aber als Bergman beide Einstellungen sah, konnte er sich nicht entscheiden. So benützte er sie alle beide. Viele haben versucht, den Grund zu analysieren, warum er das getan hat. Der wahre Grund war, dass beide etwas aussagten, was er für wichtig empfand. Er konn-

Liv Ullmann *(Elisabet Vogler)* und Bibi Andersson *(Alma)* stehen sich in einer unvergesslichen Einstellung in *Persona* (1965) gegenüber.

te sich nicht entscheiden, welche der zwei Einstellungen wichtiger war, und deshalb wählte er sie alle beide.

FRAGE: Was ähnelt, an was erinnert ein Drehbuch von Bergman.
ULLMANN: Der letzte Film, den ich mit ihm gemacht habe, war *Schreie und Flüstern* mit Harriet Andersson und Ingrid Thulin. Er war wie ein sehr intimer und sehr persönlicher Brief. Er begann so: „Meine lieben Freunde, wir werden wieder einen gemeinsamen Film drehen. Es handelt sich um eine Art Vision, die ich hatte und die ich Euch zu beschreiben versuche". Danach beschrieb er sie auf fünfzig Seiten. Und das war sein Drehbuch.
FRAGE: Hatten Sie das Drehbuch bevor die Aufnahmen begannen?
ULLMANN: Ja. Alles hat damit angefangen. Er hat alles bei natürlichem Licht gedreht. Es wurde kein Kunstlicht verwendet. Wir haben alles in einem großen Schloss gedreht. Er hat die großen Fenster ausgenützt. Von Sonnenaufgang bis Sonnenuntergang hat er das natürliche Licht in all seinen Phasen verwendet. Ich glaube, das wird eine außergewöhnliche Sache werden.
FRAGE: Wurde der Film im Winter oder im Sommer gedreht?
ULLMANN: Er ist im Herbst gedreht worden. Er hat den Film mit seiner Produktionsgesellschaft gedreht. Er sagte: „Wenn ich nicht zufrieden bin, werde ich ihn nicht herausbringen, aber es wird auf jeden Fall eine Erfahrung gewesen sein. Ich übernehme dafür die volle Verantwortung. Aber nachdem es unser Film ist, werde ich ihn nur herausbringen, wenn alle zufrieden sind".
FRAGE: Sind aus diesem Grund im Abspann alle Hauptdarsteller auch als Produzenten genannt?
ULLMANN: Produzenten zu sein bedeutet, dass er uns nicht bezahlen musste. Wir Schauspieler dachten, dass wir als Produzenten des Films die Möglichkeit hätten, bei der wirklichen Produktion mitreden zu können. Aber das war ganz und gar nicht so. Was es letztendlich bedeutet hat, war, das wir nicht bezahlt wurden.
FRAGE: Wollen Sie damit sagen, dass sie nicht die Freiheit haben, die Sie sich wünschen, wenn Sie mit Bergman zusammenarbeiten?
ULLMANN: Ich habe immer meine Freiheit, als Schauspielerin. Wie ich schon sagte, Bergman respektiert alle, die mit ihm zusammenarbeiten, auch die Schauspieler. Bei diesem Film jedoch dachten wir, dass wir ein Mitspracherecht bei

der Vermarktung des Films und hinsichtlich unserer Arbeitsstunden hätten. Aber am Schluss traf er die Entscheidungen ganz alleine. Es war sein Film.

FRAGE: Wieviel wird in einem Film Bergmans improvisiert?

ULLMANN: Sehr viel. Soviel ich weiß, begann es mit *Schande*. Vielleicht erinnern Sie sich an die Szene, in der die Hauptpersonen an einem Tisch sitzen, essen und Wein trinken. Danach legen sie sich ins Gras. Das war improvisiert. Wir wussten, was er wollte. Aber wir hatten mehr oder weniger die Freiheit, es zu realisieren, wie es uns in den Sinn kam.

FRAGE: Hatte sich etwas geändert im Gegensatz dazu, wie er euch zuvor angeleitet hat?

ULLMANN: Ja. Er hatte immer verlangt, dass wir uns genau an die Worte halten, die im Drehbuch standen. Da gab es die Szene des Abendmahls in *Passion*, in der die vier Hauptdarsteller ihre eigene Geschichte erzählen. In dieser Szene hatten wir absolute Freiheit. Aber wir mussten den von uns dargestellten Personen treu bleiben. Eines Tages kam eine Frau auf den Set und bereitete ein wunderbares Abendessen zu. Max von Sydow begann, Rotwein zu trinken, und jeder von uns stellte ihm Fragen. Er musste so antworten, wie die von ihm dargestellte Person geantwortet hätte, und die Kamera blieb die ganze Zeit auf ihn gerichtet. Bergman machte genau das gleiche mit jedem von uns Vieren. Danach schnitt er die Szene.

FRAGE: In *Passion* gibt es Szenen, in denen Bergman die Schauspieler interviewt. Hat er die Interviews vorher geschrieben?

ULLMANN: Nein. Wie schon zuvor hatte er im Drehbuch das geschrieben, was die Personen als Personen sagen sollten. Danach hat er einen Text geschrieben. Verstehen Sie, was ich meine? Er unterbrach den Film an vier Punkten. Die Personen traten aus dem Film und sprachen als Personen.

FRAGE: Ja, aber Sie sprechen als Schauspielerin.

ULLMANN: Ja, denn später merkte er, dass das nicht funktionierte. Er nahm die Szene heraus, und nachdem der Film fertiggedreht war, rief er uns ins Studio, damit wir als Schauspieler sprachen. Bibi Andersson benutzte den Text, der für ihre Person vorgesehen war.

FRAGE: Sie haben verschiedene Frauenrollen in den Filmen Bergmans gespielt. Wie genau sind ihrer Meinung nach Bergmans Charakterisierungen der Frauen?

ULLMANN: Sie sind äußerst genau, was diese Art von Frauen betrifft. Ich glaube, dass er sich sehr gut in eine Frau hinein-

Liv Ullmann *(Eva Rosenberg)* und Max von Sydow *(Jan Rosenberg)*, die zwei hervorragenden Darsteller der Hauptfiguren aus *Schande* (1967).

Liv Ullmann, die Hauptdarstellerin aus *Persona* (1965).

versetzen kann, vielleicht besser als in einen Mann. Ich glaube, dass seine Frauengestalten, vor allem die der letzten Jahre, interessanter sind.

FRAGE: Gestattet Bergman Ihnen, ihm das zu sagen, was Sie persönlich anstelle der Frau fühlen würden, die Sie darstellen?

ULLMANN: Zuerst einmal weiß er genau, welcher Schauspieler die Rolle übernehmen wird, wenn er seine Drehbücher schreibt. Deshalb weiß er schon etwas über denjenigen, dem er sie anbieten wird. Aber er ist auch Ratschlägen gegenüber sehr offen. Er hasst es, wenn wir anfangen zu analysieren, aber er steht der Art, in der wir den Typ Frau darstellen, den er in seinem Drehbuch beschreibt, sehr offen gegenüber.

FRAGE: Haben Sie neben der Schauspielerei nie daran gedacht, was sie beim Film noch gerne machen würden? Würden Sie gerne die Aufnahmeleitung übernehmen oder Regie führen?

ULLMANN: Nein. Ich würde gerne schreiben, aber nicht für den Film.

FRAGE: Zuvor sagten Sie, dass Bergman sehr viel von sich selbst in seine Frauengestalten legt.

ULLMANN: Ja. Ich glaube, dass viel von ihm sowohl in den männlichen als auch in den weiblichen Figuren ist. Die Leute glauben, dass seine Filme viel mit seinem Privatleben zu tun haben, dass sie das darstellen, was er in jenem Moment gerade ist. Ich glaube nicht, dass das stimmt. Natürlich benützt er seine eigenen Erfahrungen, aber in einem ganz anderen Sinn. Ich glaube, dass er die Erfahrungen benützt, die er mit dem Leben und mit den Menschen gemacht hat. Ich kann keine wirklich existierende Situation oder Person erkennen. Sie stellen sich vielleicht vor, dass in *Passion* ein Teil von mir in die Figur der Anna eingegangen ist. Es kann vorkommen, dass er Züge von uns in die Figuren einflechtet, die wir darstellen sollen, aber was mich betrifft, so habe ich meinen ersten Mann keineswegs umgebracht. Es ist sehr schwierig für uns Schauspieler, wenn die Leute so etwas denken.

FRAGE: Um Bergman hat sich so etwas wie eine beständige Schauspielertruppe gebildet. Wie weit wird er durch die Schauspieler während des Drehbuchschreibens beeinflusst? Ich meine damit außer bei den Improvisationen und den Aufnahmen.

ULLMANN: Auf keinerlei Weise. Wir haben nichts mit dem Drehbuch zu tun. Zur Zeit schreibt Bergman an einem Drehbuch, das nächsten Herbst verfilmt werden soll. Er fragt dich nur einfach: «Willst Du bei meinem nächsten Film mitmachen?»

FRAGE: Zeigt er euch nie das Drehbuch?

ULLMANN: Nicht, bevor es fertig ist. Natürlich kann man auch nein sagen, aber das ist, glaube ich, noch nie vorgekommen.

FRAGE: War der Brief, den Sie vor den Aufnahmen zu *Schreie und Flüstern* bekommen haben, die einzige Vorbereitung auf den Film?

ULLMANN: Tatsächlich war es ein fünfzig Seiten langer Text, und den Brief haben wir für die Aufnahmen benützt. In ihm beschrieb er seine Visionen.

FRAGE: Haben alle denselben Brief erhalten?

ULLMANN: Ja.

FRAGE: Wurde also alles improvisiert?

ULLMANN: Ja. Aber er war sehr genau. Er sagte: «Ich sehe ein Zimmer, ein rotes Zimmer. Und in dem Zimmer befinden sich drei weißgekleidete Frauen, die sich langsam bewegen». Das war eine Szene. Ab diesem Augenblick ging es mit den Notizen los.

FRAGE: Der Dialog war aber nicht in dem Brief enthalten?
ULLMANN: Ganz wenig. Er sagte: "Ich höre, dass sie über Liebe sprechen und dass sie Angst haben". Aber der Dialog war nicht vorgegeben.
FRAGE: Ihr kennt euch alle gut, da ihr schon seit langem zusammenarbeitet. Wie weit werden eure gegenseitigen Gefühle benützt, um die Szenen realistischer zu gestalten? Anders gesagt, benützt Bergman eure gegenseitigen Gefühle?
ULLMANN: Nein, ich glaube nicht.
FRAGE: Bezieht er sich nur auf die imaginäre Situation?
ULLMANN: Ja.
FRAGE: Profitiert er nicht von euren wirklichen Beziehungen außerhalb des Sets?
ULLMANN: Bibi Andersson und ich sind sehr eng befreundet, aber außer in *Persona* haben wir nie eng zusammengearbeitet. Das gleiche gilt für Max von Sydow. Was Ingrid Thulin betrifft, so haben wir keinerlei Beziehung.
FRAGE: Aus diesem Grund spielt ihr nur die imaginäre Situation des Drehbuchs.
ULLMANN: Ganz genau.
FRAGE: Was geschieht, wenn ihr einen Film dreht? Lebt ihr alle zusammen, wie auf der Insel (Fårö, A.d.Ü.)?
ULLMANN: Gezwungenermaßen. Im Sommer hat diese Insel einen großen Sandstrand.
FRAGE: Einen Strand?
ULLMANN: Ja, einen Strand, und es kommen viele Touristen. Wenn Bergman einen Film auf der Insel drehte, mietete er normalerweise alle Ferienhäuser. Jedes Mitglied hatte ein eigenes Häuschen und brachte auch seine Familie mit. Wir leben nicht wirklich zusammen. Jeder hat sein eigenes Leben außerhalb des Sets.
FRAGE: Wieviel Wochen vor Drehbeginn durften Sie bei Filmen wie *Persona* das Drehbuch lesen? Wieviele Proben haben Sie vor Drehbeginn gehabt?
ULLMANN: Wir hatten überhaupt keine. Wir haben das Drehbuch bekommen, weil Bergman sehr krank war. Wir wussten nicht einmal, ob der Film wirklich gedreht würde. Bibi Andersson und ich wurden einfach gefragt, ob wir uns den Sommer freihalten könnten und dass wir etwas bezahlt bekommen würden, auch wenn der Film nicht gemacht werden würde. Bergman beendete das Drehbuch und kurz davor, drei Wochen davor, wurde entschieden, dass der Film gemacht würde. Wir versammelten uns alle im Haus von Bibi Andersson, wo er uns einige seiner Vorstellungen über das Drehbuch erzählte.

Die Beklemmungen und Ängste der *Elisabet Vogler* aus *Persona* werden von Liv Ullmann unübertrefflich dargestellt.

Das war alles, was wir vor Drehbeginn gemacht haben. Für mich war es sehr schwierig, denn ich kannte ihn noch nicht. Ich war schrecklich verschüchtert und ängstlich, denn er war wie ein Gott für mich.

FRAGE: Deshalb habt ihr mit dem Rest der Truppe vor Drehbeginn geprobt. Habt ihr nur vor Drehbeginn geprobt?

ULLMANN: Nur vor jeder einzelnen Aufnahme. Wir haben niemals vor dem tatsächlichen Drehbeginn geprobt.

FRAGE: Die so eindrucksvolle Szene des Films, in der sie durch die Felder gehen und vor sich hin singen, war das die erste Aufnahme? Sie putzten Pilze und sangen.

ULLMANN: Bergman fiel diese Szene in einer Drehpause ein. Wir hatten unsere großen Hüte auf und sangen. Er sagte: „Das ist wunderschön. Man merkt, dass es euch gut geht. Genau das will ich im Film". Das war vielleicht das einzige Mal, dass er eine persönliche Beziehung ausnutzte.

FRAGE: Wie oft haben Sie die Szene, bei der zwei Kameras benutzt wurden, vor der ersten Aufnahme geprobt?

ULLMANN: Nicht sehr oft. Bibi Andersson hatte einen sehr langen Text. Bergman hält es für unnötig, lange Dialoge zu proben.

FRAGE: Waren Sie überrascht, als sie den Schluss des Films gesehen haben?

ULLMANN: Beziehen Sie sich auf *Persona*? Oh ja, sehr. Viele Teile des Filmes sind am Schneidetisch entstanden. Diese Szene war nicht im Drehbuch vorgesehen. Und auch die Szene, in der die beiden Gesichter sich vereinigen, kannte keiner von uns. Er nahm uns einmal in den Schneideraum mit. Uns war nichts von dieser Szene erzählt worden. Er sagte: „Ich will euch etwas zeigen". Wir sahen dieses eigenartige Gesicht. Ich dachte: „Oh, Gott, Bibi ist einfach toll. Sie scheint völlig neurotisch". Gleichzeitig dachte Bibi: „Wie hat Liv das nur fertiggebracht?". Plötzlich merkten wir, dass eine Hälfte des Gesichtes unser eigenes war. Wir waren wirklich beeindruckt. Diese Idee war ihm während der Aufnahmen gekommen.

FRAGE: Waren im Drehbuch die Spezialeffekte vorgesehen, das Bild des Filmstreifens, der sich zusammenrollt, und eine Reihe von Ausschnitten aus den ersten schwedischen Stummfilmen?

ULLMANN: Nein.

FRAGE: Sind sie erst später dazugefügt worden?

ULLMANN: Ja. Sie könnten jedoch in seinem persönlichen Drehbuch gestanden sein. In unserem gab es sie nicht.

FRAGE: Sein persönliches Drehbuch?

ULLMANN: Ja, manchmal hat er eines.

FRAGE: Um was handelt es sich da?

ULLMANN: Es handelt sich mehr oder weniger um ein technisches Drehbuch, das für ihn und Sven Nykvist, seinen Kameramann, gedacht ist.

FRAGE: Was für eine Art Dialog hat Bergman mit Sven Nykvist?

ULLMANN: Sie sprechen nicht viel miteinander. Sie haben lange Zeit zusammengearbeitet. Sven Nykvist ist alles andere als gesprächig. Die beiden verstehen sich irgendwie instinktiv. Sie arbeiten wie zwei Freunde, die sich sehr gut kennen. Da muss man nicht viel reden.

FRAGE: An welchem Punkt bezieht Bergman Sven Nykvist in ein Projekt ein? Zeigt er ihm das Drehbuch, bevor er es den Schauspielern gibt?

ULLMANN: Soviel ich weiß, nein. Ich glaube, dass wir es alle zur gleichen Zeit bekommen. Sie bereiten sich zusammen vor. Sie experimentieren viel mit dem Licht und den Farben. Bei dem letzten Film mit seinem natürlichen Licht, das durch die Fenster fiel, haben sie drei Wochen in dem Schloss verbracht, um zu proben. Sie sind sehr früh am Morgen aufgestanden und haben Fotos gemacht.

FRAGE: War das vor Drehbeginn?

ULLMANN: Ja.

FRAGE: Schauen Sie sich seinen Drehplan an?

ULLMANN: Nicht bei ihm. Er sagt, dass es ihm egal ist, aber das glaube ich ihm nicht. Und außerdem vertraue ich ihm. Wenn ich mit einem Regisseur arbeiten würde, bei dem ich nicht sicher wäre, würde ich ihn mir ansehen. Aber im allgemeinen ist es besser, es nicht zu tun.

FRAGE: Wie lange haben Sie sich auf Ihre Rolle in *Persona* vorbereitet, in der sie keinen Text hatten?

ULLMANN: Ich musste das Drehbuch mehrmals lesen. Es war sehr schwierig für mich, denn damals war ich erst vierundzwanzig. Ich bereitete mich vor, indem ich das Drehbuch oft gelesen und versucht habe, es in verschiedene Schritte einzuteilen. Ich versuchte zu denken: „Das ist der Teil, in dem ihr das passiert, und in dem anderen hat sich die Geschichte etwas weiter entwickelt". Ich arbeite sehr oft so. Ich unterteile die Manuskripte in verschiedene Schritte. Das hilft dir zu verstehen, an welchem Punkt man sich während der Aufnahmen befindet.

FRAGE: Vielleicht könnten wir uns über einige besondere Szenen unterhalten und über das, was Sie innerhalb einer Szene zu vermitteln versuchten. Es gibt da zum Beispiel in *Schande* einen Dialog, bei dem sie mit Max von Sydow eine Flasche Wein trinken und darüber diskutieren, ob sie ein Kind haben wollen oder nicht. Was wollten sie über die Figur, die sie darstellten, in dieser Szene besonders herausarbeiten und auf welche Weise?

ULLMANN: Für mich war es das letzte Mal, dass diese Personen unbeschwert waren. Es war das letzte Mal, dass beide noch irgendwie Hoffnung in ihrem Leben verspürten. Für mich war es wichtig, in dieser Szene meine Liebe zu ihm auszudrücken.

Alles, was die von mir dargestellte Person sagt oder macht, dient ihr dazu, ihre Liebe auszudrücken. Wenn man dieses Verhalten von ihr nicht versteht, dann glaube ich, wäre die

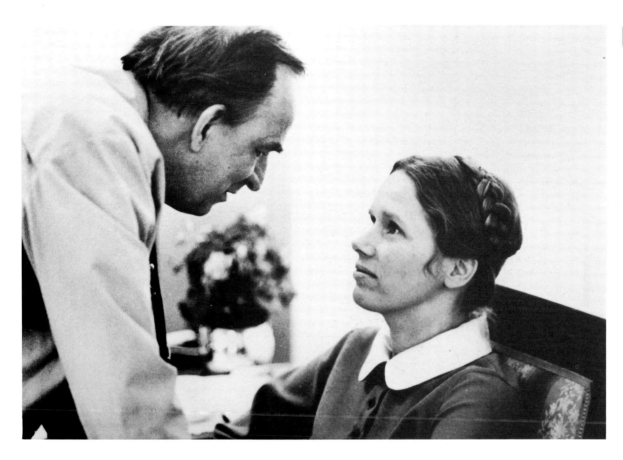

Ingmar Bergman gibt Liv Ullmann Anweisungen für die Rolle der Eva in *Herbstsonate*.

Tragödie dieser beiden Personen, die darin besteht, dass sie keinerlei Hoffnung mehr in ihrem Leben verspüren, weniger schlimm. Man muss wissen, dass diese beiden Personen einmal sehr glücklich waren, dass sie sich geliebt und Vertrauen ineinander hatten.

FRAGE: Diese Szene endet in einem seltsamen Rausch. Wie haben sie eine so besondere Situation bewältigt?

ULLMANN: Ich weiß es nicht. Manchmal hilft es einem, dass in einer Szene geschrieben steht, dass man in einer bestimmten Laune sein soll. Aber das kann dich auch von dem entfernen, wie du dich wirklich in derselben Situation verhalten hättest. Es hat einen kleinen Vorteil, wenn man denkt: «Jetzt bist du betrunken", oder «Jetzt bin ich ein bisschen verängstigt". Auch wenn man es nicht zu sehr zeigen darf, so ist es doch in deinem Unterbewusstsein vorhanden und hilft dir, diese Szene zu spielen.

FRAGE: Sie haben in vielen Theaterstücken mitgespielt, und auch in einigen, die von Bergman inszeniert wurden.

ULLMANN: Ja. Ich habe sechs Jahre in Norwegen gearbeitet. Ich bin Norwegerin und deshalb wollte ich beim norwegischen Theater arbeiten. Mit Bergman habe ich in *Peer Gynt* zusammengearbeitet.

FRAGE: Er ist ganz anders, wenn er bei einem Theaterstück Regie führt.

ULLMANN: Ja, das stimmt. Er spricht sehr viel mehr. Er spricht wirklich. Er ist fantastisch. Sie müssten ihn dabei sehen. Vom dialektischen Standpunkt aus gesehen ist er ein Genie. Die norwegischen Schauspieler vergöttern ihn buchstäblich. Die größten Schauspieler akzeptieren selbst die kleinsten Rollen, nur um mit ihm arbeiten zu dürfen. Ich habe mehr aus diesem Stück gelernt als aus allen anderen.

FRAGE: Sie machen den Eindruck einer äußerst sensiblen Person. Ich frage mich, ob in der Truppe Bergmans nicht alle ein bisschen so sind.

ULLMANN: Ja, vielleicht.

FRAGE: Was für ein Verhältnis haben Sie zu Sven Nykvist und dem Rest der Gruppe?

ULLMANN: Wir sind sehr gute Freunde. Wir haben in so vielen Filmen zusammengearbeitet, auch in einigen, die nicht von Bergman waren. Sven Nykvist ist sehr schüchtern und zurückhaltend.

FRAGE: Ist auch er sensibel?

ULLMANN: Ja, er ist sehr sensibel, aber er zeigt es nie. Er ist

Die Gestalt der Maria aus *Schreie und Flüstern* (1971), die sich nicht von ihrem kindlichen Verhalten lösen kann, wird von Liv Ullmann mit großem Einfühlungsvermögen dargestellt.

ein Perfektionist. Während der Arbeit an einem Film gingen er und Ingmar die Drehpläne durch, und er hatte einen Fehler bei der Beleuchtung gemacht. Ingmar hatte gesagt, dass er einen der Reflektoren nicht benutzen wollte, aber Nykvist hatte in benutzt. Als sie die Drehpläne durchsahen, war Bergman sehr wütend, da man nochmal drehen musste. Ingmar beschimpfte Nykvist als einen Idioten. Nykvist ist so schüchtern, dass er kein einziges Wort sagte.

FRAGE: Ich glaube, dass *Schande* einer der besten Antikriegsfilme aller Zeiten ist.
ULLMANN: Ja. Als wir ihn drehten, dachte ich, dass wir etwas sehr Wichtiges machen würden.
FRAGE: Hatten auch Bergman und die anderen Schauspieler dieses Gefühl?
ULLMANN: Ja. Ich glaube, dass alle sich als Teil dieses Films betrachteten. Es tut mir leid, dass viele in Schweden gegen den Film waren, vor allem die Linken. Sie warfen ihm vor, dass er keine Stellung nehmen wollte. Aber das ist das Thema des Films. Die Tatsache, dass es unmöglich ist, Stellung zu beziehen.
FRAGE: In welchem Film Bergmans haben sie die meiste Freude an der Arbeit gehabt? Haben Sie einen Lieblingsfilm?
ULLMANN: Ich glaube, dass *Schande* für mich große Bedeutung hatte. Aber ich denke auch, dass *Schreie und Flüstern* sehr wichtig ist.
FRAGE: Haben Sie Filme von Bergman gesehen, in denen Sie nicht mitspielen?
ULLMANN: Ich habe alle gesehen.
FRAGE: Haben Sie *The Touch/Die Berührung* gesehen?
ULLMANN: Ja.
FRAGE: Haben Sie Bergman gesagt, was Sie davon denken?
ULLMANN: Ja.
FRAGE: Ist das Charisma Bergmans auch innerhalb des Kreises der Schauspieler zu spüren? In anderen Worten, stellen auch sie ihn auf ein Podest aufgrund der Aura, die ihn mittlerweile umgibt, obwohl sie ihn so gut kennen?
ULLMANN: Ja. Er hat ein gewisses Etwas. Nicht unbedingt in seinem Privatleben. Privat ist er immer sehr amüsant. Aber auf dem Set hat er etwas Besonderes. Eine Art Zauber. Besonders wenn er hinter der Kamera steht. Er lässt dich spüren, dass du Teil von etwas ganz Besonderem bist. Ich kann es nicht besser erklären. Er strahlt tatsächlich eine Aura aus. Es ist die Art, wie er hört und sieht.
FRAGE: Sind Sie nervös, wenn Sie mit Bergman arbeiten? Versuchen Sie immer, sich selbst zu übertreffen?
ULLMANN: Nein, ich bin ruhig. Ich weiß, dass er mir hilft und versteht, was ich auszudrücken versuche. Und wenn es mir nicht gelingt, kommt er mir entgegen. Er würde mir nie sagen, dass ich schlecht arbeite oder gekünstelt bin. Er respektiert die Schauspieler, er respektiert alle. Ein schlechter Regisseur hat oft nicht diesen Respekt.

# Die Impfmethode Bergmans

ERLAND JOSEPHSON

*Der Schriftsteller und Schauspieler Erland Josephson hat fast ein halbes Jahrhundert lang viele Rollen bei Ingmar Bergman gespielt. Sie haben zusammen Drehbücher geschrieben, und Bergman hat Josephson für viele Theateraufführungen, Kino- und Fernsehfilme engagiert, darunter für* Szenen einer Ehe *und* Fanny und Alexander. *Als jahrzehntelanges Mitglied und ehemaliger Leiter des Königlichen Dramatischen Theaters hat Josephson eben an diesem Theater 1994 die Hauptrolle bei der Version Bergmans der* Goldbergvariationen *übernommen.*

Ganz offensichtlich ist Ingmar Bergman ein Erfolgsmensch. Wer jedoch seine Autobiographie liest und vielleicht seinen Namen nicht kennt, muss den Eindruck bekommen, dass er die Geschichte über einen Mann voller Fehler liest, über einen unglaublich faszinierenden Versager, sowohl als Künstler als auch im Privatleben, der im Zwanzigsten Jahrhundert in einem fernen Land namens Schweden gelebt hat.

Dass die Lektüre von *Mein Leben* diesen Eindruck erweckt, ist nicht auf eine Art Koketterie Bergmans zurückzuführen, sondern eher auf eine vorsätzliche Strategie, durch die es ihm gelingt, mit dem Leben fertig zu werden. Wenn also die letzte Generation seiner Zeitgenossen oder vielleicht auch die, die nach ihm kommen, ihn tadeln möchten, was schert es ihn? Er war immer der erste, der sich selbst gezüchtigt hat, also wäre er nicht im mindesten überrascht. Andererseits hat er sich so auf geradezu unvergessliche Art der Vergessenheit preisgegeben. Es handelt sich um eine sehr geschickte Technik, sich nicht ausradieren zu lassen.

Einem von Versagensängsten geplagten Mann ist es gelungen, es besser als alle anderen darzustellen.

Man könnte das die "Impfmethode" Bergmans nennen. Das Einzige, was die Wirkung eines Giftes aufheben kann, ist dasselbe Gift. Die einzige Art, die eigenen Dämonen zu bekämpfen, ist die, sie heraufzubeschwören. Je überbordender die eigenen Gefühle sind, desto mehr Disziplin muss man sich auferlegen. Diese Disziplin und der Sinn für Ordnung charakterisieren nicht nur die Theaterinszenierungen und Filmszenen Bergmans, sondern auch all seine Gesten, Meinungen und die kleinsten Details seines täglichen Lebens. Der einzige, dem es gestattet

Erland Josephson *(Johan)* und Liv Ullmann *(Marianne)*, die Hauptdarsteller aus *Szenen einer Ehe* (1972) werden sich dem Scheitern ihrer Beziehung und den dadurch entstandenen Enttäuschungen bewusst.

ist, Bergman und die anderen zu überraschen, ist Bergman selbst. Er will immer wissen, wo sich all die anderen befinden: die Kollegen, die Freunde, die Feinde, die Widersacher. Aber niemand weiß, wo er ist.

Die Freiheit kann man nur finden, wenn sie einem fehlt. Ohne sich von den Forderungen der anderen überraschen zu lassen, aber zu versuchen, sie zu spüren. Bergman interpretiert die großen Meisterwerke mit unübertrefflicher Intuition und einem tiefgehenden Blick. Er ist ein hervorragender Leser. Danach gelingt es ihm, Leben ins Innere eines fiktiven Modells zu bringen. Auf diese Weise wird die Bühne das Fundament der Wahrheit.

Dann skizziert er seine persönlichen Wahrheitsmodelle innerhalb seiner Filme. Seine Kunst besteht darin, dass er alles geschehen lässt, bevor es geschieht.

Auf diese Weise übt er sich schon seit den Zeiten von *Wilde Erdbeeren* in der Kunst zu altern. Im Privaten kann er die Rolle eines alten Mannes mit einem Stock spielen, der sich wie ein älterer, etwas benebelter Herr behandeln lässt, da es eines Tages wirklich so werden könnte. Einen Augenblick darauf kann er über ein neues Projekt in Aufregung geraten und alle mit seiner unerschöpflichen Erfindungsgabe und seiner fast manischen Liebe zum Leben überraschen. Sein Kampf gegen physische Gebrechen nimmt bei dem kleinsten Unwohlsein biblische Dimensionen an. Ein unrasiertes Gesicht lässt ein wahres Drama erahnen.

Es handelt sich jedoch nicht um Koketterie, sondern eher darum, die Rollen auf den Prüfstein zu stellen und Erfahrung zu erlangen. Jede Geste ist ein Werkzeug des Bewusstseins. Selbst die unbedeutendste Alltagsgewohnheit wird zu einem Willensakt, zu einer Wahl, zu einer Übung in Selbstdarstellung – etwas, das angepasst und entwickelt werden kann, dem man einen anderen Sinn verleihen kann. Der Regisseur ist bei der Arbeit und das Leben wird eine Theateraufführung. Wenn einem dann das Leben auf angenehme Weise entgleitet, muss sofort ein Grund gefunden werden, um zu zeigen, dass man das nicht toleriert.

Manchmal hat man die Wahl zwischen der Angst, einen Traum zu vertreiben oder einem Traum, der die Angst vertreibt. Findet man den Zugang zu Strindberg über einen ausgeruhten Körper oder über eine gequälte Seele? Natürlich über beide. Die Angst geht dem Text auf den Grund und erläutert ihn, die physische Ruhe gibt einem die nötige Energie, um ihn in Szene zu setzen. Ist Krankheit vielleicht eine Möglichkeit für ein wichtiges Projekt, damit es reifen kann, oder der Protest des Körpers gegen ein krankes und sterbliches Innenleben, das sich verstecken möchte? Alles ist möglich. Wenn Bergman seiner selbst und seines Dramas müde ist, dann kann man die wahre Anstrengung erkennen. Gott sei dank sind es nur kurze Pausen.

Dann geht er wieder auf die Suche nach neuen und geheimen Impfstoffen.

Die Suche nach Impfstoffen. Wie alle großen Regisseure unserer Zeit hat Bergman etwas eines Wissenschaftlers oder eines Forschers an sich. Er hat den künstlichen Widerspruch zwischen Intellekt und Intuition bei sich ausgelöscht und gleichzeitig einige neue Möglichkeiten erkannt. Ich glaube, er würde sich dagegen wehren, als Wissenschaftler bezeichnet zu werden. Nichtsdestotrotz, die tiefgründige Analyse der Texte, die Suche nach den Ursprüngen, den historischen Ereignissen und Hintergründen – das alles macht einen großen Teil seiner unerschöpflichen und unnachahmlichen Energie aus.

Erland Josephson, Freund und Lieblingsschauspieler Bergmans, in einer eindringlichen Nahaufnahme aus *Szenen einer Ehe* (1972).

Ein zur Legende gewordenes Bild aus dem Filmwerk Bergmans. Bengt Ekerot als der Tod und Max von Sydow als der Ritter Antonius Blok in der demonstrativen Schachszene aus *Das siebente Siegel* (1956).

Seine Energie und seine Neugier befreien seine Bildung von dem geringsten Verdacht, vergeistigt zu sein. Er ist einfach nur verständlich. Das gehört zu seinem Talent. Es ist möglich, alles über eine Filmkamera zu wissen und alles, was bei Shakespeare möglich ist. Man kann in der Lage sein, verschiedene Arten von Filmstreifen zu unterscheiden und den Unterschied zwischen Schwärmerei und Liebe kennen. All das dient als Werkzeug, um den höchsten Grad des Ausdrucks zu erreichen. Sich nach und nach mit den Erfordernissen, den Mechanismen und den Ausdrucksmöglichkeiten vertraut zu machen, erfordert vielleicht die zusätzliche Verpflichtung, Kontrolle über Personen und Dinge zu haben. Regie zu führen ist eine Art der Machtausübung, auch wenn die Spielregeln gebieten, dies abzustreiten.

Am äußersten Rande der Macht lauert die Eifersucht. Vielleicht, um sowohl der Eifersucht als auch der mit der Macht verknüpften Befriedigung Disziplin und Ordnung zu verleihen, hat sich der ordentliche aber zugleich anarchische Bergman schon immer von den großen Institutionen angezogen gefühlt: den Stadttheatern von Malmö und Göteborg, dem Königlichen Dramatischen Theater, dem National Theatre von London, dem Residenztheater in München, der Svensk Filmindustri, dem schwedischen Filminstitut. Was den Film angeht, so hatte er seine eigenen Produktionsgesellschaften. Um dieses Bild zu vervollständigen, muss man anfügen, dass sein Verwaltungsgeschick zu einem seiner vielen Talente zählt. Bergman hätte übrigens auch den Vorsitz zahlreicher Institutionen übernehmen können. Auch auf diesem Gebiet war er sehr geschickt, aber trotzdem hat er stets den Kampf des Künstlers gegen die Institutionen dem Kampf der Institutionen gegen die lokalen und nationalen Behörden vorgezogen. Von letzteren ist er in Versuchung geführt worden, aber dennoch scheint er der Meinung, dass eine solche Verschwendung seiner Energie und seines

Adrenalins zu belastend für seine Arbeit als Produzent, Regisseur und Schriftsteller sei.

Wenn man dem Sinn und der Bedeutung seines Verhaltens unbedingt auf den Grund gehen will, so könnte man sagen, dass die großen Institutionen den familiären Institutionen ähneln. Sie geben einem die Möglichkeit, sich gegen die Vaterfigur aufzulehnen, sich in der geschwisterlichen Liebe und in der Familienhierarchie wiederzuerkennen, im guten Benehmen, in einem gestaffelten Bestrafungssystem, aber auch in unerwarteten Belohnungen und in den unendlichen Gesprächen über das eigene Intimleben. Eine Institution erweitert das Konzept der Familie, ist jedoch in sich als solche erkennbar.

Ausdehnen und zusammenfassen, zusammenfassen und ausdehnen auf der ständigen Suche nach neuen und überraschenden Entdeckungen – so könnte man vielleicht den grundsätzlichen Charakter der Werke Bergmans beschreiben, eine Art stille Ausübung der Unruhe: übertrieben selbstsicher bei den Anstrengungen, die eigene Unsicherheit zu bekämpfen; voller Standhaftigkeit, um die eigene Ungeduld kontrollieren zu können; voller Ungeduld, um die eigenen Gefühle kontrollieren zu können, wenn sie das, was wichtig ist, bedrohen.

Unbeweglichkeit ist eine zurückgehaltene Bewegung, und der Filmkamera ist es absolut verboten, sich zu bewegen, um selbständig zu arbeiten.

Sie muss still stehen, bis der Verlauf der Erzählung und des Ausdrucks sie dazu zwingen auszuweichen, um nicht kaputtzugehen. Das Proszenium und das Photogramm sind Grenzen und Schranken, die als solche allgemein anerkannt werden. Und genau aus diesem Grund lehnt sich das Leben mit all seiner Wut, mit seiner Ausdruckskraft und seiner Gewalt gegen sie auf. Auf der Filmleinwand sieht man das Gesicht einer Frau, das minutenlang spricht ohne sich im geringsten zu bewegen. Der Bildschirm ist eine Einschränkung, die Einstellung ist eine Einschränkung, der Körper und das Gesicht sind selbst Einschränkungen, und trotzdem geht von all dem eine Art künstlerische Freiheit aus.

All diese Herausforderungen stimulieren die künstlerische Kreativität, die eine notwendige Voraussetzung für diese Arbeit ist. Das grundsätzliche Problem besteht darin, alles Offensichtliche oder Banale zu bekämpfen oder ihnen ein Sinn zu verleihen – ihnen eine Dimension zu geben. Genau auf diese Weise kann man einen Zugang zu Strindberg finden. Aus diesem Grund sind die langweiligen Tagebücher Thomas Manns so faszinierend, eine exaltierte Form des Ausruhens. Und warum sollten wir zuletzt nicht wagen und uns fragen, ob Gott jemals Bauchweh gehabt hat? In diesem Fall werden wir es öffentlich machen und auf künstlerische Weise.

In diesem Fall kann das vielleicht irgendwie das Gegengewicht zu all den Versuchen schaffen, Bergman in ein Monument zu verwandeln. Die kleinen Geschichten von denen *Mein Leben* voll ist, sind genau seine Art, auf diese Angriffe zu antworten, die aus ihm eine Art Symbol machen möchten, weshalb jeder, der mit ihm streitet, sich plötzlich selbst im Scheinwerferlicht stehen sieht. Um das zu tun, braucht man nicht einmal Argumente, sondern einen originellen und geistreichen Wortschatz. Manchmal wird dies als Debatte definiert. Trotz allem gehören dieser Mann und seine Werke in Schweden zu den wichtigsten und wirksamsten Instrumenten, denen man ein gleichzeitig interessantes und lebendiges Wissen zu verdanken hat.

# Ein Brief an Ingmar Bergman

MAX VON SYDOW

*Max von Sydow spielte von 1956 bis 1970 ständig in den Filmen Bergmans mit und war gleichzeitig das wichtigste Mitglied in den Theatergruppen, die von Bergman in Hälsingborg und Malmö geleitet wurden. Dieser Brief wurde als Beitrag zu der Bergman gewidmeten Sonderausgabe der schwedischen Filmzeitschrift "Chaplin" geschrieben, die unter dem Titel* Ingmar Bergman mit siebzig Jahren *herausgegeben wurde.*

Lieber Ingmar,

ich muss dich nicht an all die selbstverständlichen Dinge erinnern. Ich bin sicher, dass viele andere das machen können, ohne dabei das kleinste Detail zu vergessen. Ich dagegen denke an all diese magischen Momente auf der Bühne und vor der Filmkamera. Diese Momente, in denen es dir gelang, uns allen klar zu machen, dass wir in etwas zutiefst Bedeutsames und absolut Notwendiges verwickelt waren.

Wenige Regisseure haben so viel Vertrauen in ihre Schauspieler gezeigt, indem sie die Last der Kamera von ihnen genommen und ihre Menschlichkeit geschätzt haben, so wie du es getan hast. Für all das bin ich dir zutiefst dankbar – für all das, was es von Jakob bis Gregers Werle gibt, von Antonius bis zum Prälaten, auch wenn er nie aufgetaucht ist. Antonius und seine Brüder haben zweifellos mein Leben verändert.

Und ich bin dir auch für alles andere dankbar – all das, was nie von der Kamera verewigt noch von den Theaterkritikern analysiert wurde, all das, was im Schatten des großen Kinos geschieht, außerhalb der Welt von Blok und Borg und Vergérus und Winkelmann, während eines ruhigen Mittagessens, das aus Eiern und Schinken besteht, oder an einem Teetisch mit Keksen und Pralinen; diese kurzen Augenblicke, die nie in die Geschichte eingehen werden, als wir uns respektlos über Borg und Vergérus, über Faust und Alceste, über Strindberg und Ibsen lustig machten – und über uns selbst natürlich. Den Nachhall unseres Gelächters hört man vielleicht noch in Hovs Hallar, in Skattungbyn und in Fårö. Und die Abende in Malmö, in denen du mit Schallplatten von Bach und Orff Konzerte organisiert und Filme mit deinem Projektor gezeigt hast: alle möglichen Arten von Filmen, von *Der stille*

Harriet Andersson *(Karin)* und Max von Sydow *(Martin)* in einer gefühlsintensiven Szene aus *Wie in einem Spiegel* (1960).

Max von Sydow und Bibi Andersson (*Mia, die Frau von Jof*) während einer Drehpause auf dem Set von *Das siebente Siegel* (1956).

*Don* bis zu *Mr. Magoo*. Auch das waren wichtige Momente. Im Lauf der Jahre hat ihre Bedeutung zugenommen, und ich denke oft an sie. Das geschah in der Zeit, als die Pinguine tanzten.

Erinnerst du dich daran, als wir einmal auf der Böschung hinter dem Restaurant des Filmstaden eine Diskussion über das Leben nach dem Tod führten und uns gegenseitig versprachen, dass der erste von uns beiden, der die Möglichkeit gehabt hätte, den anderen in aller Freundschaft als Gespenst besuchen käme? Ich bin ganz aufgeregt, wenn ich an dieses zukünftige Treffen denke.

Ingmar, erinnerst du dich an die Brücke, die wir eines Morgens auf Fårö konstruiert haben, als das Wasser zu hoch stand, um trockenen Fußes aus dem Wrack aus *Wie in einem Spiegel* herauszukommen? Das Licht war unglaublich schön im Morgennebel, der alle Schatten verscheuchte und alle Farben der Landschaft in ihrer Reinheit durchscheinen ließ? Alle arbeiteten mit ganzer Kraft mit, und nach eineinhalb Stunden waren wir fertig und konnten mit dem Drehen beginnen.

Wir haben einen Haufen Brücken konstruiert, Ingmar, zwischen uns und auch zwischen uns und dem Publikum. Und du hast uns immer inspiriert. Du bekommst keine Blumen von mir, sondern ein herzliches Dankeschön und Viel Glück für die nächste Brücke. Und für die nächste. Und für die nächste...

Herzlichst, Dein Max

*Die Rollen, auf die sich Max von Sydow in diesem Brief bezieht, sind Jakob aus der Bergmanschen Version des Dramas* Lea und Rachel *von Vilhelm Moberg, das 1955 im Stadttheater von Malmö aufgeführt wurde; Gregers Werle aus dem Stück* Die Wildente *von Ibsen, das 1972 im Königlichen Dramatischen Theater aufgeführt wurde; der Ritter Antonius Blok aus* Das siebente Siegel, *Johan Borg aus* Die Stunde des Wolfs, *Andreas Vergérus aus* The touch/Die Berührung *und Andreas Winkelmann aus* Passion.

# Bekenntnisse einer Mitarbeiterin Bergmans

GUNNEL LINDBLOM

*Die Freundschaft zwischen Ingmar Bergman und der Theater- und Filmschauspielerin Gunnel Lindblom besteht seit den Fünfziger Jahren. Sie hat in Klassikern wie* Das Siebente Siegel, Wilde Erdbeeren, Die Jungfrauenquelle *und* Licht im Winter *mitgespielt. Sie hat auch bei einigen Filmen Regie geführt, unter anderem bei* Ein Paradies *(Paradistorg, 1976).*

«Wir sind die besten Freunde", sagt Karl-Oskar zu Kristina in seinem reinen Småland-Dialekt in einer der schönsten Liebeserklärungen der schwedischen Literatur. (1)

Ich hatte ein sehr enges Verhältnis zu Bergman und seit 1954 haben wir häufig zusammengearbeitet, obwohl meine Beziehung zu ihm eigentlich schon früher angefangen hat. Und es war Liebe auf den ersten Blick.

Ich war fünfzehn und hatte im Stadttheater von Göteborg *Caligula* von Camus gesehen. Ich wusste nicht genau, was ein Regisseur war und noch viel weniger, dass einer namens Ingmar Bergman das Drama inszeniert hatte. Aber die Erleuchtung war eingetreten. Ich wusste, dass ich in dieses Gebäude am Götaplatsen zurückkehren musste, und dass ich dort mein Leben verbringen würde. Sie mussten ein Büro haben, und ich hätte dort zumindest als Schreibkraft arbeiten können. Leute wie ich konnten höchstens an der Kasse stehen und Eintrittskarten abreißen.

Ich wollte dort eintreten, und das tat ich auch nach drei Jahren, als ich als Schülerin des ersten Jahres aufgenommen wurde. Ich bekam eine Sondererlaubnis, da ich noch zu jung war. Zu dieser Zeit hatte ich bereits gelernt, wer Bergman war – und auch Anders Ek, Ulla Jacobsson, Sven Miliander und Torsten Hammerén.

Und Gertrud Fridh! Wegen ihr habe ich mir *Schiff nach Indialand* angesehen, auch wenn es mir nicht viel gesagt hat. Deswegen ging ich später, als ein Freund mich einlud den letzten Film Bergmans, *Die Jungfrauenbrücke*, zu sehen, mit einigen Bedenken hinein. Ich war der Ansicht, dass Bergman sich ganz dem Theater hätte widmen müssen. Die schwedischen Filme waren schlecht. Die einzigen Filme, die für mich zählten, waren die französischen, und im besonderen die von Carné.

Ich kam wie eine Betrunkene torkelnd aus dem Kino, betäubt und verstummt, taub und aufgeregt, und der Film brodelte in meinem Blut. Ich kann noch den eigenartigen Ton der Stimme Doris Svedlunds hören, als sie sagte: «Thomas – lieber Thomas ..." Ich kann ihre Stimme hören und ihre Augen sehen, obwohl ich seither nicht mehr den Mut hatte, diesen Film nochmal anzusehen. Ich erinnere mich lieber an meine damaligen Empfindungen. Ich möchte nicht, dass sie von einer reifen, nachdenklichen und analytischen Person, so wie ich es heute bin, korrigiert werden.

Und ich wurde wütend, als Bergman mir sagte, dass es in Wirklichkeit ein schlechter Film war! «Das kannst du nicht beurteilen. Er hatte mich vor fast vierzig Jahren so beeindruckt. Er hat mich völlig durcheinandergebracht. Und keine Autorität, nicht einmal du, Ingmar, kann mich davon überzeugen, dass das, was ich empfunden habe, nicht richtig war".

Mein erstes Treffen mit Bergman (auch wenn es für mich eigentlich das dritte war) kam in dem langen Gang des Stadttheaters von Malmö zustande. Ich war gerade erst engagiert worden, war gerade angekommen und wurde für eine Lesung in eine Szene katapultiert. Es war die Rolle der weiblichen Hauptdarstellerin aus *Die Stunde der Fantasie*, ein Text einer Bühnenautorin, an deren Namen ich mich nicht mehr erinnere. (2) Die Proben dauerten eine ganze Woche, aber schließlich hatte ich es geschafft!

Ingmar kam mir auf dem langen Gang entgegen, hatte ein freundliches und anerkennendes Lächeln auf den Lippen und sagte: «Du hast diese Rolle gut vorgetragen, verdammt gut – herzlich willkommen in unserem Theater".

Das war jedenfalls der Anfang einiger fantastischer Jahre in Malmö, wo ich von 1954 bis 1959 gearbeitet habe. Ingmar

# Ingmar Bergman

Gertrud Fridh *(Renata, die Frau des Pastors)*, Allan Edwall *(der Dämon des Ohrs)*, Nils Poppe *(der Pastor)* und Bibi Andersson *(Britt-Marie)* in einer Szene aus *Die Jungfrauenbrücke* (1960).

inszenierte in diesen fünf Jahren dreizehn Aufführungen – eine besser als die andere, wie die Kritiker behaupteten. Von *Die lustige Witwe* zum Musical *Värmlånningarna*, von *Don Giovanni* zu *Peer Gynt*, von *Der Misanthrop* zu *Sagan* von Hjalmar Bergman und zum *Urfaust*. Ich spielte in den meisten mit.

Das Theater galt als das beste im ganzen Land. Viele der größten Schauspieler waren in den Süden geholt worden: Åke Fridell, Toivo Pawlo, Gunnar Björnstrand, Gertrud Fridh, Harriet und Bibi Andersson. Später kamen Ingrid Thulin und Frank Sundström dazu.

Einige von uns gingen eine lebenslange Freundschaft ein, und manchmal arbeiten wir auch heute noch zusammen.

Im Sommer drehte Bergman Filme wie *Das siebente Siegel*, *Wilde Erdbeeren* und *Die Jungfrauenquelle*. Ich glaube, ich habe keinen einzigen Menschen getroffen, der nur annähernd eine solche unglaubliche Leistungsfähigkeit besaß wie Ingmar. Wann hatte er bloß die Zeit, seine Drehbücher zu schreiben?

Max von Sydow kam von Helsingborg in den Süden und schloss sich der Theatergruppe an, und natürlich fasste Ingmar sofort Zuneigung zu diesem großgewachsenen, freundlichen, schlaksigen und schüchternen Superschauspieler. Wir spielten zusammen ein unglückliches Paar in *Die arme Verlobte* von Ostrovsky. Wir spielten gut zusammen und wir gefielen uns gegenseitig; nun sollten wir die Schauer verspüren, als wir ein verliebtes Paar in *Peer Gynt* von Ibsen spielten.

Trotzdem waren wir beide sehr schüchtern in den Szenen, in denen wir uns umarmen sollten. Ich hatte gerade einen neuen Freund, der hinter der Bühne stand und mich nicht aus den Augen ließ; das hemmte mich noch mehr, die Initiative zu ergreifen. Jedenfalls ist in dem Drama Solveig die Schüchterne, während Peer der kühne Verliebte ist.

Die Erstaufführung näherte sich, und unsere Arme hatten sich noch nie bis über Schulterhöhe erhoben. Für uns war es nervenaufreibend, ständig auf den Augenblick zu warten, in dem Ingmar explodieren würde, und ich spürte, dass dieser Moment kommen musste, und je länger er hinausgezögert wurde, desto schrecklicher würde der Knall sein.

"Gunnel und Max, HÖRT SOFORT AUF!" Also, da war er. Ein Haufen Zeugen auf der Bühne; dieses Drama ist mit

Jarl Kulle, der Don Giovanni aus *Die Jungfrauenbrücke*, wendet erfolgreich seine Verführungskünste bei der verschleierten Dame an, die von Kristina Adolphson gespielt wird.

Schauspielern bevölkert, und alle waren sicher außerordentlich gut im Darstellen von Liebesszenen. Außerdem war Bibi die Rolle eines Bauernmädchens aus einer Hütte in den norwegischen Bergen zugeteilt worden. Ich würde ersetzt werden, da war ich mir sicher.

Ingmar ging mit langsamen Schritten durch das ganze Auditorium. Das brauchte Zeit. Die 1800 Plätze würden schon bald von einem applaudierenden Publikum besetzt sein. Jemand anderes würde Max auf der Bühne umarmen.

Nach einer Ewigkeit platzte Ingmar auf die Bühne. In der Zwischenzeit hatte ich jedoch eine bebende Rede vorbereitet, in der ich die junge, unschuldige und unwissende Bäuerin Solveig verteidigte, die nie ins Kino gegangen war, die nie einen Film von Bergman gesehen hatte und daher absolut nicht wissen konnte, wie sie sich mit ihrem geliebten Peer Gynt verhalten sollte.

Ich hatte keine Gelegenheit, meine Rede zu halten, da Ingmar uns nur ganz ruhig, liebevoll und lange anstarrte. Dann sagte er uns mit einer wundervollen samtigen Stimme: «Nur Mut. Jetzt versuchen wir, das Ganze so einfach wie möglich zu machen. Überlegen wir einmal. Gunnel und Max, ihr beide dürft euch nie näher als einen Meter kommen. Nein, besser zwei Meter.

Das hier ist keine dumme Fernsehserie. Solveig wird von ihrer Liebe wie eine Fackel verbrannt und Peer hat noch nie so etwas wie dieses Mädchen gesehen. Er hat nicht den Mut, sich ihr zu nähern, nicht wahr, Max? Trotzdem stimmt es auch, dass er seit drei Tagen und Nächten nichts anderes tut, als Bauernmädchen hinterherzulaufen. Das, was ihn entmutigt, ist *diese* Art von Liebe".

Gut, nach diesem Vortrag brannten wir aus gegenseitiger Liebe auf der Bühne – bei zwei Metern Abstand – jeden Abend fünf Stunden lang und in sechzig weiteren Aufführungen.

Wir arbeiteten wie verrückt und hatten eine Menge Spaß. Für das Privatleben blieb keine Zeit. Einmal in der Woche mussten wir nicht spielen, da jeden Dienstag das Symphonieorchester im Hauptsaal ein Konzert gab. Daher kam es, dass eine Gruppe von Schauspielern, die verrückt nach Filmen war, sich in der Wohnung Ingmars in Erikslust versammelte, wo er einen Filmprojektor hatte.

So sahen wir immer und immer wieder *Das Testament des Dr. Mabuse* (1933) und *Der blaue Engel* (1930) und verschlangen die ersten Filme von Rossellini, Buñuel und Fellini. Wir verliebten uns in Gösta Ekman, Fred Astaire und Thor Modéen. Wir sahen uns sowohl Spielfilme als auch Kurzfilme an, und selbst Werbefilme waren uns willkommen.

Wir diskutierten sowohl über die Form als auch über den

Ingmar Bergman gibt auf dem Set von *Das siebente Siegel* Bengt Ekerot letzte Regieanweisungen, bevor die berühmteste Szene des Films gedreht wird.

Inhalt, wir lernten sehr viel über die Darstellungskunst, und Ingmar stellte uns seinerseits sein ganzes Wissen großzügig und begeistert zur Verfügung.

Zwanzig Jahre später drehte ich meinen ersten Film, *Ein Paradies* (1976). Ingmar war der Produzent, und es blieb uns nur noch eine Woche bis Drehbeginn. Wir mussten noch eine letzte Versammlung im Filminstitut abhalten, in der es um Produktionsfragen ging; ich und weitere zwanzig Mitglieder der Truppe waren bereits dort und warteten auf ihn.

**B**irger Malmsten (*der Liebhaber Annas*) und Gunnel Lindblom (*Anna*) in einer Szene aus *Das Schweigen* (1963).

Aber Ingmar ließ sich nicht blicken. Ich begann, mich zu beunruhigen, da er sonst schon fast auf pedantische Weise pünktlich ist. Katinka, unsere Produktionsleiterin, kam schließlich mit einem eigenartigen Gesichtsausdruck. Sie begann, einen Brief laut vorzulesen; er war nicht sehr lang: «Meine lieben Freunde und Kollegen. Es ist für mich sehr traurig, euch mitzuteilen...». Ich kann mich nicht mehr genau an seine Worte erinnern. Für mich war es ein fürchterlicher Schock.

Ingmar hatte Schweden verlassen. Am Tag zuvor war er aus Stockholm abgereist. Sein Ziel war München. Er wollte sich in Deutschland niederlassen. Es war schrecklich. Gerade Ingmar, der Zustände bekam, wenn er ein paar Stunden in Kopenhagen verbringen musste...

Es sollten acht Jahre vergehen, bis er wieder nach Stockholm zurückkehrte.

In früheren Zeiten hatte Ingmar ein aufbrausenderes Temperament. Generell erklärte er jeden für «gehemmt», der in einem Zornanfall keine Möbel zerschlug. In seinen Augen war ich gehemmt, und ich war glücklich darüber, dass er mich so einschätzte. In der Tat verspürte ich, dass es für mich besser war, Zornausbrüche zu vermeiden. Ich zog es vor, meine Energien auf andere Dinge zu verwenden. Ich kannte seine Wutanfälle und sie erschreckten mich nicht. Wenn man ruhig blieb, gingen sie sehr schnell vorüber. Und er hatte zuviel Humor, um lange zu schmollen.

Trotzdem ist Ingmar einmal fürchterlich wütend auf mich gewesen. Nur Gott weiß, ob er mir jemals verziehen hat.

Es geschah während der Aufnahmen zu *Das Schweigen*. Wir mussten ein paar schrecklich komplizierte und schwierige Liebesszenen (schon wieder die Liebe!) in einem Bett eines Hotelzimmers spielen. Malmsten und ich waren völlig erschöpft. Trotzdem hatte es den Anschein, dass alles geklappt hatte. Ingmar war fröhlich und witzig und bereitete die folgende Szene vor.

Ich schwankte zur Türe des Aufnahmestudios, um nach einem Glas Wasser zu bitten. Rulle, der Pförtner, hatte unsere wutentbrannten Diskussionen gehört und sagte voller Bewunderung: «Die Frau da drinnen schreit nicht schlecht, wie heißt sie nochmal? Siw Malmkvist?». (3)

Jedenfalls ging ich wieder hinein, bereit für die nächste Szene. Die Lichter waren in wenigen Minuten umgestellt wor-

Anna, großartig dargestellt von Gunnel Lindblom, hat all ihre Würde verloren. Szene aus *Das Schweigen* (1962).

den. Ich traf Ingmar in der Nähe der Projektoren, und er schaute mich mit einem eigenartigen Ausdruck an.

«Was hast Du an?».

«Einen Slip».

«Willst Du den im Bett anbehalten?».

«Soll ich nicht, Ingmar?».

«Nein! Du musst nackt sein. Das steht im Drehbuch, Anna muss NACKT sein».

Dieser eiskalte Ausdruck, diese so dunklen und durchdringenden Augen. Marik Vos und Sven Nykvist hatten sich hinter einen Schrank geflüchtet. Sie wollten lieber nicht dabei sein, da sie spürten, dass ein Orkan losbrach.

Ich begann zu zittern und hoffte, dass niemand es merkte. Die Wut Ingmars kam nicht zum Ausbruch. Aber es verging viel Zeit, bis es mir gelang, die Wut und die Verachtung, die in seinen Augen und in seiner Stimme gelegen hatten, zu vergessen:

«Also, was wollen wir jetzt machen?».

«Du wirst ein Double finden müssen, Ingmar».

Ich werde nie verstehen, warum er mich nicht umgebracht hat...

Etwas später, als ich mit meinem Slip auf dem Bett lag, hörte ich, wie Ingmar für alle hörbar unserem Maskenbildner zuflüsterte: «Was kann an diesen verdammten, beschissenen Fettkugeln bloß so verreckt wichtig sein?». Ich senkte den Blick auf meine Brüste, die eher klein sind, und kam mir blöd vor.

Gut, was war daran so wichtig? Einige Jahre später begriff ich, dass ich mich wegen meiner dummen Schamhaftigkeit einfach unverzeihbar benommen hatte.

Wie dem auch sei, zu jener Zeit hatte ich nur eines im Kopf: «Ich bin damit einverstanden, meine Seele bis in die tiefsten Gründe zu öffnen, aber ich will das angezogen tun».

Nach diesem Vorfall spielte ich bis zu *Szenen einer Ehe* in keinem Film Bergmans mehr mit. Aber vielleicht hatte dies auch andere Gründe.

Ich erinnere mich an einen Unfall, der sich während der Dreharbeiten zu *Die Jungfrauenquelle* ereignete. Wir befanden uns tief in den Wäldern der Provinz Dalarna. Wie immer, wenn man mit Ingmar arbeitet, hatten wir es eilig. Es war die letzte Woche der Außenaufnahmen. Würde das Wetter mitspielen? Würde das Geld reichen? Würde es uns gelingen, die Schafe für die Schlussszene des Films in ihren Stall zurückzubringen?

Alles war genauestens organisiert worden. Die Schneemaschine mit den Seifenflocken war in Stellung gebracht worden, die Schafherde wurde von einem riesigen Lasso zusammengehalten, das gelöst werden sollte, sobald Ingmar den Befehl «Aufnahme!» gegeben hätte. Die Sonne kam heraus. Das war nicht eingeplant gewesen. Deshalb wurde die Szene auf den nächsten Tag verschoben, der nun *wirklich* der letzte sein sollte.

An demselben Abend bekam ich plötzlich fürchterliche Magenschmerzen, die ich auf meine Nervosität zurückführte oder aber auch auf das Hühnchen, das ich am Mittag gegessen hatte. Ich besorgte mir eine Heizdecke, um sie mir auf den Magen zu legen, aber mein Zustand verschlimmerte sich immer weiter. Später erzählten sie mir, dass ich ohnmächtig geworden war, als sie versuchten, mich in den Krankenwagen zu befördern.

Ich erwachte im Krankenhaus von Falun, während die Operation vorbereitet wurde. Verstört und wütend setzte ich mich auf und schrie: «Warum?».

«Legen Sie sich wieder hin. Sie haben eine Bauchfellentzündung. Wir müssen uns beeilen».

Ich verlor wieder das Bewusstsein. Ich weiß nicht, ob aus Angst oder wegen der Schmerzen, aber ich erinnere mich, dass ich gerade noch die Zeit hatte, um zu sagen: «Ich bin damit nicht einverstanden. Habt ihr Ingmar Bergman um Erlaubnis gefragt?». Und das ganze Ärzteteam brach in schallendes Gelächter aus.

Über diese Geschichte haben wir noch lange gelacht, auch wenn ich mich etwas dabei schäme, wenn ich daran zurückdenke. War meine Reaktion vielleicht der Ausdruck eines blinden Vertrauens in die Autorität Ingmars? Etwas, dessen ich mir nicht bewusst war und das erst zum Ausdruck kam, als meine Selbstzensur im Schwinden war?

Oder war es vielleicht die Reaktion eines Plichtbewusstseins, das tief in mir verwurzelt ist: Zuerst kommt immer die Arbeit, und sie ist das Wichtigste; private, physische oder psychische Probleme müssen warten; das Budget muss eingehalten werden; die Erstaufführung darf nicht verschoben werden; mache deine Arbeit; sei immer bereit.

Oh lieber Ingmar, es ist so traurig, unmöglich und ABSURD, dass du keine Filme mehr drehen willst. Mir scheint das undenkbar, unbegreiflich.

Du musst uns helfen, die Politiker davon zu überzeugen, dass das ernsthafte schwedische Kino noch lebt, dass das Filminstitut in ganz Schweden Kinosäle zur Verfügung stellen muss, dass in diesem Land die Schweden die Geschichten sehen können, die andere Schweden auf der Leinwand erzählen. Wie du weißt, ertrinken wir alle im Lärm der amerikanischen Actionfilme!

### Anmerkungen

(1) Karl-Oskar und Kristina sind die beiden Hauptpersonen aus den Romanen *Emigranten* (1949) und *Das neue Land* (1956) von Vilhelm Moberg, die 1969/70 von Jan Troell verfilmt wurden.

(2) Sie hieß Anna Bonacci.

(3) Schlagersängerin und schwedischer Zeitschriftenstar.

Der Tanz des Todes, das Symbol-Bild aus *Das siebente Siegel* (1956).

# Einige Gedanken über einen alten Kollegen auf dem Weg zur Heiligsprechung

EVA DAHLBECK

*Eva Dahlbeck hat in sechs Filmen Bergmans mitgespielt*: Sehnsucht der Frauen, Lektion in Liebe, Frauenträume, Das Lächeln einer Sommernacht, Dem Leben nahe *und* Ach, diese Frauen. *Zur Zeit widmet sie sich ihrer Karriere als Schriftstellerin und Autorin von mehr als einem Dutzend Romanen.*

In letzter Zeit hat Bergman ein Interesse hervorgerufen, das nur den wenigsten Personen in ihrem Leben beschieden ist. Nicht nur seine Arbeit bildet den Mittelpunkt unendlicher Analysen und tiefgründiger Untersuchungen, sondern auch er selbst als Mensch steht im Scheinwerferlicht – als ob die Faszination, die von seinen Werken ausgeht, durch irgendeine Exzentrizität des Meisters erklärt werden könnte. Es handelt sich dabei um eine gewöhnliche Assoziation, die in diesem Fall tatsächlich gerechtfertigt ist.

Trotz dieser Voraussetzungen ist es leichter, die Werke einer Person zu beschreiben, als die Person selber. Über ihn haben die Leute sich Vorstellungen gemacht, Vermutungen angestellt und Schlüsse gezogen, die jedoch zu nichts anderem als einer tiefgründigen Mystifikation geführt haben. Wie auch seine Werke wird Bergman gleichermaßen als ein einzigartiges und unvergleichliches, facettenreiches und undurchschaubares, manchmal umstrittenes und stets widersprüchliches Phänomen angesehen.

Wie ist es dazu gekommen? Was steckt hinter diesem ständig zunehmenden und fast hypnotischen Interesse für diesen Künstler und seine Werke?

Der Vergleich scheint angebracht, dieses Interesse mit dem sprichwörtlichen Schneeball zu vergleichen, der zu rollen beginnt und nach dem Gesetz der Physik automatisch immer größer wird.

Aber handelt es sich wirklich um einen so simplen Mechanismus? Und auch wenn es so wäre, was bringt den Schneeball ins Rollen? Was hat die immer größer werdende Begeisterung für Ingmar Bergman ausgelöst?

Auf den folgenden Seiten werde ich es mir nicht anmaßen, eine endgültige Lösung für dieses Problem zu geben. Wie ich bereits angemerkt habe, sind die Mechanismen der Faszination oft sehr kompliziert und schwierig zu erkennen. Mein Vorschlag dagegen besteht darin, dass ich als Kollegin und Freundin einige Perspektiven aufzeige, unter welchen man Ingmar Bergman betrachten kann.

Es ist nun schon lange her, dass ich mit Ingmar Bergman gearbeitet habe. Ohne dass ich mir dessen bewusst bin, könnte seine Persönlichkeit viele Änderung erfahren haben, wie auch seine Weltanschauung oder sein Bedürfnis sich auszudrücken. Trotzdem wäre ich doch sehr erstaunt, wenn sich seine wesentlichen Eigenschaften, der innerste Kern seiner Persönlichkeit und seine Hingabe für eine Sache geändert hätten.

Es gibt zwei Aspekte von Ingmar, die mich beeindrucken und die ich für besonders charakteristisch halte, weshalb ich sie eingehender behandeln möchte – zwei Aspekte, die widersprüchlich scheinen könnten, die jedoch eng zusammenhängen. Es handelt sich um zwei seiner berühmten Charakterzüge, die aus einer vielleicht ungewöhnlichen Perspektive betrachtet werden: einerseits ein Mensch, der lacht und auslacht, andererseits ein Mensch, der auf der Suche nach Gott ist. Diese beiden Seiten von ihm haben oft einen gemeinsamen Nenner.

Meiner Meinung nach ist einer der wichtigsten und faszinierendsten Filme Bergmans *Abend der Gaukler (Gycklarnas afton,* 1953). (1) In ihm enthüllt er viele seiner Gedanken über die Mentalität und die Funktion der Schauspieler. Man könnte annehmen, dass man diese Gedanken generell auf alle künstlerischen Berufe anwenden könnte. Die Künstler sind eine besondere Rasse im Vergleich zur Gesellschaft – ein eigenständiger Mikrokosmos, der sich aus Beobachtern, Denkern und Interpreten zusammensetzt, die besondere Eigenschaften besitzen, die sich von den rein rationellen unterscheiden, wie zum Beispiel die Vorstellungskraft, die Intuition, das Insichgehen und ein besonders ausgeprägtes Gefühlsleben – und natürlich

Eva Dahlbeck als Desirée Armfeldt in *Das Lächeln einer Sommernacht* (1955).

ihr unwiderstehliches Bedürfnis nach Selbstdarstellung. Außerdem ihre strenge geistige Disziplin. Ohne diese letzte Eigenschaft wäre ein Künstler nur ein reiner Spaßvogel – etwas völlig anderes als ein echter Narr.

Ein Narr ist ein Mensch ohne Maske, ein Kritiker der Gesellschaft, ein Spiegel der Gesellschaft. Wenn die Leute über den Narren lachen, dann lachen sie über sich selbst; wenn der Narr weint, weinen sie über sich selbst; und wenn der Narr hasst, dann hassen sie sich selbst. Der Narr ist derjenige, der aufdeckt, der die Wahrheit ans Licht bringt, er ist ein Auspeitscher, der durch die unheilbare Liebe zum Menschen angetrieben wird. Die Narren lieben alle und wollen von allen geliebt werden.

Ich stelle mir vor, dass Ingmar Bergman ein Narr ist und sein will, und dass er mit Narren leben will, so wie er es tat, als wir zusammen arbeiteten. Im Zentrum seiner Kritik an den oft ungeheuerlichen Mechanismen, auf der die Gesellschaft basiert, im Mittelpunkt seiner Verzweiflung, seiner Skepsis und sogar seines Zynismus steht meiner Meinung nach immer die Liebe. Liebe zu seiner Arbeit, zu seinen Kollegen, zu seinem Publikum. Liebe zur Wahrheit des Lebens, die vergewaltigt wurde. Und davon bin ich nach wie vor überzeugt. Seine Liebe kann sowohl die Komödie als auch die Tragödie des menschlichen Lebens sehen, seine Verzweiflung und sein Vertrauen. Seine Gedanken enthüllen die verschiedenen Seiten des Lebens, weshalb es für uns schwierig ist, sie voneinander zu unterscheiden. Und seine Fähigkeit, unsere Sinne zu beeindrucken, könnte durch seine gefühlsmäßige Beteiligung erklärt werden, die seinen Bildern, seinem Sinn für menschliche Solidarität entströmt, welche die Wurzel all seiner Anstrengungen ist. Vielleicht schien diese Liebe manchmal kryptisch oder zu wenig erklärt.

Mir scheint Ingmar Bergman ein geborener Narr, mit all der Macht der Selbstbetrachtung, die diese Rolle mit sich bringt; eine eingehende Betrachtung der Welt und ihrer Widersprüche, der menschlichen Seele und all ihrer Konflikte; des Schreckens und des Abscheus, der Wut und der Rebellion, die aus dem Narren das machen, was er ist, und der Liebe, die diese Rolle auferlegt, zusammen mit der Notwendigkeit nachzudenken, zu beschreiben, zu mahnen, zu unterhalten, aufzurütteln – in einem Wort, mitzuteilen.

Können die Leute ihm jedoch erlauben, ein Narr zu sein? Das habe ich mich in letzter Zeit gefragt. Besteht nicht eine unterschwellige Gefahr in der Distanz, die sich zwischen Ingmar Bergman und der großen Masse der Menschen gebildet hat? Besteht nicht die Gefahr, dass die Welt, die er beschreibt, irreal und weit entfernt scheint, eine Kreation kindlicher, immer raffinierterer und einsamerer Vorstellungen eines brillanten Exzentrikers?

Besteht nicht eine Gefahr in den immer kathegorischeren Anforderungen, die an ihn gestellt werden – Anforderungen nach Originalität, nach Außergewöhnlichem und vor allem nach einer Art päpstlicher Unfehlbarkeit auf künstlerischem Gebiet?

Besteht nicht die Gefahr, dass die Tatsache, auf ein Podest gestellt worden zu sein, seine Freiheit bei seiner Suche behindert? Der Fluss der Inspiration sollte die Freiheit haben, seinen eigenen Lauf zu nehmen, ohne unbedingt den Signalen übertriebener Erwartungen gehorchen zu müssen. Eigentlich müsste man der Inspiration gestatten, vom Kurs ihrer – immer gefahrvollen – Route abzuweichen, ohne dass sie sofort von Totengräbern mit erhobenen Schaufeln umringt wird.

Ich behaupte nicht, dass diese Gefahr besteht, sondern ich stelle mir nur einfach diese Frage – im Namen aller Narren, die noch frei herumlaufen. Die Presse hat die reale Macht, einen Künstler zum Stillstand zu bringen oder ihn durch ihr Schweigen umzubringen. Aber hat sie nicht auch die Macht, ihm die Hände und Füße zu binden und ihn grenzenlos auszunutzen?

Wie ich schon sagte, ich stelle nur Fragen. Ich fühle mich auf sichererem Boden, jetzt, da ich dazu übergehe, die gemeinsame Identität des Narren und des Mannes zu betrachten, der nach Gott sucht.

So wie die Menschen Narren brauchen, brauchen sie auch Menschen, die nach Gott suchen. Und gerade in unserer heuti-

Victor Sjöström bei den Kindheits- und Jugenderinnerungen Isaak Borgs in einer Schlüsselszene aus *Wilde Erdbeeren* (1957).

gen Zeit, in der eine apokalyptische Depression über unseren Köpfen im leeren Himmel schwebt, besteht ein lebhaftes Bedürfnis nach diesen beiden Gestalten. An wen können sich die Leute wenden – die entweder auf der Jagd nach einem Sprecher für ihre eigenen Ängste sind, oder auf der Suche nach Zerstreuung, um die eigenen Ängste zu vergessen – wenn nicht eben an die wahren Narren? Und wo können sie den Gott finden, den sie so brauchen, und den Mut, um an ihn zu glauben?

Die Kirche wäre natürlich der logischste Wegweiser für diese Art von Entdeckungsreise. Die Kirche ist jedoch, wie wir alle wissen, zwischen Wissenschaft und Tradition gefangen: das heißt, zwischen anachronistischen und in sich widersprüchlichen Interpretationen und Mystifikationen der Bibel und einer rationalen Weltanschauung.

Es hat den Anschein, dass die Kirche, zumindest in heutiger Zeit, in der Luft hängt. Die Menschen haben jedoch das Bedürfnis, sich auf einem etwas sichereren Boden zu bewegen, auf dem sie die Quellen des Lebens suchen können von denen sie, wie sie wissen, abhängen. Stärker als je zuvor verspürt man das Bedürfnis nach Interpreten, Sprechern, aufrichtigen Menschen ohne Maske. Nach Personen, die in der Lage sind, die Lüge aufzudecken und lächerlich zu machen, um ein paar kleine Stückchen Wahrheit zu enthüllen, egal wie hypothetisch und zweideutig sie auch sein mag.

Die Narren sind schon immer große Wahrheitssucher gewesen, die es gewohnt sind, die Wege der Antithese zu beschreiten. Und letztendlich kann diese Wahrheit logischerweise nichts anderes sein, als die Wahrheit über Gott.

Auf diese Weise ist es leicht, in den Reihen der Künstler Personen zu finden, die bewusst oder unbewusst nach Gott suchen, besonders unter denen, die ein ähnliches Temperament wie Ingmar Bergman, der Narr, haben. Auch wenn man anerkennen muss, dass seine persönlichen Nachforschungen voller Provokationen und Unruhe sind, scheint seine geistige Neugier jedoch unbegrenzt. An diesem Punkt kommen wir zu einer dritten und ebenso bekannten Eigenschaft Bergmans, die ihrerseits wiederum mit den beiden vorhergenannten eng zusammenhängt. Man kann sich in extremis auch fragen, ob die beiden Persönlichkeiten, die des Narren und des Menschen, der nach Gott sucht, nicht beide ihre Wurzeln in einer dritten Charaktereigenschaft haben, nämlich in der Erotik Bergmans.

Noch einmal muss ich diejenigen enttäuschen, die auf eine noch nicht veröffentlichte Enthüllung über das Intim- oder Liebesleben Bergmans hoffen, da ich über dieses Thema zweifellos weniger informiert bin als viele meiner Leser. Wenn ich über Erotik spreche, dann beziehe ich mich nicht auf den begrenzten Sinn dieses Begriffes, sondern ich fasse ihn weiter – als eine Anziehungskraft und einen Sinn für die Verbundenheit mit der Existenz, die als ein Ganzes gesehen wird. Ich beziehe mich auf die Rolle der Erotik in der allgemeinen Ordnung der Dinge.

Ich erlaube mir, einen kurzen Ausschnitt aus meinem letzten Roman zu zitieren, der sich mit der erotischen Dimension beschäftigt, von der ich gerade gesprochen habe.

Es kann eigenartig erscheinen, aber ich glaube, dass David ein erotisches Verhältnis zu allem hat, was ihn umgibt – zur Natur, zu den Menschen, zu den Dingen, zu allem, was geschieht. Er scheint immer in einen universellen Liebesakt verstrickt zu sein, der manchmal fruchtbar ist und manchmal zerstörerisch. Es scheint jedenfalls, dass er sich nicht von der Hingabe, der Anziehungskraft und dem Vergnügen, die ihn mit all den lebendigen Dingen vereinen, befreien will oder kann. Man könnte leicht den Eindruck gewinnen, dass er wie in einer ununterbrochenen Exstase lebt – die unterschwellig und langsam verbrennt wie elektrischer Strom. In allem, was er tut, ist Feuer, auch wenn er den Schlüssel zur menschlichen Existenz sucht, den Sinn für Ordnung, den er nie aus seinen Gedanken löschen kann... jetzt verstehe ich besser, was er unter Religion versteht. Seine Religion hat wenig oder nichts mit dem zu tun, was er als heilige Bürokratie bezeichnet, und sie ist auch nichts Ätherisches oder Abstraktes. Seine Religion bedeutet Gegenwart und Konkretheit; es ist eine Art, mit den Dingen in einer Beziehung zu stehen, oder besser, eine Art, sich mit der ganzen Schöpfung eins zu fühlen. Er fühlt sich in alles, was geschieht, miteinbezogen, er fühlt sich verantwortlich für alles, was passiert. Seine Religion ist überall, in seinen Gefühlen, in seinen Gedanken, in seiner Sexualität.

Hierbei handelt es sich nicht um einen Schlüsselroman, sondern, wie bei vielen anderen auch, um einen Text, in dem ein Autor seine eigenen Erfahrungen und persönlichen Beziehungen miteinbezieht. David ist nicht identisch mit Ingmar Bergman. Aber natürlich stimmt es, dass Bergman eine der beiden Figuren ist, an die ich gedacht habe, als ich meinen David konzipierte, der wiederum eine allmähliche und immer deutlichere Annäherung an Gott repräsentiert – ein Mensch, der Wissenschaft und spirituelles Wissen vereinen kann, ein Mensch, der die lebenswichtige Kreativität mit der Realität in Einklang bringen kann.

Nachdem wir einmal den Sinn der Begriffe abgeändert haben, lässt es sich nicht vermeiden, dass auch der Begriff Sexualität quasi unbegrenzt ausgedehnt werden kann. Die Erotik wird Bestandteil des Lebens und von den einzelnen Individuen mehr oder weniger stark verkörpert. Genauso wie ich es von meinem persönlichen Standpunkt aus gemacht habe, indem ich Ingmar Bergman als erotischen Menschen im Weitesten Sinne betrachte.

Natürlich ist mir bewusst, dass man eine solche Analyse als anfechtbar oder sogar völlig fehl am Platz betrachten kann. In diesem Fall bin ich nicht nur darauf vorbereitet, sondern absolut froh von jemandem, der darüber mehr weiß als ich, korrigiert zu werden. Meine Überlegungen basieren letztendlich auf einer persönlichen Überzeugung von der Verantwortung der Narren: Nämlich auf dem Bedürfnis der Menschen, sich mit einigen Gestalten des öffentlichen Lebens zu identifizieren, die sich aus persönlichen Motiven und nicht aus opportunistischen, politischen oder anderen Beweggründen aufopfern – auf dem unerschöpflichen Bedürfnis nach Liebe, das sich in den manchmal bitteren und grausamen Gedanken der Narren versteckt. Ich habe das Gefühl, dass Ingmar einer von ihnen ist, dass sein Wesen äußerst genau diesen Erwartungen entspricht und dass vielleicht gerade diese menschliche Solidarität, die in all seinen Werken durchschimmert, den berühmten Schneeball ins Rollen bringt.

Wenn es wirklich so wäre, dann wünsche ich mir nur, dass es Ingmar Bergman gelingt, die päpstliche Unfehlbarkeit von sich abzuschütteln. Ich wünsche mir, dass er bei seiner Arbeit weiterhin diesen Sinn für die menschliche Solidarität beibehalten kann, mit der er sich großzügig, verbissen und mit unterschiedlichem Erfolg bemüht hat, das Leben auf dieser Welt darzustellen, das grotesk und grausam ist, aber in manchen verzauberten Momenten schön und wunderbar sein kann.

Ingmar prägte einmal den Spitznamen „Ausbund an Weiblichkeit" für mich. Ich habe immer versucht, diesem Spitznamen gerecht zu werden, wenn ich die Rollen spielte, die er mir gab, aber in meinem Privatleben hatte ich immer Schwierigkeiten damit. Ich halte dies für ein gutes Beispiel für seine Fähigkeit als Narr, über eine Realität (in diesem Falle meine) nachzudenken, die er sozusagen im Reinzustand betrachtet hat. Mit anderen Worten, eine der unzähligen Bedürfnisse einer Person, die unerkannt auf dem Grund der menschlichen Psyche schlummert, zu erkennen und auf den Punkt zu bringen, um sie zu verstärken und ihre Existenzmöglichkeit auszuprobieren.

Abschließend hoffe ich, dass diese Eindrücke einer alten Kollegin eines großen Meisters nicht die Früchte flüchtiger Überlegungen sind, sondern dass sie auf irgendeine Weise dem wahren Charakter Ingmars entsprechen.

### Anmerkung

(1) Die wörtliche Übersetzung des schwedischen Titels des Films *Gycklarnas afton* lautet „Die Nacht der Narren".

# Bergman am Theater und im Film: Auszüge aus einem Seminar mit *Bibi Andersson*

*Bibi Andersson hat in den Neunziger Jahren in zahlreichen Theaterstücken Ingmar Bergmans am Königlichen Dramatischen Theater mitgewirkt. Ihre lange Zusammenarbeit begann in den Fünfziger Jahren mit Filmen von Bergman. Unter anderem spielte sie in* Das siebente Siegel, Wilde Erdbeeren, Persona *und* Szenen einer Ehe *mit. Das Seminar, das vom Amerikanischen Filminstitut gesponsort wurde, fand 1977 statt.*

FRAGE: Die Risiken der Filmarbeit müssen bei Ihnen manchmal den Wunsch aufkommen lassen, wieder ans Theater zurückzukehren. Schließlich haben Sie am Theater gelernt und haben oft in Stockholm am Königlichen Dramatischen Theater gespielt. Haben Sie die Absicht, zwischen Kino und Theater hin- und herzupendeln, so wie es Bergman bis jetzt gemacht hat?

ANDERSSON: Ich bin sehr glücklich über die Theaterarbeit, die ich bisher geleistet habe. Das Problem besteht darin, dass man, wenn man am Theater spielt, zwölf Monate im Jahr im Theater physisch anwesend sein muss. Es besteht nicht die Möglichkeit, wie ein Gast zeitweise zu kommen und zu gehen. Ich habe versucht, ein halbes Jahr für mich zu haben und das andere halbe Jahr zu spielen, aber das hat soviel Eifersucht hervorgerufen, dass ich beschlossen habe, um nicht zwölf Monate im Jahr ans Theater gefesselt zu sein – ich fühle mich ein bisschen wie eine Gefangene –, eine notwendige Entscheidung zu treffen und dem Theater den Rücken zuzukehren. Das ist eine sehr schmerzhafte Entscheidung. Ich hätte gerne beides gemacht, aber diese Art von Eifersucht ist gerade in Schweden besonders hart, und es ist fast ein Nachteil, im Ausland gewesen zu sein. Und es lohnt sich nicht, wenn man nicht mindestens als eine Greta Garbo zurückkehrt, und zuweilen ist es auch frustrierend. Ich bin zurückgekehrt, um *Was ihr wollt* zu machen. Ingmar Bergman wollte mich dafür haben. Ich habe gespielt, aber dann haben alle Schauspieler eine Versammlung abgehalten. Das Ergebnis war, dass weder mir noch Max von Sydow gestattet wurde, noch einmal mitzuspielen. Von uns wurde eine Vollzeitarbeit verlangt. Es gab so viele Mädchen für die verschiedenen Rollen. Und das verstehe ich auch. Wenn du am Theater verschiedene Rollen spielst und auf einmal jemand zurückkehrt, und sich die beste Rolle unter den Nagel reißt, dann ist das ziemlich frustrierend.

FRAGE: Bedeutete das, dass Sie das Theater verlassen möchten?

ANDERSSON: Nein, ich schaue mich nur nach einem anderen Ort um, wo ich spielen kann.

FRAGE: Reagieren Sie auf ein Theaterregiebuch anders als auf ein Filmdrehbuch? Zählen die Qualität oder der Mangel an Qualität mehr bei dem einen oder bei dem anderen?

ANDERSSON: Eine schlechte Komödie bleibt immer eine schlechte Komödie, wie genial der Regisseur, der sie in Szene setzt, auch sein mag, denn es gibt einige Dinge, die ein Dialog nicht verdecken kann. Es stehen einem keine Nahaufnahmen zur Verfügung, die das, was man mit lauter Stimme sagt, damit es alle hören können, überspielen können. Ein schlechtes Drehbuch kann jedoch zu einem guten Film werden, wenn der Regisseur sehr kreativ ist. Er sieht, was geschrieben wurde, und trifft seine Wahl. Aus diesem Grund beurteile ich nie ein Drehbuch, nachdem ich es gelesen habe. Ich kann es erst beurteilen, nachdem ich gehört habe, was der Regisseur dazu sagt, nachdem er mir sagt, was ich machen soll, oder wenn er mir den Grund nennt, weshalb er gerade mich für eine Rolle geeignet hält. Ich muss von dem Film verführt werden, oder ich muss mich selbst verführen lassen, wenn es niemand anderes tut, vorausgesetzt, ich will es wirklich machen. Ich muss jedoch zugeben, dass ich noch nie ein Filmdrehbuch gelesen und danach sofort gesagt habe: «Oh, das ist wirklich bedeutende Literatur".

FRAGE: Sie glauben also, dass die Arbeit eines Drehbuchautors für einen Film nicht genauso wichtig ist, wie die eines Theaterautors.

Bibi Andersson verkörpert die fröhliche Alma aus *Persona* (1965).

ANDERSSON: Wenn Bergman ein Drehbuch schreibt, dann schreibt er es wie einen Roman, und man weiß, dass alles, was er schreibt, im Film auf irgendeine Weise auftaucht. Er schreibt so, dass er dich verführt, dass er dir Ideen gibt. Andere Autoren beschränken sich darauf, eine Zeile nach der anderen zu schreiben, und all das, was man erwartet, zwischen den Zeilen lesen zu können, bleibt ein Geheimnis zwischen dem Autor und dem Regisseur. Wie dem auch sei, es steht nicht im Drehbuch, das sie mir zu lesen geben.

Es ist sehr schwierig, sich vorzustellen, wie sie arbeiten werden. Vielleicht kommt das daher, dass ich es nicht gewohnt bin, amerikanische Drehbücher zu lesen, aber ich finde sie im allgemeinen ziemlich banal. Das macht mir Sorgen, denn ich weiß nicht, wie ich sie lesen soll und wie ich die richtigen Fragen dazu stellen könnte.

FRAGE: Bergman hat einmal erklärt, dass das, was er in einem Film macht, von dem abhängt, was er über die Schauspieler und Schauspielerinnen weiß, die er ausgesucht hat. Können Sie das bestätigen?

ANDERSSON: Ja. Ich habe das Gefühl, dass Bergman vor allem Regie führt, wenn er schreibt oder den Cast zusammenstellt. Ich weiß nicht, welche kommerziellen Gesichtspunkte er jetzt, wo er einen Film im Ausland dreht, berücksichtigen muss. Aber ich weiß, dass ihn früher das genaue Kennen einer Person inspiriert hat, auf eine bestimmte Weise zu schreiben. Auch wenn das vielleicht unbewusst war, so bin ich doch sicher, dass dieser Aspekt sehr entscheidend für seine Texte war. Wenn er an einem Drehbuch arbeitete und wusste, dass eine seiner befreundeten Schauspielerinnen ein Problem oder eine Tendenz in diese Richtung hatte, dann

Bibi Andersson, Liv Ullmann, Sven Nykvist und Ingmar Bergman während einer Drehpause auf dem Set von *Persona* (1965).

Bergman und sein Kameramann Sven Nykvist auf der Insel Fårö bei den Drehbarbeiten zu *Persona*.

wählte er sie. Jedesmal wenn ich ein Drehbuch las, versuchte ich mir vorzustellen, welchen Aspekt von mir er benutzen wollte, oder was er gesehen hatte, oder was er nicht von mir wollte. Es kann manchmal ganz schön frustrierend sein, wenn man spürt, dass eine Rolle den Vorstellungen, die man über sich selbst macht, nicht gerecht wird. Als ich *Persona* (1965) las, war ich überhaupt nicht geschmeichelt. Ich verstand nicht, weshalb ich die Rolle dieser schwachen und unsicheren Frau übernehmen sollte, obwohl ich so hart daran arbeitete, Vertrauen in mich selbst zu finden und meine Unsicherheiten zu verbergen. Mir wurde klar, dass er über meinen Charakter genau Bescheid wusste. Es wäre besser gewesen, sich damit auseinanderzusetzen. Das ist eine gute Methode, um sich kennenzulernen. Ich denke manchmal, dass Künstler instinktiv gute Psychiater sind.

Ich glaube auch, dass alle Rollen, die ein Schauspieler oder eine Schauspielerin darstellen, auf ihnen basieren müssen, sonst werden sie nie damit fertig.

FRAGE: Welche Atmosphäre schafft Bergman auf dem Set, um Ihnen das Gefühl zu geben, frei spielen zu können?

ANDERSSON: Jeder muss das für sich selber schaffen. Seine Aufgabe ist es jedoch, eine ruhige und konzentrierte Atmosphäre herzustellen – man muss auf dem Set ruhig sein; er will weder Störungen noch Besucher. Obwohl er manchmal eine Atmosphäre schafft, die die Leute erschreckt; man muss immer angespannt sein, und die Disziplin kann sehr streng sein. In manchen Fällen ist das sehr positiv, aber manchmal ist es einfacher, mit anderen, lockereren und unsichereren Regisseuren zu arbeiten. Sie können dir helfen weiterzumachen, in dem sie nur das fordern, was du geben kannst. Wenn du plötzlich zu lachen anfängst oder schlecht spielst, wird das nicht als Mangel an Disziplin angesehen, was manchmal bei ihm passiert. Trotzdem, wenn man in einem Film Bergmans mitspielt, ist das Wichtigste, dass man verspürt, dass sich alle, natürlich auch Bergman selbst, auf das konzentrieren, was vor der Kamera passiert – und das ist wichtig.

FRAGE: In *Das siebente Siegel* und *Wilde Erdbeeren*, den ersten Filmen, die Sie mit Bergman gemacht haben, haben sie einige ihrer unvergesslichsten Rollen gespielt. Das ist jetzt fast zwanzig Jahre her. Wie denken Sie heute über diese Filme und Ihre schauspielerische Leistung in ihnen?

ANDERSSON: Ich habe nichts zu meiner schauspielerischen Leistung zu sagen. Ich liebe diese Filme immer noch, das ja. Sie sind in meiner Erinnerung noch sehr lebendig, auch wenn sie nun schon zwanzig Jahre alt sind. Aber ich habe kein Verhältnis mehr zu dem, was ich damals gemacht habe. Kürzlich habe ich *Wilde Erdbeeren* wieder gesehen, und ich fand mich schrecklich, absolut schrecklich. Aber wir waren damals alle etwas pedantisch. Es herrschte ein gewisser Stil des Sprechens, der anders schien, oder vielleicht liegt das am Ton, der sich anders anhörte. Ich weiß nicht. Die Stimmen klangen damals anders. Heute scheinen sie mir gekünstelt. Vielleicht ist das der Grund, weshalb ich eine gewisse Distanz verspüre, wenn ich diese Filme wieder sehe. Aber das ist unwichtig. Ich bin stolz auf diese Filme, aber nicht was mich betrifft. Allerdings ist *Persona* ein Film, auf den ich absolut stolz bin. Jedesmal, wenn ich ihn mir ansehe, wird mir klar, dass ich meine Arbeit als Schauspielerin ganz erfüllt habe, dass ich eine Person erschaffen habe.

FRAGE: Wollen Sie damit sagen, dass dieser Film der Übergang von ihrer Jugend zur Reife darstellt?

ANDERSSON: Ja, ich glaube schon.

FRAGE: Das, was in diesen Filmen auch noch heute ganz klar zum Ausdruck kommt, ist die charakteristische Unschuld aller Personen – vor allem in dem Film *Das siebente Siegel* erinnert ihre Figur fast an eine Madonna.

ANDERSSON: Als ich noch sehr jung war, besaß ich eine gewisse Art Unschuld, aber das Leben hat mir leider nicht erlaubt, diese beizubehalten. Ich war unschuldig in dem Sinne, dass ich sehr viel Vertrauen hatte, dass ich die Menschen liebte, dass ich das Leben liebte. Aber ich war nicht schüchtern. Ich war kontaktfreudig. Ich war einfach ich selber im Gewand der Figur aus dem *Siebenten Siegel* und ich glaube, dass das auch herausgekommen ist. Wenn ich ihn heute wieder sehe, glaube ich, dass er gut ist. Damals war es mir nicht bewusst, was ich machte. Ich versuchte nur natürlich zu sein. Meine Rolle in *Wilde Erdbeeren* war sehr viel komplizierter. Ich verstand alles erst später. Ich erinnere mich sehr gut daran, dass Bergman wollte, dass ich in der Traumszene im Wald, als ich dem alten Mann einen Spiegel vorhielt, etwas aus mir herausholte, das ich nicht kannte. Er sagte mir: «Du bist jung und grausam. Gerade wegen deiner Unschuld bist du nicht schuldig. Gerade weil du glücklich, gesellig, neugierig bist, kannst du die anderen be- und verurteilen. All diese Eigenschaften der Jugend und der Schönheit sind in gewissen Situationen sehr grausam. Erinnere dich daran". Er wollte damit sagen, dass die jungen Leute einerseits sehr faszinierend, andererseits auch völlig taktlos sein können. Sie können sagen: «Du hast nichts Gutes an Dir. Was hast Du aus deinem Leben gemacht?". Es ist leicht so etwas zu sagen, wenn man noch nicht die Gelegenheit hatte, das eigene Leben auf die Probe zu stellen. Er wollte von mir, dass ich diese instinktive Härte, diese unschuldige Härte, die ein Jugendlicher haben kann, spielen sollte.

Es war eine sehr interessante Rolle, und ich verstand, was Bergman meinte. Aber ich bin nicht sicher, ob ich verstanden habe, wie ich sie spielen sollte. Aus diesem Grund war ich enttäuscht, als ich *Wilde Erdbeeren* wieder gesehen habe. Nachdem mir die Bedeutung dieser Rolle klar wurde, war ich der Ansicht, dass ich ihr nicht gewachsen war.

FRAGE: Könnten Sie heute diese Rolle spielen?

ANDERSSON: Ich würde sie ganz anders spielen. Ich könnte diese Art der Frische nicht mehr darstellen – das ist klar. Ich könnte sie immer noch spielen, aber heute würde ich eine andere Wahl treffen. Ich erinnere mich an die Theaterproben mit Bergman für *Was ihr wollt*. Ich sollte die Viola spielen. Am Anfang spielten wir einfach darauf los, und er sagte: «Das ist so schön. Du änderst dich nie". Ich begann an dieser Rolle hart zu arbeiten. Und er sagte: «Je mehr du daran arbeitest, desto schlechter spielst du. Diese Rolle ist nicht so kompliziert. Versuche einfach, dich daran zu erinnern, wie du vor zwanzig Jahren warst, und dann spiele. Mit all dem, das du seitdem erreicht hast, wird das ausgezeichnet werden. Du musst einfach weitermachen, fröhlich sein und nicht denken". An den Abenden, an denen mir genau das gelang, ging alles gut. Aber an einigen Abenden, an denen ich zu bewusst und zu aufmerksam war, war ich weniger spontan. Spielen ist sehr faszinierend, wenn es

Bibi Andersson in der unvergesslichen Rolle der Sarah aus *Wilde Erdbeeren* (1957).

einem gelingt, die richtige Mischung aus Bewusstsein und Unschuld zu finden.

FRAGE: Ihre Rolle in *Persona* war die umstrittendste, und es gibt tatsächlich viele Szenen, über die man streiten kann. Zum Beispiel die hocherotische Szene, in der sie Liv Ullmann von einem sexuellen Abenteuer mit zwei Jungen am Strand erzählen. Man sieht Sie in einer langen Nahaufnahme, in der sie nur einen Monolog halten, aber Pauline Kael hat dies als einen der erotischsten Momente in der Filmgeschichte bezeichnet. Wie haben Sie das in Angriff genommen?

ANDERSSON: Ich werde Ihnen erzählen, wie das technisch gemacht wurde. Bergman wollte diese Szene herausschneiden. Seine Frau hatte sie gelesen oder irgend so etwas – ich weiß nicht mehr – aber jedenfalls hatte man ihm geraten, sie nicht zu verwenden. Ich sagte ihm: "Lass sie mich drehen, lass mich ein paar Wörter ändern, die eine Frau nie sagen würde. Sie wurde von einem Mann geschrieben, und das spürt man. Lass mich ein paar Dinge ändern". Er sagte: "Mach' was du willst. Wir drehen sie und dann sehen wir sie zusammen an". Er war sehr verlegen und ich war es auch – und mir war es schrecklich peinlich, diese Szene zu spielen. Wir drehten sie nur einmal und nur mit einer einzigen Nahaufnahme. Zwei Stunden lang. Wir begannen um neun Uhr mit der Probe und hörten um elf Uhr auf. Wir drehten sowohl die Nahaufnahme von Liv als auch meine. Danach sahen wir sie an, und er sagte: "Ich behalte sie. Sie ist gut. Aber ich möchte, dass du allein in den Synchronisationsraum gehst, denn irgendetwas ist mit dem Ton nicht in Ordnung".

Ich war anderer Meinung. Ich hatte mit einer sehr hohen Mädchenstimme gesprochen. So wurde der ganze Monolog im Nachhinein synchronisiert, und ich sprach mit einer völlig anderen Stimme. Ich senkte die Stimme, aber das wagte ich nur, als ich ganz allein war, und niemand mich beobachten oder sehen oder sonst etwas konnte. Eben das gibt der

Szene diesen intimen Ton. Aber ich habe diesen Traum nie gehabt.

FRAGE: Da gibt es eine andere Szene – eine graue, düstere – in der Sie und Liv Ullmann sich in einem Zimmer treffen, und es scheint, dass die eine sich in der anderen auflöst. Wie sind Sie diese Szene angegangen?

ANDERSSON: Ich erinnere mich, dass das Studio voller Rauch war, um eine nebelhafte und düstere Atmosphäre zu schaffen. Ingmar hatte einen Spiegel, und wir wussten, dass bei den Aufnahmen die Zusammenstellung der einzelnen Einstellungen ein großes Problem darstellte, da man die ganze Zeit zwei Personen im Bild hatte, und es wäre nicht möglich gewesen, ein Double auf Schulterhöhe einzusetzen. Wie hätten wir uns in dieser Einstellung bewegen können, so dass das Ganze dynamisch, interessant und nicht langweilig wirken würde? Er wollte einen Spiegeleffekt erzeugen. Er sagte: «Das wird wunderbar werden». Und fügte hinzu: «Bewegt euch, und dann sehen wir weiter». So versuchten wir, uns zu bewegen. Liv strich meine Haare zurück, und ich berührte die ihren. Wir wussten nicht, was wir machen sollten und versuchten einfach, die Einstellung interessant zu machen. Schließlich sagte er: «Genau das ist es». Und wir begannen, zu drehen.

FRAGE: Was sagen Sie zu dem Schluss von *Persona*? Sie haben als Krankenschwester eine Zeit lang im Haus am Strand mit Liv Ullmann gewohnt, die die Rolle der Patientin spielte und anschließend mit dem Autobus wegfährt.

ANDERSSON: Für mich bedeutete das, dass ich zu meinem Leben und zu meiner Welt zurückkehrte, und Liv Ullmann zu der ihren.

Es waren zwei Welten aufeinandergetroffen: sie haben sich überlappt. Am Ende hatte ich einige Erfahrungen gemacht, und ich hoffe, dass auch ihr ähnliches widerfahren ist. Aber wie es so oft im Leben geschieht, hatte alles, was ich verspürt hatte, alles, was uns auch innerlich hätte ändern können, überhaupt nichts an der Welt um uns herum geändert. Wir hatten einfach ein neues Gefühl für uns selbst, ein neues Verhältnis zu den Dingen entdeckt. Wir hatten das Haus für zwei Monate gemietet und dann war die Zeit um. Sie geht als erstes weg, zurück ins Krankenhaus. Auch ich müsste ins Krankenhaus zurückkehren, um dort meine Arbeit als Krankenschwester wieder aufzunehmen. Aber nachdem ich die Krankenschwester war, war ich von beiden das Dienstmädchen, also musste ich zuerst noch das Haus putzen. Ich erinnere mich, dass ich schreckliche Gummischuhe besaß. Ich konnte fast nicht mit ihnen gehen – und dann dieser grauenhafte Hut.

FRAGE: Ich könnte mir vorstellen, dass einige Leute von einer solchen Darstellung enttäuscht sein könnten, ich glaube, dass sie etwas Tiefgreifenderes wollen.

Bibi Andersson und Liv Ullmann in einer Szene aus *Persona* (1965).

ANDERSSON: Ich glaube, dass diese beiden Frauen einen Moment lang wirklich miteinander verschmolzen sind, und dass ich, als Krankenschwester, etwas verstanden habe. Ohne irgendeine Erklärung habe ich mich dieser Frau sehr genähert. Ich habe sie verstanden. Ich habe mich mit ihr identifiziert, und mir ist es gelungen Dinge an ihrer Stelle zu sagen. Ich bin davon überzeugt, dass sich das Leben der Krankenschwester ändern wird, da sie zuvor immer sehr vernünftig war. Sie hatte sich nie Vorstellungen über die anderen Personen gemacht, nie analysiert, was ihr gerade passierte. Und plötzlich, durch das Schweigen der anderen Frau, ist es ihr gelungen, zu sich selbst Stellung zu nehmen, ihre Welt, ihre Art zu denken, zu verstehen und die Gedanken auch auszudrücken.

FRAGE: Sven Nykvist war bei den meisten Filmen Bergmans Kameramann. Welche Beziehung hatten Sie zu ihm auf dem Set?

ANDERSSON: Sven ist ein sehr schüchterner und zurückhaltender Mensch. In letzter Zeit, nachdem er sich daran gewöhnt hatte zu reisen und sich mit den anderen zu unterhalten, begann er etwas mehr zu reden. Aber als ich mit ihm arbeitete, sagte er im Ganzen ungefähr zehn Worte während der ganzen Drehzeit. Das, was ich bei ihm verspürte, war eine große menschliche Wärme. Aber manchmal, wenn er sich vielleicht mit Ingmar gestritten hatte, sagte er zu mir: «Ja, lass dich nicht unterkriegen», obwohl er es nie gewagt hätte, selber einen Streit anzufangen. Sven, ich und Erland Josephson, der in *Szenen einer Ehe* und *Das Gesicht* mitgespielt hat, haben kürzlich einen Fernsehfilm ohne Regisseur gedreht. Erland hat das Drehbuch geschrieben und zusammen mit Sven eine Produktionsgesellschaft gegründet, an der ich auch teilgenommen habe. Wir haben uns gesagt: «Warum probieren wir nicht einmal aus, wie wir wirklich zusammenarbeiten können?

Warum sollen wir immer mit einem Regisseur diskutieren und ihm erklären, was wir wollen?». Es war ein Experiment. Am Ende haben wir herausgefunden, dass wir doch einen Regisseur brauchten. Wir hatten uns so gern, dass es Sven nicht übers Herz brachte, uns zu sagen, wenn wir schlecht spielten, und jedes Mal, wenn er mich aufforderte, durch die Kamera zu schauen, um zu sehen, ob mir die Einstellung gefällt, war ich so geschmeichelt, dass ich ihm nur sagen konnte: «Das ist wunderbar». Vielleicht wird der Film ja trotzdem gut, nachdem wir alle so begeistert waren von dem, was wir gemacht haben. Ich habe ihn aber noch nicht gesehen.

FRAGE: In all den Jahren, in denen Sie mit Bergman gearbeitet haben, hat sich zwischen Ihnen und anderen Schauspielern, wie Liv Ullmann und Max von Sydow, ein sehr vertrautes Verhältnis entwickelt. Viele Zuschauer halten Sie für ein Mitglied einer Art Familie außerordentlich begabter Schauspieler. Fühlen Sie sich wirklich mit Liv Ullmann und Max von Sydow mehr verbunden, als mit anderen Schauspielern, mit denen Sie in anderen Filmen gearbeitet haben?

ANDERSSON: Ja, ich fühle mich Max und Liv sehr nahe. Ich weiß, wie sie denken, wie sie arbeiten. Aber sonst verstehe ich mich genauso gut mit den anderen. Wenn man auf einen neuen Set kommt und mit neuen Schauspielern zusammenarbeitet, strengen sich alle an, ein gutes Verhältnis untereinander aufzubauen. Das haben alle Schauspieler gemeinsam.

## VIERTER TEIL

## Gedanken über Bergman

Eine Szene aus dem Film *Die Jungfrauenquelle* (1959), den Bergman nach der mittelalterlichen Ballade *Herrn Töres Töchter in Vänge* gedreht hat.

Gunnel Lindblom *(Inger)* in der dramatischsten Szene aus *Die Jungfrauenquelle*.

# Der Protestant, der aus dem Norden kommt

JAMES BALDWIN

*James Baldwin, der berühmte amerikanische Autor von Romanen, Essays und Theaterstücken hat in Stockholm Bergman interviewt, um den folgenden Aufsatz zu schreiben, der das erste Mal 1961 in der Zeitschrift "Esquire" veröffentlicht und anschließend in seinem Erzählband* Nobody knows my name *abgedruckt wurde.*

Ich wusste bereits, dass Bergman gerade einen Film fertiggedreht hatte, dabei war, den Ton zu mischen und fast sofort einen neuen Film anfing. Als ich beim Filmstaden anrief, antwortete er persönlich am Telefon, was ziemlich ungewöhnlich war. Er schien müde, aber sehr höflich, und er sagte mir, dass er mich treffen könnte, wenn ich sofort käme.

Das Filmstaden liegt in einem Außenviertel Stockholms, das Rasunda heißt, und ist der Hauptsitz der Svensk Filmindustri, eine der ältesten Filmproduktionsgesellschaften der Welt. Hier realisierte Victor Sjöström jene außergewöhnlichen Filme, die ihn schließlich – wenn auch nur für kurze Zeit – bis zu den kargen Ebenen Hollywoods brachten (wo er unter dem Namen Victor Seastrom bekannt war). Hier führte Mauritz Stiller bei *Gösta Berlings* (1923) Regie, woraufhin auch er mit dem neuen Star Greta Garbo in den Westen ging – was ihn ruinierte und auch für Greta Garbo im Großen und Ganzen, jedenfalls vom künstlerischen Gesichtspunkt aus gesehen, nicht gerade von Vorteil war, wie sich später herausstellte. Hier begann Ingrid Bergman im Jahr 1939. (Die Bergman ist übrigens keine Verwandte von Ingmar Bergman). Die Svensk Filmindustri ist stolz auf all diese Vertreter, aber am stolzesten ist sie auf Ingmar Bergman, dessen Filme die schwedische Filmindustrie auf internationales Niveau gebracht haben. Und tatsächlich zieht die Svensk Filmindustri als Wirtschaftsfaktor durch umfangreiche und beständige Kredite einen großen Nutzen aus der aktuellen "Bergman-Mode". Da sie genau weiß, dass es sich *tatsächlich* um eine Mode handelt, stärkt sie sich, um den unweigerlich eintretenden Anzeichen der Gegenreaktion Stand zu halten und hofft, dass auch Bergman dergleichen tut. Er jedoch ist weder so groß noch so begrenzt, wie es der Rummel, der gerade um ihn gemacht wird, vorgeben möchte. Aber er gehört zu den wenigen wirklichen Künstlern, die heute beim Film arbeiten.

Außerdem ist er zweifellos der freieste. Er muss nicht mit wenig Geld und unbezahlten Schauspielern arbeiten, wie es vielen der jungen französischen Filmemachern passiert ist. Er hat eine Filmproduktionsgesellschaft im Rücken; die schwedischen Filmproduktionsgesellschaften verfügen im allgemeinen über eigene Entwicklungslabors, eigene Aufnahmestudios, eigene Verleihgesellschaften und eigene Kinosäle. Anders wäre es ziemlich schwierig, Filme zu produzieren, denn diese werden in diesem kleinen Land viel höher versteuert als in jedem anderen Land der Welt – mit Ausnahme Dänemarks – und außerdem kommen über 60% der Filme, die in den produktionseigenen Kinosälen vorgeführt werden, aus dem Ausland. Außerdem kann die schwedische Filmindustrie, vom wirtschaftlichen Gesichtspunkt aus gesehen, nicht im entferntesten mit dem amerikanischen Starsystem Schritt halten. Das ist gut für die Schauspieler, da sie wenigstens nicht gezwungen sind, jahrelang untätig auf eine Rolle zu warten, und deshalb sind sie in der Lage, die verschiedensten Rollen zu spielen, was bei uns selbst den begabtesten Schauspielern nur sehr selten erlaubt wird. Und natürlich ist das auch gut für Bergman, da er in der Wahl seiner Schauspieler völlige Freiheit hat: Wenn er zum Beispiel mit Geraldine Page arbeiten möchte, können ihn die Studios nicht unter Druck setzen und dazu zwingen Kim Novak vorzuziehen. Wenn er nicht diese Freiheiten gehabt hätte, so hätten wir wahrscheinlich noch nie etwas von Ingmar Bergman gehört. Viele seiner mehr als zwanzig Filme hatten keinen Erfolg, als sie ins Kino kamen, und sie sind auch keine großen Kassenschlager für die Produktionsfirma. (Das Aufkommen der Bergman-Mode hat hier einige Veränderungen gebracht, aber wie ich bereits sagte, glaubt niemand daran, dass diese Mode lang anhält). "Er gewinnt die Preise, und wir das Ansehen", war der Kommentar einer seiner ständigen Mitarbeiter, "aber wir zählen auf die Filme von ... und ...", hier nannte er die Namen zweier populärer schwedischer Regisseure, "da wir mit ihnen Geld nach Hause bringen".

Ich kam ein bisschen zu früh in Filmstaden an; Bergman war noch beschäftigt, und mir wurde gesagt, dass er sich ein wenig verspäten würde. Ich wurde in sein Büro geführt, wo ich auf ihn warten sollte. Erfreut nahm ich die Gelegenheit war, sein Büro ohne ihn betrachten zu können.

Es war ein winziges Büro, das zum größten Teil von einem Schreibtisch eingenommen wurde. Der Schreibtisch stand dem Fenster gegenüber – er hätte auch nirgendwo anders Platz gehabt; vom Fenster aus blickte man auf eine Taglandschaft, die man aus vielen Filmen Bergmans kennt. Am Tag meiner Ankunft war das Wetter grau und blendend, trocken und wild. Die Blätter fielen unaufhörlich von den Bäumen, und bei jedem einzelnen, schweigenden Herabfallen spürte man das Herannahen des langen und düsteren schwedischen Winters. Der Wald, den die Hauptpersonen Bergmans immer in seinen Filmen durchschreiten, war genau hier vor dem Fenster und auch die drohende Kutsche, vor der sie noch fliehen müssen. Ein klein wenig geschockt merkte ich, dass die geistige Landschaft Bergmans einfach die Landschaft war, in der er aufgewachsen war.

Auf seinem Schreibtisch lagen Papiere, Ordner, ein paar Bücher, alles ordentlich aufgeräumt. Ein sehr spartanisches Feldbett war zwischen Schreibtisch und Wand eingeklemmt; auf ihm lagen eine braune Lederjacke und eine braune Wollmütze. Der Besucherstuhl, auf dem ich saß, befand sich schräg gegenüber der Türe, deren Nähe ständig Gelegenheit zu Zusammenstößen, Stolpereien und geistreichen Wortwechseln auf Esperanto gab. An der Wand hingen ein paar Fotos von Charlie Chaplin und eines von Victor Sjöström.

Endlich trat er ein; er war ohne Kopfbedeckung und trug einen Pullover; er war so groß und dünn, dass er einen fast einschüchterte. In seiner Jugend muss er ziemlich unbeholfen ausgesehen haben und selbst jetzt noch schienen seine Arme und Beine irgendwie unproportioniert und schlaksig; es war jedoch etwas in seiner Freundlichkeit, seiner Knappheit und seiner Selbstbeherrschung, das erahnen ließ, dass er auch zu den aggressivsten Dogmatikern gehört haben musste; auf jedenfall kein Mann, mit dem der Umgang leicht gewesen wäre, in jedem Sinn und in jeder Art von Beziehung, da um ihn herum die sozusagen evangelische Distanz herrschte, die demjenigen zueigen ist, der von einer Vision besessen ist. Qualität – und Autorität – letztere extrem gefährlich, die nie aufhören würde, die Feindseligkeit der meisten zu provozieren. Ich hatte auch den Eindruck, dass Bergman irgendwie gewohnt war, das zu sagen, was er gerade verspürte, denn er wusste schon im voraus, dass niemand oder fast niemand in der Lage war, ihm zuzuhören.

Er schlug vor, eine Tasse Tee zu trinken, einerseits wahrscheinlich, um uns beiden die Zeit zu geben vertrauter miteinander zu werden, andererseits hatte er aber wirklich eine Tasse Tee nötig, bevor er wieder an seine Arbeit ging. Wir verließen das Büro und gingen ins Café auf der anderen Straßenseite.

Ich war mit einem Anflug von Grippe nach Stockholm gekommen, weshalb ich ständig hustete, nieste und mir die Augen rieb. Nach einer Weile blickte mich Bergman besorgt an und meinte, dass ich wohl schwer krank sei.

Ich war nicht von so weit her gekommen, um über meine Gesundheit zu sprechen, weshalb ich versuchte, das Thema zu wechseln. Aber ich lernte ziemlich schnell, dass man bei Bergman nur das Thema wechseln kann, wenn er damit einverstanden ist.

Es ist nicht leicht, ihn abzulenken.

„Kann ich etwas für Sie tun?" insistierte er, und als ich gerührt und gleichzeitig verärgert über diese Frage nicht antwortete, lächelte er und sagte: „Sie müssen nicht in Verlegenheit geraten. Ich weiß, was es heißt, krank und alleine in einer fremden Stadt zu sein".

Er war sich seiner gemeinen Geste voll bewusst, und trotzdem rührte und entwaffnete sie mich. Ich wusste, dass seine Besorgnis im Grunde nichts mit mir zu tun hatte. Sie bezog sich viel mehr auf seine persönlichen Erinnerungen und drückte vor allem seine Entschlossenheit aus, sich nicht, wie der Rest der Welt, die Schuld der Gleichgültigkeit vorwerfen lassen zu können.

Er drehte sich um und sah einen Augenblick aus dem Fenster des Cafés auf die Bäume, die im Oktoberlicht leuchteten, und auf den strahlenden Himmel. Daraufhin wandte er sich wieder mir zu.

„Also", sagte er kurz auflachend, „sind Sie hier für mich oder gegen mich?".

Ich wusste nicht, was ich auf diese Frage antworten sollte, und er fuhr fort: „Es ist mir egal, ob sie aus diesem oder jenem Grund gekommen sind. Oder besser, nein, nein das stimmt nicht. Natürlich wäre es mir lieber, ich wäre glücklicher, wenn Sie für mich da wären. Aber ich muss es wissen".

Ich sagte ihm, dass ich seinetwegen da war, was für mich die größte Schwierigkeit darstellen könnte, da ich über ihn schreiben sollte. Ich sagte ihm, dass ich viele seiner Filme gesehen hätte, dass ich jedoch nicht die Absicht hätte, alle zu sehen, und dass ich mich irgendwie mit dem identifizierte, was er, nach meinem Gefühl, zu machen versuchte. Das was er sah, wenn er die Welt betrachtete, schien mir nicht sehr viel anders, als das, was ich sah. Einige seiner Filme schienen mir etwas kalt, andere etwas zu angespannt. Ich hatte zum Beispiel schon fast zu viel über *Das siebente Siegel* gehört, bevor ich ihn gesehen habe, und dann hat er mich jedoch weniger beeindruckt als viele seiner anderen Filme.

„Ich kann nicht über diesen Film sprechen", sagte er brüsk und schaute wieder aus dem Fenster. „Ich musste ihn machen. Ich musste mich von diesem Thema, von dieser Art von Fragen befreien". Er sah mich an. „Geht es Ihnen nicht auch so, wenn Sie ein Buch schreiben? Sie schreiben es, weil Sie es schreiben müssen und danach, wenn sie es geschrieben haben, haben Sie sich davon befreit, nicht wahr?".

Er lachte und schenkte sich etwas Tee nach. Die Art, wie er gesprochen hatte, ließ mich an zwei Lausbuben denken, die ein gefährliches aber amüsantes Spiel spielten, das vor den Erwachsenen geheimgehalten werden musste.

„Wie meinen Sie das ... diese Art von Fragen?".

Bild aus der Anfangssequenz von *Wie in einem Spiegel* (1960). Im Gegenlicht zeichnen sich die Gestalten von Gunnar Björnstrand *(David)*, Harriet Andersson *(Karin)*, Lars Passgård *(Frederik, genannt Minus)* und Max von Sydow *(Martin)* ab.

«Oh. Gott und der Teufel. Das Leben und der Tod. Das Gute und das Böse". Er lächelte. «*Diese* Art von Fragen".

Ich wollte ihm schon sagen, dass die Tatsache, dass er der Sohn eines Pastors war, sicher einiges zu diesen Sorgen beigetragen hat. Aber ich wusste noch nicht, wie ich es anfangen sollte mehr über sein Privatleben zu erfahren. Ich hoffte, wir würden über seine Filme darauf kommen.

Ich begann mit: «Auch das Thema Liebe, das Bedürfnis nach Liebe scheint sie sehr zu interessieren".

Ohne Zweifel interessierst du dich auch sehr dafür, war die Antwort, an die er scheinbar dachte, aber er beschränkte sich darauf, freundlich zu sagen: «Ja". Bevor ich ihm diese Frage anders formuliert nochmals stellen konnte fügte er hinzu: "Sie müssen es schwierig finden, mit mir zu sprechen. Ich bin wirklich der Meinung, dass es unnütz ist über das zu reden, was ich in der Vergangenheit gemacht habe. Und außerdem kann ich nicht über das sprechen, was ich noch nicht gemacht habe".

Dann spielte ich auf ein anderes seiner großen Anliegen an, den Egoismus, der von vielen Figuren in seinen Filmen dargestellt wird, Männer und Frauen, die völlig auf sich selbst konzentriert sind: Vogler in *Das Gesicht*, Isaak Borg in *Wilde Erdbeeren*, die Tänzerin in *Einen Sommer lang*.

«*Einen Sommer lang* liebe ich sehr", sagte er, «er ist mein Lieblingsfilm".

«Damit will ich nicht sagen, dass es mein bester Film ist", fügte er hinzu. «Ich weiß nicht, welcher mein bester Film ist".

*Einen Sommer lang* wurde 1950 gedreht. Es ist vielleicht nicht der beste Film Bergmans – der beste ist meiner Meinung nach *Abend der Gaukler* – aber er gehört sicher zu den ergreifendsten. Seine ganze Kraft liegt in der Darstellung der Hauptfigur, der Tänzerin, geheimnisvoll präzise und wahr, und in der tiefgehenden Erkenntnis über das Wesen der ersten Liebe, die im ersten Augenblick das Universum vor uns zu öffnen scheint, um uns anschließend scheinbar davon auszuschließen. Er gehört zu einer Reihe von Filmen, wie *Sehnsucht der Frauen*, *Das Lächeln einer Sommernacht* und *Dem Leben nahe*, in deren Mittelpunkt eine Frau oder eine Gruppe von Frauen stehen und in denen die männlichen Figuren im allgemeinen ziemlich unbedeutend sind. Es werden jedoch alle Grundthemen Bergmans behandelt: die Frage nach der Zeit und der Unvermeidlichkeit des Todes, die Komödie der menschlichen Beziehungen, die wie eine Falle erlebt werden, das Wesen der Illusion, das Wesen des Egoismus, der Preis, den man für die Kunst zahlen muss. Diese Themen finden sich auch in den Filmen wieder, in deren Mittelpunkt eine männliche Hauptfigur steht: *Abend der Gaukler, Wilde Erdbeeren, Das Gesicht, Das siebente Siegel*. Nur in einem dieser Filme – *Das Gesicht* – wird die Beziehung zwischen Mann und Frau aus einem männlichen Blickwinkel erzählt; das heißt, als reine und einfache Quelle der Kraft für den Mann. In den Filmen dagegen, in denen die Frau im Mittelpunkt steht, entwickelt sich die Beziehung zwischen Mann und Frau von Mal zu Mal über die Leidenschaft, die Geistesgegenwart oder die Geduld der Frau und hängt mehr oder weniger von ihrer Schlauheit ab, mit der sie die männliche Eitelkeit zu ihrem Vorteil nutzen kann. *Abend der Gaukler* ist der beängstigend zwiespältigste Film Bergmans – und sicher einer der brutal erotischsten Filme, die je gemacht wurden –, aber er ist vor allem eine Untersuchung über die Nichtigkeit des Mannes gegenüber der Stärke der Frau. *Wilde Erdbeeren* reicht meiner Meinung nach nicht an ihn heran, da er mit verbalen Exzessen und einer bildlichen Rhetorik überfrachtet ist, die das langweiligste Stilmittel in den Filmen Bergmans sind. Trotzdem beweist die schreckliche Schlussfolgerung, die der alte Professor am Ende in diesem Film ziehen muss, dass er nicht nur einfach das Opfer seiner Frauen ist: denn er ist verantwortlich für das, was aus den Frauen geworden ist.

Unsere Unterhaltung ging schon bald von den Filmen Bergmans zu der Stadt Stockholm über.

«Es ist überhaupt keine Stadt", sagte er überzeugt. «Es ist lächerlich, dass sie sich selbst als Stadt bezeichnet. Es ist ein etwas größer geratenes Dorf, das sich inmitten einiger Wälder und Seen befindet. Man muss sich fragen, was man hier so Wichtiges machen will".

Maj-Britt Nilsson und Alf Kjellin, Darsteller aus *Einen Sommer lang* (1950).

Ich sollte noch viele Leute treffen, denen die Vorstellung zuwider war, dass Stockholm eines Tages eine Stadt werden sollte. Natürlich versuchte sie, es in kürzester Zeit zu werden, da ihr das natürliche und unvermeidliche Schicksal bewusst ist, das dem wirtschaftlichen und kulturellen Zentrum jeder Nation beschieden ist. Trotzdem scheint für Bergman, der jetzt einundvierzig Jahre alt ist, und für viele Leuten, die wesentlich jünger sind als er, dass Stockholm, von der Zeit unangetastet, seinen dörflichen Charakter beibehalten hat. Keiner von ihnen möchte vorwärts schauen, um zu sehen, wie sie sich verändert. Hier, wie übrigens in jeder europäischen Stadt oder Kleinstadt, kann man verbitterte und negative Kommentare über den Prozess der „Amerikanisierung" hören.

Diese „Amerikanisierung" besteht, soweit ich das verstehe, vor allem darin, dass immer mehr Menschen ihr Land verlassen und nach Stockholm ziehen. Stockholm ist nicht darauf eingerichtet, soviele Menschen aufzunehmen, und deshalb entstehen unweigerlich soziale Spannungen, ausgehend von der Wohnungsnot und der Jugendkriminalität. Natürlich gibt es Juke-Boxen, die Rock'n Roll spielen, und auch ein paar Jazzlokale, die jedoch in nichts den amerikanischen gleichen. Und das Gespenst – obwohl man es lieber Abbild nennen möchte – des toten James Dean, mit seiner Uniform, seiner masochistischen Verlobten, mit Motorrad oder Auto (scheußlich bemalt) kann man in den Straßen Stockholms antreffen. Sie erschrecken mich nicht mehr, als die echten, die man in New York sehen kann, da sie noch nicht die echte amerikanische Konfusion und noch weniger die unnachahmliche amerikanische Aggressivität erreicht haben. Ich sollte vielleicht hinzufügen, dass der amerikanische Neger für sie eine Art heiliges Ungeheuer ist, was nur beweist, wie wenig die Schweden von den Phänomenen verstehen, die sie zwanghaft imitieren wollen. Sie unterscheiden sich in vielerlei Hinsicht von ihren amerikanischen Idolen: Sie leiden zum Beispiel nicht an einem Mangel, sondern eher an einem Übermaß an Ordnung.

Was den Sex betrifft, gibt es für sie keine Tabus; im Gegenteil, sie würden gerne ein oder zwei aufstellen.

Nichtsdestotrotz haben die Stockholmer Grund zur Beunruhigung. Aber nicht die Tatsache, dass Stockholm eine Stadt wird, erschreckt sie. Das was ihnen Angst macht ist der Druck, unter dem jeder von uns in diesem Jahrhundert lebt, ein Druck, der jede frühere Einfachheit zerstört. Das jedenfalls möchten die Schweden fast immer ausdrücken, wenn sie über die «Amerikanisierung» sprechen. Es handelt sich um einen Begriff, der verwendet wird, um zu verdeutlichen, dass die gesamte moralische und soziale Struktur, die sie aufgebaut haben, nicht mehr mit den heutigen Anforderungen vereinbar ist. Der Alte kann sich das Neue nicht vorstellen und umso weniger erschaffen. Der Junge hat keinerlei Vertrauen in den Alten; und wenn das Vertrauen schwindet, so können unmöglich neue Maßstäbe gefunden werden, auf denen man sein Leben aufbauen kann. Das besorgniserregendste Resultat all dieser Konfusion ist, auch wenn es nicht so scheint, der Tod der Liebe. Damit meine ich nicht einfach den Untergang der romantischen Vorstellungen von der Liebe – auch wenn möglicherweise diese Vorstellungen überholt sind – sondern vielmehr den Zusammenbruch der Kommunikation zwischen den Geschlechtern.

Bergman erzählte mir kurz über die Anfänge seiner Karriere. Er kam Mitte der 40er Jahre nach Filmstaden, als er das Drehbuch für *Die Hörige* schrieb. Es war ein sehr vielversprechender Anfang. Aber vielversprechende Anfänge bedeuten nicht viel, vor allem nicht beim Film. Bergman hielt jedoch das Versprechen. Was ihm fehlte war Flexibilität. Weder er noch irgendjemand anderer, mit dem ich gesprochen habe, hat bemerkt, dass er seitdem einen Großteil dieser Qualität erworben hat. Das kam wohl daher, dass er als unheimlich ehrgeiziger und völlig unerfahrener junger Mann kein Vertrauen in sich hatte. Ein Mangel an Vertrauen, den er hinter so gewaltigen Zornausbrüchen versteckte, von denen man in Filmstaden noch heute spricht. Seine nervenaufreibende Überempfindlichkeit ging so weit, dass er sich weigerte, mit einem Bühnenausstatter zusammenzuarbeiten, mit dem er vielleicht sogar nie ein Wort gewechselt hatte, nur weil er ein Gesicht hatte, das ihm nicht gefiel. Man erzählt sich auch, dass er einmal, als er Gäste in seinem Haus vorfand, sich ins Bad einsperrte, bis sie gegangen waren. Viele dieser Leute ließen sich nie wieder blicken, was man ihnen schlecht vorwerfen kann. Außerdem darf man wohl behaupten, dass er in dieser Zeit auch mit den Gefühlen seiner Freunde nicht gerade zimperlich umging.

«Er hat sich gebessert», hatte mir eine Frau gesagt, die in den letzten Jahren mit ihm gearbeitet hat, «aber früher war er fürchterlich». Er konnte dir die schrecklichsten Dinge sagen, er konnte dich soweit bringen, dass du den Wunsch hattest, zu sterben. Vor allem wenn man eine Frau war".

Dann fügte sie nach einigem Nachdenken hinzu: «Und dann kam er zu dir, um sich zu entschuldigen. Man musste ihn so akzeptieren, wie er war und Schluss».

In jenen Jahren bezeichnete man ihn als «den Jungen», «den Bub» oder «den teuflischen Regisseur». In Amerika hätte eine solche Persönlichkeit, die trotz all dieses persönlichen Aufwandes Filme machte, die keinen Pfennig einbrachten, mindestens dasselbe Schicksal wie Orson Welles gehabt. Bergman hingegen hat weitergearbeitet, sowohl als Drehbuchautor als auch als Film- und Theaterregisseur.

Dagny Lind (*Ingeborg*) und Stig Olin (*Jack*), die Hauptdarsteller aus dem Film *Krise* (1945), bei dem Bergman zum ersten Mal Regie geführt hat.

«Ich war eine Zeit lang Schauspieler", behauptet Bergman von sich selbst, «ein ganz schlechter Schauspieler. Aber ich habe viel daraus gelernt".

Vielleicht hat er dabei gelernt, wie er mit seinen Schauspielern umgehen muss, was eine seiner großen Qualitäten als Regisseur ist.

Bergman hat Stücke für die Stadttheater von Hälsingborg, Göteborg und Malmö inszeniert und zur Zeit arbeitet er am Königlichen Dramatischen Theater von Stockholm – oder besser, er wird dort arbeiten, sobald er den Film beendet hat, den er gerade macht.

Einige der Personen, die ich getroffen habe, erzählten mir, dass seine Theaterarbeit sogar noch spannender als seine Filmarbeit sei. Meistens sind es dieselben Personen, die sich scheinbar über seine Zukunft Sorgen machen, wenn diese momentane Mode vorbei sein wird. Es ist, als wollten sie für ihn ein Ass im Ärmel bereithalten.

Ich habe ihm darüber keine Fragen gestellt, aber aus seinen Worten kann man heraushören, dass er vom Film mehr angezogen wird als vom Theater. Es scheint auch, dass seine Theaterarbeit für ihn oft die verlängerte Probe oder Vorbereitung für einen Film ist, der bereits in seinem Kopf herumgeistert. Das trifft jedenfalls ziemlich sicher auf zwei seiner letzten Theaterstücke zu. Im Jahr 1954 inszenierte er für das Stadttheater von Malmö *Die lustige Witwe* von Franz Léhar. Im Jahr darauf schrieb und drehte er die Komödie *Das Lächeln einer Sommernacht*, bei der er auf wunderbare und fast subversive Weise, wie oft bei Bergman, die Atmosphäre der romantischen Operette übernimmt. Im Jahr 1956 veröffentlichte er das Drama *Trämålning (Tafelmalerei)*, das nie aufgeführt wurde, aber die Grundlage für den Film das *Siebente Siegel* bildete, den Bergman im selben Jahr schrieb und drehte. Ich glaube es ist klar, dass an diesem Punkt dieses Drama nie aufgeführt werden wird, jedenfalls nicht von Bergman.

Er hat natürlich viele Arbeitsangebote aus anderen Ländern bekommen. Ich fragte ihn, ob er jemals eines in Betracht gezogen hat.

Er sah wieder aus dem Fenster. «Hier bin ich zu Hause", sagte er. «Es hat lange gedauert, aber jetzt habe ich alle meine Instrumente – alles was ich brauche – und ich habe sie da, wo ich sie will. Ich kenne meine Mitarbeiter und sie kennen mich. Und ich kenne meine Schauspieler".

Ich sah ihn an. Unweigerlich war ich neidisch auf seine Fähigkeit, seine Heimat auf so direkte Art zu lieben und dort zu bleiben, um zu arbeiten. Und gleichzeitig, ich war fast überrascht, beneidete ich ihn überhaupt nicht. Alles im Leben hängt davon ab, wie man seine eigenen Grenzen akzeptiert: es wäre so, als würde ich ihn um seine Sprache beneiden.

«Wäre ich ein Geiger", fügte er nach einer Weile hinzu «und wäre eingeladen, in Paris zu spielen – und die Umstände würden nicht erlauben, dass ich meine eigene Geige mitbringe, sondern auf einer französischen spielen müsste – dann könnte ich nicht dorthin reisen". Er zeigte kurz in Richtung Fenster. «Das hier, das ist meine Geige".

Es wurde spät. Ich spürte, dass ich gehen musste, obwohl er nichts getan hatte, um mir das zu verstehen zu geben. So sprachen wir schließlich über *Das Gesicht*.

«Er hat nichts mit Hypnotismus zu tun, nicht wahr?" fragte ich ihn.

«Nein, überhaupt nicht".

«Also ist es nur ein Scherz. Eine lange, ausgefeilte Metapher über die Bedingungen des Künstlers – das heißt, ein Thema, das zu jeder Zeit, an jedem Ort, immer gilt".

Er lächelte auf die gleiche, leicht geheimnisvolle Weise, wie er zuvor gelächelt hatte, als wir über die Gründe für die Realisation des Films *Das siebente Siegel* gesprochen hatten. «Ja, der Künstler steht immer am Rande der Katastrophe, er stößt immer an die Grenzen der großen Dinge. Immer. Ist es nicht so? Das ist sein Element, so wie das Wasser das Element des Fisches ist".

Seit wir uns gesetzt hatten, wurden wir immer wieder unterbrochen, und nun kam jemand, der offensichtlich die Absicht hatte, Bergman mitzunehmen. Wir machten also einen Termin für den Anfang der darauffolgenden Woche aus. Bergman wartete mit mir, bis das Taxi kam und erklärte dem Fahrer, wo ich wohnte. Ich sah ihm nach, während er sich entfernte, so groß, ohne Kopfbedeckung und erschreckend entschlossen. Ich dachte daran, dass irgendetwas an diesem geheimnisvollen und verrückten nordischen Protestantismus mich an die schwarzen Priester meiner Kindheit denken ließ.

Einer der Filme, die Bergman am meisten beeindruckt hatten, war *Der Geisterkarren (Körkarlen, 1921)* von Victor Sjöström. Der Film basierte auf einem Roman von Selma Lagerlöf, den ich nie gelesen hatte – und den ich mir daher als Roman nicht vorstellen kann. Trotzdem ist er als nordisches Märchen von großer Bedeutung; er hat die Atmosphäre einer Sage, die von Generation zu Generation, von Vater zu Sohn überliefert wurde. Die Voraussetzung des Films ist, dass nach dem jüngsten Gericht jeder, der in Sünde gestorben ist, das ganze darauffolgende Jahr einen Leichenwagen ziehen muss. Die Geschichte des Films handelt davon, wie es einem Sünder – der wundervoll von Sjöström selbst dargestellt wird – gelingt, den Tod zu besiegen. Und er besiegt ihn aufgrund seiner Tugend, im biblischen oder besser evangelischen Sinne: das heisst, er widersetzt sich der gewaltigen und anonymen Kraft des Todes mit seiner schwachen aber unverwüstlichen Menschlichkeit.

Das ist natürlich genau dieselbe Geschichte wie die, die Bergman in *Das siebente Siegel* erzählt. Es ist ihm gelungen, diese alte Geschichte, diese alte Sage zu verwenden, um unsere heutige Situation in der heutigen Welt darzustellen, und wie diese unglückliche und traurige Situation überwunden werden kann. Diese alte Sage ist Teil seiner persönlichen Vergangenheit sowie einer der Schlüssel, die zu den Personen führen, die aus Bergman das gemacht haben, was er ist.

Ich war so beeindruckt, zwischen ihm und mir Ähnlichkeiten entdeckt zu haben, dass ich mir auf meinem Rückweg in die Stadt die Zeit damit vertrieb, mir vorzustellen, einen Film zu machen, der meinen Geist mit der gleichen Intensität beschäftigen würde, wie der Film *Das siebente Siegel* Bergmann beschäftigt hatte. Ich kannte keine nordischen Sagen, um daraus einen Film zu machen; aber ich kannte die Musik des Südens. Von den afrikanischen Tam-Tams des Congo-Squares bis nach New Orleans und Harlem – tiefer und tiefer, bis nach Stockholm und die europäischen Viertel der afrikanischen Städte. Mein Film hätte mit der Verschiffung der Sklaven auf dem Schiff *Jesus* begonnen: Ein weißes Schiff in einem schwarzen Meer, das von Herren, weiß wie die Segel ihres Schiffes, kommandiert wird, und Sklaven, schwarz wie die Wasser des Ozeans. Es würde einen unbeugsamen Sklaven geben, eine immer wiederkehrende Gestalt, deren Schicksal es ist, geboren zu werden und in jeder Generation zum Tode verurteilt zu werden. Im Laderaum des Schiffes, in dem sich die Sklaven befinden, würde es einen Hexer oder einen Häuptling, einen Prinzen oder einen Sänger geben, der in den Ozean geworfen würde und sterben müsste, weil er eine schwarze Frau beschützen wollte. Diese Frau würde einen Sohn von ihm bekommen, und dieser Sohn würde einen Sklavenaufstand anführen; und er würde aufgehängt werden. Während des Wiederaufbaus würde er umgebracht werden, als er den Congress verlässt. Als Heimkehrer von der Front des Ersten Weltkrieges würde er lebendig begraben werden, und dann, während der Depression, würde er ein Jazzmusiker und verrückt werden. Wer könnte ihn in der heutigen Zeit trösten – welches Schicksal hätte er? Wie könnte ich meine finstere und zornige Phantasie betiteln? Was könnte in all der Zeit den Nachkommen der Herren geschehen? Schließlich schien mir, dass es mir nicht gelingen würde, meine Vergangenheit in einem Film zu verarbeiten, so wie es Bergman in seinem gemacht hatte. In gewissem Sinne war es für ihn leichter, sich mit seiner eigenen Vergangenheit auseinanderzusetzen: einer Vergangenheit, die entfernter und gleichzeitig gegenwärtiger ist. Vielleicht war das, was einen schwarzen Protestanten von einem weißen unterschied, die Art meiner Verbitterung, die noch zu gegenwärtig ist, mit der ich mich noch nicht abgefunden habe. Mein tragischer Held wäre jetzt wahrscheinlich ein Außenseiter – das, was sicher von einem bestimmten Standpunkt aus gesehen, den Weg aufzeigte, den die Generationen der schwarzen Amerikaner eingeschlagen hatte. Das galt jedoch nur für einen bestimmten Aspekt, das heißt, es erzählte nicht die ganze Geschichte; also dachte ich, dass meine Verbitterung auch irgendeinen Vorteil hätte haben können, wenn ich es nur gewagt hätte, diesem tragischen Helden, den ich suchte – also mich selbst – gegenüberzutreten. Die Kunst ist immer ein mehr oder weniger indirektes Geständnis. Am Ende müssen alle Künstler, wenn sie überleben wollen, die ganze Geschichte erzählen, alle ihre Ängste gänzlich abwerfen. Alles erzählen, die Prosa und die Poesie. Die

Gunnel Lindblom, Jörgen Lindström und Ingrid Thulin, die Hauptdarsteller aus *Das Schweigen* (1962).

Autorität Bergmans schien mir schließlich daher zu kommen, dass er diese schwierige, heikle und disziplinierte Praxis der Selbstdarstellung akzeptiert hatte.

Als Bergman jung war, verstand er sich überhaupt nicht mit seinem Vater.

«Wie kommt ihr inzwischen miteinander aus?» hatte ich ihn gefragt.

«Oh», sagte er, «jetzt geht es wunderbar. Wir sehen uns oft».

Ich hatte ihm gesagt, dass ich ihn beneidete. Er hatte gelächelt und gesagt: «Oh, es ist immer so – wenn eine so harte Schlacht zu Ende ist, dann können Väter und Söhne Freunde werden».

Ich hatte ihm nicht gesagt, dass eine solche Versöhnung oft davon abhängt, wie er mit seiner Vergangenheit umgeht und was er daraus macht. Jetzt beginne ich, mich jedoch so zu fühlen, wie ich mich fühlte, als ich mein Hotel aus der

Dunkelheit Stockholms auftauchen sah; ich verstand, dass das, was meinem Film fehlte, die amerikanische Verzweiflung war, die gänzlich amerikanische Suche nach einer Autoritätsperson. Die jungen Leute in Blue-Jeans auf den Straßen Stockholms waren wirklich nur Imitationen; während mir bewusst war, dass die Straßen meiner Stadt voller junger Leute waren, die verzweifelt nach den Grenzen suchten, Grenzen, die ihnen verständlich gemacht hätten, wer sie waren, Grenzen, die für sie eine Herausforderung dargestellt hätten, die sie annehmen wollten. Wie könnte Bergman die amerikanische Konfusion ausnützen? Wie würde er eine Liebesgeschichte in New York erzählen?

Nils Poppe als Jof in *Das siebente Siegel* (1956).

# Ein Filmemacher im Grenzgebiet:
# Bergman und die kulturellen Traditionen

MIKAEL TIMM

*Mikael Timm ist neben Bühnendichter und Filmkritiker auch Verfasser von Leitartikeln. Der folgende Aufsatz ist zum ersten Mal in der Sonderausgabe der schwedischen Filmzeitschrift „Chaplin" erschienen, die Bergman gewidmet ist und den Titel Bergman mit 70 Jahren trägt.*

Wenn man all das analysiert, was über die Filme Bergmans geschrieben wurde, kann man schnell einen Unterschied zu dem feststellen, was über andere Regisseure verfasst wurde. Wer über Bergman schreibt, konzentriert sich besonders auf die „Botschaft" seiner Filme, während es nur relativ wenig Untersuchungen gibt, die sich mit der Ästhetik seiner Filme auseinandersetzen.

Das gleiche gilt auch für die Zeitungsartikel und die Interviews mit Bergman. Jedesmal kommen Interviewer und Journalisten immer wieder auf die Themen Religion, Liebe, Ethik und die Rolle der Kunst in der Gesellschaft zurück. Wie keinem anderen Filmemacher ist Bergman die Aufgabe übertragen worden, eine „moralische" Leitfigur für seine Zeitgenossen zu sein. Die Position, die ihm zugestanden wird, ist weder unbedeutend noch ein einfaches Zugeständnis, das einer neuen Kunstform gewährt wird. Ganz im Gegenteil, Bergman erhielt schon mehrmals die äußerst wertvolle Auszeichnung, „humanistisch" zu sein, was sonst nur den wichtigsten Intellektuellen und renommiertesten Schriftstellern vorbehalten ist.

Die privaten Interviews mit Bergman zeigen das Bild eines gigantischen Künstlers, in seiner romantischsten und traditionellsten Bedeutung, wobei mehr Aufmerksamkeit auf den Menschen Bergman als auf sein Werk gelegt wird. Gleichzeitig rufen seine Werke lebhafte Diskussionen hervor. Einige Kritiker und Zuschauer suchen in ihnen eine gewisse „prophetische" Dimension, die die ganze Wahrheit über die Gesellschaft, über das Ego und über die Zukunft enthüllt. Der Filmemacher hat dabei die doppelte Aufgabe, sowohl zu verstehen als auch die fundamentale Wahrheit zu verbreiten.

Der Personenkult hat natürlich schon immer zum Film gehört, trotzdem ist es ziemlich ungewöhnlich, dass das Kino so ernsthafte Diskussionen auslöst. Die siebte Kunst galt lange Zeit als eine minderwertigere kulturelle Ausdrucksform. Während bei der Literatur- und Kunstkritik die Tradition akkurater Untersuchungen, genauer Lektüre und akademischer Forschungen besteht, sowie die bewusste Teilnahme an einer umfangreichen Diskussion über die Humanistik, ist sehr viel Zeit verstrichen, bevor es dem Film gelungen ist, seinerseits eine gleichwertige Rolle einzunehmen.

Auch heute noch besteht – zumindest in Schweden – ein großer Unterschied zwischen den in den Tageszeitung erscheinenden Buchrezensionen und den Filmkritiken, sowohl was ihre Qualität, die Länge der Artikel als auch die kulturellen Bezüge betrifft. Außerdem wird sowohl im Fernsehen als auch im Radio den Filmemachern viel seltener die allgemeine Frage über den Zeitgeist gestellt, von der man sich normalerweise eine befriedigende Antwort von den Schriftstellern erwartet.

Bergman ist daher einer der wenigen Filmregisseure, dessen Werke dieselben traditionellen Erwartungen hervorrufen, die man bisher den bildenden Künsten und der Literatur zugewiesen hat. Nichtsdestotrotz wurde das Kino zu der Zeit, als Bergman seine ersten Filme machte, noch lange nicht als Kunstform angesehen. Man muss nur einen Blick auf die damaligen Kritiken seiner Filme aus den Vierziger und Fünfziger Jahren werfen, um zu merken, dass sogar diese Filme, die heute als Klassiker und Teil unseres allgemeinen Kulturerbes gelten, als populäre Unterhaltung angesehen wurden.

Sogar noch nach dem großen internationalen Erfolg der Filme Bergmans hielt es der Verfasser eines schwedischen Zeitungsartikel in den Sechziger Jahren noch für nötig, anzumerken: „Wenn man eine Filmkritik schreibt, sollte man nicht vergessen, den Regisseur zu nennen, da er für einen Film genauso wichtig ist wie ein Schriftsteller für sein Buch". Es gibt

Eine Szene aus *Der Traum* von Strindberg, der 1986 am Dramatischen Theater Schweden aufgeführt wurde.

ten. Gleichzeitig sind seine Filme in den letzten Jahren immer wichtiger für unser kulturelles Leben geworden.

Als Filmemacher kennt Bergman verschiedene „Kulturbereiche", in die die Filme eingeordnet werden können. Viele Jahre lang haben seine Filme wirtschaftlich wenig eingebracht, und er konnte seine Tätigkeit beim Film nur fortsetzen da die schwedische Filmindustrie neue Produkte brauchte. Allmählich wurde sein schwedisches Publikum immer zahlreicher, während der schwedische Film immer weniger Zuschauerzahlen registrierte. Die Rettung Bergmans war an diesem Punkt das ausländische Publikum, das seine Werke häufig in Filmklubs, Autorenkinos und anderen ähnlichen Institutionen sehen konnte.

Obwohl die Filmkarriere Bergmans häufig bedroht war, wurde er als Person nicht nur von den Anhängern des offiziellen Kulturbetriebs – zu dem das Theater gehört – toleriert, sondern er galt auch als außergewöhnlich talentierter Theaterregisseur. Außerdem ist er einer der populärsten Bühnenautoren seiner Generation. Ohne ihn als Filmsoziologen ansehen zu wollen, glaube ich, dass die Besonderheit und Experimentierfreude Bergmans ihre Kraft daraus ziehen, dass er innerhalb verschiedener ästhetischer Traditionen arbeitet und dass er sich an ein vielschichtiges Publikum wendet.

Die Filmproduktion Bergmans kann man generell in Perioden oder Phasen einteilen: eine erste Phase, in der er sein Handwerk erlernt und verschiedene Ausdrucksmöglichkeiten ausprobiert hat; eine zweite Phase, in der er seinen eigenen Stil gefunden hat – sozusagen die „rosa" Periode – der anschließend eine Krisenphase folgte, und so weiter. Eine derartige Aussage führt zu der Annahme, dass ein geradliniger Entwicklungsprozess vollzogen wurde, der auf einen spezifischen Bergmanschen Stil hinausläuft, der klar als solcher definiert und anerkannt werden kann.

Das ist eine sehr einleuchtende These, die vor allem vom Publikum leicht akzeptiert werden kann. Wirft man jedoch einen kurzen Blick auf die Filme Bergmans, wie *Hafenstadt, Das siebente Siegel, Die Jungfrauenquelle, Persona, Frauenträume, Aus dem Leben der Marionetten* oder *Wilde Erdbeeren*, um nur einige zu nennen, so kann man genau das Gegenteil feststellen. Es existiert ein unglaublich großes Spektrum an Varianten in der gesamten Produktion Bergmans. Die Bilder, die Dramaturgie, die Konflikte, die Erzählstruktur, die Verwendung von Ton und Musik – all diese Elemente sind von Film zu Film verschieden. Im Verlauf seiner langen Karriere hat Bergman nie einen Stil erlangt, den man als definitiv bezeichnen könnte, sondern er hat im Gegenteil immer versucht, mit neuen Ausdrucksmitteln zu experimentieren. Er hat Thematiken und die kritische

noch weitere Beispiele, die die Rolle des Films innerhalb des Kulturbetriebs aufzeigen.

Wie keine andere Kunstform steht das Kino zwischen „offizieller Kultur" und Volksunterhaltung. Viele ernsthafte Filmexperten halten dies für unangebracht, wenn nicht sogar peinlich. Aber wie es bei Bergman der Fall ist, kann der Film auch eine außergewöhnliche und unnachahmliche Komplizenschaft zwischen dem Künstler und seinem Publikum schaffen. Als Filmemacher ist Bergman Teil einer Industrie, die daran interessiert ist, Unterhaltung zu produzieren und zu vermark-

Auseinandersetzung mit Personen und Erzählmodellen eingeführt und wieder fallen gelassen – um schließlich wieder darauf zurückzukommen.

*Fanny und Alexander*, der letzte Film Bergmans, kann uns Aufschluss über sein Gesamtwerk geben.

Dieser Film wurde sehr schnell so berühmt und zum festen Begriff, dass man heute in Schweden von „Dekoration à la Fanny und Alexander" bei den Auslagen der Geschäfte spricht, von „Festen à la Fanny und Alexander", wenn man sich auf die Weihnachtszeit bezieht, von „Familien à la Fanny und Alexander" und so weiter. Obwohl es sich um ein Werk Bergmans handelte, wurde der Film in ganz Schweden mit außergewöhnlicher Begeisterung von einem ungewöhnlich großen Publikum aufgenommen. Die Wirkung als historisches und gesellschaftliches Gemälde war so groß, dass selbst die lange Version, die fünf Stunden dauerte, kein Problem darstellte. Es war, als hätte sich das Publikum (vielleicht sogar zu schnell) mit Bergman versöhnt.

*Fanny und Alexander* hat Bergman von einem Provokateur des Films, der im letzten Jahrzehnt vor allem beim Publikum und der Kritik im Ausland die größten Erfolge verzeichnen konnte, in eine Art schwedischen Volkskünstler verwandelt. Diese große Begeisterung zeigt, dass Bergman ein Provokateur erster Klasse war. Das, was vielen an *Fanny und Alexander* besonders gefallen hat, war die perfekte Ausgewogenheit der Handlung, vor allem in der fünfstündigen Version. Alle Konflikte

Gruppenfoto auf dem Set von *Fanny und Alexander* (1981/2).

Eine Szene aus *Der Traum* von Strindberg, einer denkwürdigen Inszenierung Bergmans Mitte der Achtziger Jahre.

Lena Olin und Per Myrberg, die Hauptdarsteller aus *Der Traum*, der 1986 von Bergman am Dramaten inszeniert wurde.

werden vollständig entwickelt, die Nebenhandlung wird elegant eingeflochten, um die Hauptgeschichte zu erläutern; während des ganzen Films spürt man eine äußerst starke progressive, wenn auch offensichtlich einfache Bewegung. Die Dramaturgie, die Geradlinigkeit der Handlung, die Bilder, die Leistung der Schauspieler – das alles bildet ein perfektes Ganzes, das an den großen Roman des 19. Jahrhunderts erinnert.

Die Macht des Bösen wird der des Guten gegenübergestellt, Männer den Frauen, die Kindheit dem Alter, die Liebe dem Hass, das Individuum der Gruppe, Gott der Welt, der Glauben dem Zweifel, die Stadt dem Land, die Träume der Wirklichkeit, das Wasser dem Feuer. Es gibt viele Gegensätze, und obwohl die Geschichte mit ihren Verflechtungen und ihren wichtigen Nebenhandlungen ziemlich komplex ist, so ist sie doch mit extremer Geradlinigkeit aufgebaut. Man kann in ihr, und das gibt Bergman gern zu, Bezüge zu Griffith und Sjöström und noch viel deutlicher zu Dostojevskij, Tolstoj, Thomas Mann, Dickens und Balzac finden. Obwohl *Fanny und Alexander* natürlich eine Filmerzählung ist, so ist sie doch tief in der Tradition des epischen Romans verwurzelt.

Als Film an sich ist *Fanny und Alexander* ein bemerkenswertes Werk. Und es ist noch bemerkenswerter, wenn man die gesamte Filmgeschichte Bergmans betrachtet. In den vier Jahren zuvor hat Bergman die Filme *Aus dem Leben der Marionetten*, *Fårödokument* und *Herbstsonate* gedreht. Man kann sich schwer vorstellen, dass ein einziger Künstler so verschiedene Filme mit so großem Erfolg machen kann. Obwohl andere Filmemacher und auch einige Filmkritiker häufig die Bezeichnung „Bergmanfilm" verwenden, ist es schwierig, diese Vereinheitlichung, die diese Bezeichnung notwendigerweise in sich birgt, sowohl stilistisch als auch thematisch auf seine Werke anzuwenden.

Zuweilen wurde die einzigartige Stellung Bergmans im internationalen Film dadurch erklärt, dass er bei seiner Arbeit Wert auf das legt, was man annähernd als „Gefühlswelt des Bürgertums" bezeichnen könnte.

Die These, die in dieser Definition enthalten ist, besagt, dass sich das Bürgertum in vielen Kulturen oft ähnelt, und dass folglich viele Zuschauer sich mit dem identifizieren können, was sie in den Filmen Bergmans sehen. Trotzdem ist diese Erklärung nur unzureichend, um sowohl den außerordentlichen Erfolg der Filme Bergmans zu rechtfertigen, als auch seinen Filmen ein einheitliches Kriterium zu verleihen.

Die Themen, mit denen sich Bergman auseinandergesetzt hat, sind nicht speziell und ausschließlich die seinen: Ehedramen, historische Filme, zeitgemäße psychologische Dramen und so weiter. Sehr viele andere Filmemacher haben sich auf dem gleichen filmischen Terrain bewegt. Und trotzdem hat Bergman im internationalen Kulturwesen eine eigene, charakteristische Stellung eingenommen, die sich völlig von dem Gros der anderen Filmemacher unterscheidet. Seine Filme wurden auf die übermittelte Botschaft, auf ihre Moral oder den ideologischen Inhalt hin untersucht. Die offizielle Kultur, die den Film nur ungern zu ihrem Interessensgebiet zählt, hat sich im Falle Bergmans sehr großzügig gezeigt. Warum?

Es scheint vernünftig, die Antwort auf diese Frage nicht so sehr in den Thematiken oder in der Ästhetik seiner Filme zu suchen, sondern in der Spannung zwischen den moralischen Konflikten, die in diesen Filmen untersucht werden, und ihrer anschließend ästhetischen Darstellung. Eine Untersuchung dieser Art zeigt auf, dass die künstlerischen Qualitäten der Filme Bergmans wichtiger sind als ihre Einheitlichkeit, ihre innere Dynamik wichtiger als ihre glänzende Bewegungslosigkeit, die unaufhörliche Suche nach der Form wichtiger als ihre Lösungen. Ich glaube, dass die künstlerische Qualität Bergmans nicht zusammengefasst und anschließend archiviert werden kann. Im Gegenteil, sie ist unregelmäßig und unvollständig, und genau das verleiht ihr etwas von realer Dringlichkeit.

In der gesamten Filmographie Bergmans kann man einen Gedanken ausmachen, der sich um das gesamte Kulturgeschehen des 20. Jahrhunderts dreht. Ein unruhiger, fiebriger Gedanke natürlich. In ihm findet sich die Tradition des großen Romans wieder, die Werke der ersten bedeutenden Theaterexperimentierer wie Meyerhold, die Auflösung der Formen und die neue Auffassung von Zeit und Raum, die typisch für den Modernismus waren, der freigeistige Stil, der im 18. Jahrhundert herrschte, Archetypen wie Faust, der bei der Schilderung der Beziehung zwischen Mensch und Natur einen typisch nordischen Charakter an den Tag legt, die Entfremdung der bürgerlichen Familie und sogar einige deutliche Anspielungen auf das Wesen der Politik. Kurz gesagt, Bergman hat seinen Filmfantasien vielmehr das gesamte Kulturerbe Europas zugrundegelegt als die eigentliche Filmkunst.

In seinem kürzlich erschienen Buch *Mein Leben* und in einigen Interviews hat Bergman über seine Kindheit und über seine Erziehung gesprochen. Obwohl sich diese Ereignisse erst vor fünfzig oder sechzig Jahren abgespielt haben – als der Dadaismus, der Symbolismus, das moderne Theater, die Industriegesellschaft und so weiter auch in Schweden hoch im Kurs standen – waren sie doch mehr in den sozialen und kulturellen Traditionen des 19. Jahrhunderts verwurzelt. Also in einer Tradition, in der die Funktion eines Schriftstellers darin bestand, die Wahrheit aufzudecken, in der die protestantische Lehre von Schuld und Verantwortung von grundsätzlicher Bedeutung war, in der die Kultur möglicherweise als Waffe oder mehr noch als Kraft angesehen wurde, die man der Stabilität der bürgerlichen Welt entgegensetzen konnte. Die Kunstwerke, die in dieser Kultur entstanden sind, waren alles andere als oberflächlich oder begrenzt. Ganz im Gegenteil, ihr Einfluss auf die Prosa, die Musik und die bildenden Künste war von großer Bedeutung. Gleichzeitig wurden in dieser Zeit alle Anstrengungen unternommen, um eine Erneuerung der Kultur im 20. Jahrhundert herbeizuführen.

Den sozialen Gegensatz zu diesem reichen, protestantischen Milieu bildete natürlich das Theater, das, trotz der Entwicklung, das es seit den Zeiten Molières und Shakespeares durchgemacht hatte, sicherlich nicht als Verteidiger der bürgerlichen Ideale angesehen werden konnte. Als Bergman begann, am Theater der Universität zu arbeiten, befand er sich in einer Übergangszeit: Die Tradition des 19. Jahrhunderts im Vortragsstil, in der Interpretation der Texte und bei den Bühnenbildern hatte sich auf den größten nationalen Bühnen gehalten, während gleichzeitig der Modernismus mit aller Gewalt ausgebrochen war und schon begonnen hatte, seine Ideen in den anderen Ländern zu konsolidieren. Im Allgemeinen

Eine Szene aus *Hafenstadt* (1948). Ein dramatischer Moment aus *Hafenstadt*. Nine-Christine Jönsson *(Berit)* und Bengt Eklund *(Gösta)*, die beiden Hauptdarsteller aus *Hafenstadt*.

wurden die Theatererfolge Bergmans in erster Linie seiner außerordentlichen Fähigkeit bei der Führung seiner Schauspieler zugeschrieben, aber das ist höchstwahrscheinlich eine Vereinfachung, die einen Großteil der Wahrheit auslässt. Im Gegenteil, viele Aufführungen Bergmans (ich werde nur einige für seine Werke typische Beispiele nennen) verdeutlichen, dass er mit dem experimentellen Theater sehr vertraut war. Hier einige Beispiele: In *Woyzeck*, in einigen Szenen von *Der Traum* und in *König Lear* bedient sich Bergman starker Kontraste, Synthesen und Vereinfachungen, Zeitraffungen, Stilisierungen und so weiter. Gleichzeitig hat Bergman Stücke von Shakespeare inszeniert, die, ohne die elisabethianische Tradition aufzunehmen, sich auch nicht an dem institutionalen Theaterstil des 19. Jahrhunderts orientierten. Bei der Inszenierung klassischer Stücke könnte man sagen, dass Bergman die Originaltexte zwar respektiert aber nicht wörtlich interpretiert hat.

In seinen Theateraufführungen erforscht Bergman dieselben widersprüchlichen Traditionen wie in seinen Filmen. So gab es bei ihm eine Reihe fast naturalistischer Inszenierungen (wie zum Beispiel bei *Fräulein Julie* von Strindberg von 1985), in denen der Regisseur versucht, den höchstmöglichen Grad an Realismus zu erreichen.

Dagegen gibt es Inszenierungen wie *Woyzeck* (1968) und *Der Traum* (1986), die völlig dem experimentellen Theater des 20. Jahrhunderts entsprechen, das sich durch schnelle und heftige dramatische Kontraste, durch kühne Bühnenbilder, extreme Stilisierung und hohes Tempo auszeichnet.

Natürlich hat Bergman in seinen Filmen die Erfahrungen, die er bei seiner Theaterarbeit gewonnen hat, ausgenützt, wie zum Beispiel bei der Führung seiner Schauspieler, aber trotzdem macht sich diese Umsetzung der Erfahrung auch noch auf einer anderen Ebene bemerkbar. Es gibt natürliche Zusammenhänge zwischen dem Modernen Theater und dem Experimentalfilm. Auch in den gewagtesten Filmen Bergmans, deren Handlungen am schwierigsten zu verstehen sind, ist es offensichtlich, dass die Aufmerksamkeit, die auf die Dynamik und das Sprechtempo der Schauspieler gelegt wird, vom Theater kommt, wobei immer darauf geachtet wird, den Kontakt zum Publikum aufrechtzuhalten. Einige seiner Filme, wie zum Beispiel *Herbstsonate* sind richtiggehend in „Akte" unterteilt, und einige Szenen beginnen so, dass man an Ibsen erinnert wird.

Zusammenfassend könnte man sagen, dass Bergman bei seiner Theaterarbeit, wenn das überhaupt möglich ist, präzisen stilistischen Idealen weniger treu ist als bei seinen Filmen: Auch die Unterschiedlichkeit der von ihm gewählten Texte – von Büchner zu Ibsen und zu den Klassikern der Antike – bestätigen, dass er sich auch in diesem Bereich die Freiheit gewährt,

Ingrid Bergman *(Charlotte)* und Liv Ullmann *(Eva)* spielen in dem filmischen Meisterwerk *Herbstsonate* (1977), einer *Performance* unvergesslicher schauspielerischer Leistung.

die verschiedensten Traditionen und die verschiedensten dramaturgischen Stile zu durchschreiten.

Wenn man seine zahlreichen Strindberginszenierungen berücksichtigt, wird einem klar, dass Bergman in der Lage ist, denselben Text auf sehr unterschiedliche Weise zu bearbeiten. Kurz gesagt, für ihn gibt es keine definitive Interpretation eines Dramas.

Man kann also nicht so leicht von einem Zusammenhang zwischen der Theaterarbeit und dem Filmstil Bergmans ausgehen. Es ist bekannt, dass es Bergman zur Gewohnheit geworden ist, jedes Jahr mehrere Theaterstücke zu inszenieren, und dass er mit der gleichen Regelmäßigkeit, mit wenigen Ausnahmen, dieselben Schauspieler benutzt, um während der Sommerpause mit ihnen Filme zu drehen. Auf diese Weise ist es natürlich leicht, eine Verbindung zwischen den beiden unterschiedlichen Genres zu erkennen, jedoch mehr bei der Professionalität der Schauspieler als bei der Interpretation der Texte und ihrer Umsetzung.

An diesem Punkt sollte man anmerken, dass der Begriff „europäisches Kulturerbe" so generell ist, dass er Gefahr läuft, nicht mehr angewendet werden zu können, da er in sich alles und das Gegenteil von allem birgt und gleichzeitig so vage ist, dass er fast verschwindet.

Das Interessante an Bergman ist jedoch, dass er nie eine starre Position einnimmt.

Im Werk Bergmans kann man sozusagen eine ständige Neuinterpretation der Klassiker und eine Entwicklung in der Auffassung über Ästhetik ausmachen. Gleichzeitig scheint er in seinen Filmen immer wieder auf die gleichen moralischen Themen zurückzukommen, aber das entspricht nur teilweise der Wahrheit. Der von Bergman bevorzugte Themenkreis hat sich in den letzten Jahren erweitert.

Man gewinnt generell den Eindruck, dass Bergman eine Grenzposition zwischen der harmonischen Annäherung an die Kultur und etwas völlig Gegensätzlichem und Disharmonischem einnimmt. Professionell gesehen hat er genug Talent, um jeder Art von Film eine formale Dichte zu verleihen: Seine Visionen scheinen nur unterschiedlich, wenn man die Filme miteinander vergleicht.

Es ist kein Einzelfall, dass sich ein Regisseur auf dieser Grenzlinie bewegt und verschiedene kulturelle Traditionen miteinander kombiniert. Andererseits versucht er nicht, die Lösung auf der einen oder auf der anderen Seite zu finden, sondern neigt dazu, sich zwischen ihnen hin- und herzubewegen. Bergman empfängt nicht mit offenen Armen das kulturelle Erbe, das er erhalten hat. Er neigt, im Gegenteil, eher dazu, es abzulehnen. Es gibt eine Wahlverwandschaft zwischen ihm und anderen Schriftstellern, die sich ebenfalls auf dieser Grenzlinie bewegt haben, wie Strindberg, Cechov und Pirandello.

Normalerweise schreibt Bergman seine Drehbücher selbst. Viele sind später veröffentlicht worden. Bergman gibt zu, dass er nicht wollte, dass seine Regiebücher als literarische Werke angesehen werden. Der Text ist konsequent, und trotzdem, obwohl die definitive Fassung für seine Filme oft eine solide und rigorose Struktur aufweist, sind seine Regiebücher andererseits wieder „offen". Sie enthalten zum Beispiel die Beschreibung von Düften oder Stimmungen, die sich normalerweise nicht in einem Regiebuch befinden. Mit diesen detaillierten Angaben möchte Bergman seinen Mitarbeitern, den Bühnen- und Maskenbildnern Hinweise und Inspirationen geben. Gleichzeitig führen diese Elemente dazu, dass ein Drehbuch Bergmans einer langen Erzählung oder einem kurzen Roman ähnelt.

Ohne mit den Vergleichen übertreiben zu wollen, finden sich deutliche Ähnlichkeiten mit der Prosa von Cechov und Turgenev. Bergman gibt präzise Beschreibungen und benutzt konkrete Details, mit denen der Leser selbst die Szenen rekonstruieren kann. Es gibt die verschiedenartigsten Dialoge (manchmal nur einfaches Geplauder, das langsam im Sande verläuft, manchmal richtige und heftige Diskussionen) und einen allwissenden Erzähler, der die Gedanken der Hauptfiguren nüchtern und präzise beschreibt, ohne sich Interpretationen zu erlauben.

Diese Techniken, die eher zur Filmsprache passen, hat Bergman von Strindberg übernommen: minutiöse Details, blitzartige Szenenwechsel, bissige Dialoge, die Absicht, das solideste bürgerliche Gleichgewicht ins Wanken zu bringen. Andererseits könnte er sehr weit von Pirandello entfernt scheinen, aber Bergman ist Schwede so wie Pirandello Sizilianer ist: auf einer archaischen, mythischen Ebene. Dort wo Pirandello das gleißende Licht, die Düfte und den strengen Katholizismus verwendet, die zu seinem Umfeld gehören, vertraut Bergman auf die nordischen Töne (gleißendes Licht ist in den Filmen Bergmans immer mit etwas Schrecklichem oder Unheilvollem verknüpft), auf die grauen Schattierungen seiner Landschaft und auf die dubiosen protestantischen Pastoren.

In vielen Filmen Bergmans sind die Hauptgestalten Schriftsteller, Künstler, Musiker, aber vor allem kommt er immer wieder auf Figuren zurück, die am Rande der anerkannten Kunstwelt stehen: Narren, Magier, Illusionisten. In manchen seiner Filme macht sich Bergman über die Theaterkonventionen lustig, indem er besondere Dialoge und einen besonderen Humor verwendet und sich so einem Genre anpasst und es gleichzeitig verrät. Sein Meisterwerk auf diesem Gebiet ist und bleibt *Das Lächeln einer Sommernacht*, das auch (unter einigen Schwierigkeiten) zu einem Musical mit dem neuen Titel *A little*

Ein Kuss im Wald aus *Das Lächeln einer Sommernacht* (1955).

*Night Music (Eine kleine Nachtmusik)* umgeschrieben wurde. In diesem Fall hat Bergman eine gemäßigte Filmsprache gewählt. Der Filmschnitt unterstreicht die Handlung und die Kamera wird so eingesetzt, dass sie den Schauspielern gestattet, Nuancen herauszuarbeiten, um dieses Genre zu beleben. Auf diese Weise bekommt eine steife und konventionelle Boulevardkomödie durch das Hervorheben der Gesten, der Gesichtsausdrücke und ähnlichem einen intimen und aufrichtigeren Anstrich. Alle Personen spielen ihre Rolle und verwirklichen irgendwie ihr Schicksal im Verlauf einer magischen Sommernacht. Sie befinden sich alle auf einer Bühne.

Obwohl verschiedene Schriftsteller, Kritiker oder Schreiberlinge ab und zu in den Werken Bergmans als Figuren auftauchen, ist das Verhältnis zwischen der Literatur und seinen Filmen viel komplizierter und indirekter als das zwischen seinen Filmen und dem Theater. Manchmal kann man vereinzelte Ähnlichkeiten zwischen der Erzählstruktur seiner Romane und der seiner Filme entdecken. Das ist sowohl in der Tradition des großen Romans des 19. Jahrhunderts der Fall wie auch bei der Experimentalliteratur oder auch bei dem Film *Persona*. Wenn Bergman einen Erzähler einführt, der sich direkt ans Publikum wendet, so bezweckt er damit eher, mit diesem eine gewisse

Peter Stormare und Lena Olin in *Fräulein Julie* von Strindberg, das 1990 am Dramatischen Theater Schweden aufgeführt wurde.

Es ist ziemlich aufschlussreich, wenn man analysiert, wie sich Bergman in seinen Filmen dramatischer Crescendos und Pausen, Zäsuren und Verbindungen bedient.

Er weiß seine Theatererfahrung und die Erzählweise des 19. Jahrhunderts sowie die Errungenschaften des Modernismus raffiniert eklektisch miteinander zu verschmelzen. In den Händen Bergmans ist die Filmsprache ganz konkret die äußerst harmonische Vereinigung aller anderer Kunstformen. Der dialektische und widersprüchliche Charakter seiner Drehbücher zum Beispiel steht im Gegensatz zu der Wahl der Filmmusik. Bergman unterlegt die oft an das Modernistische grenzenden Bilder mit einer Filmmusik, die im Gegensatz dazu sehr harmonisch und tonal ist. Bei anderen Gelegenheiten beziehen sich die Bilder in seinen Filmen auf Kulturen oder Künstler anderer Epochen (das Mittelalter, Cechov, die Zwanziger Jahre).

Die epische Struktur von *Fanny und Alexander* ist klar. In anderen Fällen hat die Erzählung einen traditionellen Aufbau und die Regieführung, das Tempo und die Darstellungsweise sind eher dramatisch als episch (zum Beispiel in *Szenen einer Ehe*). Die Fernsehserien Bergmans sind diesbezüglich interessant. Auf verschiedenen Ebenen erinnern sie in ihrer Aufmachung, ihrer Einteilung in Folgen, in ihren Personen und den sich abwechselnden Themen an den Roman des 19. Jahrhunderts. Nicht zufällig ist Bergman, der immer ein Gleichgewicht zwischen Modernismus und Traditionalismus gefunden hat, ein wichtiger Erneuerer des Fernsehens geworden, vor allem durch seine Serien.

Das Fernsehschauspiel hingegen scheint dazu bestimmt zu sein, in den Konventionen des 19. Jahrhunderts zu versteinern, die einfach mit neuen technischen Mitteln reproduziert werden.

Was das Verhältnis Bergmans zum europäischen Kulturerbe angeht, können die Schweden ihre Augen nicht vor der offensichtlichen Tatsache verschließen, dass die Zuschauer aus den anderen Ländern seine Filme als typisch schwedisch und nicht europäisch beurteilen. Einer der Gründe dafür, dass die Filme Bergmans außerhalb Skandinaviens so viel Aufmerksamkeit auf sich gezogen haben, liegt in ihrem irgendwie «exotischen» Ambiente, in dem sich ihre Geschichten abspielen. Wenn man mit Schweden über die Filme Bergmans spricht, kann man oft die Antwort hören: "Nein, Schweden ist überhaupt *nicht* so wie in den Filmen Bergmans". Der Großteil der Schweden lebt nicht in abgeschiedenen Häusern mitten auf dem Land, der Großteil von ihnen wird nicht von religiösen Fragen gequält (oder jedenfalls geben sie es nicht zu), und außerdem ist das von den Schweden gesprochene Schwedisch, mit Ausnahme der ersten Filme und den beiden Fernsehserien *Szenen einer Ehe*

Komplizenschaft zu erlangen – wie das auch der Fall ist, wenn man eine Erzählung liest – statt eine Verfremdung à la Brecht zu erwirken. All die Künstler, Schriftsteller, Musiker, Schauspieler und Narren, die in den Filmen Bergmans auftreten, haben gemeinsam, dass sie nur äußerst selten ihr Glück und ihr Heil in ihrem Beruf finden. Nur wenn das Schicksal einen Augenblick lang unaufmerksam ist, kann der Narr seinem traurigen Los entrinnen und einen Moment lang das Leben genießen.

und *Von Angesicht zu Angesicht*, anders als das, das von den Figuren Bergmans gesprochen wird.

Wir kennen den exotischen Reiz, der von Filmen ausgeht, die aus kleineren oder entfernteren Kulturen kommen, und es ist eine Tatsache, dass die Reaktionen des Publikums und der Kritik auf die Filme Bergmans beweisen, wie stark sie auf Zuschauer anderer Kulturen wirken. Bergman ist tief in der europäischen Kulturtradition verwurzelt, die wiederum die gemeinsame Grundlage vieler seiner Zuschauer bildet, unabhängig von der Sprache, die sie sprechen. Es ist bezeichnend, dass ein japanischer Regisseur wie Kurosawa, der eine außergewöhnliche westliche Kultur hat, sich sehr mit Bergman verbunden fühlt. So wie das England Shakespeares ist auch das Schweden Bergmans ein Theater. Außerdem gibt es dort noch ein weiteres und neueres Kulturerbe, in der die äußere Landschaft der inneren entspricht.

Hätte sich Bergman jedoch darauf beschränkt, sich als einfachen Fortsetzer des europäischen Kulturerbes zu sehen – indem er Themen und Personen zum größten Teil aus dem Roman des 19. Jahrhunderts entlehnte, um sie anschließend in eine neue Kunstform zu betten – wären seine Filme nichts anderes gewesen als hervorragende, kunsthandwerkliche Produkte. Nur schwerlich hätte er so viel Aufmerksamkeit auf sich gezogen, und sicherlich hätten sie ihm keine so wichtige Stellung in der Geschichte des Films garantiert.

Der entscheidende Beitrag Bergmans war seine, für bedeutende Künstler typische Fähigkeit, nicht nur seine eigene künstlerische Form zu erneuern, sondern auch die Art, wie wir alle

Liv Ullmann und Erland Josephson in *Szenen einer Ehe* (1972).

E ine weitere Szene aus *Das Lächeln einer Sommernacht* (1955).

unsere Epoche betrachten. Genau wie die ersten Modernisten (Baudelaire, Apollinaire, Rimbaud, Duchamp, Weill, Brecht, Stravinskij, Picasso usw.) hatte auch er am Anfang eine sehr ausgeprägte bürgerliche Tradition im Rücken.

Für das Werk Bergmans sind sowohl das Bestehen einer gefestigten kulturellen Tradition Voraussetzung wie auch das Bedürfnis diese hinter sich zu lassen. Er ist gleichzeitig ein Symbolist und ein Skeptiker. Er verlässt sich nicht auf die Ergebnisse seiner Arbeit (es ist beeindruckend, wie kritisch er seinen Filmen und Theaterstücken gegenübersteht). Er verlässt sich einzig und allein auf seine Arbeitsweise und auf seine berufliche Erfahrung.

Seine Neuinterpretationen stützen sich auf dieselben Instrumente, aus denen sich die Tradition entwickelt hat.

Bei verschiedenen Gelegenheiten (und kürzlich in *Mein Leben*) hat Bergman bestätigt, wie wichtig für ihn die Theatertradition gewesen war. Durch Torsten Hammarén und anderen Theaterregisseuren hat er seine Berufserfahrung gemacht, von ihnen hat er gelernt, wie wichtig eine genaue Vorbereitung, Pünktlichkeit und Disziplin, der Respekt für die Arbeit der Schauspieler und vieles mehr sind.

In seiner Jugend war Bergman der Direktor einer typisch bürgerlichen Kulturinstitution – eines kleinen Provinztheaters – gewesen. Trotz all seiner Krisen und Zweifel ist er den Theaterinstitutionen treu geblieben. Beim Theater ist Weitergeben von Wissen von einer Generation zur nächsten ein viel freierer und lebendigerer Prozess als in der Literatur und im Kino, da das Theater der Ort einer kollektiven und kontinuierlichen Arbeit ist.

Nachdem Bergman seine Wurzeln im institutionellen Theater geschlagen hatte, befand er sich genau im Zentrum der Auseinandersetzung zwischen Kulturerbe und der Erneuerung, die die ästhetische Revolution des 20. Jahrhunderts charakterisiert hat. Als Bergman ein junger Regisseur war, gab es noch Schauspieler, die völlig im Geiste des 19. Jahrhunderts arbeiteten. Gleichzeitig erreichte der Einfluss Mejerholds und anschließend der von Stanislawskij, Gombrowicz, Arnaud und anderen Experimentierern die größten institutionellen Theater Schwedens.

Obwohl der Film lange Zeit als unehelicher Sohn der großen Kulturfamilie angesehen wurde – eine Rolle, die heute das Video übernommen hat – hat die junge Kunstform um so mehr eine eigene Tradition kultiviert. Schon immer klebten die jungen Regisseure an den Kinosesseln fest, um die Werke der vorangegangenen Generation wieder und wieder zu untersuchen.

Auch in Schweden gibt es eine Stummfilmtradition, die als einzigartig gelten darf, wenn man sie mit anderen Kunstformen vergleicht, und bei verschiedenen Gelegenheiten hat Bergman erklärt, wie sehr seine Filme von Mauritz Stiller und Victor Sjöström beeinflusst sind. Wie bereits gesagt, ist es nicht ungewöhnlich, dass ein Regisseur die Werke seiner Vorgänger mit großer Aufmerksamkeit studiert. Das, was in dieser Hinsicht charakteristisch für Bergman ist, ist weniger die Tatsache, dass er den schwedischen und ausländischen Filmtraditionen verbunden ist, als vielmehr seine Überzeugung, dass ein Film dazu dienen kann, komplizierte psychologische Prozesse genauso wie ein Roman zu erzählen.

Einige Filme Bergmans konzentrieren sich auf die Darstellung von Künstlern, die gleichzeitig von der Sicherheit des bürgerlichen Lebens angezogen und abgestoßen werden. In vielen seiner Filme findet man etwas von Thomas Manns Tonio Kröger. Je mehr Bergman als Filmemacher reift, desto verbissener und erbarmungsloser wird sein Wunsch, destruktive Kräfte zu schaffen, die die institutionelle Kultur untergraben. Zweifel und Ängste quälen seine Protagonisten. Wenn eine Kriegsszene dargestellt wird, ist in ihr kein Platz für Schönheit – so wie es normalerweise in Filmen dieses Genres geschieht – sondern Bergman zeigt, im Gegenteil, nach Art Büchners oder Sternberg, die nackte und rohe Zerstörung.

In seiner ersten Zeit als Regisseur war die strenge Anlehnung an die gängigen Filmgenres charakteristisch für Bergman.

Im Gegensatz zu vielen jungen Filmemachern von heute, die versuchen mit neuen und provokatorischen Filmen zu debütieren, hat Bergman am Anfang versucht, sich die Technik anzueignen. Anschließend, nachdem er eine gewisse Reife beim Filmen erlangt hatte, wurde der Einfluss des Theaters immer spürbarer. Am Höhepunkt dieser Phase steht *Das Lächeln einer Sommernacht*, der in seiner Erzählstruktur gleichzeitig an Hjalmar Söderberg, Marivaux und Lubitsch erinnert, wobei in ihm die Theatralik im positivsten Sinne dominiert.

In den Sechziger Jahren läutete Bergman eine neue Phase ein: seine Filme wurden immer experimenteller. Diese Phase ging mit ähnlichen Experimenten in der Literatur und im Theater in ganz Europa einher; Sartre und Camus waren beide Bühnenautoren und beide begeistert vom Film. Und trotzdem, im Gegensatz zu dem anderen großen schwedischen Film- und Theaterregisseur der Nachkriegszeit, Alf Sjöberg, liefert Bergman nur selten ausdrückliche Bezüge zu kulturellen Quellen oder Kunsttheorien jeglicher Provenienz.

Obwohl viele Regisseure sich fast damit brüsten, wie wenig sie von den zeitgenössischen Filmschaffenden kennen, hat Bergman hingegen immer Wert darauf gelegt, mit den Entwicklungen des Films Schritt zu halten. Mit großem Interesse hat er auch die Musik und die bildenden Künste verfolgt. Trotz des Mangels an Bezügen und präzisen ästhetischen Theorien kann man daraus schließen, dass Bergman die Debatten über die verschiedenen ästhetischen Modelle, auch die modernen, sehr gut kannte.

Er selbst hat nie eine Theorie aufgestellt, wie man einen guten Film oder ein gutes Theaterstück machen kann. Er hat dagegen bei vielen Gelegenheiten nur über die technischen Seiten seines Berufes diskutiert und über die Hochachtung, die er immer für diese Art von technischem Wissen empfunden hat. Eine Hochachtung, die im Lauf der Jahre zugenommen hat, jedoch ohne dass daraus ein entsprechendes künstlerisches Modell entstanden wäre. Er fährt mit seiner Suche fort und holt dabei aus jedem seiner Filme und seiner Theaterinszenierungen die höchstmögliche künstlerische Leistung heraus.

Gleichzeitig hat seine Professionalität immer mehr zugenommen. Und tatsächlich, je mehr seine Ausdrucksmittel reifen, desto mehr nimmt seine Kritik an seiner Arbeit zu. Statt seinen Stil zu verfeinern, hat jeder seiner Film als weiterer Beitrag zu seiner kontinuierlichen Suche nach den „potentiellen Möglichkeiten der zeitgenössischen Kunst" gedient. In anderen Worten: Wo steht er zwischen Traditionalismus und Modernismus?

Bei den Gelegenheiten, in denen Bergman versucht hat „aktuell" zu sein – das heißt, bei denen er versucht hat, sich auf konkrete geschichtliche Situationen zu beziehen, wie zum Beispiel in *Das Schlangenei* – hat genau diese Entscheidung sein

Werk geschwächt. Dort, wo andere Regisseure die Aktualität als Energiequelle empfinden, die ihrem Werk Kraft gibt, wird Bergman von den Grenzen der Aktualität eingeschränkt, da für ihn jeder einzelne Film oder jedes Theaterstück ein „Projekt" ist, bei dem der kreative Prozess unbedingt von vorne beginnen muss.

Das bedeutet konkret, dass er seine Erfahrung mit den Schauspielern dahingegehend ausnutzen kann, indem er mit traditionellen Texten arbeitet und die Gleichförmigkeit der Interpretation hervorhebt, um damit die Macht des zerstörten Bildes der Menschheit, die typisch für den Modernismus ist, zu unterstreichen. Obwohl die Erfahrungen, die Bergman mit seinen vorangegangenen Filme gemacht hat, ihn mit den Mechanismen des Produktionsprozesses vertraut gemacht haben, sind die Ergebnisse jedesmal unvorhersehbar. Bergman hat eine natürliche Affinität zum Besten, was die kulturelle Tradition des 19. Jahrhunderts hervorgebracht hat, das heißt, zu den Dingen, die ihrem Untergang und ihrem Übergang zum Modernismus am nächsten stehen.

Die letzten Theaterinszenierungen Bergmans, *König Lear* und *Hamlet* (letztere wurde meiner Meinung nach mit zuwenig Fingerspitzengefühl in Schweden rezensiert), lassen seinen starken Wunsch zu experimentieren spüren. In beiden Aufführungen, vor allem aber in *Hamlet*, hat Bergman seinen guten Ruf bezüglich der Darstellungsweise aufs Spiel gesetzt, indem er gleichzeitig den Text, die Schauspieler und das Publikum herausgefordert hat, statt eine gewöhnlichere und traditionellere Wahl zu treffen. Die äußerst stilisierte, provozierende und sehr temporeiche Hamletaufführung von 1986 hätte das Werk eines jungen Regisseurs sein können, der am Anfang seiner Karriere steht. Aber gerade wegen seiner äußersten Vertrautheit mit der Tradition kann Bergman jedes Projekt dazu benutzen, um eine besondere ästhetische Sprache anzuwenden.

Die Werke Bergmans – das heißt seine Filme – haben Künstler der verschiedensten Richtungen sehr beeinflusst, aber da er sich gleichzeitig zwei gegensätzlichen Traditionen widersetzt hat, hat sich nach ihm nie eine „Bergmansche Schule" im Theater oder beim Film gebildet.

In seinem ständigen Bestreben, die eigenen Ergebnisse in Frage zu stellen, jede eingenommene Festung aufzugeben und bereit zu sein, nach einer gewonnenen Schlacht den nächsten Krieg zu verlieren, ähnelt Bergman nach ethischen Gesichtspunkten den großen Zweiflern wie Dostojevskij und Tolstoj, nach ästhetischen den Modernisten wie John Coltrane, Stravinskij, Strindberg und Picasso. Natürlich ist nicht alles, was diese großen Künstler hervorgebracht haben, gut aber es ist eine Tatsache, dass ihre Kunst sie überlebt hat. Das gilt auch für Bergman. Auch wenn die jungen Regisseure von heute nicht wie er auf der Grenze zwischen dem 19. und dem 20. Jahrhundert arbeiten können, so müssen sie doch eine ähnliche Wahl auf sozusagen ästhetisch-strategischer Ebene treffen, einen besonderen Stil und eine konsequente Ethik anwenden oder, so wie es Bergman gemacht hat, sich abwechselnd zwischen zwei Positionen bewegen und ihre Kraft eben aus diesen ständigen Schwankungen ziehen.

Es ist überflüssig hinzuzufügen, dass die Ablehnung Bergmans, definitive Entscheidungen zu treffen, sehr fruchtbar war. Sowohl für das Publikum als auch für den siebzigjährigen Regisseur ist es notwendig, bei jedem neuen Werk ein Risiko einzugehen. Außerdem ist das Werk Bergmans nie abgeschlossen und wird es nie sein, solange man sich seine Filme mit offenem Geist anschaut.

# Die Bedeutung Ingmar Bergmans

JÖRN DONNER

*Jörn Donner hat eine sehr vielseitige Karriere als Regisseur, Produzent und Autor hinter sich. Zwischen 1978 und 1982 gehörte er zum Aufsichtsrat des Schwedischen Filminstituts und war in dieser Zeit der Produktionsleiter von* Fanny und Alexander. *Momentan lebt er in Helsinki in Finnland, wo er politisch tätig ist.*

Um 1945 tauchten neue Tendenzen in der Kunst und auch beim Film auf. Ein Generationswechsel machte sich bemerkbar. Eigentlich hatten die neuen Autoren in Japan, Italien und auch in Schweden schon in den vorhergehenden Jahren ihre Tätigkeit aufgenommen. Aber rückblickend gesehen wird behauptet, dass das Kriegsende eine Art Neuanfang bedeutete.

Bergman machte seine ersten Filme als unabhängiger Regisseur. Es gibt einige, die den Film *Die Hörige* mehr ihm zuschreiben wollen als Alf Sjöberg. Vielleicht ist es so – jedenfalls für diejenigen, die sich durch seine folgenden Filme in ihrer Ansicht bestätigt sehen.

Bergman hat oft erzählt, wie er sich fühlte, als er *Krise* drehte. Sehr wahrscheinlich hat er übertrieben, als er von seinem kompletten Mangel an professionellem Wissen sprach. Das Ergebnis war, dass er in den darauffolgenden Jahren äußerst kompetent und perfekt wurde. Kein technischer Aspekt des Films ist ihm unbekannt, sagt man. Daraufhin wurde verbreitet, wie pingelig und arbeitswütig er war, und dass er sich nur sehr selten bereit war, seine Schauspieler und Mitarbeiter zu wechseln.

1945 war er in seiner Heimat als Schriftsteller und Theaterregisseur bekannt. In der schwedischen Literatur befand man sich gerade in einer Phase der Erneuerung, aber *Krise* war sicherlich kein Beispiel dafür. Und doch gab es einige Kritiker, die im ersten Film Bergmans etwas Neues sahen. Dass ihm die Gelegenheit geboten wurde, einen Film zu drehen, war vielleicht die Folge des Aufschwungs der damaligen schwedischen Filmproduktion, die vierzig Filme im Jahr produzierte. Im Frühling 1949 verbrachte ich eine Woche in Stockholm. Es war meine erste Reise ins Ausland. Während meines Herumvagabundierens als neugieriger Jugendlicher hörte ich von einem gerade erschienenen Film, der *Gefängnis* hieß. Für mich als Sechzehnjähriger war es eine außerordentliche Erfahrung, die-

Photogramm aus *Die Hörige* (1944) von Alf Sjöberg.

Max von Sydow mit Ingmar Bergman bei den Dreharbeiten zu *Die Stunde des Wolfs* (1966).

sen Film zu sehen, der dem Kino neue Ausdrucksmöglichkeiten zu eröffnen schien und den verschiedensten Interpretationen Raum gab.

Von diesem Moment an wurde Bergman vom künstlerischen Standpunkt aus gesehen ein Wegbegleiter, manchmal auch ein Führer, die personifizierte Entschlossenheit und Rastlosigkeit.

*Gefängnis* erzählte mit seinen Bildern das, was die schwedische Literatur der Vierziger Jahre mit Worten erzählte. Es war eine Zeit der künstlerischen Experimente. *Gefängnis* war (heute wissen wir das) der Beginn der Epoche Bergmans im schwedischen Film, der Epoche Bergmans im internationalen Film.

*Gefängnis* war Avantgarde. Ebenso *Abend der Gaukler*, jedenfalls nach den Schwierigkeiten zu beurteilen, mit denen diese relativ einfache Geschichte von den Kritikern aufgenommen wurde. *Abend der Gaukler* dreht sich um ein ewig wiederkehrendes Thema: Liebe, Eifersucht und Zerrüttung, trotzdem hat möglicherweise seine experimentelle Form einen starken Widerstand hervorgerufen, wie immer, wenn etwas Neues geschaffen wird.

*Das Lächeln einer Sommernacht* ist sicher nicht avantgardistisch. Bergman machte diesen Film in einer Zeit, als er gerade viele persönliche Probleme hatte. Er erhielt eine Auszeichnung und viel Lob in Cannes, woraufhin alle seine folgenden Filme, einer nach dem anderen, große Erfolge auch über die Grenzen Schwedens hinaus erzielten, bis einige Kritiker, die wohl keine Lust mehr hatten, immer dieselben Götter zu verehren, beschlossen, dass Bergman nun überholt sei und begannen, andere Meister zu beweihräuchern.

Henri Langlois von der Cinémathèque in Paris hatte Bergman schon lange vor *Das Lächeln einer Sommernacht* entdeckt. Bergman gehörte zu den vielen, weniger bekannten Filmemachern, von denen man in Paris sprach, in der Stadt, die lange Zeit als intellektueller Resonanzkörper des internationalen Films fungierte. Damals und auch noch viele Jahre später hatte Langlois Retrospektiven über Bergmanfilme veranstaltet und ihn so bei den jungen französischen Filmemachern bekanntgemacht. Das ging so weit, dass der junge Hauptdarsteller in dem Erstlingswerk Truffauts *Sie küssten und sie schlugen ihn (Les quatre-cent coups,* 1959) ein Filmplakat von *Die Zeit mit Monika* klaut, was eine wahre Hommage an den schwedischen Meister bedeutet.

Ab den Fünfziger Jahren waren die Filme Bergmans maßlos erfolgreich. Seine Filme wurden zu einer festen Einrichtung in bestimmten Pariser Kinos, in denen man die Vergangenheit wieder aufleben ließ und alte Filme ansehen konnte.

Ingrid Thulin (*Märta Lundberg*) und Gunnar Björnstrand (*Tomas Ericsson*) in einer dramatischen Szene aus *Licht im Winter* (1961/2).

Auch finanziell gesehen war Bergman sehr erfolgreich. Das wäre nie möglich gewesen, wenn er die traditionellen Produktionsbedingungen hätte beachten müssen, nach denen höchste Profite und größtmögliche Zuschauerzahlen anzustreben sind.

Der finanzielle Erfolg war jedoch ausschließlich den sehr beschränkten Produktionszeiten und den bescheidenen Löhnen zu verdanken. In vielen Ländern begann sich ein internationales Publikum zu bilden, vor allem in Frankreich und in den Vereinigten Staaten, das jedoch nie so riesig war wie das der James-Bond-Filme der darauffolgenden Jahre.

Der wirtschaftliche Erfolg Bergmans und sein internationaler Ruf brachten die schwedische Regierung – aufgrund einer persönlichen Initiative Harry Scheins – dazu, 1963 eine finanziell geradezu einzigartige Kinoreform einzuführen, die dem schwedischen Film in den kommenden Jahren eine solide wirtschaftliche Stellung garantierte.

Der wirtschaftliche Erfolg gab dem Künstler Bergman Freiheit; eine zwar eingeschränkte Freiheit, die ihm aber doch erlaubte, sich selbst treu zu bleiben. Auf diese Weise konnte er einen asketischen und einsamen Film wie *Licht im Winter* drehen, der lange unterschätzt wurde, fast so wie seinerzeit der Film *Abend der Gaukler*.

Der Begriff Autorenfilm wurde in Frankreich geprägt und sollte zum Ausdruck bringen, dass die Arbeit eines Filmregisseurs mit der eines Schriftstellers vergleichbar sei. Auf diese Weise wurden die Bilder eines Filmes genauso persönlich wie die Seiten eines Gedichts oder eines Romans. Bis zu diesem Zeitpunkt hatten die Maschinen und die technischen Instrumente die einzelnen Individuen verdeckt.

Dieser Philosophie wurden die bekanntesten Persönlichkeiten geopfert – wie zum Beispiel einige der professionellsten Regisseure, die jahrelang in Hollywood gearbeitet aber nie ein eigenes Drehbuch verfilmt hatten, da sie nur innerhalb eines rein kommerziellen Systems tätig waren. Trotzdem gab es unter ihnen viele – und das war vielleicht eine wirkliche Entdeckung –, die einen persönlichen Stil hatten.

Nach dieser These war Bergman der nordische Autor par excellence – so dass er fast als Vater der ganzen Bewegung galt, ohne dabei für seine gelegentlich übertriebene Kritik verantwortlich zu sein.

Gunnar Björnstrand und Max von Sydow (*Jonas Persson*) in einer Schlüsselszene aus *Licht im Winter*.

Ingmar Bergman, Ulf Johansson *(Helmut Wankel)* und Liv Ullmann *(die Ärztin Jenny Isaksson)* während der Dreharbeiten zu *Von Angesicht zu Angesicht* (1976).

Gleichzeitig wurde in Schweden die Rolle, die er dabei spielte, von vielen negativ aufgenommen, wie zum Beispiel von Bo Widerberg. Hätte es einen Aufstand gegen den schwedischen Film gegeben, so wie es den Anschein hatte, dann hätte er gerade gegen Bergman gerichtet sein müssen.

Das geschah vielleicht zum Teil aufgrund der wichtigen Stellung, die Bergman einnahm, als es ihm gelang, bei den Entscheidungen, die die Produktion betrafen, ein Mitspracherecht zu erlangen. In vielerlei Hinsicht hätte es ihm genützt, die Rolle des Vaters, Sponsors und Produzenten des neuen schwedischen Films zu übernehmen und eine Gemeinschaft junger Künstler zu gründen, die von seiner Erfahrung und seiner Kompetenz lernen konnten.

Trotzdem passte dieses hypothetische Bild eigentlich nicht zu Bergman, da seine künstlerische und professionelle Laufbahn per definitionem niemals hätte imitiert werden können, jedenfalls habe ich versucht, das in meinem 1962 erschienenen Buch über Bergman zu beweisen, in dem ich behaupte, dass seine Filmkarriere einzigartig ist und sich auf außergewöhnliche, also unnachahmliche Erfahrungen und Kenntnisse stützt.

Rückblickend scheint die Vorstellung absurd, dass Bergman als Produzent einen Wurf kleiner Bergmans hervorbringt, die nach seinem Bild und Ebenbild geformt werden.

Schon sehr bald wurde ihm sein Versagen in diesem Bereich klar. An diesem Punkt nahm er radikal, wie er war, Abschied vom Film und wandte sich dem Theater zu. Kein anderer hätte Filme wie Bergman machen können, da jeder von uns eine eigene Handschrift hat.

Was will uns Ingmar Bergman sagen?

Diese Frage wurde in sehr vielen Ländern gestellt, von Australien bis nach Amerika und auch in Schweden. Ungnädige Zuschauer behaupten, dass er überhaupt nichts zu sagen hat, dass er sich darauf beschränkt, intellektuelle Rätsel zu stellen, die nicht gelöst werden können, während diejenigen, die seine Werke unter philosophischen und religiösen Gesichtspunkten betrachten, lange und sehr ernsthafte Aufsätze oder sogar ganze Bücher über ihn geschrieben haben.

In den Sechziger Jahren war, zumindest in den meisten westlichen Ländern, der Geist der Nachkriegszeit nicht zu spüren, sondern man schaute mit einem nicht ganz ungerechtfertigten Optimismus in die Zukunft. Für sehr viele Menschen waren außerdem existentielle Probleme wichtiger als wirtschaftliche oder soziale. In vielen Filmen Bergmans fehlen konkrete soziale Botschaften.

Von den vielen Anspielungen auf die sogenannten «Bergmanschen Landschaften», auf seine so persönlichen Visionen und Bilder, erinnere ich mich an eine Autofahrt, die in einem Roman von Naipaul beschrieben wird. Wenn ich aber dann danach suche, wie der Text rezitiert wird, finde ich die weibliche Hauptdarstellerin der Geschichte, die nur sagt: Bergman.

Das kann alles bedeuten, oder aber auch nichts.

Man konnte in der ganzen Welt herumreisen und über Bergman sprechen, da er ein ständiges Gesprächsthema lieferte. Als ich jedoch ein paar Jahre später (1981) die Chinesen davon zu überzeugen versuchte, dass *Herbstsonate* ein großartiger Film sei, wurde mir geantwortet, dass die Probleme, die in *Herbstsonate* angesprochen wurden in China «nicht existierten».

Andererseits schienen sie in der Sowjetunion zu existieren, denn die sowjetischen Intellektuellen hatten – vielleicht illegal – viele Filme Bergmans gesehen und auch *dort* lieferte er ein ständiges Gesprächsthema.

Auch nach seiner Filmkarriere wird Bergman ein ständiges Gesprächsthema sein.

**E** in festlicher Moment aus *Fanny und Alexander* (1981/2). In der Mitte sieht man Pernilla Östergren als Maj, das Kindermädchen, und Jarl Kulle als Gustav Adolf Ekdahl.

Früher oder später, und ich hoffe ehrlich, dass es erst spät eintreten wird, wird ein sowohl psychologisch als auch biographisch geschulter Experte die Träume und Alpträume Bergmans (in seinen Filmen) mit seinem persönlichen Leben in Verbindung bringen wollen, und er wird entdecken, dass sie nichts anderes sind als eine geschickt verschleierte endlose Autobiographie, genauso wie seine offizielle Biographie *Mein Leben*.

Es gibt hierfür zahlreiche Belege.

Bergman selbst hat erzählt, dass er oft aus seinen Träumen und Phantasien Stoff für seine Visionen und seine Geschichten zieht. Das bedeutet, dass er ein kindliches Wesen hat, dass es ihm gelingt, die Neugier eines Kindes mit der kindlichen Weisheit und Naivität zu kombinieren. Eben dieses kindliche Wesen hat ihm erlaubt, die natürliche Scheu und die Grenzen der Schauspieler zu überwinden, die ihrerseits wiederum in die Lage gebracht wurden, mit ihm eine Beziehung aufzubauen, die der ähnelt, die man mit einem Kind eingeht (bis zu dem Punkt, an den sie gelangen können).

Kindlichkeit bedeutet auch die Fähigkeit, einen ganzen Ablauf von Ereignissen in einem einzigen Symbol zusammenzufassen, einfach und prägnant.

Kindlichkeit ist die Fähigkeit, sich zu demaskieren.

An diesem Punkt kann man sich fragen, was der hypothetische Gelehrte machen würde: Also ist das der ganze Grund für die Schreiberei, die Regie, die Arbeit mit den Schauspielern? Und wenn nicht, was ist es dann? Ich weiß nicht, ob die Drehbücher Bergmans nach literarischen Gesichtspunkten als Dramen oder als Romane eingeordnet werden können. Sicher ist, dass sie dem Film Erzählmaterial liefern, das reich an Anregungen und phantastischen Assoziationen ist. Einige sind so zart angedeutet, dass jeder andere Filmemacher Schwierigkeiten hätte, sie in Bilder umzusetzen. Die Sinnlichkeit und der Reiz, den die Bilder vermitteln, die Folge von Bildern, die jedesmal mit einem neuen Sinngehalt wieder auftauchen, können nur durch den Film ausgedrückt werden.

Diese unvergleichliche Kindlichkeit hat sich im Verlauf von vierzig Jahren Filmgeschichte erhalten. Auf der ganzen Welt gibt es nichts Vergleichbares, und sie kann mit keinem anderen berühmten Namen in Verbindung gebracht werden. Nur Truffaut könnte sich ihr vielleicht annähern. Bei ihm handelt es sich jedoch um einen Schüler.

Eine Reihe unglaublich dummer Umstände, die (in Wahrheit) eigentlich ziemlich harmlos waren, führten dazu, dass Bergman freiwillig – über Paris und Los Angeles – nach München ins Exil ging. Schließlich erhielt er Genugtuung, aber er kehrte nicht in seine Heimat zurück, bis er die Zeit dafür reif fand. Daraufhin eroberte er Schweden mit seiner Tätigkeit als Theaterregisseur und mit *Fanny und Alexander* zurück.

Ein paar Jahre zuvor hatte ich ihn in Paris mit Joseph Losey getroffen, auch einem Emigranten, der zuerst die Vereinigten Staaten von Amerika verlassen hatte (wegen seiner Ansichten) und anschließend England (wegen der Steuern). Trotzdem betrachtete er die Art des Exils, die er und Bergman gewählt hatten, als die natürlichste Sache der Welt.

Bergman wollte sich jedoch an Schweden rächen, und diesem Thema hat er in seiner Autobiographie einen unnötig großen Platz eingeräumt.

Aber auch das ist wichtig, wenn man bedenkt, dass Bergman immer von seinen intimsten und tiefgehendsten Impulsen dominiert wurde, die nur zum Teil von außen kontrolliert wurden. Die Pedanterie und die übertriebenen Anstrengungen, die eigene Freiheit zu verteidigen, die durch dieses Ereignis ausgelöst worden waren, lassen verstehen, wieviel das für ihn bedeutete, da Bergman bisher immer völlig Herr über sich selbst gewesen war. Nun wollte jedoch etwas Außenstehendes seine physische Freiheit kontrollieren.

Vielleicht kann man Bergman nur als Schweden begreifen. Die Art und Weise wie Schweden auf das, was er macht, reagiert, war schon immer entscheidend. In vielen seiner Filme können wir triumphierenden Siegen und demütigenden Niederlagen beiwohnen. Alles läuft jedoch am Ende auf eine Art ironische Versöhnung hinaus. Das geschieht auch in *Fanny und Alexander*, der eine Art Filmanthologie (in seiner positivsten Bedeutung) der Bergmanschen Themen ist, und vielleicht deshalb irgendwie missverstanden wurde.

Der Weg, der zur Selbsterkenntnis führt, ist schwierig. Die Selbsterkenntnis Bergmans im privaten und persönlichen Bereich ist eine Sache; das geht uns hier nichts an. Die Selbsterkenntnis auf künstlerischer Ebene hingegen bewirkt, dass eine Person versucht, die irrationalen und chaotischen Aspekte des Privatlebens mit denen des öffentlichen Lebens zu vereinbaren; und das bedeutet oft, etwas vorzutäuschen und etwas vorzuspielen.

Die Filme Bergmans sind hingegen wahre Herausforderungen, die die moralische Bedeutung ihres Autors gegenüber der rein künstlerischen noch größer machen, soweit das überhaupt möglich ist. Und das ist das Wichtigste. Andere haben über alles Übrige geschrieben.

# Die Bergman-Trilogie
# Tradition und Erneuerung

ROGER W. OLIVER

Nichts ändert sich regelmäßiger als die Vergangenheit; denn die Vergangenheit, die unser Leben beeinflusst, ist nicht das, was tatsächlich geschehen ist, sondern das, was die Menschen meinen, es sei geschehen.

– Gerald White Johnson

Die Vergangenheit ist die Gegenwart, nicht wahr? Und sie ist auch die Zukunft. Wir alle versuchen, uns darüber hinwegzutäuschen, aber das Leben erlaubt es uns nicht.

– Eugene O'Neill, *Eines langen Tages Reise in die Nacht*

Der unvermeidliche Einfluss, den die Vergangenheit auf die Gegenwart hat, ist wahrscheinlich die Hauptaussage der naturalistischen Literatur und der naturalistischen Dramen. Da Geschichte und Tradition zwei entscheidende Faktoren des Naturalismus sind (wie auch das Milieu), werden die Handlungen der Personen in naturalistischen Dramen unweigerlich durch die Vergangenheit beeinflusst. Ein Regisseur, der Texte von Autoren wie Ibsen, Strindberg und heutzutage O'Neill auf die Bühne bringt, nimmt nicht nur die Herausforderung an, ein modernes Publikum davon zu überzeugen, eine solche deterministischen Philosophie zu akzeptieren, sondern auch davon, dass man sich der Tyrannei der Vergangenheit entziehen kann, die uns seit über einem Jahrhundert durch naturalistische Inszenierungen auferlegt wird.

Auch wenn die Inszenierungen Bergmans von *Fräulein Julie, Eines langen Tages Reise in die Nacht* und *Nora oder ein Puppenheim* ursprünglich vielleicht nicht als naturalistische Trilogie konzepiert worden waren, so sind sie schließlich doch als solche erkennbar, vor allem wenn man die Reihenfolge berücksichtigt, das heißt, die Reihenfolge, in der Bergman sie aufgeführt und die Brooklyn Academy of Music sie beim zweiten New York International Festival of the Arts präsentiert hat.

Jede Aufführung geht ganz genau auf die Themen und die Konflikte des jeweiligen Textes ein, der als eigenständiger, unabhängiger Organismus betrachtet wird; wenn man sie jedoch zusammen betrachtet, wurden bei den drei Aufführungen nicht nur die sowohl thematischen als auch stilistischen Gemeinsamkeiten der drei verschiedenen Texte verdeutlicht, sondern auch die sich ständig weiterentwickelnde Arbeitsweise Bergmans, mit der er versucht, die Techniken des traditionellen Theaters mit denen des modernen Theaters zu verbinden.

Obwohl Ingmar Bergman seit 1960 am Königlichen Dramatischen Theater Schwedens (Dramaten) gearbeitet hat, geben diese drei Aufführungen Aufschluss über seine Suche nach neuen Ausdrucksmöglichkeiten im Theater, die er mit seinem Ensemble seit seiner Heimkehr aus seinem freiwilligen Exil in Deutschland praktiziert. Das älteste der drei Stücke, *Fräulein Julie*, das 1985 in Stockholm aufgeführt wurde, basiert auf einer Inszenierung desselben Textes, den Bergman in München auf die Bühne gebracht hatte.

In gewisser Hinsicht ist es die „traditionellste" der drei Aufführungen, da es sich um eine Art der Inszenierung handelt, die genau ins Detail geht, was typisch für diese Texte ist. Aber obwohl das Drama „realistisch" inszeniert ist, gelingt es Bergman, aus dem Text Dinge herauszuholen, die sowohl den Inhalt verdeutlichen als auch dem modernen Publikumsgeschmack entgegenkommen.

Der enge Zusammenhang zwischen Tradition und Erneuerung in den Werken Bergmans wird vielleicht am wirkungsvollsten durch das Aussehen der Hauptperson, *Fräulein Julie*, verdeutlicht. Als sich der deutsche Bühnenautor Peter Weiss vor der Abfassung des Textes für die Aufführung Bergmans in München mit dem Originaltext beschäftigte, fiel ihm eine Andeutung über eine Narbe im Gesicht Fräulein Julies auf, die ihr ihr Verlobter mit einer Peitsche zugefügt hatte. Weiss und Bergman beschlossen, die Narbe, die Strindberg selbst weggelassen hatte, wieder ins Spiel zu bringen, um so die

Verletzlichkeit Julies hervorzuheben, und ihre Angst und ihren Abscheu vor den Männern, die sie im Verlauf des Dramas manifestiert, noch deutlicher zu rechtfertigen.

Nach Ansicht von Gunilla Palmstierna-Weiss, die bei allen drei Aufführungen Bergmans in der Brooklyn Academy of Music für das Bühnenbild verantwortlich war, symbolisiert für Bergman diese Narbe das unterschwellige Gefühl Julies, in der Mittsommernacht, in der sie ihre Jungfräulichkeit verloren hatte, verunstaltet worden zu sein, und sie weist auch auf den Schluss des Dramas hin, bei dem Julie sich mit der Rasierklinge, die ihr Jean gegeben hat, das Leben nimmt. Das Schicksal Julies, die ihr ganzes Leben lang Opfer der Männer war, besteht somit nicht nur in der Tatsache, von ihrem Vater verlassen worden zu sein, sondern auch in der körperlichen Gewalt, die ihr durch den Verlobten zugefügt wurde, und auch darin, dass sie von Jean zuerst verführt und anschließend sitzengelassen wurde.

Das Geschick Bergmans, Details realistisch einzusetzen, um den Mikrokosmos der Szene aufzuzeigen, zeigt sich vielleicht am deutlichsten in der Mittsommernacht-Szene. Während Jean und Julie nicht auf der Bühne sind (sie befinden sich in seinem Schlafzimmer) gibt der Text Strindbergs folgende Anweisungen:

"Durch einen Geigenspieler angekündigt treten Bauern in ihrem Festtagsgewand mit Blumen auf den Hüten ein. Sie bringen ein Fass leichten Bieres und ein Fässchen Schnaps, das mit grünen Zweigen geschmückt ist, mit und stellen es mit den Gläsern auf den Tisch. Dann prosten sie sich zu. Die Szene wird zu einem Tanz. Die Bauern bilden einen Kreis, tanzen, singen *Es kamen zwei Frauen*. Schließlich gehen sie singend weg."

Für Bergman hat diese Szene nichts von einem Volkstanz an sich, sondern vielmehr von einer detaillierten Choreographie sich überkreuzender Beziehungen klar gezeichneter Figuren, die feiern, trinken und ganz deutlich ihre sexuellen Wünsche ausdrücken. Dadurch, dass einige Bauern schon vorher in die Küche gegangen waren, um Wasser zu holen, wird das Gefühl vermittelt, dass sowohl das Leben im Haus als auch das Drama weitergeht.

Dieses Stilmittel, mit dem Strindberg versucht hatte, einen toten Punkt zu überbrücken und der Handlung außerhalb der Szene Zeit einzuräumen, wurde von Bergman aufgewertet, indem er das Thema der Leidenschaft, der sich die beiden Hauptfiguren außerhalb der Szene hingeben, variiert. Auch wenn die Bauernpaare keinen Text haben, erzählen ihre Körpersprache, ihre Gesten und ihre Handlungen den wahren Grund der Mittsommernachtsfeier.

Dieser wahre Grund wird auch durch die Wahl und die Interpretation Begmans hinsichtlich der Gestalt der Kristin unterstrichen, die als Köchin in der Küche regiert und außerdem mit Jean verlobt ist. Oft wurde diese Kristin als einfältig und gutmütig dargestellt, um so einen Kontrast zu der neurotischen Julie zu bilden. Bergman hat jedoch für diese Rolle eine junge, sehr attraktive Schauspielerin, Gerthi Kulle, gewählt, die ihre Sinnlichkeit und ihr Bedürfnis nach Zärtlichkeit sehr deutlich zum Ausdruck bringt, wobei ihre hartnäckige Widerspenstigkeit gegenüber Julie wegen Jean motiviert wird. Als Kristin zum Beispiel allein in der Küche zurückgelassen wird, kräuselt sie sich nicht die Haare, wie es bei Strindberg steht, sondern bei der Interpretation Gerthi Kulles wäscht sie ihren Oberkörper, die Schultern und die Brüste, langsam und sinnlich, wobei einerseits ihr Bedürfnis ausgedrückt wird, sich nach der Arbeit in der überhitzten Küche zu erfrischen, andererseits ist sie sich ihrer körperlichen Reize bewusst und findet Gefallen an ihnen.

In allen drei Bergmaninszenierungen, die in der Brooklyn Academy of Music aufgeführt wurden, drückten gerade die körperlichen Beziehungen zwischen den verschiedenen Personen, ihr Verhältnis untereinander und zu der Umwelt, die Drameninterpretation des Regisseurs aus. Zum Beispiel die Art, wie Jean (Peter Stormare) eine Weinflasche entkorkte, am Korken roch, sich ein wenig einschenkte und den Wein probierte, brachte ganz genau die Zweideutigkeit des Charakters dieser Person zum Ausdruck, die einerseits servil ist, andererseits aristokratisches Benehmen zur Schau stellt. Ebenso verdeutlicht die Brutalität, mit der Jean Julie (Lena Olin) zu Boden wirft, dass er sie einerseits hasst, andererseits aber auch wieder von ihr angezogen wird. Nach Aussagen der Mitglieder des Dramaten inszeniert Bergman seine Aufführungen mit äußerster Genauigkeit und gibt jedem einzelnen Schauspieler eine Reihe präziser Körperbewegungen und Gesten vor.

Außerdem wird die Fähigkeit Bergmans, seine Aufführungen den Charakteristika der Schauspieler anzupassen, sehr wirkungsvoll durch die bedeutenden Kostümwechsel Fräulein Julies zum Ausdruck gebracht. Die von der Bühnenbildnerin Palmstierna-Weiss ausgestattete Küche war in verschiedenen Grautönen gestrichen, mit denen der Beleuchter Hans Åkesons außerordentliche Lichteffekte schaffen konnte, die sowohl das Verstreichen der Zeit als auch die Veränderungen der Atmosphäre verdeutlichten. Als Bergman dieses Stück zum ersten Mal für das Dramaten inszenierte, trug die Hauptdarstellerin Marie Göranzon ein lavendelfarbenes Kleid, das gut zu den Farben des Bühnenbildes passte und außerdem schon gleich am Anfang die Schlichtheit der Person Julies zum Ausdruck brachte, obwohl sie die Hausherrin ist. Bei der Aufführung an der Brooklyn Academy of Music trug die Hauptdarstellerin Lena Olin statt eines lavendelfarbenen ein rotes Kleid, das die ausgeprägte Leidenschaft und den ungezähmten Charakter, den die neue Darstellerin ihrer Rolle verliehen hatte, unterstreichen sollte. Als Fräulein Julie in dieser Version das rote Kleid auszieht, um ein Reisekostüm anzulegen, was andeuten soll, dass sie Jean nachreisen wird, wird ihr Statusverlust dadurch verdeutlicht, dass sie ab diesem Zeitpunkt nicht mehr, wie bisher, sichtbar die Szene dominiert.

In gewisser Hinsicht ist diese Inszenierung eine wahrhaftige Apotheose des Naturalismus, bei der alle physischen und sichtbaren Details so viel wie möglich „erzählen" sollen, um dazu beizutragen, das ganze Stück lebendig und echt wirken zu lassen.

Mit seinem Stück *Eines langen Tages Reise in die Nacht* tendiert Bergman dazu, den Naturalismus mehr zu abstrahieren. Anders als bei den genau ins Detail gehenden Szenen von *Fräulein Julie* hat die Bühnenbildnerin Palmstierna-Weiss die Angaben zur Inszenierung von O'Neill nicht befolgt, bei der auf der Bühne das Cottage seiner Eltern in Montecristo nachgebaut werden sollte. Das Drama spielte sich dagegen auf einer im freien Raum schwebenden Plattform ab. Außer wenigen Stühlen war das Zimmer auf der einen Seite nur mit einer Heiligenstatue auf einem Podest und auf der anderen Seite mit einem Likörschränkchen ausgestattet. Ab und zu wurden auf die Rückwand ein paar Bilder projiziert, wie zum Beispiel die Außenansicht des Hauses oder ein Baum; sonst spielte sich die Handlung auf einer halbleeren Plattform ab, die mit schwarzen Tüchern umhängt war.

Die Art, wie Bergman den Text O'Neills interpretiert, forderte dazu auf, das Drama von einem neuen Standpunkt aus zu betrachten. (Hier sollte man vielleicht daran erinnern, dass das Stück *Eines langen Tages Reise in die Nacht* 1956 am Dramaten uraufgeführt wurde, mit Jarl Kulle als Edmund, der jetzt die Rolle des Vaters, James Tyrone, spielt). Anders als bei vielen anderen Aufführungen, bei denen zwei Pausen oder zumindest eine Pause zwischen dem zweiten und dritten Akt vorgesehen sind, sah die Version Bergmans nur eine einzige Pause nach dem dritten Akt vor, um den zeitlichen Verlauf der Handlung nicht zu unterbrechen, die sich im Verlauf eines Tages bis zu den frühen Abendstunden abspielt, wobei er die letzte Szene, die um Mitternacht spielt, isoliert. In den ersten drei Akten wurden selbst wichtige Dialoge herausgenommen, sowie alle, die mit Edmunds Geschichte über den Schweinezüchter und den Erdölmagnaten zu tun haben, die O'Neill später für den ersten Akt von *Ein Mond für die Beladenen* verwendete.

Der Haupteffekt dieser neuen Strukturierung des Stückes lag darin, dass im ersten Akt die Ereignisse um Mary Tyrone, im zweiten die der drei Tyrone-Männer in den Vordergrund gestellt wurden. Es besteht kein Zweifel, dass Mary in den ersten drei Akten des O'Neill-Dramas im Mittelpunkt steht. Dadurch, dass Bergman diese drei Akte in einem einzigen Block

Bibi Andersson und Thommy Berggren in *Eines langen Tages Reise in die Nacht* von Eugene O'Neill, das 1989 am Königlichen Dramatischen Theater von Schweden aufgeführt wurde.

aufführte, gelang es ihm, ihren Abstieg in den Dunst der Drogen hervorzuheben, durch die sie den eigenen Ängsten um die Krankheit ihres Sohnes Edmund zu entfliehen versucht. Die unvergessliche Interpretation Bibi Anderssons hob den physischen und psychischen Schmerz von dem Mary gequält wird auf optimale Weise hervor, wobei sie ihre Verzweiflung, ihre Abwendung von der Familie, von den Freunden, von der Vergangenheit und sogar vom eigenen Körper sehr lebensnah dargestellt hat. Allen vier Schauspielern, die die Tyrones darstellten (neben Kulle und der Andersson Thommy Berggren als Jamie und Peter Stormare als Edmund), gelang es perfekt, die

Pernilla August und Per Mattson in *Nora oder ein Puppenheim* von Ibsen, das 1989 am Königlichen Dramatischen Theater von Schweden aufgeführt wurde.

komplizierte Hassliebe heraufzubeschwören, die die Hauptfiguren miteinander verbindet, und den Teufelskreis, in dem sie sich befinden, da sie sich gegenseitig zwanghaft zerfleischen, um sich sofort hinterher zu entschuldigen.

Dadurch, dass Bergman den Teil des Dramas, in dem Mary im Mittelpunkt steht, von der letzten Szene trennt, in der die drei Männer versuchen, sich zu verstehen und sich zu vergeben, gibt er den Zuschauern die Möglichkeit, die Gemeinsamkeiten zwischen *Eines langen Tages Reise in die Nacht, Fräulein Julie* und *Nora* zu begreifen.

Wie schon in seinen vorangegangenen Werken untersucht O'Neill die komplizierte Beziehung zwischen Mann und Frau und ihre Verwicklungen, jedoch nicht nur in Bezug auf ihren natürlichen Geschlechtsunterschied, sondern auch hinsichtlich der Rollen und der sozialen Umstände, die irgendwie zu der individuellen und kollektiven Geschichte der Personen gehören. Mary ist, wie Nora, direkt von dem Haus ihres Vaters in das ihres Mannes übergewechselt, und doch beklagt sie sich, dass James ihr nie wirklich ein Heim geboten hat.

Um den Unterschied zwischen der Welt der ersten drei Akte – Marys Welt – und der Welt des Schlussaktes – der von den Männern dominierten Welt – hervorzuheben, hatten Bergman und Palmstierna-Weiss im vierten Akt unsere Perspektive verändert. In seinen Regieanweisungen hatte O'Neill ein Wohnzimmer gefordert, das die ganze Bühne ausfüllt, mit zwei Doppeltüren im Hintergrund, wobei die eine "zu einem hinteren dunklen Salon ohne Fenster führt, der nur dazu benutzt wird, um vom Wohnzimmer in das Esszimmer zu gelangen". Bergman ersetzte jedoch nur die Stühle der ersten drei Akte mit anderen Stühlen und änderte die Position der Statue und des Likörschränkchens; und das genügte vollkommen, um uns verstehen zu lassen, wie die drei Männer sich wie verletzte Tiere in ihre Höhle zurückgezogen hatten, um ihre Wunden zu lecken, nachdem es Mary wieder einmal nicht geschafft hat, sich von ihrer Morphiumabhängigkeit zu befreien.

In diesem Schlussakt hat Bergman außerdem seine bildliche und strukturelle Interpretation des ganzen Dramas eingebracht. Nach den Aussagen Peter Stormares sah Bergman in *Eines langen Tages Reise in die Nacht* kein realistisches Drama, sondern einen Traum, der während der Nacht die Züge einer Offenbarung annimmt. Gerade über die Charakterisierung Edmunds gelang es Bergman, dem Drama diesen Sinn von Traum/Enthüllung zu verleihen. Als Edmund seinem Vater von seinen Erfahrungen auf dem Ozean berichtet, spricht er ihn nicht direkt an, sondern liest ihm aus einem Heft vor. Edmund hat also schon begonnen, sein Leben in Kunst umzuwandeln. Am Ende des Dramas, als Mary in die vernebelte Welt des Alkohols der drei Männer eintaucht und dabei ihr altes Hochzeitskleid hinter sich herschleppt (in dieser Version wird sie von ihrem Hausmädchen Catherine begleitet, die von ihr geweckt worden war), bleiben die Personen in diesem *tableau vivant* nicht wie angewurzelt stehen, so wie es im Originaltext O'Neills vorgesehen ist. James und Jamie begleiten Catherine und helfen ihr, sich um Mary zu kümmern, während Edmund allein auf der Bühne zurückbleibt, sein Heft aus der Tasche holt und zu schreiben beginnt.

So entpuppt sich der Schluss dieses „an der Vergangenheit leidenden Dramas" – wie O'Neill *Eines langen Tages Reise in die Nacht* bezeichnet hat – gleichzeitig als ein Neuanfang.

Bei der Bergmansche Version von *Nora* wird die Tendenz zur Abstraktion und die Verkürzung des Textes in noch stärkerem Maß durchgeführt, so wie es bei der Inszenierung des Hauptwerkes O'Neills bereits ausprobiert wurde. Wieder wurde das Bühnenbild von einer Plattform dominiert, die einer Insel glich, die nur mit dem Nötigsten ausgestattet war. Hier verspürte man jedoch eine sehr beengende Atmosphäre, da die Seiten und die Rückwand der Bühne von sehr hohen Mauern umgeben waren. Obwohl es schien, dass die Darstellung des Hauses Helmer Gelegenheit für realistische Details bieten könnte, dienten die zu diesem Zweck verwendeten großen Schwarz-Weiß-Fotos im Hintergrund eher dazu hervorzuheben, dass Bergman keinerlei Interesse an einer naturalistischen Darstellung hatte.

Die Weigerung eine realistische Aufführung zu zeigen, wurde außerdem durch die Stühle unterstrichen, die auf beiden Seiten der zentralen Plattform aufgereiht waren. Auf diese setzten sich die Schauspieler, die gerade nicht in der Szene vorgesehen waren, vor die Augen des Publikums. Wenn sie die Szene betreten mussten, geschah das sehr schnell und plötzlich; auf diese Weise wurde nicht nur das Tempo der szenischen Handlung beschleunigt, sondern es wurde auch verdeutlicht, wie sehr das Leben der einzelnen Personen mit dem der anderen verknüpft ist.

Den größten Erfolg erzielte Bergman mit dieser Aufführung dadurch, dass er *Nora* von all dem traditionellen und schön aufgemachten Rüstzeug des bürgerlichen Dramas befreite. Obwohl das Bühnenbild durchaus eine wichtige Rolle spielte, wurde bei dieser Aufführung besonderer Wert auf den Text gelegt, wobei Bergman das Original von Ibsen überarbeitet und abgeändert hatte. Dadurch, dass Bergman einige Nebenfiguren, wie das Kindermädchen, das Dienstmädchen und den Pförtner gänzlich wegließ, und die Kinder der Helmers von drei auf eines reduzierte (die Tochter Hilde), gelang es ihm, die Aufmerksamkeit noch intensiver auf Nora und ihre Beziehungen zu Torvald, Doktor Rank, Krogstad und Frau Linde zu konzentrieren. Er ging sogar noch weiter, indem er die Ereignisse, die sich um die letzten drei Personen ranken, in den Hintergrund stellte; daher konzentrierte sich das ganze Geschehen wirklich nur auf Nora und Torvald im dritten Akt. So kam nur Frau Linde am Anfang des Aktes in das Hause Helmer, und im Briefkasten war auch keine Nachricht von Doktor Rank mehr, in der er seinen bevorstehenden Tod ankündigte.

In dieser dritten Episode seiner „naturalistischen Trilogie" hatte Bergman drastischer in die Struktur des Dramas einge-

Pernilla August, die großartige Darstellerin aus *Nora* von Ibsen, auf der Bühne des Dramatens (1989).

griffen und es von allen melodramatischen Effekten bereinigt, wodurch die Handlungen der Hauptpersonen plausibler wurden. Er hatte nicht nur wichtiges Material im ersten Akt herausgenommen, sondern auch den Schlussakt umstrukturiert, so dass der dritte Akt aus zwei statt aus einer Szene bestand. Die erste Szene endete mitten in der Konfrontation zwischen Nora und Torvald, nachdem dieser eingesehen hatte, dass Krogstad die Handlungen Noras nie enthüllen würde. Statt Nora für ihre Liebe und ihr Opfer, sich Geld zu borgen, um ihm das Leben zu retten, zu danken, verzeiht Torvald ihr, überzeugt davon, dass er sie zukünftig noch mehr in Schutz nehmen müsse.

Statt die Handlung durch die Ankündigung Noras, dass sie ihren Mann Torvald und ihre Familie verlassen wird, fortzuführen, wird der Vorhang gesenkt. Als er für die zweite Szene aufgeht, sind ein paar Stunden vergangen. Torvald liegt völlig nackt unter den Leintüchern im Bett. Man dürfte davon ausgehen, dass er mit Nora geschlafen hat, vielleicht ein letzter Versuch ihrerseits, um zu sehen, ob es noch etwas gibt, das sie zusammenhalten könnte. Die Worte Torvalds:

«Was bedeutet das? Warum kommst du nicht ins Bett? Hast du dich umgezogen?", erlangen eine weit wichtigere Bedeutung. Als Nora Torvald ihre Absichten mitteilt, ist er nicht nur nackt und ihren Anschuldigungen und Urteilen ausgeliefert, sondern es ist ihm auch aus Gründen des Anstands nicht möglich, sich zu bewegen. Als Nora aus der Szene tritt und durch den Zuschauerraum geht, hat sie sich unmissverständlich von ihrem Mann getrennt. Das Geräusch der zugeworfenen Tür unterstreicht die Unwiderruflichkeit ihrer Entscheidung. Dadurch, dass er die Szene in zwei Teile aufgeteilt hat und somit andeutet, dass einige Zeit verstrichen ist, gestattet Bergman seiner Nora, eine Entscheidung zu treffen, die somit gut überlegt und also auch überzeugender wirkt.

Wie gründlich Bergman diese letzte Szene ausgearbeitet hat, wird im Verlauf des ganzen Stückes deutlich. Schon gleich bei ihrem ersten Auftritt demonstriert Pernilla Östergren (heute Pernilla August) die Kraft und die Entschlossenheit der Figur Noras. Obwohl sie die Rolle der unterwürfigen und verständnisvollen Frau spielt, die die Gesellschaft und ihr Mann von ihr verlangt, tut sie dies, ohne das Gefühl für ihre Selbstachtung aufzugeben. Als ihr klar wird, dass sie die widersprüchlichen Zeichen, die ihr die Männer, die zu ihrer Welt gehören, bis zu diesem Zeitpunkt gegeben haben, völlig verwirren, entscheidet Nora, dass sie alleine zurecht kommen muss. Wie soll sie ihrer Tochter beibringen, sich in dieser Gesellschaft zurechtzufinden, wenn sie sich selbst nicht richtig kennt.

Es herrscht ein perfektes Gleichgewicht zwischen der willensstarken Nora, die von Pernilla Östergren dargestellt wird, und dem von Per Mattsson gespielten Torvald: Er ist nicht so sehr eitel und chauvinistisch als viel mehr ein Gefangener sklavisch übernommener Werte, die in Frage gestellt werden. Ohne den Flitter des schön aufgemachten bürgerlichen Dramas wird *Nora* zu einer Abhandlung über Männer und Frauen, die von überholten Werten und den darauf konsequent folgenden Handlungen zerstört werden. So scheinen uns Nora und Torvald auch als Opfer ihrer materialistischen Gesellschaft. Mit Torvalds Beförderung bei der Bank glauben die Helmers, dass sie es endlich geschafft haben, und Torvald fürchtet sich seinerseits ganz einfach vor allem, was auf irgendeine Weise seine Position und seine Autorität gefährden könnte. Mit seiner Aufführung verdeutlicht Bergman die seinerzeit von Ibsen angedeuteten Zusammenhänge zwischen Patriarchat, Materialismus und Unterdrückung.

In ihrer Gesamtheit gesehen enthüllen diese drei Stücke einen doppelten Entwicklungsprozess, sowohl was das Thema als auch die reine Darstellungsweise angeht. In Bezug auf die Thematik hat Bergman diese drei Dramen genau wie andere Beispiele für den Konflikt zwischen Mann und Frau innerhalb einer materialistischen Gesellschaft untersucht. In *Fräulein Julie* führt der zugrundeliegende geschlechtliche Antagonismus, der außerdem durch den Klassenunterschied verschärft wird, schließlich zum Tod. Bei *Eines langen Tages Reise in die Nacht* führt die Abhängigkeit durch die Übernahme traditioneller Geschlechtsrollen zu Drogensucht und Verzweiflung. Nur wenn ein Individuum wie Nora fähig ist, eine mutige (und antigesellschaftliche) Handlung zu begehen und auf die Bequemlichkeiten und materiellen Sicherheiten zu verzichten, scheinen Freiheit und Selbstbewusstsein irgendwie möglich, auch wenn der Weg dahin weit und das Ergebnis unsicher ist.

So wie Nora im Verlauf des Ibsen-Dramas gezwungen ist, ihre Vergangenheit in einem neuen Licht zu betrachten, zwingt Bergman uns, diese Dramen, sowohl einzeln genommen als auch in ihrer Gesamtheit, unter einem neuen Aspekt anzusehen. Das gelingt ihm dadurch, dass er sie von Mal zu Mal ihrem traditionellen Flitterwerk des naturalistischen Theaters beraubt, das vielleicht zu der Zeit, als sie geschrieben wurden, notwendig war, das jedoch heute die Aussage der Texte kompliziert statt sie zu vereinfachen. Bei *Nora*, dem ältesten und berühmtesten der drei Stücke, musste Bergman sowohl beim Text als auch bei der Ausstattung die radikalsten Änderungen vornehmen, um das Wesentliche des Dramas hervorzuheben. Wie ein Restaurateur, der ein antikes Gemälde von den Farbschichten befreit, die sich über dem Original befinden, so dass das ursprüngliche Bild wieder zum Vorschein kommt, haben Bergman und die Mitglieder des Dramaten dem zeitgenössischen Publikum ermöglicht, die Dramen nicht als Theaterrelikte zu betrachten, sondern als pulsierenden Beitrag zu den heute immer noch aktuellen Diskussionen über Geschlechterrollen, Macht, Reichtum und gesellschaftliche Klassen.

# Der Schriftsteller Bergman

CARYN JAMES

*Caryn James ist Filmkritikerin bei der "New York Times". Sie war auch Redakteurin bei der "New York Times Book Review".*

"Schon immer", schreibt Bergman über sich selbst, "wurde von mir behauptet, dass ich keinen Humor hätte". Bergman schreibt das mit einer solchen Unerschütterlichkeit, dass viele Komiker ihn darum beneiden würden, und er tut das, um zu erklären, weshalb er 1951 frischfröhlich eine Reihe Werbespots für eine Seife mit dem Namen Bris gedreht hat. "Sie haben mich vor einem Moment großer finanzieller Schwierigkeiten gerettet", sagt er über diese Werbespots und fügt hinzu, dass "sie mit guter Laune gedreht wurden. Man konnte fast vergessen, dass man für eine Seife warb, die einem praktisch die Haut vom Körper rubbelte". Ah, hier haben wir also einen unbekannten Bergman. Er ist überall in *Bilder* gegenwärtig, einem Buch mit fragmentarischen, klaren und oft ernsthaften Gedanken über sein Werk, das 1990 in Schweden veröffentlicht wurde.

*Bilder* ist nicht das letzte Buch Bergmans, und es hat nicht das letzte Wort über den kleinen Ingmar, "der als widerspenstig und überempfindlich galt". Es ist nicht leicht mit seiner literarischen Produktion Schritt zu halten, seit er 1982 aufgehört hat, Filme zu drehen.

*Sonntagskinder (Söndagsbarn*, 1993), ein hinreißender autobiographischer Film über die eigene Kindheit, wurde von Bergman geschrieben und von seinem damals neunundzwanzigjährigen Sohn Daniel verfilmt. Der dazugehörige Roman mit demselben Titel, *Sonntagskinder*, wurde gerade erst veröffentlicht. Aus der Feder anderer ehemaliger Filmemacher hätte der Roman eine verwässerte Version des Films werden können. Dagegen ist *Sonntagskinder* genauso elegant, ehrlich und gefühlsmäßig brutal wie *Fanny und Alexander*. Obwohl er weniger Dichte hat, ist dieser kurze, perfekt aufgebaute Roman ein wahres Schmuckstück und darf zu den besten Werken der ganzen Laufbahn Bergmans gezählt werden.

Die Frische von *Sonntagskinder* ist in beiden Versionen überraschend, denn Bergman hat diese Geschichte viel früher geschrieben. Die Handlung und die Struktur kommt fast vollständig im vorletzten Kapitel von *Mein Leben* (1987) vor, der ersten seiner Autobiographien, die den heute sechsundsiebzigjährigen Bergman zu einem der faszinierendsten Schriftsteller der letzten Jahre gemacht hat.

In *Mein Leben* begleitet der junge Bergman an einem Julitag seinen Vater Erik auf einem Spaziergang von ihrem Landhaus in ein nahegelegenes Dorf, in dem Erik Bergman, ein Pastor, eine Predigt halten soll. Ingmar ist eben ein "Sonntagskind", und nach dem Volksglauben hat er die Fähigkeit, Feen zu sehen und Visionen paralleler Welten zu haben. Bei seinem Spaziergang mit dem Vater benutzen sie zuerst eine Fähre und dann Fahrräder, und als sie schließlich bei der Kirche ankommen, bemerkt er ein Fenster, auf dem "der Tod, der sich tanzend der Welt der Finsternis zubewegt, wobei er eine Sense wie eine Fahne schwenkt" abgebildet ist – ein Bild, das in der letzten Sequenz des Films *Das siebente Siegel* wieder auftaucht, eine der absolut berühmtesten Szenen Bergmans. In einem humorvollen Kapitel verspricht Dag, der ältere Bruder Ingmars, ihm Geld zu geben, wenn er einen lebendigen Wurm essen würde, und nachdem Ingmar, ein Junge mit bekannterweise empfindlichem Magen den Wurm verschluckt, wird das Versprechen prompt nicht eingelöst. Diese beiden Anekdoten kommen auch in *Sonntagskinder* vor.

In diesem Kapitel von *Mein Leben* gibt es übrigens auch einige "flash-forwards", in denen Ingmar als Erwachsener seinen alten Vater, der inzwischen Witwer ist, besucht. Ihre Beziehung ist von Angst, Vorwürfen und Kälte geprägt. Diese flash-forwards werden in ausgeprägterer Form in der unterschwellig gefühlvolleren Handlung des späteren *Sonntagskinder* verwendet, sowohl im Buch als auch im Film.

"Ich lebe meine Kindheit weiter", schreibt Bergman in *Bilder*. In den Details dieses weit zurückliegenden Julis, die in

Ingmar Bergman und Erland Josephson als Isak Jakobi während einer Drehpause des Films *Fanny und Alexander* (1981/2).

der Erinnerung des Autors von *Mein Leben* bis zu *Sonntagskinder* auftauchen, kann man den Schlüssel zu der Bergmanschen Kunst des Erinnerns finden.

Unermüdlich kehrt er immer wieder zu seiner Vergangenheit zurück, wobei er deren Bedeutung neu ordnet und filtert, um sie dann dem Publikum in einem stets neuen und phantasievollen Gewand zu präsentieren.

In *Sonntagskinder* ist der junge Ingmar acht Jahre alt und wird Pu genannt (im Film wird er von dem blonden Henrik Linnros dargestellt). Er ist ein sehr ernstes Kind, das seinen Vater gleichzeitig liebt und hasst und bereits von dem Gedanken an den Tod gequält wird. Wenn der Film und das Buch einen Zeitsprung nach vorne in das Jahr 1968 machen, ist der bereits fünfzigjährige Ingmar während seiner Besuche bei Erik immer noch gereizt und unnachgiebig. In einem schwindelerregenden Sog von Verwechslungen und Assoziationen zwischen Vater und Sohn wird der fünfzigjährige Bergman im Film von Per Myrberg dargestellt, der dem echten Bergman überhaupt nicht ähnelt. Sein Vater Erik hingegen wird von Thommy Berggren verkörpert, der wiederum dem heutigen Bergman ziemlich ähnlich sieht.

Wenn man den erwachsenen Ingmar ernsthaft beurteilt, hat Bergman aus seinem *Sonntagskinder* eine große Versöhnungsgeste mit seinem bereits verstorbenen Vater gemacht. Aber auch ein großes Geschenk an seinen Sohn. (Wenn man das ziemlich schwierige Privatleben Bergmans berücksichtigt, mit acht Kindern von vier verschiedenen Frauen und einer Geliebten, kann man eine derartige Geste besonders schätzen). Daniel Bergman hat Kinderfilme gemacht und beim Fernsehen gearbeitet, bevor er *Sonntagskinder*, seinen ersten Spielfilm, drehte. Bei der Planung des Films einigten sich Vater und Sohn darauf, dass Ingmar das Drehbuch alleine, ohne die Unterstützung seines Sohnes, schreiben würde, während Daniel den Film ohne Hilfe des Vaters drehen würde. Und tatsächlich hat sich Ingmar Bergman von den Dreharbeiten zu *Sonntagskinder* ferngehalten.

Wie wichtig ein Drehbuch ist, zeigt sich in dem Unterschied zwischen *Die besten Absichten*, dem opulenten und großartigen Film von 1991, der dem Leben seiner Eltern gewidmet ist und

Eine festliche Szene aus *Fanny und Alexander*. Von links nach rechts sieht man Ewa Fröling, Jarl Kulle und Pernilla Östergren.

von Bergman geschrieben und von Bille August verfilmt wurde, und dem Flop *Das Geisterhaus* (1995), das von Bille August geschrieben und verfilmt wurde. Das einzige, was die beiden Filme gemeinsam haben, sind die prächtigen Bilder.

Den Zauber und die Heiterkeit der zwei auf dem Lande verbrachten Tage heraufzubeschwören war auch in *Sonntagskinder* der leichteste Teil. Tony Forsberg, der Kameramann Daniel Bergmans, hatte sogar Sven Nykvist bei den Dreharbeiten zu *Fanny und Alexander* für einige Wochen ersetzt, als Nykvist an Grippe erkrankt war.

Trotzdem hat Daniel Bergman mehr als einen hübschen Film gedreht, der irgendwie an die Poesie der Filme seines Vaters erinnerte. Daniel und seinen Schauspielern ist es gelungen, die Gefühle und die Leiden, die sich unter der Oberfläche dieses magischen Sommers auf dem Lande versteckten, heraufzubeschwören. Pu wird zu einem sanften und liebevollen Jungen. «Mach den Mund zu, Pu», sagt sein Onkel Carl zu ihm. «Du schaust dämlich mit offenem Mund aus». Dieser Satz wird von seinem Kindermädchen und seinem Bruder Dag wiederholt, aber man muss zu *Mein Leben* zurückkehren, um zu erfahren, warum Pus Mund immer offen steht. Probleme mit den Rachenmandeln zwangen den jungen Ingmar dazu, durch den Mund zu atmen, «was mich idiotisch aussehen ließ», wie er selbst schreibt.

Pu ist auch unheimlich ernst, wie der kleine Ingmar, der bekannt für seine Humorlosigkeit war. Sowohl der Film als auch das Buch bauen auf seine ständigen Fragen auf. Pu fragt ständig «Was?», so als hätte er einen nervösen Tick. Als ein Bediensteter eine Geschichte über das Gespenst eines Uhrmachers erzählt, der sich aufgehängt hat, verwandelt sich diese Geschichte im Buch zu einer phantastischen Erzählung und im Film zu einer grausigen Schwarz-Weiß-Vision. Der Uhrmacher tötet eine diabolische Uhr seines Großvaters sowie eine kleine Frau, die eine perfekt geformte Miniatur ist und in der Uhr wohnt. Später begibt sich Pu zu dem Ort, an dem sich der Uhrmacher umgebracht hat, und fragt ihn im Traum: «Wann werde ich sterben?» Daraufhin antwortet der Uhrmacher: «Immer». Das ist eine Vorstellung, die Bergman während seiner ganzen Karriere begleitet hat.

Ingmar Bergman probt mit Bertil Guve (Alexander) eine Szene aus *Fanny und Alexander*.

So sehr sich die beiden Versionen von *Sonntagskinder* ähneln, liefert jede von ihnen einen Beitrag zu dem großen Mosaik der Biographie Bergmans. Im Film kommt die Kälte des erwachsenen Ingmars stärker zum Ausdruck; im Roman stehen die Zusammenhänge zwischen Vergangenheit und Gegenwart mehr im Vordergrund.

Als Pu auf der Reeling der Fähre sitzt und seine Füße ins Wasser hängt, gibt ihm sein Vater wütend eine Ohrfeige, was zu einem sofortigen Zeitsprung in die Zukunft führt. «Was habe ich dir angetan?», fragt der inzwischen alt gewordene Vater, nachdem er die Tagebücher seiner verstorbenen Frau gefunden hatte, in denen ihre Ehe als «das Scheiterns eines ganzen Lebens" bezeichnet wird. Der erwachsene Ingmar erzählt daraufhin kalt und fast grausam seinem Vater wie sehr die ganze Familie seine Wutausbrüche gefürchtet hätte. Dann geht er. Die Szene kehrt zu Pu und seinem Vater zurück, der sich entschuldigt, dass er das Kind so brutal von seinem gefährlichen Spiel auf der Reeling der Fähre weggerissen hatte. «Ich war erschrocken", sagt der Vater. «Ja, aber wenn du dich erschrickst, wirst du immer wütend". Diese Erklärung geht direkt auf *Mein Leben* und den Mittelpunkt des Unglücklichseins und der Wut der Familie Bergman zurück. Pu, der zufällig seine Eltern streiten gehört hatte, hat Angst, dass sein Vater fortgeht; sein Vater Erik wiederum hat Angst, dass seine Frau ihn verlässt; und im Lauf der Jahre wird der Zorn Ingmars immer unversöhnlicher.

Bergman setzt diese Zeitsprünge nach vorne und wieder zurück sehr geschickt ein, so dass die Gegenwart die Vergangenheit beleuchtet, und die Vergangenheit die Gegenwart erklärt. Wenn im Film die Kamera von 1968 zu der Kindheit Pus zurückschwenkt, scheinen die flash-forwards fast prophetische Visionen dieses Sonntagskindes zu sein. Im Buch wird der gegenteilige Effekt erzielt, da es die Stimme des heutigen Bergmans ist, die der eigenen Vergangenheit Gestalt verleiht.

Auf ihrem Heimweg nach der Predigt werden Pu und sein Vater von einem Gewitter überrascht. Der Vater hüllt Pu in seinen Mantel ein und die Geschichte springt wieder nach vorne, zum Sterbebett Eriks. Erik gibt seinem Sohn flüsternd den Segen, aber dieser kann nicht verstehen, was sein Vater da murmelt. Als die Geschichte wieder in die Vergangenheit zurückkehrt, hüllt Erik Pu wiederum in seinen Mantel und erinnert mit dieser Geste an seine vorhergehende Segnung. *Sonntagskiner* ist eigentlich ein Segen, den Ingmar Bergman seinem Sohn Daniel geben wollte. Und sein Sohn hatte das richtige Gespür und das Talent, dieses Geschenk zu würdigen und es in einen weiteren Bergmanfilm umzuwandeln, der die Zeit überdauern wird.

# Die Sicht der Vergangenheit in *Die besten Absichten* von Ingmar Bergman

ROCHELLE WRIGHT

*Rochelle Wright ist Dozentin für skandinavische Literatur und Filmgeschichte an der Universität Illinois in Urbana-Champaign, wo sie seit 1975 unterrichtet. Sie hat zahlreiche Abhandlungen über die schwedische Literatur des 20. Jahrhunderts veröffentlicht und zwei Romane des schwedischen Schriftstellers Ivar Lo-Johansson übersetzt. Sie ist Autorin eines Buches über ethnische Randfiguren im skandinavischen Film.*

Auf den ersten Seiten von *Bilder* (1990), seinem kürzlich erschienen Buch, das sich rückblickend mit seinen Filmen auseinandersetzt, enthüllt Bergman die autobiographischen Züge seines Filmes *Wilde Erdbeeren*.

«Ich versetzte mich in die Person meines Vaters, um Erklärungen für die verbitterten Streitigkeiten mit meiner Mutter zu finden. Ich glaubte, verstanden zu haben, ein ungewolltes Kind gewesen zu sein, das in einem kalten Schoß herangewachsen und in einer physischen und psychischen Krise gezeugt worden war". (1)

Die vorletzte Szene des Films, in der Sara Isak Borg in eine sonnige Bucht führt, von der aus er seine Eltern sehen kann, galt als «verzweifelter Versuch, mich vor gleichgültigen Eltern rechtzufertigen, die von mir sagenhaft übertrieben wurden, ein Versuch, der zum Scheitern verurteilt war". Anschließend bestätigte Bergman, dass es ihm nur viele Jahre später gelang, mit seinen Eltern eine Beziehung aufzubauen und sie endlich als menschliche Wesen zu betrachten, bis sie zu einem Punkt des Verständnisses und der Versöhnung gelangten.

In dem Schlusskapitel seiner Autobiographie *Mein Leben* (1987) beschreibt Bergman, wie er sich vorstellt, während er dem *Weihnachtsoratorium* von Bach in der Kirche Hedvig-Eleanora zuhört, in sein altes Haus auf der anderen Seite der

Viktor Sjöström, der großartige Darsteller der Hauptperson aus *Wilde Erdbeeren* (1957).

Isak Borg mit seiner Mutter bei ihrem letzten Zusammentreffen. In *Wilde Erdbeeren* werden die Hauptpersonen von zwei großen Interpreten der schwedischen Film- bzw. Theatergeschichte dargestellt: Victor Sjöström und Naima Wifstrand.

Straße und von dort aus in seine eigene Vergangenheit zurückzukehren. In dem Haus trifft er auf seine schon vor vielen Jahren verstorbene Mutter Karin, die gerade in ihr Tagebuch schreiben will und bombardiert sie mit Fragen über die Familie.

„Warum musste ich mit einer entzündeten, nie heilenden Wunde leben, die sich über meinen ganzen Körper ausdehnte? Ich will die Schuld nicht messen, ich bin kein Steuereintreiber. Ich will nur wissen, weshalb unser Unglück hinter der baufälligen Fassade des sozialen Prestiges so schrecklich war".

Ein ganzes Arsenal von möglichen Erklärungen und Motivationen kann in keinster Weise bei Bergman das Gefühl verringern, „kopfüber in den Abgrund des Lebens gestürzt worden zu sein". In diesem Traum antwortet ihm seine Mutter nicht direkt auf seine drängenden Fragen, sondern versucht einfach ihn abzulenken; sie ist zu müde; ihr Sohn täte besser daran, jemand anderem diese Frage zu stellen. Danach verschwindet ihr Bild. Zur Gegenwart der Erzählung zurückgekehrt erklärt Bergman, dass ihre Tagebücher, die nach ihrem Tod gefunden worden waren, ihm eine Frau enthüllt hätten, über deren intimsten Gedanken sich niemand in der Familie hatte Vorstellungen machen können.

Indem er eine Reihe alter Fotos in chronologischer Folge durchgesehen hatte, wie er es in dem Kurzfilm *Karins Gesicht* (*Karins ansikte*, 1986) gemacht hat, ist es Bergman gelungen, eine visuelle Erzählung über seine Mutter zu rekonstruieren, auch wenn er weiß, dass es ihm nicht gelungen ist, bis zu ihrem innersten Wesen vorzudringen und noch weniger, den Ursprung ihres Verhaltensmusters zu ergründen. In *Mein Leben* deutet er eine mögliche Erklärung an, die die Last des Unglücks und der Unterdrückung, die er geerbt hatte, rechtfertigen könnte: „Unsere Familie bestand aus gutwilligen Personen, die von vererbten übertriebenen Ansprüchen, schlechtem Gewissen und Schuldgefühlen erdrückt wurden". Die Autobiographie Bergmans endet mit einem Eintrag aus dem Tagebuch der Mutter, den sie nur wenige Tage nach seiner Geburt geschrieben hatte und der ihre widersprüchlichen Gefühle gegenüber ihrer Ehe und ihres gerade geborenen Sohnes verdeutlicht.

Zusammengenommen lassen diese Auszüge aus *Bilder* und *Mein Leben* die Gründe verstehen, weshalb Bergman *Die besten Absichten (Den goda viljan*, 1991) geschrieben hat, in dem er über die ersten Jahre der Ehe seiner Eltern von 1909 bis 1918 erzählt. (Auf schwedisch bezieht sich der Originaltitel des letztgenannten Werkes auf eine Passage in dem vorher genannten *Mein Leben*; die Worte *god vilja* können sowohl mit "guter Wille" als auch mit "die besten Absichten" übersetzt werden). *Wilde Erdbeeren* ist sicher nicht der einzige Film Bergmans, der die Beziehung zwischen Kindern und Eltern untersucht. Wie wichtig seine eigenen Kindheitserfahrungen für seine künstlerische Entwicklung waren, wurde sowohl von Bergman selbst als auch von den Kritikern ausreichend bestätigt. In *Die besten Absichten* versucht er jedoch, seine Eltern von einem anderen Standpunkt aus zu betrachten, und zwar nicht so sehr als sagenhafte Riesen, die seine Kindheit dominiert haben, sondern eher als vielschichtige Individuen, deren Konflikte und Meinungsverschiedenheiten sich nicht in erster Linie auf ihn konzentrierten. Dadurch, dass er die Erzählung im Jahr 1918, also in seinem Geburtsjahr, enden lässt, vermeidet er, das Bild durch seine eigenen Erinnerungen, in denen nur er die Hauptperson ist, möglicherweise zu verzerren. Bergman ist dabei bemüht, in gewissem Sinne eine objektive Perspektive zu erlangen, die nichts mit ihm zu tun hat, auch wenn er sich dabei auf seine Intuition und sein Einfühlungsvermögen stützt. Es ist eine Untersuchung, die ihm, wenn auch indirekt, eine Gelegenheit zur Selbstbetrachtung geben kann. Und tatsächlich fragt er rhetorisch: „Weshalb sonst sollte ich mir so eine große Arbeit aufbürden?"

Das Buch Bergmans muss man vor allem im Zusammenhang mit der schwedischen Tradition der Geschichtserzählung und der Autobiografie betrachten; es unterscheidet sich sehr von dem gleichnamigen, sechsstündigen Fernsehfilm von Bille August, der 1991 zum ersten Mal in Schweden in vier Folgen ausgestrahlt wurde. Als Bergman *Die besten Absichten* schrieb, wusste er, dass nicht er ihn verfilmen würde. Obwohl er in seinem Prolog schreibt, dass er sich für die Rollen seiner Eltern Pernilla Östergren (heute Pernilla August) und Samuel Froler vorgestellt hat – die auch tatsächlich diese Rolle übernommen haben – überließ er seinerzeit dem Regisseur Bille August völlige Freiheit, an seinem Text alle gewünschten Veränderungen und Kürzungen vorzunehmen, und er beteiligte sich auch nicht an den Dreharbeiten. Der veröffentlichte Text wurde jedoch nicht abgeändert, um ihn an die Fernsehversion anzugleichen, die ihrerseits mehrmals modifiziert wurde. Um mehr als die Hälfte seiner Originallänge gekürzt wurde die Kinoversion von *Die besten Absichten* 1992 in das offizielle Programm des Filmfestivals von Cannes aufgenommen und gewann die Goldene Palme, während Pernilla August als beste Hauptdarstellerin ausgezeichnet wurde.

Das Buch ist eine Einheit für sich, die sich von all den folgenden Kinoversionen unterscheidet, sogar noch mehr, als die anderen von Bergman geschriebenen Drehbücher; Bergman schreibt in seinem Prolog, dass viele Informationen, die er im Text liefert, nicht bildlich umgesetzt werden können, sondern dass sie als Hilfe für die Schauspieler bei der Interpretation ihrer Rolle gedacht sind. Tatsächlich ist der Text eher eine mit Dialogen gespickte Erzählung als ein Drehbuch im traditionellen Sinn. Der größte Teil der Erzählung ist in der dritten Person

Ingmar Bergman mit den Kindern aus dem Cast von *Fanny und Alexander* während der Dreharbeiten zu dem Film im Frühjahr/Sommer 1982.

Bergman gibt die letzten Regieanweisungen für die Mittagessensszene in *Fanny und Alexander*.

geschrieben, auch wenn Bergman sie ab und zu mit seiner Stimme in erster Person unterbricht, um Kommentare und Interpretationen zu liefern, eine Lösung, die sowohl in der Fernsehfassung als auch in der Filmversion völlig fehlt. Diese selbstreflektierende Haltung gegenüber dem Schaffungsprozess und die logisch folgende Analyse der Rolle des Erzählers bei der Auswahl und der Darstellung des Erzählmaterials gehören zu der Geschichte und verleihen dem Buch *Die besten Absichten* den Status eines Ziel-Romans; das, was in ihm ausdrücklich in Frage gestellt wird, ist die Glaubhaftigkeit des Erzählten und die sich daraus ergebende Prägnanz oder Realitätsferne im "dokumentaristischen" Sinne.

Die folgenden Betrachtungen beziehen sich ausschließlich auf den Text Bergmans.

In seinem Prolog zu *Die besten Absichten* weist Bergman auf die Komponente des Erfindens hin: "Ich bin in meine Phantasie eingetaucht, habe hinzugefügt und ausgelassen, ich habe transponiert; und doch, wie es oft bei dieser Art Spiel geschieht, ist das Spiel möglicherweise verständlicher als die Wirklichkeit". Später wird der Text als "Geschichte oder Handlung oder Sage oder das, was es auch sein mag" bezeichnet und der Autor kommt regelmäßig darauf zurück, dass "dies keine Chronik ist, die die Wirklichkeit erklären will. Es ist auch kein Dokument ... das, was ich in meinen Händen halte, sind Fragmente, kurze Erzählungen, einzelne Episoden". Eine detailliertere Erklärung für das Verhältnis Bergmans zur Vergangenheit taucht ziemlich genau in der Mitte der Erzählung auf:

"In dieser Erzählung wechseln sich große und kleinere Ereignisse ab. Manchmal wird ausgedehnten Abschweifungen gefrönt, die typisch für eine mündliche Erzählung sind. Manchmal hat er seinen Spaß daran, bei kleinen Teilen der Geschichte, die für einen kurzen Augenblick aus den dunklen Tiefen der Zeit auftauchen, seiner Phantasie freien Lauf zu lassen. Ereignisse, Daten, Namen und Situationen sind völlig unglaubwürdig. Aber nicht nur: es ist gewollt und logisch. Die Suche schlägt dunkle Wege ein. Es handelt sich nicht um einen ausdrücklichen oder versteckten Prozess, der den nunmehr zum Schweigen verurteilten Personen gemacht wird. Ihr Leben ist in dieser besonderen Geschichte illusorisch, es hat höchstens

Ähnlichkeiten mit ihrem Leben, ist jedoch ganz anders, als ihr wahres Leben. Außerdem könnte diese Erzählung nie ihre innere Wahrheit beschreiben. Sie kann nur eine eigene, umschriebene und vergängliche Wahrheit erzählen".

Die schlichte Tatsache, dass Bergman sich nicht von seinen kargen Kenntnissen der wirklichen Ereignisse (wie er selbst zugibt) abhalten ließ, überrascht niemanden, der vertraut ist mit seinen indirekten Anspielungen, mit denen er Erinnerungen und eigene Erfahrungen in seine Werke einfließen lässt. Das, was in *Die besten Absichten* und auch in seinen anderen Werken aufklärend wirkt ist die Kunst des Verwandelns, die innere Dynamik, die seine künstlerische Rekonstruktion der Vergangenheit regiert.

In *Die besten Absichten* wird eine ziemlich intime psychologische Charakterisierung der Hauptpersonen geliefert, deren Absicht es ist aufzuzeigen, weshalb trotz ihrer gegenseitigen Liebe, trotz ihrer „besten Absichten", ihre Beziehung keinen der beiden glücklich machen kann.

Der Ausgangspunkt Bergmans ist die Vorstellung, die er sich über die Hauptpersonen gebildet hat, eine Interpretation seiner Eltern, die auf verschiedenen Quellen gründet: Teils auf Dokumenten und einer Reihe von Gesprächen, die er mit ihnen über die ersten Jahre ihrer Ehe geführt hat, aber auch auf eigenen Erfahrungen, die er im Laufe seines Lebens gemacht hat, auf das Verständnis, das er nach ihrem Tod für sie aufbrachte und vor allem, das ist das Wichtigste, auf Vorstellungskraft und Intuition. Er hat nicht versucht, einige tatsächlich geschehene Ereignisse aneinanderzureihen. Obwohl er bestätigt, die Tagebücher seiner Mutter gelesen zu haben, lag der Zweck scheinbar eher darin, ihre Psyche besser kennenzulernen, statt konkrete Informationen zu erhalten. Die daraus entstandene Erzählung gibt zwar ein plausibles aber kein realistisches Bild ihres Lebens; er rechtfertigt es nicht und er verurteilt es nicht, sondern er zeigt es auf und erklärt es. Es handelt sich um eine imaginäre Vergangenheit, eine Art alternative Welt, die nur zum Teil mit der historischen Vergangenheit übereinstimmt.

Man kann einen Vergleich ziehen zwischen den Ereignissen und der Chronologie von *Die besten Absichten* und den tatsächlichen Erfahrungen, die die Eltern Bergmans, Karin Åkerblom und Erik Bergman gemacht haben, wenn man die von ihnen gemachten Aussagen überprüft. Nach dem Tod beider Eltern einigten sich Bergman und ihre Erben darauf, dass ihre privaten Dokumente der jüngsten Tochter Margareta, der Schwester Ingmar Bergmans, überlassen werden sollten. 1992, wenige Monate nach der Veröffentlichung von *Die besten Absichten*, wurde eine Sammlung dieser Dokumente mit einer biographischen Anmerkung und einem Kommentar von der Herausgeberin Birgit Linton-Malmfors unter dem Titel *Den dubbla verkligheten. Karin och Erik Bergman i dagböcker och brev 1907-1936 (Eine doppelte Wirklichkeit. Tagebücher und Briefe von Karin und Erik Bergman, 1907-1936)* herausgebracht. Es sind darin eine Reihe von persönlichen Tagebuchauszügen von Karin enthalten, eine von ihr verfasste Familienchronik, eine Autobiographie, die Erik 1941 für Margareta geschrieben hat (die jedoch nicht vor seinem Tod gelesen werden durfte), und verschieden Briefe, größtenteils von Erik an Karin und von Karin an andere Familienmitglieder, vor allem an ihre Mutter. (Es scheint, dass Karin den Großteil ihrer Briefe an Erik vernichtet hat). Obwohl die Dokumentation, so wie sie veröffentlicht wurde, alles andere als komplett ist, reicht sie dennoch aus, um ein glaubhaftes Bild der Zeit zu geben, die von Bergman in *Die besten Absichten* beschrieben wird. Es gibt keinen Grund zu vermuten, dass die Herausgeberin absichtlich Tatsachen abgeändert oder versucht hätte, das durch diese Dokumente gelieferte Bild von Karin und Erik Bergman zu manipulieren. Ein genauer, ins Detail gehender Vergleich beweist letztlich, dass die erfundene Erzählung und die verschiedenen wirklichen Ereignisse völlig voneinander abweichen, sogar mehr als durch die Kommentare Bergmans im Verlauf der Erzählung angedeutet wird. Bei der Analyse einiger besonders auffälliger Diskrepanzen werde ich auf einige Hauptprinzipien verweisen, nach denen Bergman das ihm zur Verfügung stehende Material ummodelt und neuerfindet.

Der Charakter Henriks, dem der des Vaters von Bergman, Erik, zugrunde liegt, wird gleich zu Anfang der Erzählung festgelegt, die damit beginnt, dass er sich weigert der Bitte seines Großvaters nachzukommen, sich mit der im Sterben liegenden Großmutter zu versöhnen (was sehr an die Weigerung Bergmans erinnert, als seine Mutter eine ähnliche Bitte an ihn richtete, als sein Vater schwer krank ins Krankenhaus eingeliefert wurde). In der darauffolgenden Episode fällt Henrik bei einer sehr wichtigen Prüfung in Kirchengeschichte durch und ist nicht bereit, sich von seiner Verlobten Frieda trösten zu lassen. Ein Besuch bei seiner ängstlichen und überfürsorglichen Mutter, die ständig auf ihre für ihn gebrachten Opfer hinweist, läßt sein Schuldgefühl nur noch größer werden. Ihr Plan, sich von drei reichen, unverheirateten Tanten nochmals Geld zu leihen, indem sie über seine akademischen Erfolge Lügen erzählen, ist erniedrigend und ruft fast die gegenteilige Wirkung hervor. Der Stolz und die Grundsätze Henriks werden so zu einer Fassade, die er errichtet, um die eigene Unsicherheit, den Mangel an Selbstbewusstsein und die Unfähigkeit, wichtige menschliche Beziehungen einzugehen, zu verstecken.

Im Gegensatz dazu ist Anna, die nach der Mutter Bergmans, Karin, gestaltet wurde, selbstbewusst in ihrer Stellung als einzige geliebte Tochter einer großen, vereinten und finanziell privilegierten Familie. Anna ist schön und intelligent, aber verwöhnt, störrisch und gewohnt immer das zu tun, was ihr gefällt. Sie lernen sich kennen, als ihr Bruder Ernst, ein Freund und Studienkollege Henriks, ihn zum Abendessen nach Hause einlädt. Es ist Anna, die die Initiative in ihrer Beziehung ergreift, und sie ist es auch, die entschlossen kämpft, als ihre Mutter sich gegen dieses Verhältnis sträubt.

Die besten Absichten zeigt nicht nur die psychologischen Unterschiede der beiden Hauptpersonen auf, sondern auch ihre soziale und finanzielle Ungleichheit. In Wirklichkeit waren die Eltern Bergmans Cousins zweiten Grades und sie lernten sich kennen, als sein Vater der Familie Åkerblom einen Anstandsbesuch abstattete, als er sein Studium in Uppsala aufnahm; Ernst war damals dreizehn Jahre alt. Die unverheirateten Tanten, die die Ausbildung Henriks in Die besten Absichten finanzieren, gab es wirklich, aber sie waren Verwandte der Mutter Bergmans, und es ist möglich, dass sich seine Eltern in deren Hause kennengelernt hatten. In der Erzählung gibt es keinen Hinweis auf eine besondere Geistesverwandschaft, die die beiden Hauptpersonen verbindet, denn dies würde die Absicht Bergmans vereiteln, die Kontraste und Unterschiede hervorzuheben.

Die Sammlung Die doppelte Wahrheit dokumentiert den Widerstand der Mutter Karins gegen die von der Tochter getroffene Wahl, Erik zu heiraten, obwohl es nur wenige Informationen hierzu gibt. Die Meinungsverschiedenheiten zwischen Mutter und Tochter gehören zu den Hauptthemen in Die besten Absichten, wobei die Mutter in zwei entscheidenden Abschnitten als Hauptperson auftritt: Zuerst als sie versucht Henrik zu zwingen, die Verbindung mit Anna abzubrechen, nachdem sie erfahren hat, dass er mit Frieda verlobt ist; dann, sehr viel später, als sie einen Brief von Anna an Henrik, mit dem sie versucht ihre Beziehung wieder aufzunehmen, abfängt und verbrennt. In der fiktiven Erzählung trennt sich das Paar für zwei Jahre; Anna weigert sich nicht nur in dieser ganzen Zeit die Beziehung zu Henrik aufrechtzuerhalten, sondern sie erkrankt auch an Tuberkulose und geht ins Ausland, um sich in einem Sanatorium auszukurieren. Danach unternimmt sie mit ihrer Mutter eine Reise nach Italien. Der Tod des Vaters während ihrer Abwesenheit zwingt die Mutter ihr zu gestehen, dass sie ihren Brief an Henrik, gegen den Willen ihres Ehemanns, verbrannt hatte. Nach Schweden zurückgekehrt treffen sich Anna und Henrik wieder und beginnen ein gemeinsames Leben zu planen.

Die wirkliche Beziehung der Eltern Bergmans hat sich weit weniger dramatisch entwickelt. Obwohl ihre Verlobungszeit mit einigen Schwierigkeiten verbunden war, gibt es keinen einzigen Beweis dafür, dass sie ihre Beziehung unterbrochen hät-

Gunnar Björnstrand als Filip Landahl ist der hervorragende Darsteller einer *Kamee* in *Fanny und Alexander*. Dies war seine letzte Filmrolle.

ten, und die häufigen Trennungen lagen daran, dass Karin Kurse für Krankenschwestern in Göteborg und Stockholm besuchte, während Erik sein Studium in Uppsala absolvierte. Karin wurde tatsächlich krank, aber ihr Auslandsaufenthalt beschränkte sich auf eine achtzehnwöchige Auslandsreise mit der Mutter und dem Bruder. Ihr Bruder lebte bis 1919, als Bergman schon geboren worden war.

Diese Beispiele verdeutlichen zur Genüge, wie Bergman sich von den geschichtlichen Tatsachen löst, um Spannung und Dramatik zu erzeugen. Die Beschreibung der Charaktere seiner

Eltern scheinen mit den uns vorliegenden Dokumenten ziemlich übereinzustimmen, aber viele, wenn nicht die meisten Ereignisse, die in *Die besten Absichten* beschrieben werden, sind erfunden und entstammen der Phantasie Bergmans. Ab und zu bestätigt Bergman ausdrücklich, dass es sich um eine reine Erfindung handelt, wie zum Beispiel in der Episode, die von ihm als die Wende in der Beziehung zwischen Anna und Henrik dargestellt wird, in der es in einer Kappelle in der Nähe ihres zukünftigen Hauses zu einem heftigen Streit zwischen den beiden kommt. Diese Szene ist eine Interpretation, eine Erfindung oder auch eine Möglichkeit von vielen.

«Es ist immer schwer, den wahren Grund eines Streites zu erkennen... man kann sich mehrere Alternativen vorstellen, die sowohl banal als auch wichtig sein können. Fahren wir fort; man kann suchen, neugierig sein und anschließend seine Schlussfolgerung ziehen: Im Grunde ist alles ein Spiel".

Wenn wir uns vorstellen, dass die Aufforderung „fortzufahren" genauso an den Leser als auch an ihn selbst gerichtet ist, kann man daraus folgern, dass wir als Leser in das Phantasiespiel des Autors miteinbezogen werden: Wir werden also ermutigt, seine Interpretation der Bedeutung des Streits in Frage zu stellen oder auch eine andere, völlig abweichende Version der Tatsachen in Erwägung zu ziehen. In ihrem Aufsatz „The Director as Writer: Some Observations on Ingmar Bergman's Den goda viljan (Der Regisseur als Schriftsteller: Einige Betrachtungen über Ingmar Bergmans *Die besten Absichten*) weist Louise Vinge darauf hin, dass die Technik Bergmans, den Leser in seinen eigenen Schaffensprozess miteinzubeziehen, typisch für die Postmoderne ist. (2)

„Er schafft das Szenarium, aber die Szene entwickelt sich in unserem Geist weiter". (3)

Auf diese Weise verzichtet Bergman auf die Kontrolle über sein eigenes künstlerisches Schaffen.

In einer fiktiven Erzählung kann Bergman natürlich die Tatsachen so abändern, dass sie seinen Absichten entsprechen, und den Leser in die Lage eines Co-Regisseurs statt eines Zuschauers versetzen. Das Ganze könnte hier enden, wenn nicht der Autor regelmäßig auf die dokumentierten Quellen seiner Erzählung hinweisen würde, und zwar manchmal so, als beabsichtige er große Verwirrung über das zu stiften, was wirklich stattgefunden hat und was erfunden ist. Die Namen der Hauptpersonen sind in diesem Sinne ein typischer Fall. In *Die besten Absichten* heißen sie Anna und Henrik, doch Bergman klärt gleich am Anfang der Erzählung dieses Missverständnis auf, das durch die Notwendigkeit der Fiktion begründet ist. Nach einer langen Beschreibung fasst er die Dinge wie folgt zusammen:

«Ach, jetzt weiß ich, wem Anna ähnelt – meiner Mutter, die in Wirklichkeit Karin hieß. Ich kann und will nicht erklären, weshalb ich das Bedürfnis verspüre die Karten zu mischen und die Namen zu verändern; mein Vater hieß Erik und meine Großmutter mütterlicherseits hieß Anna. Gut, vielleicht gehört das alles zu einem Spiel – denn um ein Spiel handelt es sich".

Der Kommentar Bergmans deutet natürlich an, dass sowohl Anna als auch Henrik die Personen einer Fiktion sind und gleichzeitig auch wieder nicht, dass sie mit den Eltern des Autors identisch sind und gleichzeitig auch wieder nicht. Dass die Namen der Mutter und der Großmutter in der fiktiven Erzählung vertauscht werden – Karin wird zu Anna und Anna wird zu Karin – scheint zunächst die sadistische Absicht zu sein Verwirrung zu stiften, aber es weist auch darauf hin, dass sich in der Vorstellung Bergmans die Identität dieser beiden Frauen tatsächlich vermischt. Die Wahl des Namens Henrik für einen jungen, romantischen und abweisenden Mann, der egozentrisch ist und von Unsicherheit gequält wird, müsste vielen vertraut sein, die die ersten Filme Bergmans kennen. Es ist interessant, dass Bergman in seinem nächsten autobiographischen Roman *Sonntagskinder* (1992), in dem die Hauptfigur das alter-ego des achtjährigen Bergmans ist, die Eltern bei ihren wirklichen Namen nennt. Obwohl auch dieser Roman ein fiktives Werk ist, stützt er sich mehr auf die persönlichen Erinnerungen der Vergangenheit des Autors als auf Erinnerungen anderer Personen, so wie in *Die besten Absichten*. Gerade weil Bergman persönlich an den erzählten Vorkommnissen beteiligt ist – und er daher weniger Distanz zu ihnen hat – ist es ihm möglich, die Personen der Fiktion stärker mit ihren realen Vorbildern zu identifizieren. (4)

Das absichtliche Niederreißen der Barrieren zwischen Realität und Fiktion, das Bergman durch sein „Spiel mit den Namen" erreicht, spielt in *Die besten Absichten* von Anfang bis Ende eine wichtige Rolle. Im Text wird zum Beispiel behauptet: «Meine Eltern heirateten Freitag, den 15. März 1913". Natürlich hätte Bergman seine fiktiven Personen an jedem beliebigen Tag heiraten lassen können, doch scheint sich der Text auf die wahren Eltern Bergmans, Karin und Erik, zu beziehen, wenn man davon ausgeht, dass die Stimme des Erzählers die von Bergman ist. Das wahre Hochzeitsdatum der Bergmans war jedoch der 19. September 1913, während sie sich am 15. März offiziell verlobt hatten. Ein Versehen, ein Irrtum? Diese Erklärung ist nicht stichhaltig, da Bergman (oder besser, um genau zu sein, der Erzähler in erster Person) darauf hinweist, dass es zwar kein Hochzeitsfoto gibt, aber dass er, während er schreibt, eine Einladung vor sich liegen hat – auf der, wie man folgern kann, das Hochzeitsdatum angegeben ist. Bergman bezieht sich also

Ingmar Bergman mit dem Kameramann Sven Nykvist bei Außenaufnahmen zu *Fanny und Alexander*.

entweder auf ein erfundenes Dokument – was entgegen des ersten Eindrucks nicht gerade unwahrscheinlich ist – oder aber er versucht, aus nur ihm bekannten Gründen, seinen Leser auf die falsche Fährte zu locken. Indem Bergman zwischen den fiktiven Personen Anna und Henrik und den realen Gestalten Karin und Erik Bergman keinen Unterschied macht, will er uns vielleicht klar machen, dass unsere Wahrnehmung der anderen, unsere Reaktionen ihnen gegenüber und unsere Interpretationen ihrer Handlungsweise letztendlich auf einem erfundenen Szenario gründen, das wir uns selbst auferlegen. Dies wird auch durch Louise Vinge bestätigt: „Wirklichkeit und Phantasie scheinen durch seine schöpferische Arbeit in seinem Geiste zu verschmelzen".

Auch in anderen Fällen ist es schwierig festzustellen, ob Bergman sich auf wahre Dokumente wie Fotos oder Briefe stützt, oder ob diese Gegenstände nur Elemente sind, die der Welt der Fantasie angehören. Die Briefe Annas oder Henriks in *Die besten Absichten* scheinen eher von Bergman selbst verfasst worden zu sein als aus den echten Unterlagen seiner Eltern zu stammen und werden als Teil der imaginären Welt des Textes präsentiert. Die Bezüge auf Fotografien oder Bilder sind oft zweideutig und irreführend. Wenn Bergman einen Abschnitt mit den Worten beginnt: „Auf dem Foto (oder Bild) sieht man..." weiß man nicht, ob er nun ein wirklich existierendes oder ein erfundenes Bild beschreibt oder ob er sich nicht bereits den fertigen Film vorstellt oder beides zusammen. Ein besonders ausführliches Beispiel für diese Zweideutigkeit bekommt man in *Die besten Absichten*, als ein Familienfoto der Familie Åkerblom beschrieben wird, das während eines Besuches Henriks aufgenommen wurde. Bergman versichert dem Leser, dass das Foto wirklich existiert, und durch die Genauigkeit der Beschreibung dessen, was er sieht, und dadurch dass er zu diesem Zweck eine Lupe benützt, wirkt das ganze umso wahrscheinlicher.

Trotzdem lässt er gleichzeitig über die Authentizität des Fotos wieder Zweifel aufkommen, indem er es, obwohl es auf das Jahr 1912 datiert ist, in seiner Erzählung dem Jahr 1909 zuschreibt, da es „besser in den Kontext passt". Er schreibt, dass Henrik und Ernst auf dem Foto Studentenmützen aufhaben, daher ist es „offensichtlich", dass Henrik als Freund von

Ernst da ist und nicht als Verehrer Annas. Das scheint unglaubwürdig, wenn man die Tatsachen der realen Geschichte betrachtet, denn Ernst legte nicht 1912 sondern 1909 sein Aufnahmexamen für die Universität ab; abgesehen davon war er acht Jahre jünger als der Vater Bergmans. Doch Bergman fährt fort:

„Tauche in das Foto ein und lasse die Minuten und Sekunden, die danach kommen, wieder aufleben! Tauche in das Foto ein, wenn du das so sehr wünschst! Warum du das so sehr wünschst, ist nicht so leicht zu verstehen. Vielleicht, um auf irgendeine Weise eine – verspätete – Entschädigung von diesem schlaksigen Jüngling zu erhalten, der neben Ernst steht".

Der Satz „Tauche in das Foto ein" kann auf viele verschiedene Arten interpretiert werden. Angenommen, es handelt sich um ein tatsächlich existierendes Foto, könnte diese Aufforderung oder dieser Befehl einfach eine Erlaubnis oder ein Gebot sein, das Bergman sich selbst gibt: das heißt, sich die Umstände, unter denen das Foto damals aufgenommen wurde, vorzustellen und zu beschreiben. Diese Interpretation ist durch die Erklärungen Bergmans im Prolog zu *Die besten Absichten* akzeptabel: Darin schreibt er, dass er nach dem Tod seiner Eltern ein paar Fotoalben geerbt habe und dass die alten Bilder ihn fasziniert hätten. Generell gesehen könnte jedoch der Satz, in das Foto „eintauchen" eine Metapher für einen visuellen Akt der Vorstellung sein. Die im vorhergehenden Absatz zitierte Andeutung über die „Minuten und Sekunden, die danach kommen" könnten also auf das von Bergman gewählte Ausdrucksmittel, den Film, anspielen, in denen feststehende Bilder der Reihe nach in einer Erzählsequenz und einen zeitlichen Rhythmus folgend miteinander verknüpft werden; genauer gesagt, eine Anspielung auf den zukünftigen Film *Die besten Absichten*, so wie er sich ihn vorstellt und in Bilder umsetzt. Außerdem schreibt er in seinem Prolog:

„Ich tauche in die Fotografie ein, berühre die Personen, die auf ihr abgebildet sind, die, an die ich mich erinnere und die, von denen ich wenig oder nichts weiß. Das ist genauso amüsant wie die Stummfilme, bei denen die Untertitel fehlen. Nur ich kann sie wiedererfinden".

In *Die besten Absichten* beweist Bergman, dass die erdachte Vergangenheit eine eigene Gültigkeit, Konsequenz und Autonomie besitzt, unabhängig von den real existierenden Unterlagen, auf die sie sich stützt. Und es ist tatsächlich so: da die wirkliche geschichtliche Vergangenheit nie vollständig rekonstruiert werden kann, bleibt ihm – und auch uns – nur die imaginäre Vergangenheit.

**Anmerkungen:**

(1) Hier und an anderen Stellen wird Bezug auf die englische Übersetzung der Texte Bergmans genommen, auch wenn der Verfasser die schwedischen Originale untersucht hat.

(2) *A Century of Swedish Narrative*, S. 296

(3) Siehe oben, S. 285. Louise Vinge untersucht die Doppeldeutigkeit, mit der Bergman das schwedische Wort *förestellning* verwendet, was sich sowohl auf die Vorstellungskraft als auch auf das Theaterspielen beziehen kann und somit eine deutliche Erklärung liefert, weshalb die Szene des Streites im Text Bergmans als „Beziehung zwischen der Darstellungskunst und der Wahrheit" bezeichnet wird (S. 291).

(4) Die persönliche Beziehung Bergmans zu dem Stoff seines zweiten Romans wird dadurch verdeutlicht, dass er die Regie für den gleichnamigen Film seinem Sohn Daniel und keinem Fremden anvertraut hat.

**Quellen:**

Ingmar Bergman. *The Best Intentions*. Übersetzung: Joan Tate. New York, Arcade Publishing, 1993.

Ingmar Bergman. *Bilder*. Stockholm, Norstedts, 1990.

Ingmar Bergman. *Den Goda viljan*. Stockholm, Norstedts, 1991.

Ingmar Bergman. *Images: My Life in Films*. Übersetzung: Marianne Ruuth. New York, Arcade Publishing, 1992.

Ingmar Bergman. *Lanterna magica*. Stockholm, Norstedts, 1987.

Ingmar Bergman. *The Magic Lantern: An Autobiography*. Übersetzung: Joan Tate. New York, Penguin Books, 1988.

Ingmar Bergman. *Sunday's Children*. Übersetzung: Joan Tate. New York, Arcade Publishing, 1994.

Ingmar Bergman. *Söndagsbarn*. Stockholm, Norstedts, 1993.

Birgit Linton-Malmforts. *Den dubbla verkligheten. Karin och Erik Bergman i dagböcker och brev 1907-1936*. Stockholm, Carlssons, 1992.

Louise Vinge. "*The Director as Writer: Some Observations on Ingmar Bergman's Den goda viljan*", in *A Century of Swedish Narrative: Essays in Honour of Karin Petherick*. Sarah Death und Helena Forsås-Scott. Norwich, U.K. Norvik Press, 1994.

# Das typisch Schwedische bei Ingmar Bergman

MAARET KOSKINEN

*Maaret Koskinen ist Professorin für Geschichte und Filmkritik an der Universität Stockholm. Sie ist Autorin einer Untersuchung über die filmische Ästhetik Bergmans und eines Buches über die Beziehung zwischen seinen Filmen und seinen Theaterstücken. Im Sommer 1994 hat sie eine Gastprofessur an der Cornell University übernommen.*

„Wenn wir an die Hölle denken, machen wir nichts anderes, als das, was wir bereits haben, zu verschlimmern. Die meisten Bewohner der westlichen Welt könnten das in Gedanken mit dem sozialen Chaos in Verbindung bringen. Wer, wenn nicht ein Schwede, könnte sich das in Gestalt eines Körpers und eines Geistes vorstellen, die überhaupt nicht zusammenpassen und in eine Umgebung geschleudert werden, in der weniger als ein Dutzend Leute wohnen, die nicht miteinander sprechen und wo die Sonne um zwei Uhr nachmittags untergeht?"

Vernon Young (1)

Diese Beschreibung von *Das Schweigen* von Ingmar Bergman entspricht vollends dem Klischee des „typisch Bergman": der lutherische, wenn nicht sogar puritanische Einfluss („Körper und Geist, die überhaupt nicht zusammenpassen"), die Isolierung und Kommunikationslosigkeit zwischen den einzelnen Personen („Leute, die nicht miteinander sprechen") und die generell düstere Atmosphäre („die Sonne, die um zwei Uhr nachmittags untergeht"). Trotzdem hält Young all diese Elemente nicht nur für „typisch Bergman", sondern auch für „typisch schwedisch". Wer, wenn nicht ein Schwede, fragt er sich rhetorisch, könnte einen Film wie *Das Schweigen* machen.

Young setzt als selbstverständlich voraus, dass das Verhältnis zwischen der Welt Bergmans und dem, was wir gemeinhin als Realität bezeichnen – in diesem Fall die schwedische Realität – trotz allem „positiv", direkt und problemlos ist. Ein Film wie *Wilde Erdbeeren* wird als Beispiel angesehen, das „beliebteste Leid" Schwedens darzustellen.

In allen Ländern gibt es zweifellos Personen, die dem Leben abgeschworen haben, „die Welt vergessend und von der Welt vergessen". Aber in keinem anderen Land gibt es, meiner Erfahrung nach, so viele Leute, die der Gesellschaft den Rücken zukehren, obwohl sie weiterhin zu ihr dazugehören. Dieses alte Relikt, Frau Borg, die von ihrem Sohn verlassen und von ihren Enkeln ignoriert wird, dieser geizige Vater, der seinem Sohn Geld zu horrenden Zinsen geliehen hat, und dieser Sohn, der seiner Frau erklärt, „das, was ich will, ist tot zu sein, absolut und völlig tot", *sind alles typisch schwedische Gestalten* (das Kursiv stammt von mir). So ist Isak Borg am Ende zur Einsamkeit verdammt ... für keinen Schweden kann die Isolierung eine Kapitalstrafe bedeuten.

*Ensamhet: die Einsamkeit*. Das beliebteste Leid der Schweden. Sie lieben sie, sie umarmen sie, sie schreiben ihr zu Ehren feierliche Gedichte...

Man kann es nicht deutlicher als so ausdrücken: *Wilde Erdbeeren* ist eine Art geistiger Dokumentarfilm über Schweden und über den quälenden (und perversen) Wunsch der Schweden nach Einsamkeit.

Es ist also nicht sehr überraschend, dass der so naive und ungenaue Vergleich zwischen „typisch Bergman" und „typisch schwedisch", zwischen Realität und Fiktion, allgemein verbreitet ist. Der Film wird allgemein als Spiegel angesehen, der auf fast mystische Weise die Realität „so wie sie ist" reflektiert, oder auch als Fenster zur Welt, ein durchsichtiges und unschuldiges Fenster, in dem es – wie in dem berühmten Gemälde Magrittes – keine onthologischen Barrieren zwischen Reproduktion und reproduziertem Gegenstand gibt. Der Film gilt als Ersatzrealität und nicht als parallele oder zusätzliche Realität.

Diese Einstellung zum Film liegt wahrscheinlich an seinem „obligatorischen" Realismus. Erstens reproduziert er fotografisch genau Gegenstände und vermittelt somit den Eindruck – oder besser die Illusion – der Wirklichkeit, besser als ein Bild oder ein Roman ihn einfangen zu können. Zweitens produziert er Bilder, die sich bewegen, was diese Illusion noch weiter verstärkt.

# Ingmar Bergman

Eine anthologische Szene aus *Schreie und Flüstern* (1971). Von links nach rechts kann man Kari Sylwan *(Anna)*, Liv Ullmann *(Maria)*, Harriet Andersson *(Agnes)* und Ingrid Thulin *(Karin)* erkennen.

Aber das ist natürlich kein guter Grund dafür zu glauben, dass in dieser Illusion, oder besser in der reinen und einfachen fotografischen Abbildung der Wirklichkeit, sein wahres Wesen liegt.

Die Darstellung und der dargestellte Gegenstand sind zwei verschiedene Dinge. Wie man weiß, ist eine Kopie kein Original und eine Landkarte ist nicht dasselbe wie das Gebiet, das sie darstellt. Ein Bild – und auch nicht ein Bild, das sich bewegt – kann nie auf sein Original zurückgeführt werden; im Gegenteil, es geht immer irgendwie über sein Original hinaus, es ist mehr als das greifbare Objekt, das es beschreibt. Der Film ist eine Sprache, keine «Realität»; er ist Unterschied, nicht Ähnlichkeit. Wie auch alle anderen Künste verleiht der Film der Realität einen Sinn, den sie eigentlich nicht besitzt. Diese Unterscheidung zwischen Film als Sprache und als Darstellungsmittel dient uns also als Ausgangspunkt, um die Filme Bergmans mit der schwedischen Realität vergleichen zu können.

Der Kritiker Jörn Donner kannte sicher diesen Unterschied, als er sein Buch über Bergman schrieb. (2) Die Analyse Donners gründet auf den Veränderung der schwedischen Gesellschaft in den letzten vierzig Jahren, einer Zeitspanne, in der traditionelle Modelle und die Verpflichtungen der christlichen Solidarität durch neue Lebensmodelle ersetzt wurden, die sich immer weniger an der Religion orientierten. Da jedoch diese neuen Modelle die alten nicht ersetzen und die daraus entstandene Leere nicht ausfüllen konnten, hat sich in der schwedischen Gesellschaft eine tiefe geistige Unsicherheit breit gemacht. Ein Symptom dieser Unsicherheit sind, nach Ansicht Donners, die Filme Bergmans, die alle, auch die leichtesten und lyrischsten, von einer Art Krisenstimmung durchzogen sind. Der christliche Aspekt der Filme Bergmans sagt also nichts über eine «typisch schwedische» Religiosität aus, sondern ist im Gegenteil das paradoxe Zeichen von fehlender Religion. Er drückt nicht die Anwesenheit sondern eher die Abwesenheit aus: Die Leere, die «übriggeblieben ist», nachdem sich die Herrschaft eines vom Staat garantierten materiellen Wohlstands ausgebreitet hat. Oder wie Bergman selbst erklärt hat: «Nachdem alle Probleme gelöst schienen und die Schwierigkeiten begonnen haben». (3)

Das protestantische Christentum in den Filmen Bergmans bringt so auf paradoxe Weise zum Ausdruck, dass Schweden das säkularisierteste Land der Welt ist, auch wenn das den meisten Schweden entgangen ist. So scheinen den ausländischen Zuschauern die Filme Bergmans absolut schwedisch, obwohl das keineswegs der Fall ist.

## Die Natur und die Mädchen Schwedens

Weiterhin zu versuchen eine Beziehung zwischen den Filmen Bergmans auf der einen Seite und der vermeintlichen schwedischen Realität auf der anderen herzustellen, ist nicht nur äußerst schwierig, sondern auch ziemlich einschränkend.

Die Gefahr besteht darin, dass man die Filme wie eine Art

Ingrid Thulin *(Ester)* und Gunnel Lindblom *(Anna)* in *Das Schweigen* (1962). Ingrid Thulin bei ihrer unübertrefflichen Darstellung der Ester aus *Das Schweigen*.

Birger Malmsten und Maj-Britt Nilsson als Henrik und Marie gehen in dem Film *Einen Sommer lang* (1950) auf der Insel, auf der sie ihre Sommerferien verbringen, zu der Stelle, auf der die Erdbeeren wachsen.

Rorschachtest benutzt, um die Meinung über etwas anderes auszudrücken, über etwas «typisch Schwedisches», das gar nicht in den Filmen enthalten ist.

Wenn man etwas typisch Schwedisches in den Filmen Bergmans finden will, muss man sie in ihrem spezifischen Kontext sehen: der schwedischen Kultur und ihrer Traditionen. Das ist besonders wichtig, denn es gibt wahrscheinlich nur sehr wenige Regisseure auf der ganzen Welt, die so sehr in der künstlerischen Tradition des Heimatlandes verwurzelt sind wie Bergman (der daraus auch gar kein Geheimnis macht).

Der schwedische Stummfilm übt eine ganz besondere Anziehungskraft auf Bergman aus. Wie Leif Furhammar feststellt, sind seine Wurzeln in der Vergangenheit viel stärker als sein Einfluss, den er auf die junge Generation der schwedischen Filmemacher ausübt. (4)

Die vielleicht hervorstechendste Eigenschaft der schwedischen Stummfilme – durch die sie in der ganzen Welt berühmt wurden – ist, dass die Natur in die dramatische Handlung miteinbezogen wird. (Man sollte daran erinnern, dass es zur damaligen Zeit ziemlich ungewöhnlich war, Außenaufnahmen in der Natur zu drehen, und noch seltener ist es, dass die Wahl solcher Schauplätze künstlerisch genutzt wurde).

Die Filme von Victor Sjöström *Terje Vigen* (1917) und *Berg – Ejvind och hans hustru* (1918) sind zum Beispiel berühmt für ihre außergewöhnlichen Landschaftsaufnahmen und die Weise, wie in ihnen eine Wechselwirkung zwischen Mensch und Natur geschaffen wird. Ebenso berühmt ist der Film *Herrn Arnes Schatz* (1919) (5) von Mauritz Stiller, dem eine Erzählung von der Nobelpreisträgerin Selma Lagerlöff zugrunde liegt, vor allem die Szene, in der die Frauen im Schneesturm einen Karren übers Eis ziehen, auf dem die tote Heldin liegt.

Eine analoge Sensibilität gegenüber diesen Feinheiten und der

Harriet Andersson und Lars Ekborg in einer eindrucksvollen Einstellung aus *Die Zeit mit Monika* (1952).

Beziehung zwischen Mensch und Natur ist auch in den ersten Filmen Bergmans sehr deutlich zu spüren, in denen der schwedische Sommer eine bedeutende Rolle spielt. Schon allein die Titel der Filme scheinen das zu beweisen: *Einen Sommer lang (Sommarlek,* 1950), *Die Zeit mit Monika (Sommaren med Monika,* 1952, wörtl. Übersetzung: *Ein Sommer mit Monika,* A.d.Ü.), *Das Lächeln einer Sommernacht (Sommarnattens leende,* 1955).

In diesen ersten Filmen dient die sommerliche Landschaft sowohl als realistischer Hintergrund für die Handlung als auch, und vor allem, als Vorwand und Anreiz für die stimmungsvolle Beschreibung der Natur. In beiden Fällen liegt die Bedeutung der Natur in ihr selbst, und sie existiert um ihrer selbst willen. Oder auch, um es wie die Kritikerin Marianne Höök auszudrücken:

«... der Sommer ist der wahre Hauptdarsteller, das stimmungsvolle Halbdunkel der Sommernächte, die schillernden Reflexe auf dem Wasser, der Schatten eines dümpelnden Kahns, eine Angel auf einem Ruderboot, die Pfaue, die im hellen Licht der Nacht müßig zwischen den Bäumen wandeln". (6)

Genau wie zu den Zeiten des Stummfilms wurde dieses Bergmansche Gefühl für die Natur – vor allem im Ausland – als «typisch schwedisch" um nicht zu sagen exotisch angesehen.

Man muss dazu sagen, dass die ersten Filme Bergmans mehr oder weniger zur der Zeit herauskamen, als der Film von Arne Mattsson *Sie tanzte nur einen Sommer* (1951) ein Welterfolg wurde. In ihm sind ähnliche Zutaten zu finden: die leuchtenden Sommernächte und natürlich die schwedischen Mädchen, das heißt «die Sünde" an sich. Gerade dadurch, dass Bergman diese «Zutaten" verwendet hatte, schenkten ihm die Kritiker ganz besondere Aufmerksamkeit.

«Die schwedischen Mädchen wie Ingrid Thulin oder Bibi

Szenenfoto aus dem Film *Abend der Gaukler* (1953), in dem die Zirkusatmosphäre und die Figuren der Clowns eine bedeutende Rolle spielen.

Andersson haben etwas an sich, etwas, was pfeilgerade in die Herzen der Männer dringt: Sie üben eine gleichzeitig chemische und mystische Anziehungskraft aus, die jedem Versuch der Analyse widersteht". (7)

Dieser englische Rezensent war offensichtlich in seiner Eigenschaft als Mann so verzaubert, dass er sich in seiner Eigenschaft als Kritiker nahezu geschlagen gab.

Ebenso bezeichnend für diese Einstellung der Kritiker waren die Titel, die in Amerika für die Filme Bergmans gewählt wurden, auch für diejenigen, die nichts mit Sommer und «Sünde» zu tun hatten. Der Film *Sehnsucht der Frauen* (*Kvinnors väntan*, 1952) wurde in Amerika zu dem mysteriösem und vieldeutigen *Secrets of Women* (*Geheimnisse der Frauen*, A.d.Ü.); der schwedische Originaltitel von *Einen Sommer lang* wurde in England zu *Summer Interlude* (*Sommerliches Intermezzo*, A.d.Ü.) und in Amerika schließlich zu *Illicit Interlude* (*Verbotenes Intermezzo*, A.d.Ü.). Sogar ein Filmtitel wie *Abend der Gaukler* (*Gycklarnas afton*, 1953) wurde in England mit *Sawdust and Tinsel* (*Eitelkeit und Armut*, A.d.Ü.) übersetzt und in Amerika mit *The Naked Night* (*Die nackte Nacht*, A.d.Ü.).

### Der Traum des Sommers

Die sinnliche Schönheit der schwedischen Natur im Sommer und der Mädchen in den «Sommerfilmen» Bergmans der Fünfziger Jahre haben in sich eine große Bedeutung. Trotzdem sind diese Naturaufnahmen, genau wie in den schwedischen Filmen der Stummfilmzeit, mit Bedeutungen überladen, die weit über die Absicht zu dokumentieren hinausgehen. Ein gutes Beispiel dafür gibt der Film *Die Zeit mit Monika*, eine Geschichte von zwei jungen Leuten, die den Sommer auf den Inseln des Archipels von Stockholm verbringen. Die Handlung folgt Schritt für Schritt den Veränderungen in der Natur. Mit seinen funkelnden Wasseroberflächen, seinem Licht und den ausgedehnten Flächen verwandelt sich der Archipel während der Sommermonate in einen wahren Traum von Freiheit und Freude. Als das Paar jedoch in die Stadt und zu seinem täglichen Leben zurückkehrt, ist nicht nur der Sommer sondern auch ihre Liebesgeschichte zu Ende.

Ein ähnlicher Kontrast findet sich auch in *Einen Sommer lang* wieder, aber in diesem Film kommt die Erzählkunst Bergmans durch die Verwendung der Zeit und der Erinnerung noch besser zum Ausdruck. Die Handlung wird mit Hilfe von Rückblenden erzählt: Es geht um eine junge Frau namens Marie und ihren Entwicklungsprozess von einem jungen Mädchen bis zu einer reifen Künstlerin. Die Erinnerungssequenzen, in denen die Sommer

Eine wunderschöne Nahaufnahme von Harriet Andersson als Anne in *Abend der Gaukler*.

beschrieben werden, die Marie mit ihrem Freund Henrik, einem Studenten, verbringt, werden von Licht und ausgedehnten Räumen dominiert, genauso wie in *Die Zeit mit Monika*.

Die in der Gegenwart angesiedelten Szenen spielen sich dagegen in dunklen und beengenden Räumen ab: dunkle Straßen in der Stadt, ein Herbstgewitter, das auf die kahlen Äste der Bäume niederprasselt, der herabfallende Regen. In anderen Worten, das Verstreichen der Zeit und die damit verbundenen Veränderungen werden über die gleichzeitig stattfindenden Veränderungen in der Natur wiedergegeben: die Jugend wird der Reife gegenübergestellt, Senso der Erfahrung, die Ernsthaftigkeit der Verspieltheit; auf diese Weise wird der Sommer zum Symbol der Vergangenheit, einer Zeit, die unwiderruflich abgeschlossen ist. Zum Bild eines verlorenen Paradieses.

Maj-Britt Nilsson in einer großartigen Aufnahme aus *Sehnsucht der Frauen*.

Die Schauspielerinnen Bergmans aus *Sehnsucht der Frauen* (1952). Von links nach rechts: Maj-Britt Nilsson (*Marta*), Anita Björk (*Råkel*), Gerd Andersson (*Maj*), Eva Dahlbeck (*Karin*) und Aino Taube (*Annette*).

In *Einen Sommer lang* wird zum ersten Mal, und nicht zufällig, das gezeigt, was mit der Zeit zum wiederkehrenden Symbol der sommerlichen Paradiese in den Filmen Bergmans wird. Als Marie am Anfang Henrik kennenlernt, führt sie ihn zur ihrer geheimen Wiese, auf der Walderdbeeren wachsen, wo die beiden wie Kinder auf allen Vieren krabbelnd den noch unschuldigen Garten Eden erkunden.

Die Walderdbeeren tauchen bei Bergman in der berühmten Sequenz von *Das siebente Siegel* wieder auf, in der Mia dem Ritter Milch und Walderdbeeren anbietet: „Ich halte diese Erinnerung in meinen Händen, als wäre es ein bis zum Rand mit frisch gemolkener Milch gefüllter Kelch", sagt er feierlich. Einen kostbaren Augenblick lang hat er seinen Kampf mit seinem stummen und unbeugsamen Gott vergessen und das Paradies auf Erden gefunden.

Im Jahr darauf finden die Walderdbeeren sogar Eingang in einen Filmtitel Bergmans: *Wilde Erdbeeren*. Wie schon in *Einen Sommer lang* wird der Seelenzustand des Hauptdarstellers mittels einer Reihe von Rückblenden dargestellt und wiederum werden die Erdbeeren mit Erinnerungen, Träumen und dem verlorenen Paradies, in dem jeder Gegenstand in ein sanftes Sommerlicht getaucht ist, in Verbindung gebracht. Um es mit den Worten der Hauptperson Isak Borg auszudrücken: „Die

Bergman bereitet eine Szene für *Schreie und Flüstern* vor und zeigt Ingrid Thulin, wie sie sie spielen soll.

lichte Realität des Tages löste sich in dem noch helleren Licht der Erinnerungen auf, die vor meinen Augen mit der ganzen Kraft der Wirklichkeit auftauchte".

In der letzten Traumsequenz des Filmes sitzt der alte Professor mitten auf einer Erdbeerwiese und neben ihm seine erste Liebe Sara. „Es gibt keine wilden Erdbeeren mehr", sagt sie traurig und über ihnen brauen sich Wolken zusammen. So als würde, wenn es keine wilden Erdbeeren mehr gibt, auch das Licht des Sommers verschwinden.

Gleich darauf führt das Mädchen jedoch den Professor durch einen dunklen Wald, und plötzlich taucht vor ihm eine Bucht auf, in der das Meer kristallklar leuchtet. Auf einer kleinen, sonnenbeschienen Halbinsel gegenüber der Bucht sitzen seine Eltern in weißen Kleidern und grüßen ihn von weitem. Auf diese Weise endet der Film mit einer Nahaufnahme des aufgeheiterten Gesichts des alten Professors: Endlich hat er den Frieden gefunden, den Weg, der zu der „Stelle der Erdbeeren", zum selbstgewählten Paradies führt.

Der Sommer und die Natur sind also für Bergman wichtige bildliche Begriffe. Es lässt sich daraus ableiten, dass sie mit der Struktur der Problemsituationen in seinen Filmen eng zusammenhängen. „Glück" und „Freiheit" – oder wie immer wir sie auch nennen wollen – sind vergänglich; sie sind nur eine kurze Rast, ein Moment der Gnade, ständig bedroht und zum Entschwinden verurteilt. Das jedenfalls behauptet Donner:

„Die ausländischen Kritiker haben das vielleicht viel zu kompliziert gesehen. Sie haben den Symbolgehalt im Thema des Sommers gesucht und die vordergründige Bedeutung, die in der konkreten Wirklichkeit liegt, übersehen. Sie haben nicht verstanden, was der Sommer in Skandinavien bedeutet... er ist etwas, das sich in dem Leben der Menschen widerspiegelt, im Traum von Freiheit, der für sie fast immer ein Traum des Sommers ist".

Und er fügt hinzu: „... der Künstler, der dieses Thema wählt, trifft keine originelle Wahl, er findet keine neuen Symbole".

Sicherlich stimmt es, dass der Sommer, wie er von Bergman dargestellt wird, in vielerlei Hinsicht dem Sommer der schwedischen Realität entspricht; und es stimmt auch, dass er so gesehen ein Klischee ist: kurz, intensiv und ständig vom Herannahen des Herbstes bedroht.

Trotzdem ist es interessant, wie die Bedeutung dieses „Schwedentums" innerhalb der Fantasiewelt der Filme gesteigert wird. Das kann vielleicht auf jede Kunstform angewendet werden, aber ganz besonders auf die eines Autors mit einer so hervorstechenden Persönlichkeit wie Bergman, dessen Werk ein komplettes Universum darstellt, in dem die einzelnen Teile fest mit dem Ganzen verankert sind, das aus ihnen gebildet wird, anstatt mit irgendetwas in Verbindung zu treten, das außerhalb dieses geschlossenen Universums steht. Oder auch wie Dusan Makavejev feststellt: «Das Werk Bergmans kann unmöglich nachgeahmt werden: Obwohl er immer wieder dieselben bildlichen Klischees verwendet, handelt es sich um ‹Bergmanklischees› und diese kann man in keinem anderen Film finden". (8)

### Das Unsichtbare heraufbeschwören

Dass der Sommer in den Filmen Bergmans voller Bedeutungen steckt, die in Zusammenhang mit der besonderen persönlichen Mythologie des Autors stehen, wird auch dadurch verdeutlicht, wie Bergman das Sommerlicht einsetzt, dieses Licht, auf das sich Marianne Höök bezieht, wenn sie von der besonderen Sensibilität Bergmans für "schwarz-weiße Farbeffekte" spricht. Sie zitiert als Beispiel den Film *Das Lächeln einer Sommernacht*: «der mit seinem leuchtenden Weiß alle nur vorstellbaren Nuancen eines Farbfilms besitzt, wie auch die Freude am Erzählen, die man nur selten im Film aber häufiger in der Malerei findet".

Nur selten wird darauf geachtet, wie Bergman dazu neigt, diese positiven Bedeutungen, die sowohl in der Realität als auch in der Fiktion allgemein mit "Helligkeit" assoziiert werden, in ihr Gegenteil zu verwandeln.

Betrachten wir zum Beispiel die berühmte Alptraumsequenz am Anfang von *Wilde Erdbeeren* näher, mit den sich überschneidenden Bildern und den starken Kontrasten zwischen Licht und Schatten. Die Technik des Überblendens kommt, wie der Autor selbst zugibt, aus der schon ziemlich abgenutzten Tradition des deutschen Filmexpressionismus der Zwanziger Jahre. Im Gegensatz zu jener Technik, die nur bei ausschließlich im Studio gedrehten Filmen angewandt wurde, sind die Traumsequenzen Bergmans jedoch ganz offensichtlich Außenaufnahmen. Der starke Kontrast zwischen Licht und Schatten lässt an eine Asphaltstraße in der brennend heißen Mittagssonne denken. Das Licht – dasselbe tröstende Licht des Sommers – wurde hier in sein Gegenteil verwandelt.

Ein anderes Beispiel aus demselben Film: die Szene, in der der Professor sieht, wie seine Frau sich mit einem Mann trifft. Die Szene spielt sich in einem großen, dunklen Wald aber, nicht zufällig, auf einer hellen, sonnenbeschienenen Lichtung ab. Die ganze Situation verwandelt sich in ein ironisches und bitteres Idyll: Der Sommertraum hat sich in einen Sommeralptraum verwandelt.

Etwas Ähnliches geschieht auch im Film *Die Jungfrauenquelle*, in dem die Hauptperson auf einem kahlen und sonnenbeschienenen Hügel vergewaltigt wird. Am Himmel zeigen sich keine düsteren und drohenden Wolken, nur ein blendendes und beklemmendes Licht, das in starkem Kontrast zu dem in der

Die junge Hauptperson aus *Die Jungfrauenquelle* (1959) wird auf einem kargen und sonnenbeschienen Hügel vergewaltigt.

Die Seelenqualen Gunnar Björnstrands und Ingrid Thulins in den Rollen von Tomas Ericsson und Märtha Lundberg, den Hauptpersonen aus *Licht im Winter* (1961/62).

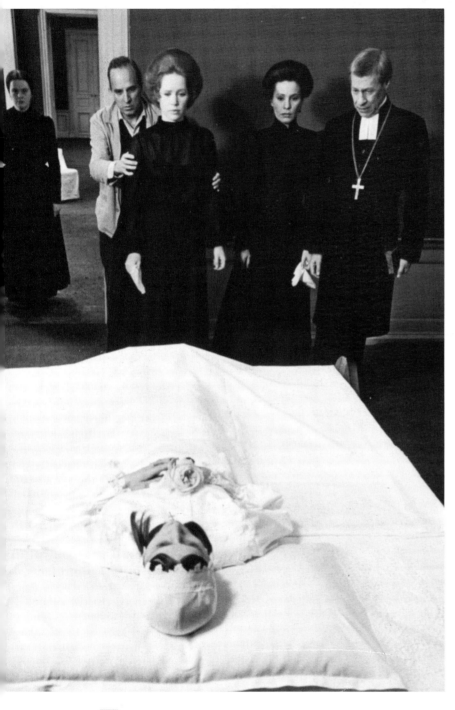

Bergman stellt Liv Ullmann, die die Marie verköpert, vor der Bahre ihrer Schwester Agnes auf. Vorbereitungen zu einer Aufnahme auf dem Set von *Schreie und Flüstern* (1971).

Sowohl *Wie in einem Spiegel* als auch *Licht im Winter* spielen an sehr abgelegenen Orten – einer felsigen Insel und einer trostlosen Kirche auf dem Land – die so zu konkreten Bildern für einen Seelenzustand werden: für die Kommunikationslosigkeit, für das herabgesunkene Schweigen zwischen Mensch und Gott, zwischen Mensch und Mensch. (Diese Vergeistigung der Natur ist ein weiterer charakteristischer Zug der schwedischen Poesie und Malerei). Diese bildliche Askese, diese Reduzierung auf das Wesentliche der Natur und der Umgebung ist nach Birgitta Steene „ein wichtiger Teil der gotischen Komponente der Bergmanschen Welt". (9)

Die Ablehnung Bergmans, eine Umgebung „normal" zu beschreiben, wird zum Beispiel dadurch verdeutlicht, wie er die meisten seiner Filme beginnen lässt. So fängt der Film *Fanny und Alexander* mit der Beschreibung verschiedener Gegenstände an – einer Statue, eines Fensters, eines Baums – begleitet von dem klaren und regelmäßigen Ticken einer Uhr.

Das sind Anfangseinstellungen, die von der Norm abweichen. Sie werden sogar mit einer ganz gegensätzlichen Bedeutung belegt. Sie dienen als Zugang oder Eingangstüre zu einer völlig „anderen" Welt.

Wie oft bei Bergman beziehen sie sich auf Ereignisse, die man mit den Augen nicht sehen kann, die man sich jedoch, paradoxerweise, mit Hilfe der Augen vorstellen und damit experimentieren muss. Die Absicht liegt darin, das Unsichtbare durch das sichtbarste Kommunikationsmittel heraufzubeschwören.

### Die literarische Tradition

Neben seiner engen Beziehung zu der Tradition des Stummfilms fühlt sich Bergman auch der Literatur und dem schwedischen Theater sehr verbunden. Donner bestätigt folgendes: „Kein Regisseur kam je mit einem so großen Vertrauen in die Literatur zum Film".

In *Das siebente Siegel* wollte Bergman seine Analyse der heutigen Probleme mit der Religion nach dem Vorbild der mittelalterlichen Moral erstellen. Der ganze Film stützt sich auf einer Reihe allegorischer Bilder, wie die Schachpartie mit dem Tod, und alle Figuren – der Ritter, der Tod, Mia und Jof – sind Personifikationen christlich-moralischer Archetypen.

Auch wenn sich die Filme Bergmans in der Gegenwart abspielen, nehmen sie – vor allem die ersten – einen allegorischen Ton an. Im Film *Die Hörige (Hets,* 1944), der von Bergman geschrieben und von Alf Sjöberg verfilmt wurde, wird der Teufel durch die Gestalt des sadistischen Lateinlehrers verkörpert, der Ritter ist ein Student und das Mädchen ist die Verlobte des Studenten.

Daraus entsteht eine originelle Verbindung von Nuancen und Bestandteilen, die sowohl abstrakt als auch konkret, metaphysisch und realistisch sind. Dieses typische Hin- und Herschwanken

vorhergehenden Szene beschriebenen Ausritt steht, bei dem das Licht weich und sanft wie die jungen Birken und die Blumenwiesen wirkte, die den Weg des Mädchens säumten.

Photogramm aus *Das Lächeln einer Sommernacht* (1955), einem für Bergman ungewöhnlich ironischen und grotesken Film (oben). Ingrid Thulin in einer gelungenen Nahaufnahme aus *Das Schweigen* (1962) (unten).

ist vielleicht das wichtigste Element des einzigartigen Bergmanschen Stils, ein Stil, den er mit der Zeit immer mehr ausgefeilt hat. Ein Beispiel hierfür liefert der Film *Fanny und Alexander*, in dem die unglaublichsten Ereignisse augenscheinlich klar, einfach und «realistisch» erzählt werden.

Man findet in ihm alle Muster der Ovidschen Metamorphosen neben geheimnisvollen Entsprechungen zwischen Zeit und Raum; Personen und Orte treffen aufeinander, vermischen sich und nehmen, wie in einem Traum, eine andere Gestalt an. Dies alles geschieht übrigens ohne, dass es durch die Filmkamera auf irgendeine Weise besonders hervorgehoben wird und ohne Überblendungen oder andere traditionelle filmische Stilmittel, mit denen üblicherweise der Übergang von der realen Welt zur Fantasiewelt angedeutet wird: Form und Inhalt, Stil und Erzählung sind eins geworden.

Dies ist übrigens auch ein Thema des Films: Nämlich, dass Träume und alles Unerklärliche und Magische in uns, in der Realität unseres täglichen Lebens existieren. Oder, wie im Film Aron, der Sohn des Juden Isaaks, behauptet: «Alle sind wir von verschiedenen Wirklichkeiten umgeben, die sich gegenseitig beinhalten».

Liv Ullmann in einer qualvollen Einstellung aus *Persona* (1965).

Film einen Bezug zu Hjalmar Söderberg, dem schwedischen Romancier des ausgehenden 19. Jahrhunderts, der die Fleischeslust und die unheilbare Einsamkeit der Seele als die einzigen Dinge bezeichnete, die im Leben sicher sind?

Nach den Aussagen Bergmans ist die enge Beziehung seiner Filme zur Literatur am stärksten durch die Werke August Strindbergs geprägt. Bei beiden fehlt jede Romantik, die Beziehung zwischen den beiden Geschlechtern wird sehr nüchtern beschrieben, und vielleicht kann man in seinen Filmen auch einige Ansichten Strindbergs über die Frauen wiederfinden.

So wie die Natur in seinen Filmen beschrieben wird, sind auch die Frauen bei Bergman nicht nur einfach «sie selbst», weshalb man sie folglich nicht nach den Begriffen des psychologischen Realismus verurteilen kann. Im Film *Das Schweigen* sind zum Beispiel die beiden weiblichen Hauptpersonen die sich gegenseitig ergänzenden Teile einer einzigartigen (und einheitlichen) persönlichen Mythologie Bergmans, in der gegensätzliche Begriffe paarweise dargestellt werden: Intellekt und Gefühl, Seele und Körper, männlich und weiblich und so weiter. Wie einige feministisch angehauchte Kritiken hervorgehoben haben, ist es einzigartig, wie häufig diese Symbole der Weiblichkeit einerseits sehr lustbetonte Frauen oder andererseits – wenn sie zu der «intellektuelleren» Sorte gehören – neurotische und frigide Gestalten sind. (11)

Die Filme Bergmans enthalten auch direkte, wenn auch etwas modifizierte Bezüge zu den Dramen Strindbergs. Am deutlichsten wird das vielleicht bei dem Traum des Professors Isak Borg in *Wilde Erdbeeren*. Er ist wieder in der Schule und wird vom Prüfer als untauglich erklärt und außerdem «einiger kleiner Vergehen» beschuldigt: «Gleichgültigkeit, Egoismus und Unverständnis». Diese Passage bezieht sich ganz eindeutig auf *Der Traum*. In diesem Drama Strindbergs wird der Offizier, der wie der Professor Isak Borg mit dem Doktor honoris causa ausgezeichnet wurde, im Einmaleins ausgefragt und macht einen Fehler. (An dieser Stelle muss man unweigerlich an den Rechtsanwalt aus *Der Traum* denken, der, als er von der Tochter des Gottes Indra gefragt wird, was das schlimmste im Leben auf Erden sei, antwortet: «Das Wiederholen. Die Dinge immer und immer wieder zu machen. Zurückzukehren». Das ist genau das, was Isak Borg machen muss – zurückkehren, sich erinnern und tief in sich hineinschauen.).

Sogar die Struktur von *Wilde Erdbeeren* ähnelt der von *Der Traum* da Bergman wie Strindberg dieselben freien Assoziationen und undefinierbaren Grenzen verwendet, die typisch für die Logik des Traums sind. In *Fanny und Alexander* dagegen lässt Bergman die Großmutter mit lauter Stimme die Anmerkungen des Autors vorlesen, mit denen *Der Traum* eingeleitet wird: «Was auch geschieht, alles ist möglich und erklärbar. Die Zeit und der Raum existieren nicht. Der Hintergrund ist unbedeutend, wenn sich die Vorstellungskraft um sich selbst dreht und neue Wahrheiten

Trotzdem werden, wie Bergman es bildlich darstellt, die Brüche zwischen den verschiedenen Wirklichkeiten nicht sichtbar.

Bergman teilt diese Vermischung von Realismus und Vision mit einigen der berühmtesten Vertreter der realistischen schwedischen Literatur, wie Carl Jonas Almqvist (1793-1866), August Strindberg (1849-1912) und Hjalmar Bergman (1883-1931), die alle ein ähnliches Gespür für Sinnliches und Groteskes, für Realistisches und Fantastisches haben. (10)

Die Filme Bergmans zeigen noch andere Parallelen zu den obengenannten Schriftstellern auf. Besonders in seinen ersten Filmen kann man Gegensätze zwischen einer zynischen und korrupten Generation der Väter und einer fröhlichen und unverdorbenen Jugend finden, die an Hjalmar Bergman erinnern.

Im Allgemeinen herrscht in den Filmen Ingmar Bergmans eine pessimistische Einstellung gegenüber dem Menschen vor, der als Marionette angesehen wird, die von äußeren Kräften gelenkt und kontrolliert wird, was typisch für den frühen Hjalmar Bergman ist. Sogar in den heitereren und fröhlicheren Filmen wie *Das Lächeln einer Sommernacht* bewegen sich, nach Ansicht Donners, die Personen wie Marionetten auf der Bühne des Theaters der Liebe. Findet man denn nicht auch in diesem erzeugt". Diese Worte werden zu einem wahrhaftigen ästhetischen Credo, nicht nur in *Fanny und Alexander*, sondern im ganzen Werk Bergmans: Kino ist Traum und Traum ist Kino.

**Typisch europäisch**

Strindberg steht jedoch jenseits der Grenzen der schwedischen Kultur. Und wie Strindberg gehört auch Bergman zurecht und mehr als alles andere zur literarischen Tradition Europas; man muss nur an die schwierige Rolle der Kunst denken, ein Thema, das die gesamte Literatur des 20. Jahrhunderts betrifft und das zum Beispiel in den Filmen *Abend der Gaukler, Das Gesicht* und *Persona* angesprochen wird. Die metaphysischen Probleme in den Filmen Bergmans beinhalten, an protestantischen Maßstäben gemessen, nichts, was typisch schwedisch ist, da sie in ihrem Wesen universell sind.

Leicht übertrieben drücken sie nicht so sehr den Glauben aus, sondern eher die Angst vor dem Zweifel, ein ständiger *Krisenzustand*, der gleichzeitig menschlich und existential ist, ein Aufbegehren gegen die absolute Autorität, die einmal Gott, einmal die Menschen oder die Institution der Ehe sein kann. „Die Hölle sind die anderen..."

In diesem Zusammenhang sollte man nicht vergessen, dass die Filme Bergmans, vor allem die aus den Vierziger Jahren, ganz offensichtlich durch die literarischen und philosophischen Bewegungen, die sich damals in ganz Europa verbreiteten (in Schweden wurden sie „Glaubenskrise" genannt), beeinflusst wurden. In ihrem Mittelpunkt stehen keine gesellschaftlichen Wesen, sondern abstrakte Wesen – Sisifi, K, schmerzhafte Menschlichkeit. (12) Die Weise, mit der Bergman Personenprofile und menschliche Situationen umreißt, zeigen nicht nur Ähnlichkeiten mit dem typisch schwedischen Kulturerbe auf, sondern auch mit der typisch europäischen Kulturtradition.

Und vielleicht, so Marianne Höök, liegt gerade in dieser fehlenden Verwurzelung im Hier und Jetzt einer der Gründe für den internationalen Erfolg Bergmans. Es ist übrigens interessant, dass der Film *Das Lächeln einer Sommernacht*, der 1956 beim Filmfestival in Cannes ausgezeichnet wurde und so Bergman zum internationalen Durchbruch verhalf, obwohl er scheinbar sehr „schwedisch" ist, eigentlich der absolut „ausländischste" aller Filme ist, die Bergman je gedreht hat. Angelehnt an die Commédie française des 16. Jahrhunderts macht er jedoch auch Anleihen bei dem Film von Jean Renoir *Die Spielregel (La règle du jeu*, 1939). Bergman selbst hat den Vater des französischen Regisseurs als Inspirationsquelle für seine Filme bezeichnet: „Ich hoffe, dass sie in ihren besten Momenten an die Bilder Renoirs und Degas erinnern". (13)

Es gibt also gute Gründe für die Schlussfolgerung, dass die Franzosen, als der Film in Cannes prämiert wurde, die Zutaten, die ihnen vertraut waren, mindestens genauso schätzten, wie die neuen, die sie nicht zuordnen konnten und deshalb als „exotisch" und „schwedisch" ansahen. Man könnte behaupten, dass Bergman, wie seinerzeit Strindberg, zum „Franzosen" erklärt wurde. Das passt auch zu dem, was Horace Walpole hierzu einmal gesagt hat: „Wenn etwas Fremdes nach Paris kommt, wird sofort behauptet, dass es das schon immer gegeben habe..." (14)

Es ist sehr schwierig genau zu sagen, was in den Werken Bergmans unverkennbar „schwedisch" ist. Und doch überrascht es nicht, dass seine Filme, die fast ohne fremde Hilfe den schwedischen Film im Ausland berühmt gemacht haben, aufgrund einer Art logischen Missverständnisses und willkürlicher Assoziation als „typisch schwedisch" eingestuft werden. Dabei ist von Bedeutung, dass diese Einstufung nicht in Schweden aufgekommen ist, sondern im Ausland, wo die meisten Bücher und Artikel über Bergman veröffentlich wurden.

Man sollte sich die Frage stellen, ob nicht die Schweden schließlich kritiklos die Auffassung übernommen haben, dass Bergman im Ausland als „typisch schwedisch" angesehen wird, wobei sie einfach dankbar dafür sind, dass die Welt ihre Aufmerksamkeit auf die Kultur ihres Landes gelenkt hat, und sie daher selbst gern an diese Legende glauben.

Man sollte sich also nicht fragen, wie weit die Filme Bergmans „schwedisch" sind, sondern wieweit sie unser Auffassung über das, was schwedisch ist, beeinflusst haben. Das heißt, anders ausgedrückt, nicht wie „schwedisch" Bergman ist, sondern wie die Schweden selbst, in den Augen der Ausländer und in ihren eigenen Augen „à la Bergman" sind (oder geworden sind).

In diesem Fall hat nicht die Kunst Bergmans die schwedische Realität imitiert, wie oft behauptet wurde, sondern die Realität hat die Kunst imitiert.

**Anmerkungen**

(1) Vernon Young, *Cinema Borealis: Ingmar Bergman and the Swedish Ethos*, New York, 1971, S. 216.
(2) Jörn Donner, *The Films of Ingmar Bergman*, New York, 1972.
(3) „Cries and Whispers in Socialism's Showcase", in der „Time", 7. Juni 1976.
(4) Leif Furhammar, *Film in Sweden*, Stockholm, 1966, S. 22.
(5) Weitere Titel für diese Filme in Amerika waren: *The Treasure of Arne* und *The Three Who Where Doomed*.
(6) Marianne Höök, *Ingmar Bergman*, Stockholm, 1962, S. 75.
(7) Wie zitiert in Fritiof Billquist, *Ingmar Bergman, Teatermannen och filmskaparen*, Stockholm, 1960, S. 196.
(8) Dusan Makavejev, „An Investigation – Bergman's Non-Verbal Sequences: Sources of a Dream Film Experiment" in *Film and Dreams: An Approach to Bergman*, Vlada Petric, ed. South Salem, New York, 1981, S. 192.
(9) Birgitta Steene, *Ingmar Bergman*, New York, 1968, S. 97.
(10) Dasselbe wurde von Birgitta Steene behauptet, siehe S. 134.
(11) Siehe z.B. Joan Mellen, *Women and Their Sexuality in the New Film*, New York, 1973, S. 97-117.
(12) Siehe Donner, S. 13.
(13) Billquist, S. 169.
(14) Young, S. 146.

Ingrid Thulin (*Manda Vogler/Aman*) und Toivo Pawlo in *Das Gesicht* (1958).

Toivo Pawlo, Gertrud Fridh (*Ottilia Egerman*), Erland Josephson (*der Konsul Egerman*) und Gunnar Björnstrand (*Doktor Vegérus, Arzt des Rats für Gesundheitspflege*) grüßen in *Das Gesicht* den eintretenden Albert Emanuel Vogler (nicht im Bild), der von Max von Sydow dargestellt wird.

# "Manhattan von Ingmar Bergman umzingelt": Der Erfolg eines schwedischen Filmemachers in Amerika

BRIGITTA STEENE

*Die in Schweden geborene Brigitta Steene ist Dozentin für Filmwissenschaften und skandinavische Literatur an der Universität Washington und an der Universität Stockholm in der Forschung tätig. Sie hat zahlreiche Bücher und Artikel über Ingmar Bergman und den skandinavischen Film verfasst. Zur Zeit arbeitet sie an einem internationalen Projekt über Bergman und sein Publikum.*

Es sind nun schon fast fünfunddreißig Jahre vergangen, seit ein amerikanischer Rezensent folgende Beobachtung anstellte:

«Wie allseits bekannt ist Ingmar Bergman heute der gefragteste Regisseur der internationalen Szene ... in New York hat er die Stadt völlig überraschend im Sturmschritt erobert. Schon im letzten Winter ... begann Manhattan einer Insel zu gleichen, die ganz von Ingmar Bergman umzingelt ist. (Arlene Croce, «Commonweal», 11. März 1960)».

Der Erfolg, den die Filme Bergmans in Amerika hatten, beschränkte sich natürlich nicht nur auf Manhattan, sondern breitete sich schnell und flächendeckend in den ganzen Vereinten Staaten aus. Im Laufe weniger Jahre konnte das amerikanische Publikum bedeutende Filme wie *Das siebente Siegel*, *Wilde Erdbeeren*, *Das Gesicht* und *Die Jungfrauenquelle* schätzen lernen; und im Fahrwasser dieser letzteren wurden auch seine ersten Filme gezeigt, die man so zum ersten oder auch zum zweiten Mal sehen konnte. Ingmar Bergman begann eine Art amerikanisches Kulturphänomen zu werden. Schon bald wurden seine Filme zum allgemeinen Thema auf dem Campus der Universitäten, in Filmclubs und Cafés des ganzen Landes. Mitte der Sechziger Jahre gab es dann auch sehr viele Retrospektiven seiner Filme. Der damalige Filmverleih Bergmans in Amerika, die Janus Film Inc. erklärte, dass seine Filme mehr als fünfundzwanzig Prozent des Gesamtumsatzes deckten und dass Filme wie *Das siebente Siegel* in Amerika durchschnittlich zweimal am Tag gezeigt wurden. Auch die Presse und das amerikanische Verlagswesen leisteten ihren Beitrag zu diesem Interesse an den Filmen Bergmans. 1959 präsentierte das «New York Times Magazin» ihn dem Publikum mit zwei Artikeln, und im darauffolgenden Frühling, nur gute zwei Jahre nach seinem Durchbruch mit dem Film *Das siebente Siegel*, erschien er auf dem Titelblatt der «Time». Im selben Jahr wurden vier seiner Drehbücher – *Das Lächeln einer Sommernacht*, *Das siebente Siegel*, *Wilde Erdbeeren* und *Das Gesicht* – in der Reihe «Bücher des Monats» veröffentlicht. Es ist erstaunlich, dass die Drehbücher Bergmans zum ersten Mal in den Vereinigten Staaten veröffentlicht wurden, lange bevor irgendein schwedischer Verleger sie in Buchform herausbrachte. Das ist wiederum ein Beweis dafür, dass Bergman seinen größten Publikumserfolg nicht in seiner Heimat erzielt hatte. Eine schwedische Untersuchung von 1990, die auf einem Musterpublikum von Stockholm basierte, das zwar statistisch gesehen ausschlaggebend aber sehr klein war und das im Laufe eines ganzen Jahres eine Retrospektive der Filme Bergmans verfolgte, kam zu dem Ergebnis, dass diese Gruppe von Schweden sich als Minderheit in Bezug auf ihr Interesse an Bergman betrachtete und dass sie oft ihre Position gegenüber gegensätzlicher Meinungen von Familienmitgliedern, Freunden und Arbeitskollegen verteidigen mussten. Man darf durchaus behaupten, dass es für Bergman ohne das Ansehen, das seine Filme im Ausland und vor allem in Amerika hatten, schwierig gewesen wäre, Mitte der Sechziger Jahre seinen Status als unabhängiger Filmemacher zu behaupten.

Und als Bergman im März 1961 in einem Radiointerview gefragt wurde, ob er es nicht für nötig halte, jetzt, wo Amerika ihn entdeckt hätte, seine Auffassung vom Film zu überdenken, antwortete er sehr heftig:

«Warte, warte, mein Freund...die Dinge liegen so. Dieses ausländische Interesse an meiner Arbeit ist sehr amüsant, aber ich höre nicht auf, meine Filme, wenn möglich, für den schwedischen Markt zu erfinden und zu planen.

Ich versuche, das zu erzählen, was mir am Publikum meiner Heimat am Herzen liegt; und wie dem auch sei, meine Filme dürfen nie von ausländischen Finanzierungen abhängen".

Die Sensibilität gegenüber der eigenen künstlerischen Integrität, auf der die Antwort Bergmans gründet, wird auch durch seine

**G**unnar Björnstrand *(Jons, der Knappe)* und Gunnel Lindblom *(das stumme Mädchen)* in einer Einstellung aus *Das siebente Siegel* (1956).

**Y**ngve Nordwall *(Onkel Aron)*, Lena Bergman und Monica Ehrling *(die Zwillinge Kristina und Birgitta)* auf einem Szenenfoto aus *Wilde Erdbeeren* (1957).

Max von Sydow und die Mitglieder des Casts von *Die Wildente* von Ibsen, die 1972 am Dramaten von Stockholm aufgeführt wurde.

ersten theoretischen Aufsätze wie «Was bedeutet Film" («Detta att göra film", 1954) und «Jeder Film ist mein letzter" («Varje film är min sista", 1959) ausgedrückt. Als Bergman in den Vierziger Jahren auftauchte, war die schwedische Filmindustrie strengen wirtschaftlichen und industriellen Regeln unterworfen, bekam keine öffentlichen Subventionen und war, wenn auch in kleinerem Maßstab, ähnlich strukturiert wie Hollywood. Bergman machte sich hierzu keinerlei Illusionen: «Das Schicksal unserer Filme hängt von Geschäftsleuten ab, die sie manchmal misstrauisch betrachten". Auf der anderen Seite stand das Publikum, das unterhalten werden wollte. Zu dieser Zeit spielte Bergman gern den Akrobaten, der Saltos schlug, um eine Reihe von «Investoren" zu unterhalten und sie zu überzeugen, auf seine Kunst zu setzen: Produzenten, Kinobesitzer, Geschäftsleute und Kritiker. Teils um die Geradlinigkeit seiner Moral darzustellen, teils um seine eigene künstlerische Position zu klären, verfasste er ein schriftliches Credo, in dem er behauptete: «Für mich existiert nur eine Art von Loyalität – die Loyalität gegenüber dem Film, den ich gerade mache". Trotzdem zieht sich eine andere Form der Loyalität wie ein roter Faden durch die zahlreichen, im Laufe der Jahre von Bergman abgegebenen Erklärungen über seine Arbeit am Film (und am Theater): diejenige gegenüber des Publikums. Ohne das zugleich geliebte und gefürchtete Publikum würde das größte Bedürfnis eines jeden Künstlers, nämlich zu kommunizieren, zugrunde gehen noch bevor es entstehen könnte. In einem kürzlich gegebenen Interview beschreibt Bergman diese ständige Konfrontation zwischen sich selbst und seinem Publikum sehr genau:

«Ich liebe das Publikum. Ich denke immer: ‹Ich muss sehr klar und deutlich sein, sie müssen verstehen, was ich sagen will, das ist nicht schwierig›. Aber oft habe ich gemerkt, dass ich nicht einfach und deutlich genug war. Trotzdem habe ich mein ganzes Leben lang mit dem Publikum und für das Publikum gearbeitet". (S. Björkman, *Tre dar med Bergman*, 1993)

In einer derartigen Behauptung liegt vielleicht der wichtigste Schlüssel für den Erfolg Bergmans bei den Zuschauern auf

Bibi Andersson und Lille Terselius in dem Stück *Was ihr wollt* von Shakespeare, das 1975 am Königlichen Dramatischen Theater Schweden inszeniert wurde.

seinem schwedischen Ursprung und seinem imaginären schwedischen Publikum seit Anfang seiner Karriere treu geblieben ist, ist er sich selbst treu geblieben, auch wenn er ein weltberühmter Künstler geworden ist.

### Bergman und Bergman

Kaum jemand hat Bergman soviel Respekt und Verehrung entgegengebracht wie das amerikanische Publikum. Als sein Name jedoch Ende der Vierziger Jahre zum ersten Mal in den Vereinigten Staaten auftauchte, verwechselten ihn die Amerikaner mit dem des Filmstars Ingrid Bergman, die ebenfalls Schwedin war. Die ersten beiden Artikel über den jungen schwedischen Filmemacher in der „New York Times" trugen Überschriften, die genau darauf anspielten: „Der andere Bergman" und „Ein weiterer Bergman auf dem Weg zum Ruhm". Die Dinge änderten sich jedoch schnell, wie man erkennen kann, wenn man eine richtungsweisende Publikation wie die des *Reader's Guide to Periodical Literature* Mitte der Fünfziger Jahre durchblättert. Zwischen 1955 und 1957 wurde der Name Ingrid Bergman zwölf Mal erwähnt, in den zwei darauffolgenden Jahren erschien er in neun Listen. In dieser Zeit taucht der Name Ingmar Bergmans kein einziges Mal auf. Aber zwischen 1959 und 1961 änderte sich diese Situation. Der Name des schwedischen Regisseurs wird in Artikeln und Interviews vierzehn Mal erwähnt, während der seiner Namensvetterin nur sechs Mal genannt wird. Die beiden schwedischen Künstler werden erst viele Jahre später, nämlich 1978, in der amerikanischen Presse mit derselben Aufmerksamkeit behandelt. Bei dieser Gelegenheit treten sie jedoch nicht als Widersacher auf, sondern als Team. In jenem Jahr hatte Bergman seinen Film *Herbstsonate* fertiggestellt, in dem Ingrid Bergman die Hauptrolle spielt und so den Namensvergleich gerechtfertigt, dem sie beide mehr als zehn Jahre zuvor unterlegen waren.

### Die Reaktion auf die ersten Filme

Man vergisst leicht, dass, als die Filme Bergmans Ende der Fünfziger Jahre New York und das ganze Land eroberten, der schwedische Filmemacher nicht mehr ganz jung war und auch kein Neuling mehr in der Kinowelt. Als *Das siebente Siegel* zum ersten Mal in den Vereinigten Staaten herauskam, war Bergman vierzig Jahre alt und arbeitete schon seit fast fünfzehn Jahren beim Film.

Er hatte bereits mehr als fünfundzwanzig Spielfilme gedreht, vier Drehbücher für andere Regisseure geschrieben und eine Reihe von Werbespots im Jahre 1951 realisiert, als die schwedischen Filmstudios aufgrund von Kontroversen über staatliche Zuschüsse geschlossen wurden und ihre Tätigkeit vorübergehend einstellten. (Das hat nichts mit den persönlichen Problemen Bergmans mit dem schwedischen Finanzamt zu tun, die ihn dazu veranlassten, im April 1976 freiwillig ins Exil zu gehen). Obwohl seine ersten Filme nur selten in den amerikanischen Kinos gezeigt und von der amerikanische Presse ignoriert wur-

der ganzen Welt. Er ist ständig damit beschäftigt, seine zukünftigen Zuschauer in einen Dialog zu verwickeln, auch wenn er ihnen nur selten aus Opportunismus schmeichelt. Zweimal erlag er der Versuchung amerikanisches Geld und amerikanische Schauspieler in seine Filme einzubringen, in *The Touch/Berührungen* und in *Das Schlangenei*, und beide Male hat die Sache nicht funktioniert. Es scheint also wirklich so zu sein: Gerade weil Bergman

den, reichen die verfügbaren Informationen über die Reaktion des Publikums aus, um Aufschluss über die speziell amerikanischen Vorstellungen von der schwedische Mentalität und vom schwedischen Film zu geben, die am Anfang den Erfolg Bergmans in den Vereinigten Staaten beeinflussten. Einige dieser Vorstellungen haben sich tief in das allgemeine amerikanische Bild eingeprägt wie zum Beispiel die Vorstellung, dass die Filme Bergmans eine sozusagen nationale Stimmung, eine typisch schwedische Melancholie ausdrückten. Andere hingegen waren vorübergehend, wie zum Beispiel der Vorwurf, dass seine Filme dem erotischen Genre angehörten (und davon profitierten).

### Am Anfang stand *Die Hörige*

Die erste Bekanntschaft machten die Amerikaner mit Bergman als Drehbuchschreiber. Der Film *Die Hörige*, der von Bergman geschrieben und von Alf Sjöberg verfilmt wurde, wurde gleich nach dem Zweiten Weltkrieg zum Kultfilm in New York und Los Angeles. Aber wie so häufig in dieser Zeit galt die ganze Aufmerksamkeit den Schauspielern. Einer von ihnen – Alf Kjellin – wurde sofort nach Hollywood geholt, wo er anschließend Produzent für Fernsehserien wurde. Seine Filmpartnerin Mai Zetterling wurde von der British Rank Corporation engagiert; in den Sechziger Jahren hatte sie als feministische Filmemacherin Erfolg. Bevor der europäische Film der Nachkriegszeit in den Fünfziger Jahren nach Amerika kam, war der Name eines Regisseurs nur selten für die kommerzielle Vermarktung von Bedeutung. Hätten Kjellin und die Zetterling in den ersten von Bergman gedrehten Filmen mitgespielt, hätte man ihnen vielleicht mehr Aufmerksamkeit gezollt; aber so hätte Bergman nicht seine eigene feste Theatergruppe gebildet, die bis über die Fünfziger Jahre hinaus (mit Ausnahme von Gunnar Björnstrand) zusammenblieb. Wie alle Regisseure jener Zeit hing auch Bergman vom Studiosystem ab, das heißt von der Verfügbarkeit der Schauspieler und der Kameramänner. In Schweden wurden nur wenige Monate im Jahr dem Film gewidmet. Angesichts der langen schwedischen Tradition der Außenaufnahmen und der Gewohnheit, Schauspieler nur für eine Filmsaison zu engagieren, da sie meistens vom Theater kamen, wurden die meisten Filme fieberhaft in wenigen Sommermonaten gedreht. Nach den Erzählungen Bergmans über die verschiedenen Phasen seiner Karriere als Autor schienen zu jener Zeit die Produzenten die Finanzierungsmittel ihrer Gesellschaften viel geschickter einzusetzen als in den darauffolgenden Jahren.

### Und dann kam *Krise*

Zwei Wochen nach der schwedischen Uraufführung von *Krise*, dem ersten Film, der von Bergman gedreht wurde, veröffentlichte die Zeitschrift „Variety" eine Pressenotiz ihres Stockholmer Korrespondenten. Der kurze Artikel mit der Überschrift „Die Probleme eines kleinen Mädchens" bezeichnete *Krise* als den besten schwedischen Film des Jahres. Das entsprach jedoch nicht ganz dem, wie der Film aufgenommen wurde.

E ine Nahaufnahme von Ingrid Bergman (*Charlotte*) in *Herbstsonate* (1977).

Obwohl einige Rezensenten das Talent des neuen Regisseurs ahnten, verrissen viele wichtige Kritiker den Film als eine wahre „Krise" und gingen auf einen besonderen Aspekt des künstlerischen Temperaments Bergmans ein, der für ihn schon immer ein wunder Punkt in der Beziehung zum schwedischen Publikum war: Nämlich seine Tendenz das Gefühlsleben mit einer solchen Intensität zu beschreiben, die über die in seiner Kultur herrschenden Normen hinausging. Wie ein Kritiker hierzu anmerkte:

„In der Fantasie Bergmans liegt etwas Ungezügeltes und Übertriebenes, das einem ein unangenehmes Gefühl bereitet. Es ist, als ließe er sich von einer Übertreibung zur nächsten treiben, und er scheint unfähig zu sein, ein normales geistiges Niveau zu erreichen. Der schwedische Film braucht keine Experimentierer, sondern intelligente und vernünftige Leute, die reale Menschen und glaubwürdige Konflikte darstellen können". («Bonniers Litterära Magasin", März 1946)

Obwohl Bergman in seiner Heimat sehr zurückhaltend aufgenommen wurde, erklärte der Korrespondent von «Variety", dass, «wenn auch wenige schwedische Filme auf dem internationalen Markt zählten, *Krise* eine Chance haben könnte, obwohl selbst die wichtigsten schwedischen Produktionen auf dem amerikanischen Markt gewöhnlich nur ein ziemlich bescheidenes Echo finden".

### Die ersten Filme Bergmans und das erotische Genre

Um das amerikanische Publikum anzuziehen, wurde ganz eindeutig versucht, für einige Filme Bergmans mit pikanten Filmplakaten und andeutungsvollen Filmtiteln Werbung zu machen. *Gefängnis (Fängelse*, 1948/49) wurde in *The Devils Wanton (Die Geliebte des Teufels)* umgetauft, während *Sehnsucht der Frauen (Kvinnors väntan*, 1952) unter dem Titel *Secrets of Women (Geheimnisse der Frauen)* in die Kinos kam. Noch deutlicher wurde diese Vorgehensweise bei zwei weiteren Filmen Bergmans aus den frühen Fünfzigern: *Einen Sommer lang (Sommarlek*, 1950, der in Amerika erst 1954 in die Kinos kam) und *Die Zeit mit Monika (Sommaren med Monica*, 1952, der in Amerika 1956 herauskam). Der amerikanische Titel von *Einen Sommer lang, Illicit Interlude (Verbotenes Intermezzo)*, flößte die Vorstellung einer promiskuitiven Beziehung von kurzer Dauer ein. Man könnte ihn mit dem Film *Begegnung (Brief Encounter*, 1945) von David Lean vergleichen, einer Ehebruchsgeschichte, deren Titel jedoch, im Gegensatz zu *Verbotenes Intermezzo*, nicht auf eine moralische Übertretung hindeutet. Die Abänderung des Filmtitels von *Einen Sommer lang*, der später nochmals abgeändert und in *Sommer Interlude (Sommerliches Intermezzo)* umbenannt wurde, ist jedoch nichts im Vergleich zu der Freiheit, die sich die amerikanische Filmverleihfirma Gaston Hakim Productions nahm, als sie vorsah, dass weitere sommerliche Badeszenen, die auf Long Island gedreht werden sollten, eingefügt werden sollten. Die Verwendung des Gegenlichts, um weibliche Silhouetten aufzunehmen, die nackt baden, wie es damals typisch für den schwedischen Film war, sollte dazu dienen, die erotische Begegnung zwischen den Hauptdarstellern des Films, der Tänzerin Marie und ihrem Liebhaber, einem Studenten, zu verlängern und zu verdeutlichen.

### Die Filme Bergmans als negativer Gegensatz zu Amerika

Als ein Rezensent der «Newsweek" bei einer Besprechung über *Abend der Gaukler* schrieb, dass die Schweden aufgrund ihres tragischen Temperaments nicht fähig schienen, «heitere Filme" zu machen, handelte es sich um mehr als ein kritisches Urteil über die traurigen und zum Unglück verdammten Schweden aus den Filmen Bergmans. Es handelt sich um eine Art der kulturellen Verdrängung, um das Stereotyp eines negativen Gegensatzes zur amerikanischen Gesellschaft, die nach den Worten der beiden Normans der damaligen amerikanischen Kultur, dem Pastor Norman Vincent Peale und dem Künstler Norman Rockwell, offiziell als glücklich und optimistisch galt, was auch durch Hollywood und die amerikanische Welt des Films unterstrichen wurde. Die ersten Filme Bergmans, von denen die meisten in der Gegenwart angesiedelt waren und sich mit Themen wie der jugendlichen Rebellion und der Ablehnung der bürgerlichen Autorität auseinandersetzten, können in Amerika eine negative Reaktion hervorgerufen haben, da sie in ihrer Deutlichkeit ähnliche Ängste aufdecken konnten, die jedoch in einer Nation, die versuchte sich nach dem Krieg auf die traditionellen Werte zurückzubesinnen, unterdrückt wurden.

Rückblickend scheint das Jahrzehnt, in dem Bergman in Amerika großen Erfolg hatte, eine Zeit der Widersprüche in den Vereinigten Staaten gewesen zu sein, eine Zeit, die von der Suche nach ontologischer und sozialer Sicherheit bestimmt war, aber in der sich auch Anzeichen von Frustration und Unsicherheit bemerkbar machten. Wie die Filmkritikerin Molly Haskell anmerkte, war der Optimismus der Fünfziger Jahre «eine Fassade, ein Boden, der den Samen der Rebellion schützte, der darunter keimte (*From Reverence to Rape*, 1972)". Als der aufgezwungene Optimismus der Eisenhower-Ära in die sozialen Unruhen des darauffolgenden Jahrzehnts mündete, wurde die Jugend der Fünfziger Jahre als die «stille Generation" bezeichnet und den protestierenden Jugendlichen gegenübergestellt, die sich an Bewegungen für Menschenrechte und an Demonstrationen gegen den Vietnamkrieg beteiligten. Man sollte sich jedoch fragen, ob nicht der Ausdruck «introvertierte Generation" passender ist, da die Fünfziger Jahre in vielerlei Hinsicht eine anonyme Masse von isolierten Individuen hervorbrachte, die sich auf sich selbst und ihre eigene kleine Welt konzentrierten. Und doch, unter der Oberfläche ihrer Ambitionen, ein bequemes Leben in den am Stadtrand liegenden Wohnvierteln der bürgerlichen Mittelschicht zu führen, versteckte sich irgendwie ein Zweifel, eine Frage über den Sinn eines solchen Syndroms des obligatorischen amerikanischen Glücks.

Sogar in Hollywood begann man allmählich, das Leben, so wie es wirklich hinter der Fassade des Optimismus' aussah, zu beschreiben und brachte somit ans Licht, was Michel Foucault als offenen Riss in der sozialen Struktur bezeichnete, durch den sich Subjekte einschleichen können, die von der herrschenden Kultur abweichen.

Nicht selten treffen in den amerikanischen Melodramen der Fünfziger Jahre die nostalgischen und regressiven Kräfte, die die Gesellschaft im Allgemeinen darstellen, auf Widerstand in der Privatsphäre. Die zahlreichen männlichen Antihelden, die in den amerikanischen Filmen der Fünfziger Jahre auftauchen, können daher, gegenüber den offiziellen Verhaltens- und Lebensregeln als subversiv gelten. Der Protagonist verkörpert

Stig Järrel verkörpert den beunruhigenden Caligula in *Die Hörige* (1944) von Alf Sjöberg.

nicht mehr das traditionelle amerikanische Ideal – den tatkräftigen Mann, der die Verantwortung übernimmt, Krisensituationen zu lösen. Ganz im Gegenteil, wir finden den unsicheren Sheriff (Gary Cooper) und den schweigsamen Robert Prewitt (Montgomery Clift) in *Zwölf Uhr mittags* (*High Noon*, 1952) und in *Verdammt in alle Ewigkeit* (*From Here to Eternity*, 1953), beide von Fred Zinnemann; den passiven Kirby (Rock Hudson) in *Was der Himmel erlaubt* (*All that Heaven Allows*, 1957) von Douglas Sirk; den melancholischen jugendlichen Rebell Jim (James Dean) in *Denn sie wissen nicht, was sie tun* (*Rebel Without a Cause*, 1955) von Nicholas Ray. All diese Personen zerstören das Bild des sicheren, männlichen und väterlichen Mannes, das die Zeit und selbst die Gestalt des Präsidenten Eisenhower auferlegt hatten. Im Gegenteil, die Männer dieser Filme sind unsicher, frustriert und überempfindlich oder sie stehen, wie der Vater Jims in *Denn sie wissen nicht, was sie tun*, unter der Fuchtel ihrer Ehefrauen.

Auch die Frauen scheinen übrigens ihrer Rolle nicht gerecht zu werden, was Brandon French in *On the Verge of Revolt* (1978) zu der Behauptung veranlasst hat, dass diese Filme symptomatisch sind für „eine verbitterte Unzufriedenheit sowohl der Männer als auch der Frauen gegenüber einer Gesellschaft, die ihre Gefühlsenergien unterschiedslos in die Strukturen der bürgerlichen Ehe zwängt – Strukturen, die die Paare in eine in erster Linie wirtschaftliche Dimension drängt, die die persönliche Identität und die Liebe zerstört".

Hollywood, das sich zur Aufgabe gemacht hatte, die Massen zu unterhalten und gleichzeitig die öffentliche Moral

Eine Szene aus Shakespeares *Hamlet*, der 1986 im Dramaten aufgeführt wurde.

hochzuhalten, versuchte, diese Risse zu kitten. So wurden den im Grunde realistischen Melodramen wie *Denn sie wissen nicht, was sie tun* ein erzwungenes Happy-End aufgedrückt. Diese unwahrscheinlichen Happy-Ends ließen jedoch bei den Zuschauern ein unbehagliches Gefühl zurück, wie Robert Ray in seinem Buch *A Certain Tendency of the Hollywood Cinema, 1930-1980*, feststellt: "Je realistischer die gesellschaftliche Krise Amerikas nach dem Krieg in den Filmen beschrieben wurde, desto mehr erkannten die Zuschauer die durchsichtige Märchenhaftigkeit der vorgetäuschten Auflösungen am Ende des Films". Die zunehmende Skepsis des Publikums gegenüber dem erzwungenen Optimismus Hollywoods hilft zu verstehen, weshalb ein düsterer und problembeladener Film wie *Das siebente Siegel* in Amerika bei einem ziemlich breitgefächerten Publikum so große Zustimmung fand. Der Schluss des Films, in dem der Tanz des Todes der Rettung der Familie von Jof, Mia und Mikael bildlich gegenübergestellt wird, hatte keineswegs den Anschein von Außen aufgezwungen worden zu sein, sondern war die natürliche Konsequenz des dramatischen und bildlichen Aufbaus der Geschichte, in der die Suche nach Gott, die Liebe und die Rettung dem Aberglauben, den Epidemien und dem Tod gegenübergestellt wird; die weißen und die schwarzen Figuren, die sich auf einem Schachbrett gegenüberstehen, stellen ein weiteres sichtbares Symbol für diese innere Dialektik dar.

## Der amerikanische Erfolg Bergmans

Wie bereits erwähnt wurde lässt die Kunst und die Weltanschauung der Schweden wenig Raum für Euphemismen, Fantasien oder Anspielungen, denn sie tendieren eher dazu, ungemein deutlich zu sein, was einem Nicht-Schweden zugleich naiv und beeindruckend vorkommen kann oder auch dazu dienen kann, heikle oder tabuisierte Wahrheiten ans Licht zu bringen.

Die Filme, die Bergman in der ersten Hälfte der Fünfziger Jahre gedreht hat, befassten sich mit Themen, die die meisten Amerikaner zu dieser Zeit nie so deutlich zur Sprache gebracht hätten; außerdem durchbrachen sie die linguistischen Regeln des traditionellen Films. Gleichzeitig manifestierten diese ersten Filme künstlerische Ambitionen bei den behandelten Themen. Ihre formale Unregelmäßigkeit machte es leichter, sie abzulehnen und als Softpornos abzutun. Da Bergman in erster Linie jedoch nicht die Absicht hatte, die sexuellen und voyeuristischen Schranken der filmischen Mittel zu durchbrechen – so wie es zum Beispiel Vilgot Sjöman in *Ich bin neugierig – gelb* (1968) gemacht hat – waren diese ersten Filme als Pornofilme nicht sehr erfolgreich. Man kann sich schwer einen weniger versprechenderen Zugang zum amerikanischen Markt vorstellen, als den Bergmans, nachdem er zum ersten Mal in Berührung mit der amerikanischen Kultur gekommen war. Und dennoch respektierte und kannte man ihn als Filmemacher am Ende der Fünfziger Jahre in ganz Amerika.

Es ist irgendwie paradox, dass die ersten Filme Bergmans, die sehr realistisch gestaltet und in der Gegenwart angesiedelt waren, bei den amerikanischen Kritikern Ironie und Sarkasmus hervorriefen, während er bei der Verwirklichung seines Traumes einen metaphysischen Film wie *Das siebente Siegel* zu drehen, zwar bei seinen Landsleute keinen großen Erfolg hatte, das amerikanische Publikum ihn jedoch als *directeur de conscience* feierte, der sich mit stets gültigen und wichtigen Themen auseinandersetzte. Was waren also die Gründe dafür, dass die Amerikaner den Film *Das siebente Siegel* so positiv aufnahmen, einen Film, der mehr als alle anderen Bergman zum Erfolg in den Vereinigten Staaten verhalf?

### Der Erfolg und die Vermarktung des Films *Das siebente Siegel*

Im Jahr 1956 gewann die Komödie *Das Lächeln einer Sommernacht*, die am Anfang dieses Jahrhunderts angesiedelt ist, den begehrten Spezialpreis der Jury des Festivals von Cannes. Gleich darauf begann er, den Film *Das siebente Siegel* zu drehen, der im Februar 1957 in Schweden uraufgeführt wurde. Während er in der schwedischen Presse sehr unterschiedliche Kritiken erhielt, wurde er in Paris von den französischen Cineasten gefeiert, die ihn als «filmischen Faust» bezeichneten (Eric Rohmer, «Arts», April 1957). Auf diese Weise fand *Das siebente Siegel* Eingang in das internationale Filmgeschehen. Als er im Oktober 1958 in New York zum ersten Mal gezeigt wurde, waren in Schweden bereits zwei weitere Filme Bergmans herausgekommen: *Wilde Erdbeeren* (in den Vereinigten Staaten 1959 im Kino) und *Dem Leben nahe* (der 1959 in Amerika herauskam), und die Uraufführung von *Das Gesicht* (1959 Erstaufführung in Amerika) stand kurz bevor. Ein Grund für den Erfolg Bergmans beim amerikanischen Publikum Ende der Fünfziger Jahre lag darin, dass seine Filme in diesem Jahrzehnt massiv und kontinuierlich den amerikanischen Markt überschwemmten.

Das bedeutete auch, dass seine Schauspieler – Max von Sydow, Bibi Andersson, Ingrid Thulin und Gunnar Björnstrand – die damals eine richtig feste Gruppe bildeten, in kürzester Zeit beim amerikanischen Publikum sehr bekannt wurden, was gerade in den Vereinigten Staaten wichtig ist, da man dort immer neue Stars braucht. Außerdem drückte Bergman in dieser Filmreihe eine künstlerische Identität aus, die durch ihre Originalität faszinierte. Auch in diesem Falle darf man behaupten, dass Bergman einem typisch amerikanischem Ideal entsprach, da die amerikanische Kultur grundsätzlich individualistisch bei den Bewertungskriterien der Kunst ist, obwohl die Massenkommunikationsmittel dabei eine schwerwiegende Rolle spielen.

Die Tatsache, dass die abstrakte Struktur der Moral von *Das siebente Siegel* die sozialen und nationalen Schranken überschritt, wurde durch die meisten amerikanischen Kritiken dieses Films

Ein Ausschnitt aus der Prozession der Geißelbrüder in *Das siebente Siegel* (1956).

deutlich erklärt. Die Einzigartigkeit, in den Mittelpunkt des Films eine metaphysische Frage zu stellen und als Hauptfigur eine erfundene statt eine historische Person zu verwenden, wurde oft hervorgehoben, wobei die Figur des Ritters, die Hauptperson des Films, mit der Gestalt eines gewöhnlichen Mannes identifiziert wurde. Eine von Bosley Crowther in seinem Buch *The Great Films: Fifty Golden Years of Motion Pictures* (1967) durchgeführte Untersuchung über *Das siebente Siegel* kann als Beispiel für diese These dienen:

«*Das siebte Siegel* ist im Wesentlichen die Geschichte eines einsamen Mannes auf der Suche nach Gott – oder vielleicht besser ausgedrückt, die Geschichte eines Mannes auf der Suche nach dem Sinn des Lebens. Der Held sucht nach einer Antwort. ‚Ich will wissen, nicht glauben' ruft der Ritter ‚ich will keinen blinden Glauben, keine Hypothesen, ich will das Wissen!' Dieser ewige Angstschrei wird nur in wenigen bedeutenden Filmen zum Thema gemacht. Die besondere Außergewöhnlichkeit bei diesem Film besteht in der Kraft, mit der es ihm gelingt, die Großartigkeit seiner abstrakten Ideen durch Bilder auszudrücken, die Art, mit der die Einsamkeit des Mannes, das Rätsel Gott, der Schattenbereich zwischen Leben und Tod, die Verachtung des Aberglaubens und die Mühseligkeit des blinden Glaubens ausgedrückt wird".

Der Filmkritikers Michael Roemer behauptet in «The Reporter" vom 15. Februar 1962, dass Bergman durch seine Wahl einer fiktiven Figur, nämlich die des Ritters (Antonius Block), dem Publikum die Zeitlosigkeit des Themas von *Das siebente Siegel* zu verstehen geben wollte. Die Figur des Antonius Block steht in keinerlei Bezug zu einer Person, die in der Vergangenheit wirklich existiert hatte, sondern sie ist eine frei erfundene Gestalt, deren Seelenleben wichtiger ist als einige der Ereignisse, die um sie herum geschehen:

«Die Darstellung der Wirklichkeit (im Film) ist subjektiv. Antonius Block ist kein Ritter aus dem Mittelalter, sondern ein moderner Mensch, der versucht, seinen eigenen Weg über den Zweifel und die Verzweiflung zu finden ... obwohl das Ambiente und einige Details realistisch wiedergegeben werden, wird kein Versuch unternommen, der Geschichte eine objektive Realität aufzudrücken".

Obwohl viele schwedische Kritiker ähnlicher Meinung waren, die Strenge der von Bergman verwendeten Schwarz-Weiß-Bilder besonders hervorhoben und auf die Seelenverwandschaft zu der schwerwiegenden Bedeutung des zentralen Themas hinwiesen, standen einige von ihnen dem Film *Das siebente Siegel* skeptisch und zwiespältig gegenüber. Besonders nach den Aussagen eines Kritikers (Hanserik Hjertén) hat Bergman «einen Horrorfilm für Kinder gedreht, statt sich ernsthaft mit dem Thema auseinanderzusetzen, und auch er selbst hat sich wie ein verängstigtes Kind verhalten". Der Film wurde zum Gegenstand hitziger Debatten in den schwedischen Massenmedien, aber er erreichte nie den Status eines Kultobjekts so wie in Amerika, wo er, nach Aussagen eines amerikanischen Kritikers, «eine ganze Generation junger Intellektueller stark beeindruckt hat (Croce)".

## *Das siebente Siegel* – Autorenfilm gegen Unterhaltungsfilm

Angesichts der Aufmerksamkeit, die dem Film *Das siebente Siegel* sowohl in Schweden als auch in Amerika gezollt wurde, darf man rückblickend annehmen, dass er von zwei verschiedenen Gruppen von Publikum mit sehr unterschiedlicher Bildung gesehen wurde. Nachdem in Schweden (und in Europa) die Kunstformen und ihre Anhänger in zwei Gruppen aufgeteilt werden – in hochstehende und gebildete Kultur und niedrige, populäre Kultur –, wobei bürgerliche Maßstäbe angesetzt wurden, galt in den Fünfziger Jahren noch die elitäre Kulturdefinition von Matthew Arnold. Nach der These Arnolds schloss der Begriff «Kultur" jede Form der populären Unterhaltung aus. Nachdem Kultur die höchste Form des künstlerischen Ausdrucks darstellt, war sie etwas, das (sozusagen aufgrund der Schwerkraft) auf die Massen niederging. In dieser Definition von «Kultur" diktierte die Vergangenheit den Geschmack der Gegenwart. Zwischen das Publikum Bergmans und *Das siebente Siegel* drängten sich unendlich viele sowohl filmische als auch literarische Werke, die sich mit demselben Thema der Metaphysik auseinandersetzten: *Körkarlen (Der Geisterkarren*, 1921) von Victor Sjöström, *Folkungersage* (1901) von Strindberg, *Himmelsspiel (Himlaspelet*, 1942) von Rune Lindström, *The Man Condemned to Death (Der zum Tod Verurteilte*, 1948) von Stig Dagerman und *Barabbas – Der Mann im Dunkel* (1951) von Pär Lagerkvist. Diese älteren Werke redimensionierten in gewisser Weise die Neuheit von *Das siebente Siegel*, da ihre Thematik dem Ambiente und der Struktur des Films Bergmans ähnelten, und auch das zentrale Thema war dasselbe: die fieberhafte Suche des Ritters mit ihren existenzialen und eschatalogischen Verzweigungen.

Jedoch keines dieser Werke schwankte so drastisch zwischen Tragödie und Komödie wie *Das siebente Siegel*. Das erschwerte den schwedischen Kritikern, den Film als Kultur im Sinne Arnolds zu definieren – sein Humor ähnelte zu sehr der volkstümlichen Farce oder der für das *buskteater* typischen Burleske. Bergman, der immer darauf bedacht war, sich nicht künstlerisch zu prostituieren, war sich jedoch seit Anfang an bewusst, dass er innerhalb des Systems der Massenkommunikation tätig war: «Ich schaffe meine Werke nicht für mich selbst oder zur moralischen Erbauung einiger weniger, sondern um Millionen von Personen anzusprechen". Die schwedischen Kritiker von *Das siebente Siegel* erkannten zwar den bewussten Versuch Bergmans an, nach dem Vorbild Shakespeares die Welt der gehobenen Kultur mit jener der Volkskunst in Einklang zu bringen, aber nicht immer verziehen sie es ihm.

Nils Poppe (Jof) und Bibi Andersson (seine Frau Mia) sind die Darsteller des glücklichen Komödiantenpaars aus Das siebente Siegel (1956).

Nach der Ästhetik Arnolds betrachtet der Empfänger eines künstlerischen Produktes die Funktion der Kunst als einen Prozess der Objektivierung und die Funktion der Kritik als die Verstärkung eines bestimmten künstlerischen Kanons. Der schwedischen Film hatte von Anfang an die Absicht, die neue Kunst von ihren volkstümlichen Wurzeln zu befreien. Aus diesem Grund beschloss der erste große Filmproduzent, Charles Magnusson, einige Theaterregisseure (höhere Kunst) bei seiner Produktionsgesellschaft Svenska Bio einzustellen, und riet ihnen, den zukünftigen Drehbüchern klassische Werke der schwedischen Literatur zugrundezulegen.

Am Anfang seiner Filmkarriere amüsierte es Bergman, die elitäre Ästhetik zu provozieren, indem er die bescheidenen Wurzeln des Films und seine Verbindung zur volkstümlichen Unterhaltung wie Zirkus und Vaudeville pries:

«Es hat nichts Beschämendes oder Abwertendes an sich, dass das Kino einst eine visuelle Attraktion war, eine Kunstform für Clowns und Zauberkünstler. Aber es ist falsch und verleumdend, wenn man seine Ursprünge verneint und ihm so den Zauber und den Entspannungswert nehmen will, die so anregend für unsere Fantasie sind". (*Biografbladet*, 1947)

In einem Film wie *Abend der Gaukler* zeigt Bergman die Rivalität zwischen der Welt der intellektuellen Kultur und der der volkstümlichen Unterhaltung auf, indem er die Mitglieder eines Theaters auf die eines Zirkus treffen lässt. Die Sympathie Bergmans liegt eindeutig auf der Seite des Zirkusvolkes und ihrer volkstümlichen Kultur.

Und dennoch war Bergman stets der hochwertigen Literatur verbunden – trotz seiner gegensätzlichen Behauptungen. Das gehörte einfach zu seiner großbürgerlichen Bildung, die typisch für das Milieu ist, in dem er aufgewachsen ist. Als er sich an der Universität Stockholm immatrikulierte, wählte er den Studienzweig Literatur. Bei seiner Tätigkeit am Theater hat er schon immer den Klassikern den Vorzug gegeben, sei es bei den Texten aus dem allgemeinen Repertoire oder bei Texten, die er selbst geschrieben hatte. Sein großer Lehrmeister war August Strindberg, ein Autor, den man sicherlich nicht als besonders geeignet für die volkstümliche Unterhaltung bezeichnen kann, wenn man einmal von seinem Roman *Die Einwohner von Hamsö*

H arriet Andersson *(Anne)* und Åke Grönberg *(Albert Johansson),* die Hauptpersonen in *Abend der Gaukler* (1953).

absieht. Ein rascher Blick auf die Anmerkungen, mit denen Bergman einige seiner Amateurstücke versehen hatte, die er in seinem ersten Theater, dem Mäster Olofsgården in Stockholm auf die Bühne brachte, lassen seine Absicht erkennen, nie das potentielle Publikum aus den Augen zu verlieren, das, seiner Meinung nach, das Recht hatte, sowohl mit niveauvollen Werken als auch mit volkstümlichen Stücken unterhalten zu werden. Die Anmerkungen, die er während der ersten zwei Jahre machte, in denen er das Theater von Hälsingborg (1946-1948) professionell leitete, haben denselben Tenor. Das erste Gebot seines künstlerischen Credos „Jeder Film ist mein letzter" sagt letztendlich aus, dass „man immer interessant bleiben muss".

Bergman hatte Glück, dass er in einer Zeit zur Svensk Filmindustrie kam, als sie nicht nur im Hinblick auf die Filmproduktion einen wahren Boom erlebte, sondern auch fest entschlossen war, eine Art goldenes Zeitalter für den schwedischen Film wiederauferstehen zu lassen. Es war vorgesehen, dieses Wiederauferstehen mittels guter Drehbücher zu verwirklichen, die professionelle Schriftsteller verfassen sollten. Es handelte sich im Grunde um eine Rückkehr in die Zwanziger Jahre, in denen Regisseure wie Sjöström und Stiller den schwedischen Film weltweit bekannt machten, indem sie Romane und Erzählungen von Selma Lagerlöff verfilmten.

In diesem Zusammenhang waren die Drehbücher Bergmans, die sich wie wahrhaftige literarische Texte lesen, eine konkrete Antwort auf die Bedürfnisse der Filmindustrie. In einer Zeit, in der nur wenige schwedische Schriftsteller bereit waren, für den Film zu arbeiten – der immer noch als eine Form niederer Kunst angesehen wurde –, bewies der junge und aufsässige Sohn eines frommen Pastors, der aus dem angesehenen Stockholmer Stadtviertel Östermalm stammte, sein Vertrauen in den Film und zeigte gleichzeitig seine Affinität zu den Klassikern der modernen schwedischen Literatur: August Strindberg, Selma Lagerlöf (über die Bergman seine Diplomarbeit am Gymnasium schrieb) und Hjalmar Bergman. Bergman selbst deklarierte sich als Vertreter der mittelständischen Kultur, der daran interessiert war, das Wesen und den Inhalt der „gehobenen" Kultur mit dem besonderen Unterhaltungwert des Kinos zu verbinden.

Die Bedeutung dieser kulturellen "Vermittlung" Bergmans in Bezug auf den Einfluss, den er auf das amerikanische Publikum hatte, sollte nicht unterschätzt werden. Seine Filme stellten tatsächlich eine Antwort auf den kulturellen Entwicklungsprozess dar, der in die gegengesetzte Richtung des europäischen Entwicklungsprozesses ging. Die amerikanische Gesellschaft hatte seit ihrer Ausdehnung gen Westen die Volkskultur gefördert, die große Gemeinschaften von Emigranten miteinbezog, die fast kein Englisch sprachen und nur in geringem Maße an der Tradition der "gehobenen" Kultur ihrer Ursprungsländer teilhatten. Viele von ihnen verwirklichten ihre künstlerischen Ambitionen in verschiedenen Formen der Volkskultur: ethnisches Amateurtheater, Chöre, Vaudeville, Zirkusvorstellungen und natürlich die Neuheit Kino. Auf diese Weise benutzten sie die Kenntnisse aus ihrer Vergangenheit und wendeten sie auf die Gegenwart an. In diesem Fall können die (postmodernen) Ideen von Jean Baudrillard über die Ablehnung vorgefasster Begriffe von Kunst und künstlerischer Tätigkeit zugunsten einer Ausübung der Kunst als individuelle und zugleich kollektive Tätigkeit am besten angewandt werden.

Die Reaktion Amerikas auf *Das siebente Siegel* wurde nicht durch eine Fülle von Vergleichen mit vorangegangenen literarischen und filmischen Werken aus Schweden belastet. Außerdem zeigt der Erfolg, den der Film in Amerika hatte, dass man keine großen Probleme mit der Subjektivität des Autors hatte. Die Originalität der bildlichen Darstellung und der Arbeit Bergmans wurden anerkannt; anders als bei der schwedischen Kritik wurden sie nicht auf die "Nachwehen eines religiösen Rauschs Bergmans" zurückgeführt; anders gesagt, sein Film wurde nicht zu persönlich und anachronistisch gesehen. Es scheint, dass die amerikanischen Zuschauer von dem Film direkt und tiefgreifend angesprochen wurden und dass sie ihn als Werk betrachten, das ihnen erlaubte, sich der eigenen Vergangenheit bewusst zu werden, indem sie an der eigentlichen Schöpfung der Kunst und des Mythos teilnehmen durften. Wie es scheint, brachte *Das siebente Siegel* eine Saite des amerikanischen Bewusstseins der Fünfziger Jahren stark zum Schwingen.

## Ingmar Bergman, der Filmautor

Das amerikanische Publikum konnte die wichtigsten Filme Bergmans der Fünfziger Jahre ein paar Jahre nach ihrem Erscheinen bewundern. Dieselbe Erfahrung machten die Pariser Kinogänger, die in der Nachkriegszeit viele amerikanische Filme aus den Vierziger Jahren zu sehen bekamen; diese Erfahrung führte zu der sogenannten Bezeichnung *politique des auteurs (Autorenpolitik)*. Der Begriff Autor, der innerhalb einer Gruppe zukünftiger Filmemacher entstanden ist, die sich um die Filmzeitschrift "Cahiers du Cinéma" scharten, wurde beim amerikanischen Publikum durch Andrew Sarris eingeführt, der damals Kritiker beim "Village Voice" und später einige Jahre lang der Chefredakteur der englischsprachigen Ausgabe der "Cahiers" war.

Peter Stormare (auf Knien) und Per Myrberg in der Geisterszene aus Shakespeares *Hamlet*, der zum ersten Mal 1986 in Stockholm aufgeführt und 1988 in der Brooklyn Academy of Music wiederholt wurde.

In einem Interview aus dem Jahre 1973, das "Film Heritage" betitelt war, erklärte Sarris die *politque des auteurs* als eine Art Verlagspolitik:

"Die Grundidee bestand darin, dass man einen Film nicht einzeln, als isolierte Einheit rezensieren durfte. Man sollte das Gesamtwerk bestimmter Regisseure analysieren und feststellen, ob sie stilistische Konstanten enthielten. Diejenigen, in denen sich solche Konstanten befanden, galten als höherwertig; während jene, bei denen diese Konstante fehlte, als minderwertig galten ... auf diese Weise kann man von einem Film von Capra, einem Film von Wyler sprechen ... ich meinerseits halte Bergman, Fellini und vielleicht auch Antonioni für Autoren".

Sarris verwendete den Kritikerbegriff "Autor" solange seine Begeisterung für die Filme Bergmans anhielt – das heißt,

Max von Sydow *(Johan Borg)* und Gertrud Fridh *(Corinne von Merkens)* in einer Schlüsselszene aus *Die Stunde des Wolfs* (1966).

bis Mitte der Sechziger Jahre. Als im Jahr 1966 der Film *Persona* in Amerika herauskam, nahm sein Interesse an Bergman ab. Trotzdem war die Aufmerksamkeit, die er den Filmen Bergmans Ende der Fünfziger Jahre entgegenbrachte, für die Stellung Bergmans in Amerika ausschlaggebend. Besonders in seiner langen Besprechung von *Das siebente Siegel* aus dem Jahr 1958 bezeichnete er diesen Film als erstes authentisches Beispiel für einen existenzialen Film in der ganzen Filmgeschichte. Obwohl Sarris später dazu tendierte, den Begriff Autor mehr auf den Stil als auf den Inhalt anzuwenden, konzentrierte sich seine Analyse von *Das siebente Siegel* in erster Linie auf seine philosophische Aussage und das Werk wurde als „ein überraschend komplexer Film mit vielen Bedeutungsebenen" bezeichnet. Die Themen der Filme Bergmans waren für die amerikanische Kritik stets ausschlaggebend. Die moralischen, religiösen und metaphysischen Aspekte waren viel mehr Anlass für Diskussionen und kritische Aufsätze als die Stilfragen und die Bildsprache. Obwohl dies wiederum bei einigen amerikanischen Filmwissenschaftlern und Cineasten negative Reaktionen ausgelöst hat, die ihn als zweitrangigen Filmemacher einstufen und seine Bedeutung als Pionier des Stils verneinten, darf man nicht vergessen, dass seine Filme bei einem überraschend großen amerikanischen Publikum Anklang fanden, das sich nicht nur auf die Universitätsgelände und die intellektuelle Elite der Großstädte beschränkte.

### Die schwindende Rolle Hollywoods und der Erfolg Bergmans

Die Filme Ingmar Bergmans kamen zu einer Zeit in Amerika heraus, in der sowohl die Produktionsstruktur als auch das Bild des Hollywoodfilms im Umbruch waren. Um die Wahrheit zu sagen, spielte Hollywood in den Fünfziger Jahren für die amerikanische Kultur eine noch ziemlich große Rolle. Jedoch die Konkurrenz durch das Fernsehen, das Auftauchen europäischer Filme der Nachkriegszeit auf dem amerikanischen Markt und das Aufkommen einer Reihe von unabhängigen Produktionen und Filmemachern forderten schon bald das klassische *studio system* Hollywoods heraus und trieben viele seiner Magnaten in den Ruin. Die durch die Autorenpolitik ausgelöste Aufwertung der Regisseure war ausschlaggebend für die Entdeckung eines Filmemachers wie Ingmar Bergman, und gleichzeitig wurde der künstlerische Status einiger noch tätiger Hollywood-Regisseure angehoben. Die Macht der Produktionsfirmen wurde geringer und das Bild Hollywoods als Festung der Volksunterhaltung abgeschwächt, dessen treibende Kraft das Studiosystem war.

Außerdem führte die Herausforderung Hollywoods dazu, dass amerikanische Intellektuelle Spielfilme als legitime künstlerische Ausdrucksform anerkannten. So begann der Film als Studienobjekt in den amerikanischen Colleges und Universitäten Einzug zu halten, die immer mehr Zulauf hatten, nachdem die Studenten der Nachkriegszeit allmählich der folgenden Generation Platz machten.

Die Universitäten dehnten sich zu riesigen akademischen Städten aus, und es ergab sich die Notwendigkeit, Studienfächer anzubieten, die von einer großen Anzahl Studenten besucht werden konnten. Die Filmstudios konnten diesem Bedürfnis gerecht werden, da mehrere hundert Studenten in den großen Konferenzsälen, die mit 16mm-Projektoren ausgestattet waren, Platz hatten. Die Filmkurse wurden häufig von den Fakultäten für Sprachen und Literaturwissenschaften verwaltet, die so durch ihre pädagogischen Methoden einen großen Einfluss auf das neue Fach hatten. Die Behauptung François Truffauts, dass Bergman ein Cineast sei, der sein filmisches Talent so benutzte wie ein Schriftsteller seine Feder, wurde zu einer Art generellen Regel in der entscheidenden Anfangsphase der Programme der amerikanischen Filmstudienfächer. Die *politique des auteurs* und die Filmgeschichte waren ein fester Bestandteil dieses neuen Faches und ebneten den Weg für das Entstehen neuer Kurse über einzelne Filmemacher, die in den amerikanischen Colleges in den Sechziger und Siebziger Jahren abgehalten wurden. In diesen Kursen nahm das Werk Bergmans eine zentrale Stellung ein, wie auch das der Autoren Hitchcock, Buñuel, Kurosawa, Fellini, Antonioni und Godard.

Als Folge seines wachsenden Status begann man, den Film

als einen kulturellen Indikator anzusehen, der auch auf andere akademischen Bereiche angewendet werden konnte. In diesem Zusammenhang wurden die Werke Bergmans als empirische Basis für Diskussionen in der Psychoanalyse benutzt. So diente der Film Bergmans *Wilde Erdbeeren*, in dessen Mittelpunkt der alte Medizinprofessor Isak Borg steht, dem Buch von Erik H. Eriksson, das sich den verschiedenen Altersabschnitten der Menschen widmet (*Daedalus*, Frühjahr 1976), als Hauptbezugspunkt. Genauso holten amerikanische Theologen Anregungen für ihre Debatten über die lutherische Religion und Kierkegaard aus *Das siebente Siegel* und der Filmtrilogie der frühen Sechziger Jahre *Wie in einem Spiegel, Licht im Winter* und *Das Schweigen*. Das Buch des Theologieprofessors Arthur Gibson über das Schweigen Gottes in den Filmen Bergmans (*The Silence of God*, 1962) diente als Modell für zahlreiche Artikel und Debatten über die zunehmende Religiosität, die in den Filmen Bergmans weit über die reine und einfache bildliche Darstellung hinauszugehen schien. In der zweiten Hälfte der Sechziger Jahre, vor allem nach dem Erscheinen von *Die Stunde des Wolfs*, begannen sich die Wissenschaftler, die sich mit Freud und Jung beschäftigten, für die Psyche Bergmans zu interessieren, die bei seinen Filmfiguren so düster war (Frank Gado, *The Passion of Ingmar Bergman*, 1987). In den Siebziger Jahren, nachdem *Schreie und Flüstern* herausgekommen war, wurde seine Art, weibliche Gestalten darzustellen, von der marxistisch-feministischen Wissenschaftlerin Joan Mellen (*Women and Sexuality in the New Film*, 1974) ganz genau unter die Lupe genommen. Außerdem zogen die Originaldrehbücher Bergmans die Aufmerksamkeit von Literaturkritikern auf sich.

In Amerika wurden auch eine Reihe kritischer Untersuchungen über Bergman durchgeführt, die sich mit seinen Prinzipien der filmischen Ästhetik und seiner Filmtheorie beschäftigten. Gerade die Weise, wie seine Werke verbreitet und in verschiedenen Bereichen des kulturellen Lebens verwendet wurden, waren der Grund für seine einzigartige Stellung, die er in Amerika einnahm.

Man kann also sagen, dass nach dem Zweiten Weltkrieg nicht nur eine Amerikanisierung der europäischen Kultur stattgefunden hat, das heißt, eine Entfaltung jenseits des Atlantiks von amerikanischen Formen und Ausdrucksweisen der volkstümlichen Kunst, sondern auch ein gegenläufiger Prozess, nämlich die Europäisierung des amerikanischen Films. Der europäische Nachkriegsfilm, vom Neorealismus bis heute, hat in den Vereinigten Staaten zu neuen experimentellen und ausgefeilten Formen in der Filmkunst geführt. In der Übergangsphase vom klassischen Unterhaltungsfilm aus Hollywood zum neuen amerikanischen Kino wurden die Filme Bergmans, zumindest diejenigen, die vor *Persona* gedreht worden waren,

Eine beängstigende Gruppenszene aus *Die Stunde des Wolfs* (1966).

Ein „Kultbild" aus *Schreie und Flüstern* (1971).

in einem Zwischenbereich angesiedelt, der dazu diente, den Blickwinkel der Filmemacher und der Zuschauer in Amerika zu vergrößern und zu vertiefen und um gleichzeitig ein größtmögliches Publikum anzusprechen.

**Die Filme Bergmans: amerikanisches Melodram oder europäischer Kunstfilm?**

Als Ingmar Bergman Anfang der Vierziger Jahre zum ersten Mal bei der Svensk Filmindustri (SF) angestellt wurde, arbeitete er als Lektor in der Drehbuchabteilung der Produktionsgesellschaft, die in der Firmensprache „Friedhof der Illusionen" getauft wurde. Die direkte Vorgesetzte Bergmans war die energische Witwe des Bühnenautors, Schriftstellers und Drehbuchautors Hjalmar Bergman (der nicht mit Ingmar verwandt ist).

Stina Bergman hatte ihren Mann in den Zwanziger Jahren nach Hollywood begleitet und dort die Technik des Drehbuchschreibens studiert. Nach Schweden zurückgekehrt hatte sie ein Lehrbuch mit dem Titel „*Grundzüge für das Verfassen von Drehbüchern*" geschrieben. Obwohl es im Ansatz relativ elementar war, hob der Text die zentrale Bedeutung der korrekten Entwicklung des Dramas und der Charakterisierung der Personen hervor und beschrieb ein Modell der Erzählstruktur, das mit der Tradition des amerikanischen Films übereinstimmte: Das Publikum sollte in die Welt des Films eintauchen, wobei die Erzählung geschlossen und der Aufbau streng gegliedert sein musste: Anfang, Entwicklung, Schluss. Stina Bergman ermunterte ihren Zögling, Drehbücher zu schreiben, und bot ihm an, sich in ihre private Sommerresidenz im Archipel von Stockholm zurückzuziehen. Das Ergebnis war, unter anderem, das Drehbuch zu *Die Hörige*, das anlässlich des fünfundzwanzigjährigen Jubiläums der Svensk Filmindustri verfilmt wurde, wobei die besten Schauspieler und die besten Techniker, die zur Verfügung standen, engagiert wurden. Obwohl der Film unter der Regie von Alf Sjöberg entstand, wurde der Name Ingmar Bergmans, als der Film in die Kinos kam, ein fester Begriff in der Filmszene, und vielmehr *seine* Geschichte als die Regie Sjöbergs stand im Mittelpunkt der Diskussionen der nationalen Presse. Es handelt sich um eine Geschichte, die nach dem Vorbild des amerikanischen Melodrams konzipiert wurde oder, nach den Worten eines amerikanischen Rezensenten, um „eine Erzählung von beunruhigender Tiefe", die sich um die Rebellion und die Liebesgeschichte eines jungen Gymnasiasten dreht. Das Drehbuch (und auch der Film) erlauben einen interessanten Vergleich mit dem Film *Denn sie wissen nicht, was sie tun (Rebel Without a Cause,* 1956) von Nicholas Ray. Beide Filme verwendeten die Zutaten des traditionellen Melodrams: eine Liebesgeschichte, die der männlichen Hauptperson (Vidgren bzw. Jim) erlauben, Gefühle auszudrücken; ein psychologischer Konflikt, der zu einer Moralfrage wird und in eine stereotype Einteilung der Welt in Gut und Böse mündet. Beide Geschichten folgen dem melodramatischen Modell einer bevorstehenden Krise, die zum Ausbruch kommt; anschließend ist alles wieder beim Alten und es kommt zum obligatorischen Schluss. In beiden Filmen gibt es die prädestinierten Opfer um zu einem akzeptablen Ende zu kommen. Berta, die Geliebte Vidgrens, kann keine Zukunft in seinem sozialen Umfeld haben, deswegen wird sie eliminiert. Plato, der jüngere Student, für den Jim ein Idol ist, stellt für Jim eine Verantwortung dar, bei der er zu früh eine Führungsrolle übernehmen muss, und deshalb wird er umgebracht. In beiden Filmen tauchen tragische, nicht anpassungsfähige Figuren auf, die am Ende ins Abseits gedrängt werden. Trotzdem war es Sjöberg und nicht Bergman, der dem Film *Die Hörige* ein Happy-End aufgedrückt hat, bei dem der Rektor die Wohnung Bertas aufsucht, wo er von Vidgren erwartet wird. Im Drehbuch dagegen spielt sich die Schlussszene an einem regnerischen Tag im Schulhof ab, wo Vidgren seine Klassenkameraden beobachtet, die ihr Examen machen. Er bleibt ein Außenseiter und Bergman liefert keine Lösung für seine Situation. Der versöhnende Schluss Sjöbergs steht dagegen mehr im Einklang mit dem damaligen Hollywood-Modell.

Bis zum Film *Das siebente Siegel*, der 1956/57 hergestellt wurde, konzentrierte Bergman seine Aufmerksamkeit auf junge Paare, die stets am Rande der Gesellschaft standen, wie in den französischen *films noirs* der Dreißiger Jahre, oder die gegenüber den Vertretern der bestehenden Ordnung durch den unaufhörlichen Wunsch nach absoluter Freiheit ihre Beziehung verfestigen, ein Thema, das typisch für den schwedischen Film ist und unter der Bezeichnung *utbrytningsdrömmen* (der Traum zu fliehen) bekannt ist. Der Wunsch oder das Bedürfnis „unterwegs" zu sein wurde von Bergman als Stilmittel in den Filmen der späten Fünfziger Jahre eingesetzt, in denen eine Reise im Mittelpunkt stand, bei der sich gleichzeitig ein physisches Geschehen mit einer psychologischen oder metaphysischen Krise vermischte. Die Qualen des Kreuzritters Antonius Block in *Das siebente Siegel* hängen mit seiner zehnjährigen Suche im Geheiligten Land zusammen; die Beschreibung des gepeinigten, sechsundsiebzigjährigen Professors Isak Borg in *Wilde Erdbeeren* nimmt die äußerliche Form einer Reise zwischen Stockholm und der Universitätsstadt Lund an; die Zauberkunststücke Albert Emanuel Voglers in *Das Gesicht* werden auf der Reise seiner Schauspielertruppe vorgeführt, die durch das Schweden des 19. Jahrhunderts vagabundieren; die Ermordung des Mädchens aus *Die Jungfrauenquelle* geschieht während eines Ausritts in einem mittelalterlichen Sommer. Die physische Handlung eines Filmes mit einer Reise zu verbinden gehört zu den ältesten filmischen Tricks, wobei aus der Besonderheit der filmischen Mittel der größtmögliche Vorteil gezogen wird: die Bewegung in Raum und Zeit zu zeigen. Der klassische Hollywood-Film schuf aus dem Thema der Reise durch ein zu kolonialisierendes Land ein ganzes Filmgenre – den Western; das Stilmittel der Reise sollte später ein weiteres amerikanisches Filmgenre hervorrufen – das *road movie*.

Die Reise, die als Suche zu verstehen ist, wird auch in der Literatur als Stilmittel benutzt und geht bis auf die *Odysee* und die *Ilias* zurück; in der schwedischen Literatur wird sie durch die Wikingersagen vertreten. Im Bildungsroman wird die Reise zur Initiation des Erwachsenseins. Junge Vagabunden tauchen in den bedeutenden amerikanischen Romanen der Fünfziger Jahre auf: Holden Caulfield in *Der Fänger im Roggen* von Salinger, Humbert Humbert und Lolita aus dem gleichnamigen Roman von Nabokov, die von einem Motelzimmer zum anderen vagabundieren; und sie sind natürlich die absoluten Protagonisten der Beatnik-Literatur, an vorderster Front natürlich Jack Kerouac mit seinem Roman *Unterwegs (On the Road)*.

In Filmen Bergmans wie *Das siebente Siegel* oder *Wilde Erdbeeren* bekommt der Akt des Reisens eine tiefere Bedeutung und wird zu einer Erkundung des Bewusstseinsterrains, das im ersten Film bildlich durch eine abstrakte, felsige Landschaft dargestellt wird, die an eine urzeitliche Welt erinnert, und im zweiten durch das expressionistische Stilmittel des Alptraums.

Obwohl diese beiden „Landschaften" eher symbolisch als realistisch scheinen, bringt das Stilmittel der Reise, die zu einer physisch und psychisch realistischen Welt gehört, die Filme Bergmans einem Erzählmodell näher, das dem amerikanischen Publikum vertraut ist.

## Die Assimilation Bergmans

Oberflächlich gesehen konnte kein Schwede, der die Gelegenheit hatte nach Amerika zu reisen, übersehen, welch großes Ansehen Bergman zehn Jahre lang in Amerika genoss. Das erste Gesprächsthema mit amerikanischen Kinogängern drehte sich natürlich um Ingmar Bergman. Aufgrund dieser häufig gemachten Erfahrungen darf man annehmen, dass der schwedische Regisseur in Amerika sowohl einen Filmemacher als auch eine Idee repräsentiert. Als die Southern Methodist University in Texas Ingmar Bergman 1981 als ersten mit dem Alger-H.-Meadows-Preis für herausragende Künste auszeichnete, begründete sie ihre Entscheidungen damit, dass der künstlerische Beitrag Ingmar Bergmans zu einer „neuen Sicht des modernen Menschen" geführt habe. Besonders für das amerikanische Publikum waren die Filme Bergmans dazu prädestiniert, „eine starke intellektuelle Leidenschaft" (Crowther) hervorzurufen und gaben Anlass, sich mit philosophischen Fragen auseinanderzusetzen, die sich teilweise auch um die existenziellen Themen drehten, die unterschwellig die damaligen sozialen Spannungen schürten. Das, was sich hinter der Hippie-Kultur und der Flower-Power-Bewegung der Sechziger Jahre verbarg, war eine Krise der moralischen und religiösen Werte der traditionellen anglo-amerikanischen Lebensweise, die verschiedene Berührungspunkte mit den protestantischen Wurzeln Bergmans hatte. Am Ende der Fünfziger Jahre zeigte sich also ein eigenartiger kultureller Widerspruch zwischen dem Einfluss, den Bergman in den Vereinigten Staaten und in seinem Heimatland ausübte. Seine erste schwedische Biographin, Marianne Höök, drückte in ihrem Buch *Ingmar Bergman* (1962) das aus, was ihr am Charakter Bergmans als schwedischer Künstler der Gegenwart anormal schien, nämlich dass er aufgrund des religiösen und klerikalen Hintergrunds seiner Familie, im Gegensatz zur modernen schwedischem Gesellschaft, in einer Situation kultureller Isolierung aufgewachsen war. Für die inzwischen säkularisierten Schweden „sind die Gedanken und Probleme, die er aufwirft, anachronistisch. Sie gehören der Generation unserer Großeltern an".

Jedoch das Publikum, das aus den Studenten der amerikanischen Colleges bestand, unter denen Bergman die meisten Anhänger gefunden hatte, erkannte in dieser Art von Film eine Absicht, die der ihren ähnelte, nämlich die religiösen Modelle, die sich in der Gesellschaft festgesetzt hatten, zu hinterfragen.

Die philosophische Affinität alleine erklärt jedoch nicht die einzigartige Stellung, die Ingmar Bergman in Amerika einnahm. Dieses Phänomen lässt sich natürlich auch durch die Bildsprache erklären, in erster Linie mit einigen Bildern, die emblematisch werden sollten, wie die Schachpartie zwischen dem Ritter und dem Tod aus *Das siebente Siegel* und die Sequenz des Todestanzes in der Schlussszene desselben Films; die Erinnerungen Isak Borgs in *Wilde Erdbeeren* als er seine Eltern in der stillen Sommerlandschaft sitzen sieht; die Verschmelzung der Gesichter der beiden weiblichen Hauptfiguren aus *Persona*; das Bild des Dienstmädchens in *Schreie und Flüstern*, das, in Ahnlehnung an die Pietà von Michelangelo, den sterbenden Körper der Agnes in ihren Armen hält. Gemeinsam mit den Grundthemen

Die Schlussszene aus *Hamlet*, der 1986 im Dramaten aufgeführt wurde.

Ingrid Thulin *(Marianne)* und Victor Sjöström *(Isak Borg)* in *Wilde Erdbeeren* (1957).

dieser Filme haben auch diese besonderen Bildmomente zu der Gründung eines wahren Bergman-Universums geführt, das tief in das Bewusstsein der amerikanischen Kultur eingedrungen ist; so tief, dass sich nicht nur zahlreiche Anspielungen auf ihn in den Filmen Woody Allens finden lassen oder in der amüsanten studentischen Verwechslungskomödie *Bei Duwe*, sondern dass sich auch zuweilen Komikzeichner oder Postkartenmaler auf ihn in ironischer oder humoristischer Weise beziehen. Es ist, als würde ein Film wie *Das siebente Siegel* ein Netz von kulturellen Verbindungen knüpfen, das über die eigene filmische Besonderheit, über die eigene Epoche und die ursprünglichen Absichten des Autors hinausgeht. Dies ist ein Beispiel dafür, wie eine kulturelle Ausdrucksform von einer anderen Kultur übernommen wird, als wäre es ihre eigene.

### Epilog, die *Schande*: eine amerikanische Antwort

Anders als in Amerika waren die Filme Bergmans, auch als sie Diskussionen auslösten und eine gewisse Berühmtheit erlangten, finanziell gesehen in Schweden nicht sehr erfolgreich. Eine Ausnahme machte der Film *Das Schweigen*, der die Aufmerksamkeit der schwedischen Zensurkommission auf sich lenkte und die traditionellen Schranken durchbrach, die Filmen mit erotischem Inhalt auferlegt wurden. Als der Film in ganzer Länge in die Kinos kam, hatte er einen unglaublichen Zulauf, zumindest was den schwedischen Durchschnitt betrifft: 1.459.031 verkaufte Eintrittskarten. Der Konkurrent, der ihm in jenem Jahr am nächsten kam, war eine Filmposse nationaler Produktion, die jedes Jahr eine neue Episode hervorbrachte und bei der der Hauptdarsteller der bekannte Komiker Åsa-Nisse war. Von ihm wurden eine halbe Million Eintrittskarten verkauft.

Dennoch blieb der Rekord von *Das Schweigen* eine Ausnahme für Bergman, zumindest in Schweden. So nahm der Film mit Åsa-Nisse 1967 viermal soviel ein wie *Persona* von Bergman (von dem nur 110.725 Eintrittkarten verkauft wurden) und 1968 dreimal soviel, als in Schweden der Film *Die Stunde des Wolfs* (105.000 verkaufte Eintrittkarten) herauskam.

1968 kam in Schweden der neue Film Bergmans *Schande* heraus, in dem eine kleine Gemeinschaft, die auf einer Insel lebt, vom Bürgerkrieg überrascht wird. Der Film lief gerade zu der Zeit in den Kinos, als sich der Vietnamkrieg verschärfte und die schwedischen Bevölkerung heftig gegen das Eingreifen der Amerikaner in diesen Konflikt protestierte. Wieder einmal wurde die Aufmerksamkeit der Zuschauer durch die Polemiken angezogen und bei der schwedischen Uraufführung wurden 202.632 Eintrittskarten verkauft. Diese Zahl sagt jedoch nichts über die Reaktion des Publikums auf den Film aus. Die Motivation vieler Zuschauer scheint ziemlich eindeutig zu sein, da ein Film Bergmans, der ein großes Publikum

Anita Bjork (stehend) und Stina Ekblad in dem Stück *Madame de Sade* von Yukio Mishima, das 1989 im Königlichen Dramatischen Theater Schweden aufgeführt wurde.

de stattfindenden Kriege anzuspielen, und noch dazu ohne Stellung für die eine oder andere Seite zu nehmen. Die Schriftstellerin Sarah Lidman, Aktivistin und Vertreterin des FLN zog den Schluss, (im „Aftonbladet", 7. Oktober 1968), dass Bergman hätte merken müssen, dass „einige Befreiungskriege gerechtfertigt sind". Er dagegen habe das Problem umgangen, um letztendlich wieder einen Film über ein neurotisches Künstlerpaar zu drehen.

Die Diskussionen, die *Schande* in Schweden ausgelöst hatte, waren zwar heftig aber alles andere als einseitig. Das Bild eines engagierten Künstlers, der sich mit politischen und sozialen Themen auseinandersetzt, wurde der Frage über den Begriff der künstlerischen Integrität gegenübergestellt. *Schande* wurde als „ein reaktionärer und gefährlicher Film" bezeichnet (U. Thorpe, in „Aftonbladet", 28. Oktober 1968). Bergman schüttete noch Öl ins Feuer der bereits lodernden Polemik, indem er ein kurzes Interview mit sich selbst veröffentlichte, wobei er sein früheres Pseudonym Ernest Riffe benutzte (in „Expressen", 5. September 1968, und in „Chaplin", Nr. 84, 1968). Bergman/Riffe erklärte unpolitisch zu sein und einzig und allein der „Partei der verängstigten Menschen" anzugehören; bei einer anderen Gelegenheit fügte er im schwedischen Staatsfernsehen (29. September 1968) hinzu, dass Künstler keine Stellung nehmen dürften, da „ihre Rolle und ihre Daseinsberechtigung genau darin beständen, über die Widersprüche, die Ereignisse und das menschliche Verhalten nachzudenken".

Diese politische Debatte schlug eine andere Richtung ein, als der Film in New York herauskam. Die Polarisierung bezog sich im Wesentlichen auf die bereits bestehenden Positionen der Kritiker. Der wahre Krieg zwischen Pauline Kael, Rezensorin des „New Yorker" und heftigste Gegnerin des Autorenfilms, und Andrew Sarris, Kritiker und (missglückter) Vorkämpfer des Autorenfilms, entbrannte bei ihren Reaktionen auf den Film *Schande*.

Kael machte eine aufsehenerregende Kehrtwendung in ihrer kritischen Einstellung gegenüber den Filmen Bergmans und betrachtete *Schande* als eine bedeutende Loslösung des schwedischen Regisseurs von seinen gewöhnlichen intimistischen Thematiken; in einer enthusiastischen Rezension vom 28. Dezember 1968 verschaffte sie ihm Zugang in ihr Heiligtum der realistischen und sozial verantwortungsbewussten Filmemacher. Andrew Sarris hingegen befand sich gerade in seiner ausgeprägtesten Anti-Bergman-Phase und verriss *Schande* als einen armseligen Kriegsfilm voller lächerlicher und unwahrscheinlicher „Bum-Bums". Bergman, der von Sarris ein paar Jahre zuvor von einem erstklassigen Filmemacher zu einem geschickten Profi degradiert worden war (was übrigens auch die Gruppe der „Cahiers du Cinéma" getan hatte, als sie Bergman nach dem Erscheinen von *Die Jungfrauenquelle* im Jahre 1960 vom Thron gestoßen hatte) wurde nun auf den Rang eines nahezu filmischen Pyromanen heruntergestuft.

anzieht, scheinbar immer mit heftigen Polemiken in Zusammenhang steht, in die die Massenmedien verwickelt sind. Deshalb kann man den Schluss ziehen, dass viele Schweden, die sich *Schande* angesehen haben, weniger an einem neuen Film Bergmans interessiert waren, sondern vielmehr von der Neugier getrieben wurden ein Werk zu sehen, das in den Zeitungen viele Kritiken und Diskussionen auslöste. In diesen Debatten wurde Bergman vorgeworfen, dass er der Sache nicht gerecht würde; sein Film zeigte einen Bürgerkrieg, wobei durch die Beschreibung der sich gegenüberstehenden Seiten die Absicht fehlte, auf die gera-

Was das amerikanische Publikum von *Schande* hielt – der bei seiner Erscheinung einen bescheidenen Publikumserfolg in den Vereinigten Staaten aufweisen konnte – ist völlig unbekannt. Es gibt hierzu jedoch eine Geschichte, die *Schande* und einen amerikanischen Soldaten betrifft. Obwohl diese Geschichte nicht als besonders bedeutendes Ereignis für den akademischen Gesichtspunkt dieses Aufsatzes über den Erfolg Bergmans in Amerika gilt, kann sie doch als Tribut an das amerikanische Publikum angesehen werden, das sich mehr als alle andere von den Filmen Bergmans angesprochen fühlte. Diese Geschichte ist auch ein Beispiel für den kulturellen Assimilationsprozess: Wie kann man ein ausländisches Kunstprodukt zum Teil der eigenen Lebensrealität machen.

Die Geschichte spielte sich im Sommer 1969 während eines Fluges von San Francisco nach Seattle ab. Ich hatte eben einen Vortrag über Bergman in Berkeley abgehalten und kehrte nach Hause zurück. Neben mir im Flugzeug saß ein junger Mann in Uniform, der, wie sich später herausstellte, ein fünfundzwanzigjähriger Student mit abgeschlossenem Kunstgeschichtestudium war und der nach Fort Lewis reiste, um von dort an die Front in Vietnam geschickt zu werden. Während er mir von seinen Ängsten vor dem Krieg erzählte – er war gegen seinen Willen eingezogen worden – sagte der junge Soldat plötzlich: "Vor ein paar Tagen habe ich einen Film gesehen, der in vielen Dingen genau das ausdrückte, was auch ich über diesen Krieg denke. Er hieß *Schande* und war von Ingmar Bergman. Gestern abend wollte ich auf einen Vortrag über ihn gehen, aber dann ist meine Schwester zu Besuch gekommen". Daraufhin zeigte er auf den hinteren Teil des Flugzeugs und fügte hinzu: "Dort hinten sind eine Menge Jungs, die den Film mit mir gesehen haben. und sie denken genauso. Auf diese Weise am Kopf getroffen werden ... kennen Sie Bergman?"

Das Erheiternde an diesem Zufall – neben einem absolut Unbekannten zu sitzen, der meinen Vortrag über Bergman versäumt hatte – bekam durch die Reaktion des Soldaten auf den Film Bergmans einen Sprung. Die Vorwürfe der Oberflächlichkeit, die von engagierten schwedischen Kritikern gegen Bergman erhoben wurden, verschwanden gegenüber der Wirkung, die sein Film bei einem echten amerikanischen Soldaten hervorgerufen hatte, der in einen echten Krieg ziehen musste. Dagegen war die Rhetorik Sarah Lindmans lächerlich und selbstgerecht, so wie auch die Wortgefechte zwischen Pauline Kael und Andrew Sarris selbstgefällig schienen. Die Worte Bergmans in seinem Interview über *Schande* im schwedischen Fernsehen schienen dagegen in jenem Augenblick den richtigen Empfänger gefunden zu haben: "Der Beitrag der Künstler ... muss sich in einer Art von Hilfe, von Unterstützung oder moralischer Erleuchtung oder von innerer, individueller Suche ausdrücken".

Liv Ullman und Max von Sydow in *Schande* (1967).

# Winterlieder

JOHN LAHR

*John Lahr ist Bühnenautor und Theaterkritiker des „New Yorker". Er ist der Autor von* The Cowardly Lion, *eine Biographie über seinen Vater Bert Lahr, und von* Prick Up Your Eyes, *eine Biographie über Joe Orton.*

Ingmar Bergman mit Stina Ekblad (sitzend) und Marie Richardsson im Dramaten bei den Proben zu *Madame de Sade* von Yukio Mishima.

Bei der meisterhaften Inszenierung Bergmans von Shakespeares *Wintermärchen* am Königlichen Dramatischen Theater von Stockholm beginnt die Aufführung mit dem Programmheft. In ihm bestätigt Bergman, dass er einen Brief übersetzt habe (in Wirklichkeit ist er von Bergman selbst), der 1925 von einem deutschen Professor geschrieben wurde, der der Königlichen Bibliothek von Stockholm ein Theaterplakat aus dem 19. Jahrhundert zurückerstatten wollte. Auf ihm wird *Das Wintermärchen* als Teil der Feierlichkeiten anlässlich des 19. Geburtstages des Fräuleins Ulrika Sofia dargestellt, die während der ganzen Weihnachtszeit im Großen Saal des Jagdschlosses von Hugo Löwenstierna abgehalten werden sollten.

Der Professor hatte den Namen eines der Mitglieder des Theaterensembles hervorgehoben, den des Schriftstellers Jonas Love Almqvist, der eine kleine Rolle spielte und erklärte nebenbei, dass ein anderer Professor ihn so „gut wie Strindberg" hielt. Auf diesem banalen und vorgetäuscht arglosen Satz basiert die gesamte intelligente und prachtvolle Inszenierung Bergmans des Shakespeare-Textes. *Das Wintermärchen* wird tatsächlich als Teil des Weihnachtsfestes bei den Löwenstiernas dargestellt. (Die Aufführung wird an der Brooklyn Academy of Music nächsten Mai (1995), zusammen mit den Bergman-Inszenierungen von *Madame de Sade* und vielleicht auch *Der Misanthrop* zu sehen sein).

Almqvist (1793-1866) gehört zu den bedeutendsten Vertretern der schwedischen Literatur; seine Gedichte, seine Romane, seine Lieder und seine fortschrittlichen Erziehungsansichten machten ihn zu einer der umstrittendsten und kritisiertesten Persönlichkeiten seiner Zeit. Almqvist war einer der größten

Verbreiter Shakespeares in Schweden, weshalb das Auftauchen seines Namens in dieser Weihnachtsaufführung tatsächlich einen historischen Hintergrund hat.

Bergman verwendet in der Aufführung seine Musik, in der sich sehr zart die romantische Melancholie und der christliche Idealismus vermischen, um die dramatische Erzählung Shakespeares, die sich um tödliche Eifersucht und um eine unwahrscheinliche Erlösung dreht, wie in einer lyrischen Umarmung einzurahmen. Die Lieder Almqvists eröffnen und beschließen jeden der beiden Akte des Dramas und erläutern die Themen der Reue und des geistigen Begehrens, die von Bergman genauestens sondiert werden. Die Geschichte um Almqvist selbst schwebt um diesen verhexten Text wie eines seiner Gespenster. Wie es scheint hat Almqvist tatsächlich, wie Leontes, eine absurde Gewalttat vollzogen: Er wurde 1851 beschuldigt einen Wucherer ermordet zu haben und flüchtete nach Amerika, wo er bis 1865 lebte. Er starb als Ausgestoßener unter Unschuldsbezeugungen und sein Leichnam wurde erst 1901 nach Schweden überführt. Die Idee des Weihnachtsfestes liefert Bergman eine hervorragende szenarische Infrastruktur, mit der die gegensätzlichen Pole, das Komische und das Tragische, der Tod und die Wiedergeburt auf dynamische Weise sichtbar gemacht werden kann, und die außergewöhnliche Komplexität dieser Struktur passt perfekt zu der fast barocken Art der späten Theaterstücke Shakespeares.

Wenn das Publikum im Saal Platz nimmt, sind die Feierlichkeiten, die am Anfang des Dramas stehen, schon voll im Gange, und der Große Saal des Jagdschlosses enthüllt sich als das, was er ist, nämlich die Nachbildung des Marmorsaals des Königlichen Dramatischen Theaters. Die Jugendstilfenster des Theaters, die vergoldeten ägyptischen Leuchter, die goldenen Säulen und sogar ein Teil des Freskos von Carl Larsson *Die Geburt des Theaters* sind in dem eleganten Bühnenbild von Lennart Mörk ganz genau wiedergegeben. Die Welt des Dramas und die Welt des Theaters sind eins. In einem Wirbel von Tänzen und Liedern und in dem Durcheinander des Festes lassen die Gäste in ihrem Verhalten die Charakterzüge der Shakespearschen Figuren aufblitzen. Der zerstreute Mensch, der mit sich selbst streitet, wird zu Autolycus (Reine Brynolfsson). Die strenge Dame, die darauf besteht, dass mit dem Spielen der Lieder begonnen werden soll und die einen Jungen über die ganze Bühne zerrt, wird zur hartnäckigen Paulina (Bibi Andersson), die es mit Leontes aufnehmen wird. Ein Junge, der Mamillius verkörpern wird, schaut über die Schulter, um seine Eltern zu suchen auf die gleiche Weise wie Mamillius das Zerbröckeln der Beziehung seiner Eltern im Laufe des Dramas beobachten wird. Die kristallklare und unwiderstehliche Stimme von Irene Lindh erfreut die Geladenen mit dem Lied *Die Blume des Herzens*, das von Almqvist komponiert wurde und mit seinen Versen „Das Herz

Bibi Andersson in Shakespeares *Das Wintermärchen*, das 1994 am Dramaten in Stockholm aufgeführt wurde.

fragt Gott, warum hast du mir diese Rose geschenkt/ und himmlisch ist die Antwort des Herrn:/das Blut deines Herzens hat sie gefärbt" die zweideutige Spritualität des Dramas zusammenfasst, das zwischen Leid und Vergebung hin- und herpendelt. Daraufhin schlägt in einer dieser außergewöhnlichen Übergänge, die Bergman so meisterhaft beherrscht, der bittersüße Ton, den das Fest angenommen hat, plötzlich um: Die Kinder beginnen mit den Glöckchen zu läuten und bitten darum, dass das Stück endlich anfängt.

Während die Geschichte Shakespeares ihren Anfang nimmt schieben die Kinder, die nun die weißen Masken der Komödie und der Tragödie tragen, vom Hintergrund der Szene eine Plattform auf die Bühne, auf der sich die beiden Festgäste und ein Freund von ihnen befinden. Wenn die Plattform den vorderen Bühnenrand erreicht, verwandeln sich die drei Gäste in Leontes in blauem Gewand (der hervorragende Börje Ahlstedt), in Polixenes in grünem Gewand (Krister Henriksson) und in die schöne Hermione (Pernilla August, die in *Fanny und Alexander* das hinkende Dienstmädchen und in *Die besten Absichten* die Mutter Bergmans gespielt hat, und die hier in einem funkelnden, langen, leuchtend roten Kleid die Heiterkeit und den geistigen Großmut verkörpert).

Warum wird Leontes, der das Drama eröffnet, indem er Hermione bittet ihre Reize spielen zu lassen, um seinen geliebten Bruder zu überreden, am Hofe zu bleiben, plötzlich von Zorn übermannt als ihr das gelingt? Als tragische Gestalt stellt Leontes für jeden Regisseur ein Problem dar. Im Gegensatz zu Othello und König Lear wird er nicht im tiefsten Inneren von irgendetwas gequält. Er brennt einfach nur aus Eifersucht und manifestiert den schrecklichen Zorn der Leidenschaft, den Shakespeare in seinem Sonett 147 beschreibt: "Ohn Kur – dran kehrt sich jetzt nicht der Verstand – in Wahnsinns Unrast immer mehr verstrickt, denk ich und sprech wie ein Delirant drauf los, was wahrheitsfern falsch ausgedrückt". (1) (Die Sonette wurden 1609 veröffentlicht, während *Das Wintermärchen*, das fünfunddreißigste von den sechsunddreißig Dramen Shakespeares, zum ersten Mal 1610-11 aufgeführt wurde). Bergmans Leontes leidet an dem Wahn derjenigen, die glauben ein amouröses Dreiecksverhältnis wahrzunehmen, ähnlich jenem, in das Shakespeare selbst verstrickt war – zwischen dem dritten Graf von Southampton (Henry Wriothesley), seinem Mäzen, und der sogenannten Dark Lady. In der Aufführung Bergmans ist die sexuelle "Präsenz" Hermiones unbestritten. Pernilla August verleiht der Hermione eine warme Reife und eine deutliche Körperhaftigkeit. Wir sehen sie ständig den Körper ihres Mannes berühren, der ihr spielerisch seinen roten Schal um den Hals legt; als sie sich jedoch Polixenes zuwendet spürt man auch zwischen ihnen beiden eine große Intimität. Hermione fühlt sich mit beiden Männern so wohl, dass am Anfang, wenn man den Text nicht kennt oder des Schwedischen nicht mächtig ist, nicht klar ist, wer von den beiden der Ehemann und wer der Schwager ist. Die intensive Beziehung zwischen Hermione und Polixenes trifft Leontes wie ein Peitschenhieb, so sehr, dass er ganz plötzlich beginnt, seine Ehefrau zu verteufeln. Sein abgrundtiefer Hass wird somit zur Kehreite der idealisierten Liebe – die gewaltsame Kehrtwendung, die von Shakespeare im Sonett 147 beschrieben wird:

*Denn ich schwor schön dich, hab dich hell gedacht, die du schwarz wie die Höll, finster wie die Nacht.* (1)

Als Leontes beginnt, seine Frau des Langen und Breiten zu beschuldigen, wird der rote Schal, der Symbol ihrer Leidenschaft war und sie bis zu diesem Augenblick vereint hatte, wie ein blutroter Fluss, der sie voneinander trennt. Leontes schmiedet den Plan, seinen Bruder zu töten und beschließt, ihn aus seinem Reich zu verbannen; er tötet fast seine neugeborene Tochter Perdita in der Wiege und schickt sie dann an einen unbekannten Ort in Verbannung; sein Sohn Mamillius stirbt an dem Schmerz, den er ausgelöst hat; er lässt Hermione ins Gefängnis werfen, dann macht er ihr vor seinem verängstigten Hof den Prozess, was sie offensichtlich umbringt. In Zusammenarbeit mit der Choreographin Donya Feuer leitet Bergman auf brillante Weise dieses Melodram der blinden Wut. Als Leontes Hermione und Polixenes dabei überrascht, wie sie sich eng aneinander schmiegt im Tanz drehen – ein Bild grausamer Ausgeschlossenheit, das irgendwie an das zornige Gefühl der Isolation im Bild Edvard Munchs *Der Tanz des Lebens* erinnert –, wird er plötzlich von einem stechenden Schmerz erfasst; er ist in dem Netz seiner Possessivität verstrickt und kann sich nicht davon befreien. So unterbricht er den Tanz, wirft Polixenes hinaus und umarmt Hermione. Er hält sie in seinen Armen, während sie seine Hand zärtlich an ihre Wange legt. Plötzlich flüstert er ihr etwas Unanständiges ins Ohr und Hermione befreit sich aus seiner Umarmung. Leontes packt eine in der Nähe stehende Hofdame und beginnt sie zu vergewaltigen. Es ist ein schrecklicher, meisterhaft dargestellter Augenblick. Bergman scheint uns sagen zu wollen, dass der Grund für die Gewalt und die Leidenschaft Leontes in seiner unbewussten Angst vor der Impotenz liegt, was typisch für Männer mittleren Alters ist. Am Anfang des Dramas wird auf die sexuellen Heldentaten der beiden Brüder angespielt, als Polixenes Hermione von der Kraft und der Unschuld ihrer Jugend erzählt. "Seitdem habt ihr einiges angestellt", scherzt Hermione indem sie die Schüchterne spielt. Und Polixenes fügt hinzu: "Seitdem sind wir oft in Versuchung geführt worden". Bei Bergman ist Hermione wesentlich jünger als ihr Mann und in der ersten Szene wurden alle sichtbaren Anzeichen entfernt, die darauf hinweisen könnten, dass sie bereits im neunten Monat schwanger war. Als Leontes im ersten Akt den Spruch des Orakels von Delphi zurückweist, das Hermione als unschuldig erklärt, zückt er sein riesiges Schwert der Gerechtigkeit mit einer Geste, die gleichzeitig sein tyrannisches Wesen wie auch seine sexuelle Potenz ausdrücken soll. Die gewaltsamen und dröhnenden Gesten Leontes enthüllen so ihr magisches und selbsttrügerisches Wesen und dienen ihm, sich seiner eigenen Macht zu versichern.

Bei seinen Inszenierungen grenzt Bergman jedes Mal auf der Bühne eine circa vier mal sechs Meter große Fläche ab, die er „optisches und akustisches Zentrum der Szene" nennt. Nachdem der Text vom logistischen Gesichtspunkt aus auf das Minimum gekürzt und das Drama auf das Wesentliche reduziert wurde hat Bergman bei dieser Aufführung Donya Feuer eine Bühnenfläche überlassen, die genau doppelt so groß wie seine ist – nämlich ca. acht mal zwölf Meter – und auf der sich die Nebenhandlungen abspielten.

Daraus ist eine wirkungsvolle Zusammenarbeit entstanden, bei der die vielfältigen Botschaften und Geheimnisse, die in dem von Shakespeare neu erfundenen Englisch enthalten sind, hervorgehoben wurden. „In diesem Text ist Bewegung – eine physische, reale Bewegung, die durch das Sprechen, das Zuhören und auch durch die Bearbeitung ausgedrückt werden kann", sagt Donya Feuer. „Die Sprache Shakespeares war schon immer ein Mittel für ‚andere' Bedeutungen und Botschaften. Man könnte sagen, dass dies Teil seines choreographischen Geistes ist". Gemeinsam haben Bergman und Feuer unvergessliche Theaterbilder geschaffen. Als Leontes beschließt, Hermione den Prozess zu machen, tauchen die Statisten (wieder die Mitglieder des Chors) als Passanten im Hintergrund vor einer einsamen Schneelandschaft auf: ein Akkordeonspieler, ein Dieb, ein Kaminkehrer, ein Krüppel – geisterhafte Gestalten, die durch ihr düsteres und zerlumptes Aussehen die stumpfe und gequälte Introvertiertheit Leontes widerspiegeln. Die schwierige und stürmische Reise in die Verbannung seiner kleinen Tochter wird durch ein graues Kleidchen dargestellt, das überall anstoßend über die Bühne flattert, während sich im Hintergrund ein auf Stöcke gestütztes Segelschiff befindet und verschleierte Frauen mit langen, grauen und gerippten Röcken sich zum Geräusch der Windmaschine, die vor den Augen des Publikums betätigt wird, wie Meereswellen bewegen. Im Schlussakt erscheint Hermione Leontes in Gestalt einer Statue – ein idealisierter, unerreichbarer Gegenstand, der sich in ein Wesen aus Fleisch und Blut verwandelt, sobald er als Mensch wahrgenommen wird, und steigt buchstäblich vom Podest herunter. In diesem Fall wurde Hermione vom Bühnenhintergrund auf einem Katafalk von vier Statisten im Trauerschritt auf die Bühne gezogen. Wie oft bei Bergman handelt es sich um eine einfache aber zugleich mutige Lösung.

„Dies ist ein lächerlicher Planet", behauptet Leontes im ersten Akt und Bergman macht das so, dass der Zuschauer niemals vergessen wird, dass der Tod das Leben beinhaltet. So zerstört er die düstere und beklemmende Atmosphäre des ersten Aktes durch die Ankündigung des Abendessens. Der Bär, der Antigonus verfolgt, erscheint, ganz im Sinne der berühmten Szenenangabe Shakespeares „er kommt vom Bären verfolgt", sehr

Ingmar Bergman „spielt" im Königlichen Dramatischen Theater von Schweden mit dem Szenenmodell für *Das Wintermärchen*.

fröhlich zum Abendessen, mit dem Kopf des Bärenkostüms in der Hand und einem Mädchen, das auf seinem Rücken reitet. Schließlich handelt es sich ja um ein Fest; selbst am Schluss des Dramas, der sechzehn Jahre später in einem Kloster spielt, wo Leontes zu Füßen einer Statue kniet, die die perfekte Nachbildung der Jungfrau Maria ist, baumelt an der Wand ganz unpassend ein Lorbeerkranz, der an die Mittsommernachtsfeste erinnert. Die Madonna, vor der Leontes kniet, ist eine Mater Dolorosa mit einem Schwert im Herzen und der Körper ist in der Kreuzigungsposition ausgestreckt. Bergman hat in die ganze Aufführung geschickt eine Reihe von Symbolen für die christliche Wiederauferstehung eingeflochten: die Weihnachtstanne im Großen Saal im ersten Akt; den Baum des Mittsommernachtfestes – ein mit Efeu und der schwedischen Fahne geschmücktes

Kreuz – im zweiten Akt; und im Schlussakt die Kreuzigung. In den Jahren, die vergangen sind, ist Leontes von Gewissensbissen zerfressen worden. Als er sich erhebt um seine zurückgestoßene Tochter Perdita zu empfangen, die bald den Sohn seines Bruders Florizel heiraten wird, sieht man, wie seine Schultern und seine Brust, die gegeißelt worden waren, unter dem Hemd zu bluten anfangen. Hermione, die ohne sein Wissen in all diesen Jahren freiwillig in der Verbannung gelebt hat und nur darauf wartet, dass der Orakelspruch sich endlich erfüllt und ihre Tochter zurückkommt, kehrt vor ihm ins Leben zurück. Leontes und Perdita sinken erschüttert in die Knie bis Leontes von seinem Bruder auf die Beine gestellt wird.

«Reicht euch die Hand", sagt Paulina, die die geplante Wiederauferstehung Hermiones organisiert hat. In diesem Moment wohnen wir auch einer theatralischen Epiphanie bei. Leontes kann nicht verziehen werden und er ist sich dessen genau bewusst. Deshalb hat er den Schmerz und die Schuld auf sich genommen. Er setzt sich neben Hermione und drückt zögernd langsam ihre Hände. Perdita macht dasselbe. «Wie warm du bist", sagt Leontes. Perdita legt ihren Kopf in den Schoß der Mutter. Der Kopf Hermiones streift die Schulter Leontes. Eine immense Geste, ein Wunder des Herzens, das Bergman wie eine Pietà darstellt. Hermione sagt mit fast unvernehmbarer Stimme zu ihrer Tochter: «Wo hast du dich versteckt? Wo hast du gelebt? Wie hast du den Hof deines Vaters gefunden?" Perdita und Leontes heben Hermione hoch und Perdita vereint die Hände ihrer Eltern. Zusammen gehen sie Hand in Hand nach draußen um außerhalb der Szene ihr Gespräch fortzusetzen. In diesem wunderbaren Augenblick der Rettung werden Aperitifs und Snacks angekündigt. Das Bankett des Lebens geht weiter.

«Eine traurige und für den Winter geeignete Geschichte", behauptet Shakespeare in seinem Drama. So wie man in den Tod eintaucht, wenn man einen Horrorfilm anschaut, so dienen die Grausamkeiten aus *Das Wintermärchen* dazu dem Zuschauer den tiefen Sinn des Lebens wiedererkennen zu lassen. In diesem eisigen Mondlicht, das es nur im Norden gibt, versammelt Bergman die Seelen von Almqvist und Shakespeare, sowie auch die eigene und vereint sie beim Lauschen eines Schlussliedes, dem Gebet *Jene die zuhört, die Mutter Gottes*:

> Mein Gott, wie schön ist es,
> dem Klang der Engelsstimme zuzuhören,
> mein Gott, wie ist es wunderbar in der Musik,
> für ein Lied zu sterben...
> Ruhig in Seinem göttlichen Geist zu ruhen,
> in den Armen Gottes, dem Lebendigen, dem Guten.

Nach dieser abschließenden Note der wiedererlangten Gnade erhebt sich die Zeit (Kristina Adolphson) hinter der ersten Reihe des Orchesters und beschließt nun, nachdem sie den zweiten Akt eröffnet hat, die Aufführung. Sie ist eine Frau von königlichem Aussehen, mit weißen Haaren und einem schwarzen Festkleid mit einer roten Schleppe. In der Hand hält sie einen einfachen Messingwecker, den sie auf den Bühnenrand stellt. In dem Augenblick, in dem sie auf die Bühne steigt um sich zu entfernen, dreht sie sich kurz nach dem Publikum, um und ein Lächeln leuchtet einen Moment lang auf ihrem Gesicht auf. Die Zeiger des Weckers zeigen an, dass es noch fünf Minuten bis Mitternacht sind. Sowohl für Shakespeare in *Das Wintermärchen* wie auch für den sechsundsiebzigjährigen Bergman wie auch für uns alle im Theater ist die Zeit (fast) abgelaufen. In dieser vielsagenden und ergreifenden Aufführung, die in jeder Einzelheit die Autorität des Genies beweist, lässt uns Bergman allein mit dem Ticken der Uhr und der Notwendigkeit zu verzeihen und zu segnen.

(1) Übersetzung aus dem Englischen von Walther Freund, Alfred Scherz Verlag, Bern, 1950.

# FILMOGRAPHIE

**Die Hörige (1944)**

Originaltitel: **Hets**
Erstaufführung: 2. Oktober 1944 – Roda Kvarn

*Regie*: Alf Sjöberg – *Idee und Drehbuch*: Ingmar Bergman – *Kamera*: Martin Bodin – *Ausstattung*: Arne Åkermark – *Musik*: Hilding Rosenberg – *Schnitt*: Oscar Rosander – *Produktionsleitung*: Harald Molander – *Künstlerische Leitung*: Victor Sjöström – *Produktion und Vertrieb*: Svensk Filmindustri – *Länge*: 101 min.

PERSONEN UND IHRE DARSTELLER

Stig Jarrel (*Caligula*), Alf Kjellin (*Jan-Erik Widgren*), Mai Zetterling (*Bertha Olsson*), Olof Winnestrand (*der Direktor*), Gösta Cederlund (*„Pippi"*), Stig Olin (*Sandman*), Jan Molander (*Pettersson*), Olav Riégo (*Direktor Widgren*), Marta Arbin (*Frau Widgren*), Hugo Björne (*der Arzt*), Anders Nyström (*Bror Widgren*), Nils Dahlgren (*der Kommissar*), Gunnar Björnstrand (*der junge Lehrer*), Carl-Olof Alm, Curt Edgard, Sten Gester, Palle Granditsky, Birger Malmsten, Arne Ragneborn (*Schüler*).

**Krise (1945)**

Originaltitel: **Kris**
Erstaufführung: 25. Februar 1946 – Spegeln

*Regie*: Ingmar Bergman – *Idee*: nach dem Drama *Moderhiertet/Moderdyret (Mutterherz/Mutterbestie)* von Leck Fischer – *Drehbuch*: Ingmar Bergman – *Kamera*: Gösta Roosling – *Ausstattung*: Arne Åkermark – *Musik*: Erland von Koch – *Schnitt*: Oscar Rosander – *Produktionsleitung*: Harald Molander – *Künstlerische Leitung*: Viktor Sjöström – *Produktion und Vertrieb*: Svensk Filmindustri – *Länge*: 93 min.

PERSONEN UND IHRE DARSTELLER

Dagny Lind (*Ingeborg*), Marianne Lofgren (*Jenny*), Inga Landgré (*Nelly*), Stig Olin (*Jack*), Allan Bohlin (*Ulf*), Ernst Eklund (*Onkel Edvard*), Signe Wirff (*Tante Jessie*), Svea Holst (*Malin*), Arne Lindblad (*der Bürgermeister*), Julia Caesar (*die Frau des Bürgermeisters*), Dagmar Olsson (*die Sängerin auf dem Ball*), Anna-Lisa Baude (*die Kundin des Modesalons*), Karl Erik Flens (*ein Freund von Nelly*), Wiktor Andersson (*ein Musiker*), Gus Dahlström, John Melin, Holger Hoglund, Sture Ericson, Ulf Johanson (*Musiker*).

**Es regnet af unsere Liebe (1946)**

Originaltitel: **Det regnar på vår kärlek**
Erstaufführung: 9. November 1946 – Astoria
*Regie*: Ingmar Bergman – *Idee*: nach der Komödie *Bra Mennesker (Brave Leute)* von Oscar Braathen – *Drehbuch*: Ingmar Bergman, Herbert Grevenius – *Kamera*: Hilding Bladh, Goran Strindberg – *Ausstattung*: P.A. Lundgren – *Musik*: Erland von Koch – *Schnitt*: Tage Holmberg – *Produzent*: Lorens Marmstedt – *Produktion*: Sveriges Folkbiografer – *Vertrieb*: Nordisk Tonefilm – *Länge*: 95 min.

PERSONEN UND IHRE DARSTELLER

Barbro Kollberg (*Maggi*), Birger Malmsten (*David*), Gösta Cederlund (*der Herr mit dem Regenschirm*), Ludde Gentzel (*Hakansson*), Douglas Hage (*Andersson*), Hjordis Petterson (*Frau Andersson*), Julia Caesar (*Hanna Ledin*), Gunnar Björnstrand (*Herr Purman*), Magnus Kesster (*Folke Tornberg*), Sif Ruud (*Gerti Tornberg*), Åke Fridell (*der Pastor*), Benkt-Åke Benktsson (*der Staatsanwalt*), Erik Rosén (*der Richter*), Sture Ericson (*„der Stiefelschnürsenkel"*), Ulf Johanson (*„der Stahlquirl"*), Torsten Hillberg (*der Pfarrer*), Erland Josephson (*ein Standesbeamter*).

**Frau Ohne Gesicht (1947)**

Originaltitel: **Kvinna utan Ansikte**
Erstaufführung: 16. September 1947 – Roda Kvarn

*Regie*: Gustav Molander – *Idee*: Ingmar Bergman – *Drehbuch*: Ingmar Bergman, Gustav Molander – *Kamera*: Åke Dahlqvist – *Ausstattung*: Arne Åkermark, Nils Svenwall – *Musik*: Erik Nordgren, Julius Jacobsen – *Schnitt*: Oscar Rosander – *Produktionsleitung*: Harald Molander – *Künstlerische Leitung*: Victor Sjöström – *Produktion und Vertrieb*: Svensk Filmindustri – *Länge*: 102 min.

PERSONEN UND IHRE DARSTELLER

Alf Kjellin (*Martin Grandé*), Gunn Wallgren (*Rut Kohler*), Anita Bjork (*Frida Grandé*), Stig Olin (*Ragnar Ekberg*), Olof Winnestrand (*der Direktor Grandé*), Marianne Lofgren (*Charlotte*), Georg Funkquist (*Victor*), Åke Gronberg (*Sam Svensson*), Linnéa Hillberg (*Frau Grandé*), Calle Reinholdz, Karl Erik Flens (*zwei Kaminkehrer*), Sif Ruud (*Magda Svensson*), Ella Lindblom (*Marie*), Artur Rolén (*„das Floß"*), Wiktor Andersson (*die Nachtwache*), Björn Montin (*Pil*), Carl-Axel Elfving (*der Briefträger*), Karin Swensson (*Magdas Freundin*), Arne Lindblad (*der Hotelbesitzer*), Lasse Sarri (*der Gepäckträger*), David Eriksson (*der Pförtner*), Torsten Hillberg (*der Polizist*), Ernst Brunman (*der Taxifahrer*).

**Schiff nach Indialand (1947)**

Originaltitel: **Skepp till Indialand**
Erstaufführung: 22. September 1947 – Royal

*Regie*: Ingmar Bergman – *Idee*: nach dem gleichnamigen Drama von Martin Soderhjelm – *Drehbuch*: Ingmar Bergman – *Kamera*: Goran Strindberg – *Ausstattung*: P.A. Lundgren – *Musik*: Erland von Koch – *Schnitt*: Tage Holmberg – *Produzent*: Lorens Marmstedt – *Produktion*: Sveriges Folkbiografer – *Vertrieb*: Nordisk Tonefilm – *Länge*: 98 min.

PERSONEN UND IHRE DARSTELLER

Holger Lowenadler (*der Kapitän Alexander Blom*), Birger Malmsten (*Johannes Blom, sein Sohn*), Gertrud Fridh (*Sally*), Anna Lindahl (*Alice Blom*), Lasse Krantz (*Hans*), Jan Molander (*Bertil*), Erik Hell (*Pekka*), Naemi Briese (*Selma*), Hjordis Petterson (*Sofie*), Åke Fridell (*der Varietédirektor*), Peter Lindgren (*ein ausländischer Matrose*), Gustav Hior of Ornas, Torsten Bergström (*die Kameraden Bloms*), Ingrid Borthen (*ein Mädchen auf der Straße*), Gunnar Nielsen (*ein junger Mann*), Amy Aaroe (*ein Mädchen*), Torgny Anderbergi.

**Musik im dunkeln (1947)**

Originaltitel: **Musik i Mörker**
Erstaufführung: 17. Januar 1948 – Royal

*Regie*: Ingmar Bergman – *Idee*: nach dem gleichnamigen Roman von Dagmar Edqvist – *Drehbuch*: Ingmar Bergman, Dagmar Edqvist – *Kamera*: Goran Strindberg – *Ausstattung*: P.A. Lundgren – *Musik*: Erland von Koch – *Schnitt*: Lennart Wallén – *Produzent*: Lorens Marmstedt – *Produktion und Vertrieb*: Terrafilm – *Länge*: 87 min.

PERSONEN UND IHRE DARSTELLER

Mai Zetterling (*Ingrid*), Birger Malmsten (*Bengt Vyldeke*), Bengt Eklund (*Ebbe*), Olof Winnestrand (*der Pastor*), Naima Wifstrand (*Frau Schroder*), Åke Claesson (*Herr Schroder*), Bibi Skoglund (*Agneta*), Hilda Borgström (*Lovisa*), Douglas Hage (*Kruge*), Gunnar Björnstrand (*Klasson*), Segol Mann (*Anton Nord*), Bengt Logardt (*Einar Born*), Marianne Gyllenhammar (*Blanche*), John Elfström (*Otto Klemens*), Rune Andreasson (*Evert*), Barbro Flodquist (*Hjordis*), Ulla Andreasson (*Sylvia*), Sven Lindberg (*Hedström*), Svea Holst (*das Fräulein von der Post*), Georg Skarstedt (*Jonsson*), Reinhold Svensson (*ein Betrunkener*), Mona Geijer-Falkner (*die Frau bei der Abfalltonne*), Arne Lindblad (*der Koch*), Stig Johansson, Britta Brunjus.

**Hafenstadt (1948)**

Originaltitel: **Hamnstad**
Erstaufführung: 18. Oktober 1948 – Skandia

*Regie*: Ingmar Bergman – *Idee*: nach der Erzählung *Guldet och murarna (Das Gold und die Maurer)* von Olle Lansberg – *Drehbuch*: Ingmar Bergman, Olle Lansberg – *Kamera*: Gunnar Fischer – *Ausstattung*: Nils Svenwall – *Musik*: Erland von Koch – *Schnitt*: Oscar Rosander – *Produktionsleitung*: Harald Molander – *Produktion und Vertrieb*: Svensk Filmindustri – *Länge*: 100 min.

PERSONEN UND IHRE DARSTELLER

Nine-Christine Jonsson (*Berit*), Bengt Eklund (*Gösta*), Berta Hall (*Berits Mutter*), Erik Hell (*Berits Vater*), Mimi Nelson (*Gertrud*), Birgitta Valberg (*die Sozialarbeiterin Vilander*), Hans Straat (*der Ingenieur Vilander*), Nils Dahlgren (*Gertruds Vater*), Harry Ahlin (*der Mann aus Skane*), Nils Hallberg (*Gustav*), Sven-Erik Gamble (*die „Eiche"*), Sif Ruud (*Frau Krona*), Kolbjörn Knudsen (*ein Matrose*), Yngve Nordwall (*der Maurermeister*), Bengt Blomgren (*Gunnar*), Hanny Schedin (*Gunnars Mutter*), Helge Karlsson (*Gunnars Vater*), Stig Olin (*Thomas*), Else-Merete Heiberg (*ein Mädchen aus dem Erziehungsheim*), Britta Billsten (*eine Prostituirte*), Sture Ericson (*der Kommissar*).

**Eva (1948)**

Originaltitel: **Eva**
Erstaufführung: 26. Dezember 1948 – Roda Kvarn

*Regie*: Gustav Molander – *Idee*: nach den Novellen für die Filme *Trumpetaren (Der Trompeter)* und *Var Herre (Unser Herr)* von Ingmar Bergman – *Drehbuch*: Ingmar Bergman, Gustav Molander – *Kamera*: Åke Dahlqvist – *Ausstattung*: Nils Svenwall – *Musik*: Erik Nordgren – *Schnitt*: Oscar Rosander – *Produktionsleitung*: Harald Molander – *Produktion und Vertrieb*: Svensk Filmindustri – *Länge*: 98 min.

PERSONEN UND IHRE DARSTELLER

Birger Malmsten (*Bo*), Eva Stiberg (*Eva*), Eva Dahlbeck (*Susanne*), Stig Olin (*Goran*), Åke Claesson (*Fredriksson*), Wanda Rothgardt (*Frau Fredriksson*), Inga Landgré (*Frida*), Hilda Borgstrom (*Maria*), Lasse Sarri (*Bo mit zwölf Jahren*), Olof Sandborg (*Berglund*), Carl Strom (*Johansson*), Sture Ericson (*Josef*), Erland Josephson (*Karl*), Hans Dahlin (*Olle*), Hanny Schedin (*die Hebamme*), Yvonne Eriksson (*Lena*), Monica Wienzierl (*Frida mit sieben Jahren*), Anne Karlsson (*Marthe*).

**Gefängnis (1948/49)**

Originaltitel: **Fängelse**
Erstaufführung: 19. März 1949 – Astoria

*Regie*: Ingmar Bergman – *Idee und Drehbuch*: Ingmar Bergman – *Kamera*: Goran Strindberg – *Ausstattung*: P.A. Lundgren – *Musik*: Erland von Koch – *Schnitt*: Lennart Wallén – *Produzent*: Lorens Marmstedt – *Produktion und Vertrieb*: Terrafilm – *Länge*: 79 min.

PERSONEN UND IHRE DARSTELLER

Doris Svedlund (*Birgitta Carolina*), Birger Malmsten (*Thomas*), Eva Henning (*Sofi*), Hasse Ekman (*Martin Grandé*), Stig Olin (*Peter*), Irma Christensson (*Linnéa*), Anders Henrikson (*Paul*), Marianne Lofgren (*Frau Bohlin*), Carl-Henrik Fant (*Arne*), Inger Juel (*Greta*), Curt Masreliez (*Alf*), Torsten Lilliecrona (*ein Fotograf*), Segol Mann (*der Elektrikermeister*), Börje Mellvig (*der Kommissar*), Åke Engfeldt (*ein Polizist*), Birgit Lindqvist (*Anna*), Arne Ragneborn (*der Verlobte Annas*).

**Durst (1949)**

Originaltitel: **Törst**
Erstaufführung: 17. Oktober 1949 – Spegeln

*Regie*: Ingmar Bergman – *Idee*: aus einem Band gesammelter Erzählungen von Birgit Tengroth – *Drehbuch*: Herbert Grevenius – *Kamera*: Gunnar Fischer – *Ausstattung*: Nils Svenwall – *Musik*: Erik Nordgren – *Schnitt*: Oscar Rosander – *Produktionsleitung*: Helge Hagerman – *Produktion und Vertrieb*: Svensk Filmindustri – *Länge*: 84 min.

PERSONEN UND IHRE DARSTELLER

Eva Henning (*Rut*), Birger Malmsten (*Bertil*), Birgith Tengroth (*Viola*), Mimi Nelson (*Valborg*), Hasse Ekman (*Doktor Rosengren*), Bengt Eklund (*Raoul*), Gaby Stenberg (*Astrid, die Frau Raouls*), Naima Wifstrand (*Frau Henriksson*), Sven-Erik Gamble (*ein Arbeiter der Glaserei*), Gunnar Nielsen (*der Assistenzarzt*), Estrid Hesse (*eine Patientin*), Helge Hagerman, Calle Flygare (*zwei Pfarrer*), Monica Wienzierl (*das Mädchen im Zug*), Werner Arpe (*der deutsche Schaffner*), Herman Greid (*der Schaffner*), Else-Merete Heiberg (*die norwegische Dame im Zug*), Sif Ruud (*die geschwätzige Witwe auf dem Friedhof*).

**An die Freude (1949)**

Originaltitel: **Till Glädje**
Erstaufführung: 20. Februar 1950

*Regie*: Ingmar Bergman – *Idee und Drehbuch*: Ingmar Bergman – *Kamera*: Gunnar Fischer – *Ausstattung*: Nils Svenwall – *Musik*: Wolfgang Amadeus Mozart, Ludwig van Beethoven, Felix Mendelssohn – *Schnitt*: Oscar Rosander – *Produktionsleitung*: Allan Ekelund – *Produktion und Vertrieb*: Svensk Filmindustri – *Länge*: 98 min.

PERSONEN UND IHRE DARSTELLER

Stig Olin (*Stig Eriksson*), Maj-Britt Nilsson (*Marta*), Victor Sjöström (*Soderby*), Birger Malmsten (*Marcel*), John Ekman (*Mikael Bro*), Margit Carlqvist (*Nelly Bro, seine Frau*), Sif Ruud (*Stina*), Erland Josephson (*Bertil*), Rune Stylander (*Persson*), Georg Skarstedt (*Anker*), Berit Holmstrom (*die kleine Lisa*), Björn Montin (*Lasse*), Svea Holst, Agda Helin (*zwei Krankenschwestern*), Ernst Brunman (*der Saaldiener des Konzerthuset*), Maud Hyttenberg (*eine Spielwarenverkäuferin*), Ingmar Bergman (*ein Mann im Wartesaal*).

**Während die Stadt schläft (1950)**

Originaltitel: **Medan Staden sover**
Erstaufführung: 8. September 1950 – Skandia

*Regie*: Lars-Eric Kjellgren – *Idee*: Ingmar Bergman nach der Vorlage von *Ligister (Rowdies)* von Per Anders Fogelström – *Drehbuch*: Lars-Erik Kjellgren, Per Anders Fogelström – *Kamera*: Martin Bodin – *Ausstattung*: Nils Svenwall – *Musik*: Stig Rybrant – *Schnitt*: Oscar Rosander – *Produktionsleitung*: Helge Hagerman – *Produktion und Vertrieb*: Svensk Filmindustri – *Länge*: 102 min.

PERSONEN UND IHRE DARSTELLER

Sven-Eric Gamble (*Jompa*), Inga Landgré (*Iris*), Adolph Jahr (*der Vater von Iris*), John Elfstrom (*Jompas Vater*), Marta Dorff (*die Mutter von Iris*), Elof Ahrle (*der Mechanikermeister*), Ulf Palme (*Kalle Lund*), Hilding Gavle (*der Hehler*), Barbro Hior of Ornas (*Rut*), Rolf Bergström (*Gunnar*), Ilse-Nore Tromm (*Jompas Mutter*), Ulla Smidje (*Asta*), Ebba Flygare (*die Frau des Hehlers*), Carl Strom (*der Pförtner*), Mona Geijer Falkner (*die Direktorin*), Alf Ostlund (*Andersson*), Hans Sundberg (*Knatten*), Lennart Lundh (*Slampen*), Arne Ragneborn (*Sune*), Hans Dahlberg (*Lang-Sam*), Åke Hylén (*Peka*), Börje Mellvig (*der Staatsanwalt*), Olav Riégo (*der Richter*), Arthur Fischer (*ein Polizist*), Harriet Andersson (*ein Mädchen auf dem Santa-Lucia-Fest*), Henrik Schildt (*ein Festteilnehmer*), Julius Jacobsen (*der Pianist des Restaurants*), Gunnar Hellström (*ein junger Mann im Restaurant*).

**Einen Sommer lang (1950)**

Originaltitel: **Sommarlek**
Erstaufführung: 1. Oktober 1951 – Roda Kvarn

*Regie*: Ingmar Bergman – *Idee*: nach der Erzählung *Mari* von Ingmar Bergman – *Drehbuch*: Ingmar Bergman, Herbert Grevenius – *Kamera*: Gunnar Fischer – *Ausstattung*: Nils Svenwall – *Musik*: Erik Nordgren, Bengt Wallerström, Eskil Eckert-Lundin – *Schnitt*: Oscar Rosander – *Produktionsleitung*: Allan Ekelund – *Produktion und Vertrieb*: Svensk Filmindustri – *Länge*: 96 min.

PERSONEN UND IHRE DARSTELLER

Maj-Britt Nilsson (*Marie*), Birger Malmsten (*Henrik*), Alf Kjellin (*David*), Annalisa Ericson (*Kaj*), Georg Funkquist (*Onkel Erland*), Stig Olin (*der Tanzlehrer*), Renée Bjorling (*Tante Elisabeth*), Mimi Pollak (*eine alte Frau*), John Botvid (*Karl*), Gunnar Olsson (*der Pastor*), Douglas Hage (*Nisse*), Julia Caesar (*Maja*), Carl Strom (*Sandell*), Torsten Lilliecrona (*der Beleuchter*), Olav Riégo (*der Arzt*), Marianne Schuler (*Kerstin*), Ernst Brunman (*der Schiffskapitän*), Fylgia Zadig (*die Krankenschwester*), Sten Mattsson (*der Schiffsjunge auf dem Dampfschiff*), Carl-Axel Elfving (*der Bote des Blumengeschäfts*), Gösta Strom.

**Menschenjagd (1950)**

Originaltitel: **Sånt händer inte här**
Erstaufführung: 23. Oktober 1950

*Regie*: Ingmar Bergman – *Idee*: nach dem Roman *I lobet af tolv timmer (Im Verlauf von zwölf Stunden)* von Peter Valentin (Waldemar Brogger) – *Drehbuch*: Herbert Grevenius – *Kamera*: Gunnar Fischer – *Ausstattung*: Nils Svenwall – *Musik*: Erik Nordgren – *Schnitt*: Lennart Wallén – *Produktionsleitung*: Helge Hagerman – *Produktion und Vertrieb*: Svensk Filmindustri – *Länge*: 84 min..

PERSONEN UND IHRE DARSTELLER

Signe Hasso (*Vera*), Alf Kjellin (*Björn Almkvist*), Ulf Palme (*Atka Natas*), Gösta Cederlund (*der Doktor*), Stig Olin (*der junge Mann*), Yngve Nordwall (*Lindell*), Ragnar Klange (*Filip Rundblom*), Hannu Kompus (*der Pastor*), Sylvia Tael (*Vanja*), Els Vaarman (*die Flüchtlingsfrau*), Edmar Kuus (*Leino*), Rudolf Lipp (*„Der Schatten"*), Lillie Wastfeldt (*Frau Rundblom*), Segol Mann, Willy Koblanck, Gregor Dahlmann, Gösta Holmstrom, Ivan Bousé (*Geheimagenten*), Hugo Bolander (*der Hoteldirektor*), Wiktor Andersson (*der Ansager im Kino*), Helena Kuus (*die Frau auf der Hochzeit*), Alexander von Baumgarten (*der Schiffskapitän*), Eddy Andersson (*der Maschinist*), Fritjof Hellberg (*der Steuermann*), Mona Astrand (*ein Mädchen*), Mona Geijer-Falkner (*die Frau in der Mietswohnung*), Erik Forslund (*der Pförtner*), Georg Skarstedt (*ein Handlanger mit den Nachwehen eines Rausches*), Tor Börong (*der Saaldiener/Bühnenwart*), Magnus Kesster (*der Nachbar von Alstens*), Maud Hyttenberg (*die Studentin*), Helga Brofeldt (*die erschütterte Frau*), Sven Axel Carlsson (*ein junger Mann*), Peter Winner.

**Geschieden (1950)**

Originaltitel: **Frånskild**
Erstaufführung: 26. Dezember 1951 – Roda Kvarn

*Regie*: Gustav Molander – *Idee und Drehbuch*: Ingmar Bergman, Herbert Grevenius – *Kamera*: Åke Dahlqvist – *Ausstattung*: Nils Svenwall – *Musik*: Erik Nordgren, Bengt Wallerstrom – *Schnitt*: Oscar Rosander – *Produktionsleitung*: Allan Ekelund – *Produktion und Vertrieb*: Svensk Filmindustri – *Länge*:103 min.

PERSONEN UND IHRE DARSTELLER

Inga Tidblad (*Gertrud Holmgren*), Alf Kjellin (*Doktor Bertil Nordelius*), Doris Svedlund (*Marianne Berg*), Hjordis Petterson (*Frau Nordelius*), Hakan Westergren (*der Betriebsleiter P.A. Beckman*), Irma Christenson (*Frau Dr. Cecilia Lindeman*), Holger Lowenadler (*der Ingenieur Tore Holmgren*), Marianne Lofgren (*„die Chefin Frau Ingeborg"*), Stig Olin (*Hans*), Elsa Prawitz (*Elsie*), Birgitta Valberg (*die Anwältin Eva Möller*), Sif Ruud (*Rut Boman*), Carl Strom (*Ohman*), Ragnar Arvedson (*der Bürovorsteher*), Ingrid Borthen (*seine Frau*), Yvonne Lombard (*die junge, hübsche Frau*), Einar Axelsson (*der Geschäftsmann*), Rune Halvarson (*der Werbeberater*), Rudolf Wendebladh (*der Bankangestellte*), Guje Lagerwall, Nils Ohlin, Nils Jacobsson (*Gäste beim Abendessen*), Hanny Schedin (*Frau Nilsson*), Hariet Andersson (*das Mädchen auf Arbeitsuche*), Christian Bratt (*ein Tennisspieler*).

**Sehnsucht der Frauen (1952)**

Originaltitel: **Kvinnors väntan**
Erstaufführung: 3. November 1952 – Roda Kvarn

*Regie*: Ingmar Bergman – *Idee und Drehbuch*: Ingmar Bergman – *Kamera*: Gunnar Fischer – *Ausstattung*: Nils Svenwall – *Musik*: Erik Nordgren – *Schnitt*: Oscar Rosander – *Produktionsleitung*: Allan Ekelund – *Produktion*: Svensk Filmindustri – *Länge*: 107 min.

PERSONEN UND IHRE DARSTELLER

Anita Bjork (*RÅkel*), Maj-Britt Nilsson (*Marta*), Eva Dahlbeck (*Karin*), Gerd Andersson (*Maj*), Aino Taube (*Annette*), Jarl Kulle (*Kaj*), Karl-Arne Holmsten (*Eugen Lobelius, Råkels Mann*), Birger Malmsten (*Martin Lobelius, Martas Mann*), Gunnar Björnstrand (*Fredrik Lobelius, Karins Mann*), Björn Bjelvenstam (*Henrik Lobelius*), Heekan Westergren (*Paul Lobelius, Annettes Mann*), Naima Wifstrand (*die alte Frau Lobelius*), Marta Arbin (*die Krankenschwester Rut*), Kjell Nordeskold (*Bob*), Carl Strom (*der Anästhesist*), Torsten Lilliekrona (*der Direktor des Nachtlokals*), Victor Violacci (*„le patron"*), Wiktor Andersson (*der Straßenkehrer*), Douglas Hage (*der Pförtner*), Lil Yunkers (*die Ansagerin*), Lena Brogren (*die Krankenhausangestellte*).

**Die Zeit mit Monika (1952)**

Originaltitel: **Sommaren med Monika**
Erstaufführung: 9. Februar 1953 – Spegeln

*Regie*: Ingmar Bergman – *Idee*: nach dem Roman von Per Anders Fogelström – *Drehbuch*: Ingmar Bergman, Per Anders Fogelström – *Kamera*: Gunnar Fischer – *Ausstattung*: P.A. Lundgren, Nils Svenwall – *Musik*: Erik Nordgren, Eskil Eckert-Lundin, Walle Soderlund – *Schnitt*: Tage Holmberg, Gösta Lewin – *Produktionsleitung*: Helge Hagerman – *Produktion und Vertrieb*: Svensk Filmindustri – *Länge*: 96 min.

PERSONEN UND IHRE DARSTELLER

Harriet Andersson (*Monika*), Lars Ekborg (*Harry*), Dagmar Ebbesen (*Harrys Tante*), Åke Fridell (*Monikas Vater*), Ivar Wahlgren (*der Villenbesitzer*), Renée Bjorling (*seine Frau*), Catrin Westerlund (*ihre Tochter*), John Harrison (*Lelle*), Georg Skarstedt (*Harrys Vater*), Naemi Briese (*Monikas Mutter*), Åke Gronberg (*der Handwerker*), Gösta Eriksson (*Direktor Forsberg*), Gösta Gustafsson (*der Buchhalter von Forsberg*), Sigge Furst (*der Verwalter des Porzellanlagers*), Gösta Pruzelius (*der Verkäufer von Forsberg*), Arthur Fischer (*der Chef des Gemüsegeschäfts*), Torsten Lilliekrona (*der Fahrer des Gemüsegeschäfts*), Bengt Eklund (*der erste Mann im Gemüsegeschäft*), Gustav Faringborg (*der zweite Mann im Gemüsegeschäft*), Wiktor Andersson, Birger Sahlberg (*alte Säufer*), Hanny Schedin (*Frau Boman*), Anders Andelius, Gordon Lowenadler (*die Verehrer Monikas*), Nils Hultgren (*der Pastor*), Nils Whitén, Tor Borong, Einar Soderback (*die Lumpensammler*), Bengt Brunskog (*Sicke*), Magnus Kesster, Carl-Axel Elfving (*die Arbeiter*), Astrid Bodin, Mona Geijer-Falkner (*die Frauen am Fenster*), Ernst Brunman (*der Tabakhändler*).

**Abend der Gaukler (1953)**

Originaltitel: **Gycklarnas afton**
Erstaufführung: 14. September 1953

*Regie*: Ingmar Bergman – *Idee und Drehbuch*: Ingmar Bergman – *Kamera*: Hilding Bladh, Sven Nykvist – *Ausstattung*: Bibi Lindström – *Musik*: Karl-Birger Blomdahl – *Schnitt*: Carl-Olov Skeppstedt – *Produktionsleitung*: Rune Waldekranz – *Produktion*: Sandrewproduktion – *Vertrieb*: Sandrew-Bauman – *Länge*: 93 min.

PERSONEN UND IHRE DARSTELLER

Harriet Andersson (*Anne*), Åke Gronberg (*Albert Johansson*), Annika Tretow (*Agda, die Frau Alberts*), Hasse Ekman (*Franz, der Schauspieler*), Gunnar Björnstrand (*der Theaterdirektor Sjuberg*), Anders Ek (*Frost, der Clown*), Gudrun Brost (*Alma, die Frau des Clowns*), Erik Strandmark (*Jens*), Curt Lowgren (*Blom, der Kutscher*), Kiki (*der Zwerg*), Åke Fridell (*der Offizier*), Majken Torkeli (*Frau Ekberg*), Vanje Hedberg (*ihr Sohn*), Conrad Gyllenhammar (*Fager*), Mona Sylwan (*Frau Fager*), Hanny Schedin (*Tante Asta*), Michael Fant (*der schöne Anton*), Naemi Briese (*Frau Meijer*), Lissi Alandh, Karl-Axel Forssberg, Olav Riégo, John Starck, Erna Groth, Agda Helin (*die Schauspieler*), Julie Bernby (*die Seiltänzerin*), Goran Lundqvist, Mats Hadell (*die Kinder Agdas*).

**Lektion in Liebe (1953)**

Originaltitel: **En lektion i kärlek**
Erstaufführung: 4. Oktober 1954 – Roda Kvarn

*Regie*: Ingmar Bergman – *Idee und Drehbuch*: Ingmar Bergman – *Kamera*: Martin Bodin, Bengt Nordwall – *Ausstattung*: P.A. Lundgren – *Musik*: Dag Wirén – *Schnitt*: Oscar Rosander – *Produktionsleitung*: Allan Ekelund – *Produktion und Vertrieb*: Svensk Filmindustri – *Länge*: 96 min.

PERSONEN UND IHRE DARSTELLER

Eva Dahlbeck (*Marianne Erneman*), Gunnar Björnstrand (*Dr. David Erneman*), Harriet Andersson (*Nix*), Yvonne Lombard (*Suzanne*), Åke Gronberg (*Carl-Adam, der Bildhauer*), Olof Winnerstrand (*Professor Henrik Erneman*), Renée Bjorling (*Svea Erneman*), Birgitte Reimer (*Lise*), Dagmar Ebbesen (*die Krankenschwester*), Sigge Furst (*der Pastor*), Helge Hagerman (*der fliegende Händler*), John Elfström (*Sam*), Gösta Pruzelius (*der Kontrolleur*), Carl Strom (*Onkel Axel*), Torsten Lilliecrona (*der Pförtner*), Arne Lindblad (*der Hoteldirkektor*), Yvonne Brosset (*die Tänzerin*).

**Frauenträume (1954/55)**

Originaltitel: **Kvinnodröm**
Erstaufführung: 28. August 1955 – Grand

*Regie*: Ingmar Bergman – *Idee und Drehbuch*: Ingmar Bergman – *Kamera*: Hilding Bladh – *Ausstattung*: Gittan Gustafsson – *Musik*: Stuart Gorling – *Schnitt*: Carl-Olov Skeppstedt – *Produktionsleitung*: Rune Waldekranz – *Produktion*: Sandrewproduktion – *Vertrieb*: Sandrew-Bauman – *Länge*: 87 min.

PERSONEN UND IHRE DARSTELLER

Eva Dahlbeck (*Susanne*), Harriet Andersson (*Doris*), Ulf Palme (*der Betriebsleiter Henrik Lobelius*), Gunnar Björnstrand (*der Konsul*), Inge Landgré (*Marta Lobelius*), Kerstin Hedeby (*Marianne, die Tochter des Konsuls*), Sven Lindberg (*Palle*), Benkt-Åke Benktsson (*Herr Magnus*), Naima Wifstrand (*Madame Arén*), Ludde Gentzel (*der Fotograf Sundström*), Git Gay (*die Dame aus dem Modesalon*), Axel Duberg (*der Fotograf aus Stockholm*), Jessie Flaws (*die Maskenbildnerin*), Marianne Nielsen (*Fanny*), Bengt Schott (*der berühmte Schneider im Fotostudio*), Gunhild Kjellqvist (*das dunkle Mädchen aus dem Modesalon*), Renée Bjorling (*die Frau des Professors Berger*), Tord Stal (*Herr Barse*), Richard Mattsson (*Mansson*), Inga Gill (*die Konditoreiverkäuferin*), Per-Erik Astrom (*ein Chauffeur*), Carl-Gustaf Lindstedt (*der Pförtner*), Asta Beckman (*das Dienstmädchen*).

**Das Lächeln einer Sommernacht (1955)**

Originaltitel: **Sommarnattens leende**
Erstaufführung: 26. Dezember 1955 – Roda Kvarn

*Regie*: Ingmar Bergman – *Idee und Drehbuch*: Ingmar Bergman – *Kamera*: Gunnar Fischer – *Ausstattung*: P.A. Lundgren – *Musik*: Erik Nordgren – *Schnitt*: Oscar Rosander – *Produktionsleitung*: Allan Ekelund – *Produktion und Vertrieb*: Svensk Filmindustri – *Länge*: 108 min.

PERSONEN UND IHRE DARSTELLER

Eva Dahlbeck (*Desirée Armfeldt*), Gunnar Björnstrand (*Fredrik Egerman*), Ulla Jacobson (*Anne Egerman*), Harriet Andersson (*Marta*), Margit Carlqvist (*Charlotte Malcolm*), Jarl Kulle (*Graf Carl Magnus Aramis Malcolm*), Björn Bjelfvenstam (*Henrik Egerman*), Åke Fridell (*Fritz, der Kutscher*), Naima Wifstrand (*die alte Frau Armfeldt*), Bibi Andersson (*die Schauspielerin*), Birgitta Valberg (*die andere Schauspielerin*), Anders Wulff (*der kleine Fredrik*), Jullan Kindhal (*die Köchin*), Gull Natorp (*Malla*), Gunnar Nielsen (*Niklas*), Gösta Pruzelius (*der Diener*), Svea Holst (*die Garderobenfrau*), Hans Straat (*der Fotograf Almgren*), Lisa Lundholm (*Frau Almgren*), Lena Soderblom, Mona Malm (*die Dienstmädchen*), Josef Norman (*ein alter Gast beim Abendessen*), Arne Lindblad (*der Schauspieler*), Börje Mellvig (*der Notar*), Ulf Johanson (*Angestellter in der Anwaltskanzlei*), Yngve Nordwall (*Ferdinand*), Sten Gester, Mille Schmidt (*die Diener*), Sigge Furst, John Melin.

**Das letzte Paar (1956)**

Originaltitel: **Sista paret ut**
Erstaufführung: 12. November 1956 – Roda Kvarn, Fontanen

*Regie*: Alf Sjöberg – *Idee und Drehbuch*: Ingmar Bergman – *Kamera*: Martin Bodin – *Ausstattung*: Harald Garmland – *Musik*: Erik Nordgren, Charles Redland, Bengt Hallberg, Julius Jacobsen – *Schnitt*: Oscar Rosander – *Produktionsleitung*: Allan Ekelund – *Produktion und Vertrieb*: Svensk Filmindustri – *Länge*: 103 min.

PERSONEN UND IHRE DARSTELLER

Olof Widgren (*Rechtsanwalt Hans Dahlin*), Eva Dahlbeck (*Susanne Dahlin*), Björn Bjelfvenstam (*Bo Dahlin*), Marta Arbin (*die Großmutter*), Jullan Kindahl (*Alma*), Jarl Kulle (*Doktor Farell*), Nancy Dalunde (*Frau Farell*), Bibi Andersson (*Kerstin*), Harriet Andersson (*Anita*), Aino Taube (*Kerstins Mutter*), Jan-Olof Strandberg (*Claes Berg*), Hugo Björne (*der Professor*), Goran Lundquist (*„Knatten"*), Kerstin Hornblad, Mona Malm, Olle Davide, Claes-Hakan Westergren, Lena Soderblom, Kristina Adolphson (*die Gymnasiasten*), Svenerik Perzon (*der Zeitungsverkäufer*).

**Das siebente Siegel (1956)**

Originaltitel: **Det sjunde inseglet**
Erstaufführung: 16. Februar 1957 – Roda Kvarn

*Regie*: Ingmar Bergman – *Idee*: nach dem Drama *Trämålning (Tafelmalerei)* von Ingmar Bergman – *Drehbuch*: Ingmar Bergman – *Kamera*: Gunnar Fischer – *Ausstattung*: P.A. Lundgren – *Musik*: Erik Nordgren – *Schnitt*: Lennart Wallén – *Produktionsleitung*: Allan Ekelund – *Produktion und Vertrieb*: Svensk Filmindustri – *Länge*: 96 min.

PERSONEN UND IHRE DARSTELLER

Max von Sydow (*der Ritter Anonius Block*), Gunnar Björnstrand (*Jons, der Knappe*), Bengt Ekerot (*der Tod*), Nils Poppe (*Jof*), Bibi Andersson (*Mia, Jofs Frau*), Inga Gill (*Lisa*), Inga Landgré (*Blocks Frau*), Åke Fridell (*Plog, der Schmied*), Anders Ek (*der Mönch*), Maud Hansson (*die Hexe*), Gunnel Lindblom (*das stumme Mädchen*), Gunnar Olsson (*der Kirchenmaler*), Bertil Anderberg (*Raval, der ehemalige Priester*), Erik Strandmark (*Skat*), Lars Lind (*der junge Mönch*), Benkt-Åke Benktsson (*der Wirt*), Gudrun Brost (*die Frau in der Taverne*), Ulf Johanson (*der Soldatenanführer*).

**Wilde Erdbeeren (1957)**

Originaltitel: **Smultronstället**
Erstaufführung: 26. Dezember 1957 – Roda Kvarn, Fontanen

*Regie*: Ingmar Bergman – *Idee und Drehbuch*: Ingmar Bergman – *Kamera*: Gunnar Fischer – *Ausstattung*: Gittan Gustafsson – *Musik*: Erik Nordgren, Gote Lovén – *Schnitt*: Oscar Rosander – *Produktionsleitung*: Allan Ekelund – *Produktion und Vertrieb*: Svensk Filmindustri – *Länge*: 91 min.

PERSONEN UND IHRE DARSTELLER

Victor Sjöström (*Isak Borg*), Bibi Andersson (*Sara*), Ingrid Thulin (*Marianne*), Gunnar Björnstrand (*Evald*), Folke Sundquist (*Anders*), Björn Bjelfvenstam (*Viktor*), Naima Wifstrand (*die Mutter von Isaak Borg*), Jullan Kindahl (*Agda, die Gouvernante*), Gunnar Sjöberg (*Ingenieur Alman*), Gunnel Bronström (*Frau Alman*), Gertrud Fridh (*Isaak Borgs Frau*), Åke Fridell (*ihr Liebhaber*), Sif Ruud (*die Tante*), Max von Sydow (*Åkerman*), Anne-Mari Wilman (*Eva Åkerman*), Yngve Nordwall (*Onkel Aron*), Per Sjöstrand (*Sigfrid*), Giò Petré (*Sigbritt*), Gunnel Lindblom (*Charlotte*), Maud Hansson (*Angelica*), Eva Norée (*Anna*), Lena Bergman, Monica Ehrling (*die Zwillinge Kristina und Birgitta*), Goran Lundquist (*Benjamin*), Gunnar Olsson (*der Bischof*), Josef Norman (*Professor Tiger*), Sigge Wulff (*der Rektor von Lund*), Per Skogeberg (*Hagbart*), Vendela Rudback (*Elisabeth*).

**Dem Leben nahe (1957)**

Originaltitel: **Nära livet**
Erstaufführung: 31. März 1958 – Roda Kvarn, Fontanen

*Regie*: Ingmar Bergman – *Idee*: nach der Novelle *Det vanliga, vardiga / Det orubbliga (Das freundliche, würdevolle Ding/ das unerschütterliche Ding)* aus dem Erzählband *Dodens faster* von Ulla Isaksson – *Drehbuch*: Ingmar Bergman, Ulla Isaksson – *Kamera*: Max Wilén – *Ausstattung*: Bibi Lindström – *Schnitt*: Carl-Olof Skeppstedt – *Produktionsleitung*: Gösta Hammarback – *Produktion und Vertrieb*: Nordisk Tonefilm – *Länge*: 84 min.

PERSONEN UND IHRE DARSTELLER

Eva Dahlbeck (*Stina Andersson*), Ingrid Thulin (*Cecilia Ellius*), Bibi Andersson (*Hjordis Pettersson*), Barbro Hior of Ornas (*die Krankenschwester Brita*), Erland Josephson (*Anders Ellius*), Max von Sydow (*Harry Andersson*), Gunnar Sjöberg (*Chefarzt Dr. Nordlander*), Anne-Marie Gyllenspetz (*die Sozialarbeiterin*), Inga Landgré (*Greta Ellius, die Schwägerin Cecilias*), Inga Gill (*eine Wöchnerin*), Margaretha Krook (*Frau*

*Doktor Larsson*), Lars Lind (*Doktor Thylenius*), Sissi Kaiser (*die Krankenschwester Mari*), Kristina Adolphson (*eine Bedienstete*), Maud Elfsjö (*eine Schwesternschülerin*), Monica Ekberg (*die Freundin von Hjordis*), Gun Jonsson (*die Nachtschwester*), Gunnar Nielsen (*ein Arzt*).

**Das Gesicht (1958)**

Originaltitel: **Ansiktet**
Erstaufführung: 26. Dezember 1958 – Roda Kvarn, Fontanen

*Regie*: Ingmar Bergman – *Idee und Drehbuch*: Ingmar Bergman – *Kamera*: Gunnar Fischer – *Ausstattung*: P.A. Lundgren – *Musik*: Erik Nordgren – *Schnitt*: Oscar Rosander – *Produktionsleitung*: Allan Ekelund – *Produktion und Vertrieb*: Svensk Filmindustri – *Länge*: 100 min.

PERSONEN UND IHRE DARSTELLER

Max von Sydow (*Albert Emanuel Vogler*), Ingrid Thulin (*Manda Vogler / Aman*), Gunnar Björnstrand (*Doktor Vergérus, Arzt des Rates für Gesundheitspflege*), Naima Wifstrand (*Voglers Großmutter*), Bengt Ekerot (*Johan Spegel*), Bibi Andersson (*Sarah*), Gertrud Fridh (*Ottilia Egerman*), Lars Ekborg (*Simson*), Erland Josephson (*Konsul Egerman*), Toivo Pawlo (*Polizeichef Starbeck*), Åke Fridell (*Tubal*), Sif Ruud (*Sofia Garp*), Oscar Ljung (*Antonsson*), Ulla Sjöblom (*Henrietta Starbeck, die Frau des Polizeichefs*), Axel Duberg (*Rustan, der Butler*), Birgitta Pettersson (*Sanna*), Tor Borong, Arne Martensson, Harry Schein, Frithiof Bjarne (*die Zöllner*).

**Die Jungfrauenquelle (1959)**

Originaltitel: **Jungfrukällan**
Erstaufführung: 8. Februar 1960 – Roda Kvarn

*Regie*: Ingmar Bergman – *Idee*: nach der mittelalterlichen Ballade *Tores dotter i Wange (Herrn Töres Töchter in Vänge)* – *Drehbuch*: Ulla Isaksson, Ingmar Bergman – *Kamera*: Sven Nykvist – *Ausstattung*: P.A. Lundgren – *Musik*: Erik Nordgren – *Schnitt*: Oscar Rosander – *Produktionsleitung*: Allan Ekelund – *Produktion und Vertrieb*: Svensk Filmindustri – *Länge*: 89 min.

PERSONEN UND IHRE DARSTELLER

Max von Sydow (*Tore*), Birgitta Valberg (*Mareta*), Gunnel Lindblom (*Inger*), Birgitta Pettersson (*Karin*), Axel Duberg (*der Dünne*), Tor Isedal (*der Stumme*), Allan Edwall (*der Bettler*), Ove Porath (*der Junge*), Axel Slangus (*der Brückenwärter*), Gudrun Brost (*Frida*), Oscar Ljung (*Simon*), Tor Borong (*ein Bauer*), Leif Forstenberg (*der andere Bauer*).

**Die Jungfrauenbrücke (1959/60)**

Originaltitel: **Djävulens öga**
Erstaufführung: 17. Oktober 1960 – Roda Kvarn, Fontanen

*Regie*: Ingmar Bergman – *Idee*: nach dem Radiolustspiel *Don Juan vender tilbage (Don Giovanni kehrt zurück)* von Ulf Bang – *Drehbuch*: Ingmar Bergman – *Kamera*: Gunnar Fischer – *Ausstattung*: P.A. Lundgren – *Musik*: Erik Nordgren – *Schnitt*: Oscar Rosander – *Produktionsleitung*: Allan Ekelund – *Produktion und Vertrieb*: Svensk Filmindustri – *Länge*: 87 min.

PERSONEN UND IHRE DARSTELLER

Jarl Kulle (*Don Giovanni*), Bibi Andersson (*Britt-Marie*), Axel Duberg (*Jonas, ihr Verlobter*), Nils Poppe (*der Pastor*), Stig Jarrel (*Satan*), Gertrud Fridh (*Renata, die Frau des Pastors*), Sture Lagerwall (*Pablo*), George Funquist (*der Graf Armando de Rochefoucauld*), Gunnar Björnstrand (*der Schauspieler*), Gunnar Sjöberg (*der Marquis Giuseppe Maria de Macopanza*), Allan Edwall (*der Dämon des Ohrs*), Torsten Winge (*der Alte*), Kristina Adolphson (*die verschleierte Dame*), Inga Gill (*Sarah, die Gouvernante*), Ragnar Arvedson (*der Wache-Dämon*), John Melin (*der Schönheitschirurg*), Börje Lundh (*der Friseur*), Sten Torsten Thuul (*der Schneider*), Arne Lindblad (*sein Assistent*), Lenn Hjortzberg (*der Klistier-Doktor*), Svend Bunch (*der Verwandlungsexperte*), Tom Olsson (*der schwarze Masseur*).

**Wie in einem Spiegel (1960)**

Originaltitel: **Såsom i en spegel**
Erstaufführung: 16. Oktober 1961

*Regie*: Ingmar Bergman – *Idee und Drehbuch*: Ingmar Bergman – *Kamera*: Sven Nykvist – *Ausstattung*: P.A. Lundgren – *Musik*: Erik Nordgren – *Schnitt*: Ulla Ryghe – *Produktionsleitung*: Allan Ekelund – *Produktion und Vertrieb*: Svensk Filmindustri – *Länge*: 89 min.

PERSONEN UND IHRE DARSTELLER

Harriet Andersson (*Karin*), Max von Sydow (*Martin*), Gunnar Björnstrand (*David*), Lars Passgard (*Fredrik, genannt Minus*).

**Der Lustgarten (1961)**

Originaltitel: **Lustgrden**
Erstaufführung: 26. Dezember 1961 – Roda Kvarn, Fanfaren

*Regie*: Alf Kjellin – *Idee und Drehbuch*: Ingmar Bergman, Erland Josephson – *Kamera* (Farbfilm): Gunnar Fischer – *Ausstattung*: P.A. Lundgren – *Musik*: Erik Nordgren – *Schnitt*: Ulla Ryghe – *Produktionsleitung*: Allan Ekelund – *Produktion und Vertrieb*: Svensk Filmindustri – *Länge*: 93 min.

PERSONEN UND IHRE DARSTELLER

Sickan Carlsson (*Fanny*), Gunnar Björnstrand (*David*), Bibi Andersson (*Anna*), Per Myrberg (*Emil*), Kristina Adolphson (*Astrid*), Stig Jarrel (*Lundberg*), Hjordis Pettersson (*Ellen*), Gösta Cederlund (*Liljedahl*), Torsten Winge (*Wibon*), Lasse Krantz (*der Wirtshausbesitzer*), Fillie Lyckow (*Berta*), Jan Tiselius (*Ossian*), Stefan Hubinette (*der Volontär*), Sven Nilsson (*der Bischof*), Rolf Nystedt (*der Bürgermeister*), Sten Hedlund (*der Direktor*), Stina Stahle (*die Frau des Direktors*), Lars Westlund (*der Postbeamte*), Ivar Uhlin (*Doktor Brusén*), Birger Sahlberg (*der Polizist*).

**Licht im Winter (1961/62)**

Originaltitel: **Nattvardsgästerna**
Erstaufführung: 11. Februar 1963 – Roda Kvarn, Fontanen

*Regie*: Ingmar Bergman – *Idee und Drehbuch*: Ingmar Bergman – *Kamera*: Sven Nykvist – *Ausstattung*: P.A. Lundgren – *Schnitt*: Ulla Ryghe – *Produktionsleitung*: Allan Ekelund – *Produktion und Vertrieb*: Svensk Filmindustri – *Länge*: 81 min.

PERSONEN UND IHRE DARSTELLER

Ingrid Thulin (*Marta Lundberg*), Gunnar Björnstrand (*Tomas Ericsson*), Max von Sydow (*Jonas Persson*), Gunnel Lindblom (*Karin Persson*), Allan Edwall (*Algot Frovik*), Kolbjörn Knudsen (*Aronsson*), Olof Thunberg (*Fredrik Blom*), Elsa Ebbesen (*die Witwe*), Tor Borong (*Johan Åkerblom*), Bertha Sannell (*Anna Appelblad*), Eddie Axberg (*Johan Strand*), Lars-Owe Carlberg (*der Bezirksstaatsanwalt*), Johan Olafs (*ein Herr*), Ingamri Hjort (*die Tochter Perssons*), Stefan Larsson (*der Sohn Perssons*), Lars-Olof Andersson, Christer Ohman (*zwei Jungen*), Helena Palmgren.

**Das Schweigen (1962)**

Originaltitel: **Tystnaden**
Erstaufführung: 23. September 1963

*Regie*: Ingmar Bergman – *Idee und Drehbuch*: Ingmar Bergman – *Kamera*: Sven Nykvist – *Ausstattung*: P.A. Lundgren – *Musik*: Johann Sebastian Bach – *Schnitt*: Ulla Ryghe – *Produktionsleitung*: Allan Ekelund – *Produktion und Vertrieb*: Svensk Filmindustri – *Länge*: 95 min.

PERSONEN UND IHRE DARSTELLER

Ingrid Thulin (*Ester*), Gunnel Lindblom (*Anna*), Jorgen Lindström (*Johan*), Birger Malmsten (*der Liebhaber Annas*), Hakan Jahnberg (*der Hoteldiener*), die "Eduardinis" (*die Liliputanertruppe*), Eduardo Gutierrez (*der Direktor der Liliputaner*), Lissi Alandh (*die Frau aus dem Varieté*), Leif Forstenberg (*der Mann aus dem Varieté*), Nils Waldt (*der Kassierer*), Birger Lensander (*der Saaldiener*), Eskil Kalling (*der Barbesitzer*), K.A. Bergman (*der Zeitungshändler*), Olof Widgren (*der Alte*).

**Ach, diese Frauen (1963)**

Originaltitel: **För att inte tala om alla dessa kvinnor**
Erstaufführung: 15. Juni 1964 – Roda Kvarn

*Regie*: Ingmar Bergman – *Idee und Drehbuch*: Ingmar Bergman, Erland Josephson – *Kamera* (Farbfilm): Sven Nykvist – *Ausstattung*: P.A. Lundgren – *Musik*: Erik Nordgren – *Schnitt*: Ulla Ryghe – *Produktionsleitung*: Allan Ekelund – *Produktion und Vertrieb*: Svensk Filmindustri – *Länge*: 80 min.

PERSONEN UND IHRE DARSTELLER

Jarl Kulle (*Cornelius*), Georg Funquist (*Tristan*), Eva Dahlbeck (*Adelaide*), Karin Kavli (*Madame Tussaud*), Harriet Andersson (*Isolde*), Gertrud Fridh (*Traviata*), Bibi Andersson (*Humlan*), Barbro Hior of Ornas (*Beatrice*), Mona Malm (*Cecilia*), Allan Edwall (*Jillker*), Carl Billquist (*der junge Mann*), Jan Blomberg (*der englische Radioreporter*), Goran Graffman (*der französische Radioreporter*), Gösta Pruzelius (*der schwedische Radioreporter*), Jan-Olof Strandberg (*der deutsche Radioreporter*), Ulf Johanson, Axel Duberg, Lars-Erik Liedholm (*die schwarz gekleideten Männer*), Lars-Owe Carlberg (*der Chauffeur*), Doris Funcke, Yvonne Igell (*die Dienstmädchen*).

**Daniel (1963/65)**
**Episode aus dem Film "Stimulantia"**

Originaltitel: **Daniel**
Erstaufführung: 28. März 1967 – Spegeln

Bei den anderen Episoden führten Hans Abramson, Jörn Donner, Lars Gorling, Arne Arnbom, Hans Alfredson, Tage Danielsson, Gustav Molander und Vilgot Sjöman Regie.

*Regie*: Ingmar Bergman – *Idee und Drehbuch*: Ingmar Bergman – *Kamera*: Ingmar Bergman – *Musik*: Kabi Laretei – *Schnitt*: Ulla Ryghe – *Produktion und Vertrieb*: Svensk Filmindustri – *Länge*: 11 min.

PERSONEN UND IHRE DARSTELLER

Daniel Sebastian Bergman (*Daniel*), Kabi Laretei (*Kabi*).

**Persona (1965)**

Originaltitel: **Persona**
Erstaufführung: 18. Oktober 1966

*Regie*: Ingmar Bergman – *Idee und Drehbuch*: Ingmar Bergman – *Kamera*: Sven Nykvist – *Ausstattung*: Bibi Lindström – *Musik*: Lars Johan Werle – *Schnitt*: Ulla Ryghe – *Produktionsleitung*: Lars-Owe Carlberg – *Produktion und Vertrieb*: Svensk Filmindustri – *Länge*: 85 min.

PERSONEN UND IHRE DARSTELLER

Liv Ullmannn (*Elisabeth Vogler*), Bibi Andersson (*Alma*), Margaretha Krook (*die Ärztin*), Gunnar Björnstrand (*Herr Vogler*), Jorgen Lindström (*der Junge*).

**Die Stunde des Wolfs (1966)**

Originaltitel: **Vargtimmen**
Erstaufführung: 19. Februar 1968 – Roda Kvarn

*Regie*: Ingmar Bergman – *Idee und Drehbuch*: Ingmar Bergman – *Kamera*: Sven Nykvist – *Ausstattung*: Marik Vos-Lundh – *Musik*: Lars Johan Werle – *Schnitt*: Ulla Ryghe – *Produktionsleitung*: Lars-Owe Carlberg – *Produktion und Vertrieb*: Svensk Filmindustri – *Länge*: 90 min.

PERSONEN UND IHRE DARSTELLER

Liv Ullmann (*Alma Borg*), Max von Sydow (*Johan Borg*), Erland Josephson (*Baron von Merkens*), Getrud Fridh (*Corinne von Merkens*), Bertil Anderberg (*Ernst von Merkens*), Gudrun Brost (*die alte Frau von Merkens*), Ingrid Thulin (*Veronica Vogler*), Georg Rydeberg (*der Archivar Lindhorst*), Ulf Johansson (*der Sozialarbeiter Heedbrand*), Naima Wifstrand (*die Frau mit Hut*), Lenn Hjortzberg (*der Dirigent Kreisler*), Mikael Rundquist (*der Junge aus dem Traum*), Folke Sundquist (*Tamino aus der Zauberflöte im Marionettentheater*), Agda Helin (*die Dienerin*), Mona Seilitz (*die Tote in der Leichenhalle*).

**Schande (1967)**

Originaltitel: **Skammen**
Erstaufführung: 29. September 1968 – Spegeln
*Regie*: Ingmar Bergman – *Idee und Drehbuch*: Ingmar Bergman – *Kamera*: Sven Nykvist – *Ausstattung*: P.A. Lundgren – *Schnitt*: Ulla Ryghe – *Produktionsleitung*: Lars-Owe Carlberg – *Produktion*: Svensk Filmindustri, Cinematograph – *Vertrieb*: Svensk Filmindustri – *Länge*: 103 min.

PERSONEN UND IHRE DARSTELLER

Liv Ullmann (*Eva Rosenberg*), Max von Sydow (*Jan Rosenberg*), Gunnar Björnstrand (*Oberst Jacobi*), Sigge Furst (*Filip*), Birgitta Valberg (*Frau Jacobi*), Hans Alfredson (*Lobelius*), Ingvar Kjellson (*Oswald*), Raymond Lundberg (*Jacobis Sohn*), Frank Sundström (*der Leiter der Ermittlungen*), Willy Peters (*ein alter Offizier*), Ulf Johansson (*der Arzt*), Axel Duberg (*der Pilot*), Rune Lindström (*ein dicker Herr*), Bengt Eklund (*die Wache*), Vilgot Sjöman (*der Interviewer*), Lars Amble (*der Offizier*), AÅke Jornfalk (*der zum Tode Verurteilte*), Björn Thambert (*Johan*), Karl-Axel Forssberg (*der Sekretär*), Gösta Pruzelius (*der Pastor*), Brita Oberg (*die Frau im Vernehmungsraum*), Agda Helin (*die Händlerin*), Ellika Mann (*eine andere Wache*), Per Berglund (*ein Soldat*), Frei Lindqvist (*der Krüppel*), Jan Bergman (*der Chauffeur Jacobis*), Stig Lindberg (*der Assistenzarzt*).

**Der Ritus (1967)**

Originaltitel: **Riterna**
Erstaufführung: 25. März 1969 – Fernsehen
*Regie*: Ingmar Bergman – *Idee und Drehbuch*: Ingmar Bergman – *Kamera*: Sven Nykvist – *Ausstattung und Kostüme*: Mago ( Max Goldstein ) – *Schnitt*: Siv Kanalv – *Produktionsleitung*: Lars-Owe Carlberg – *Produktion*: Cinematograph – *Länge*: 72 min.

PERSONEN UND IHRE DARSTELLER

Ingrid Thulin (*Thea Winkelmann*), Anders Ek (*Sebastian Fischer*), Gunnar Björnstrand (*Hans Winkelmann*), Erik Hell (*Richter Abrahamsson*), Ingmar Bergman (*der Pastor*).

**Passion (1968)**

Originaltitel: **En Passion**
Erstaufführung: 10. November 1969

*Regie*: Ingmar Bergman – *Idee und Drehbuch*: Ingmar Bergman – *Kamera* (Farbfilm): Sven Nykvist – *Ausstattung*: P.A. Lundgren – *Schnitt*: Siv Kanalv – *Produktionsleitung*: Lars-Owe Carlberg – *Produktion*: Svensk Filmindustri, Cinematograph – *Vertrieb*: Svensk Filmindustri – *Länge*: 101 min.

PERSONEN UND IHRE DARSTELLER

Max von Sydow (*Andreas Winkelmann*), Liv Ullmann (*Anna Fromm*), Erland Josephson (*Elis Vergérus*), Bibi Andersson (*Eva Vergérus*), Erik Hell (*Johan Andersson*), Sigge Furst (*Verner*), Svea Holst (*seine Frau*), Annika Kronberg (*Katarina*), Hjordis Pettersson (*Johans Schwester*), Lars-Owe Carlberg, Brian Wikström (*die Polizisten*), Barbro Hior of Ornas, Malin Ek, Britta Brunius, Brita Oberg, Marianne Karlbeck (*die Frauen aus dem Traum*).

**Fårödokumen (1969)**

Originaltitel: **Fårödokumen**
Erstaufführung: 1. Januar 1970 – Fernsehen

*Regie*: Ingmar Bergman – *Idee und Drehbuch*: Ingmar Bergman – *Kamera*: Sven Nykvist – *Schnitt*: Siv Lundgren-Kanalv – *Produktionsleitung*: Lars-Owe Carlberg – *Produktion*: Cinematograph – *Länge*: 78 min.

PERSONEN UND IHRE DARSTELLER

Ingmar Bergman (*der Reporter*), die Einwohner von Fårö.

**Das Resevat (1969/70)**

Originaltitel: **Reservatet**
Erstaufführung: 28. Oktober 1970 – Fernsehen

*Regie*: Jan Molander – *Idee und Drehbuch*: Ingmar Bergman – *Kamera* (Farbfilm): Inger Burman – *Ausstattung*: Bo Lindgren, Henny Noremark – *Produktionsleiter*: Bernt Callenbo, Hans Sackemark – *Produktion*: Cinematograph – *Länge*: 95 min.

PERSONEN UND IHRE DARSTELLER

Gunnel Lindblom (*Anna*), Per Myrberg (*Andreas*), Erland Josephson (*Elis*), Georg Funquist (*der Vater*), Toivo Pawlo (*Albert*), Elna Gistedt (*Berta*), Erik Hell (*der Generaldirektor*), Goran Graffman (*Bauer*), Börje Ahlstedt (*Feldt*), Sif Ruud (*Fräulein Prakt*), Barbro Larsson (*Karin*), Helena Brodin (*die Krankenschwester Ester*), Olof Bergström (*Doktor Farman*), Gun Arvidsson (*Magda Farman*), Catherine Berg (*Elis' Frau*), Claes Thelander (*Fredrik Sernelius*), Irma Christenson (*Inger Sernelius*), Leif Liljeroth (*Sten Ahlman*), Gun Andersson (*Petra Ahlman*), Per Sjöstrand (*Graf Albrekt*), Margaretha Byström (*Karin Albrekt*).

**Die Berührung (1970)**

Originaltitel: **Beröringen**
Englischer Originaltitel: **The touch**
Erstaufführung: 30. August 1971 – Spegeln

*Regie*: Ingmar Bergman – *Idee und Drehbuch*: Ingmar Bergman – *Kamera* (Farbfilm): Sven Nykvist – *Ausstattung*: P.A. Lundgren – *Musik*: Carl

Michael Bellman, William Byrd, Peter Covent – *Schnitt*: Siv Lundgren – *Produktion*: Cinematograph, ABC Pictures Corporation (U.S.A.) – *Vertrieb*: Svensk Filmindustri – *Länge*: 115 min.

PERSONEN UND IHRE DARSTELLER

Bibi Andersson (*Karin Vergérus*), Max von Sydow (*Andreas Vergérus*), Elliot Gould (*David Kovac*), Sheila Reid (*Sarah, Davids Schwester*), Barbro Hior of Ornas (*Karins Mutter*), Åke Lindström (*Holm, der Arzt*), Mimmi Wahlander (*die Krankenschwester*), Elsa Ebbesen (*die Hausfrau im Krankenhaus*), Staffan Hallerstam (*Anders Vergérus*), Maria Nolgard (*Agnes Vergérus*), Karin Nilsson (*die Nachbarin der Vergérus'*), Erik Nyhlén (*der Archäologe*), Margaretha Byström (*die Sekräterin von Andreas Vergérus*), Alan Simon (*der Museumsassistent*), Per Sjöstrand (*der Sozialarbeiter*), Aino Taube (*die Frau auf der Treppe*), Ann-Christi Lobraten (*der Arbeiter im Museum*), Carol Zavis (*die Stewardess*), Dennis Gotobed (*der englische Beamte*), Bengt Ottekil (*der Laufbursche*).

**Schreie und Flüstern (1971)**

Originaltitel: **Viskningar och rop**
Erstaufführung: 5. März 1973 – Spegeln

*Regie*: Ingmar Bergman – *Idee und Drehbuch*: Ingmar Bergman – *Kamera* (Farbfilm): Sven Nykvist – *Ausstattung*: Marik Vos – *Musik*: Johann Sebastian Bach, Frederyk Chopin – *Schnitt*: Siv Lundgren – *Produktionsleitung*: Lars-Owe Carlberg – *Produktion*: Cinematograph, Filminstitutet, Liv Ullmann, Ingrid Thulin, Harriet Andersson, Sven Nykvist – *Vertrieb*: Svensk Filmindustri – *Länge*: 91 min.

PERSONEN UND IHRE DARSTELLER

Harriet Andersson (*Agnes*), Ingrid Thulin (*Karin*), Liv Ullmann (*Maria / die Mutter Marias*), Kari Sylwan (*Anna*), Georg Arlin (*der Diplomat Fredrik, Karins Mann*), Erland Josephson (*der Arzt David*), Henning Moritzen (*der Parlamentsrat Joakin, Marias Mann*), Anders Ek (*Pastor Isak*), Inga Gill (*die Märchenerzählerin*), Linn Ullmann (*Marias Tochter*), Greta und Karin Johansson (*die Frauen, die die Toten ankleiden*), Rosanna Mariano (*Agnes als Kind*), Lena Bergman (*Maria als Kind*), Ingrid von Rosen, Ann-Christin Lobraten, Börje Lundh, Lars-Owe Carlberg (*die Zuschauer bei der Vorführung der Bilder*), Monika Priede (*Karin als Kind*).

**Szenen einer Ehe (1972)**

Originaltitel: **Scener ur ett äktenskap**
Erstaufführung: Teil 1 – **Unschuld und Panik** – 11. April 1973 – Fernsehen
Teil 2 – **Die Kunst, unter dem Teppich zu kehren** – 18. April 1973 – Fernsehen
Teil 3 – **Paula** – 25. April 1973 – Fernsehen
Teil 4 – **Das Tal der Tränen** – 2. Mai 1973 – Fernsehen
Teil 5 – **Die Analphabeten** – 9. Mai 1973 – Fernsehen
Teil 6 – **Mitten in der Nacht in einem dunklen Haus irgendwo auf der Welt** – 16. Mai 1973 – Fernsehen
*Länge*: Jeder Teil circa 46 min.
1974 wurde daraus eine Kinoversion mit einer Länge von 155 min. gemacht.
*Regie*: Ingmar Bergman – *Idee und Drehbuch*: Ingmar Bergman – *Kamera* (Farbfilm): Sven Nykvist – *Ausstattung*: Björn Thulin – *Schnitt*: Siv Lundgren – *Produktionsleitung*: Lars-Owe Carlberg – *Produktion*: Cinematograph.

PERSONEN UND IHRE DARSTELLER

Liv Ullmann (*Marianne*), Erland Josephson (*Johan*), Bibi Andersson (*Katarina*), Jan Malmsjo (*Peter*), Anita Wall (*Frau Palm*), Rosanna Mariano, Lena Bergman (*die Kinder Eva und Karin*), Gunnel Lindblom (*Eva*), Barbro Hior of Ornas (*Frau Jacobi*), Wenche Foss (*die Mutter*), Bertil Nordström (*Arne*).

**Die Zauberflöte (1974)**

Originaltitel: **Trollflöjten**
Erstaufführung: 1. Januar 1975 – Fernsehen 4 Oktober 1975 – Roda Kvarn

*Regie*: Ingmar Bergman – *Idee und Drehbuch*: Ingmar Bergman, nach der Oper *Die Zauberflöte* von Wolfgang Amadeus Mozart, Libretto von Emanuel Schikaneder – *Kamera* (Farbfilm): Sven Nykvist – *Ausstattung*: Henny Noremark – *Musik*: Wolfgang Amadeus Mozart – *Ausführung*: Radiokoren, Sveriges Radios Symfoniorkester – *Dirigent*: Erik Ericson – *Schnitt*: Siv Lundgren – *Produktion*: Mans Reutersward – *Länge*: 135 min.

PERSONEN UND IHRE DARSTELLER

Josef Kostlinger (*Tamino*), Irma Urilla (*Pamina*), Hakan Hagegard (*Papageno*), Elisabeth Ericson (*Papagena*), Britt-Marie Aruhn (*die erste Dame*), Kirsten Vaupel (*die zweite Dame*), Birgitta Smiding (*die dritte Dame*), Ulrik Cold (*Sarastro*), Birgit Nordin (*die Königin der Nacht*), Ragnar Ulfung (*Monostatos*), Erik Saedén (*der Sprecher*), Gösta Pruzelius (*der erste Priester*), Ulf Johanson (*der zweite Priester*), Hans Johansson, Jerker Arvidson (*die zwei Wachen des Probenhauses*), Urban Malmberg, Ansgar Krook, Erland von Heijne (*die drei Jungen*), Lisbeth Zachrisson, Nina Harte, Helena Hogberg, Elina Lehto, Lena Wennergren, Jane Darling, Sonja Karlsson (*die sieben Mädchen*), Einar Larsson, Siegfried Svensson, Sixten Fark, Sven-Eric Jacobsson, Folke Johnsson, Gösta Backelin, Arne Hendriksen, Hans Kyhle, Carl Henric Qvarfordt (*die neun Priester*).

**Von Angesicht zu Angesicht (1975)**

Originaltitel: **Ansikte mot ansikte**
Erstaufführung: Teil 1 – **Die Abreise** – 28. April 1976 – Fernsehen
Teil 2 – **Die Grenze** – 5. Mai 1976 – Fernsehen
Teil 3 – **Das Land der Dämmerung** – 12. Mai 1976 – Fernsehen
Teil 4 – **Die Rückkehr** – 19. Mai 1976 – Fernsehen
*Länge*: Jeder Teil 50 min.
Es wurde daraus eine Kinoversion mit einer Länge von 135 min. gemacht.

*Regie*: Ingmar Bergman – *Idee und Drehbuch*: Ingmar Bergman – *Kamera* (Farbfilm): Sven Nykvist – *Ausstattung*: Anne Hagegard, Peter Kropénin – *Musik*: Wolfgang Amadeus Mozart – *Schnitt*: Siv Lundgren – *Produktionsleitung*: Lars-Owe Carlberg – *Produktion*: Cinematograph.

PERSONEN UND IHRE DARSTELLER

Liv Ullmann (*Frau Dr. Jenny Isaksson*), Erland Josephson (*Doktor Tomas Jacobi*), Aino Taube (*die Großmutter*), Gunnar Björnstrand (*der Großvater*), Sif Ruud (*Elisabeth Wankel*), Sven Lindberg (*Jennys Mann*), Tore Segelcke (*die Frau*), Kari Sylwan (*Maria*), Ulf Johansson (*Helmuth Wankel*), Gösta Ekman (*Mikael Stromberg*), Kristina Adolphson (*die Krankenschwester Veronica*), Marianne Aminoff (*Jennys Mutter*), Gösta Pruzelius (*Jennys Vater*), Birger Malmsten, Goran Stangertz (*die Vergewaltiger*), Rebecca Pawlo, Lena Olin (*die Mädchen aus dem Laden*).

**Das Schlangenei (1976)**

Schwedischer Originaltitel: **Ormäns ägg**
Deutscher Originaltitel: **Das Schlangenei**
Englischer Originaltitel: **The Serpent's Egg**
Erstaufführung: 28. Oktober 1977 – Roda Kvarn

*Regie*: Ingmar Bergman – *Idee und Drehbuch*: Ingmar Bergman – *Kamera* (Farbfilm): Sven Nykvist – *Ausstattung*: Rolf Zehetbauer – *Musik*: Rolf Wilhelm – *Schnitt*: Petra von Oelffen – *Produktion*: Rialto Film (Berlin), Dino De Laurentiis Corporation (Los Angeles) – *Vertrieb*: Fox-Stockholm – *Länge*: 119 min.

PERSONEN UND IHRE DARSTELLER

Liv Ullmann (*Manuela Rosenberg*), David Carradine (*Abel Rosenberg*), Gert Fröbe (*Kommissar Bauer*), Heinz Bennent (*Hans Vergérus*), James Whitmore (*der Priester*), Glynn Turman (*Monroe*), Georg Hartmann (*Hollinger*), Edith Heerdegen (*Frau Holle*), Kyra Mladeck (*Miss Dorst*), Fritz Strassner (*Doktor Soltermann*), Hans Quest (*Doktor Silbermann*), Wolfgang Weiser (*ein Hausangestellter in Zivil*), Paula Braend (*Frau Hemse*), Walter Schmidinger (*Solomon*), Lisi Mangold (*Mikaela*), Grisha Huber (*Stella*), Paul Burks (*der Kabarettist*), Isolde Barth, Rosemarie Heinikel, Andrea L'Arronge, Beverly McNeely (*die Mädchen in Uniform*), Toni Berger (*Herr Rosenberg*), Erna Brunell (*Frau Rosenberg*), Hans Eichler (*Max*), Harry Kalenberg (*der Gerichtsmediziner*), Gaby Dohm (*die Frau mit dem Baby*), Christian Berkel (*der Student*), Paul Burian (*die Person aus dem Experiment*), Charles Regnier (*der Arzt*), Gunter Meisner (*der Gefangene*), Heide Picha (*die Ehefrau*), Gunter Malzacher (*der Ehemann*), Hubert Mittendorf (*der Tröster*), Hertha von Walther (*die Frau auf der Straße*), Ellen Umlauf (*die Hausherrin*), Renate Grosser, Hildegard Busse (*die Prostituirten*), Richard Bohne (*der Polizeibeamte*), Emil Feist (*der Geizhals*), Heino Hallhuber (*"die Braut"*), Irene Steinbeiser (*„der Bräutigam"*).

**Herbstsonate (1977)**

Schwedischer Originaltitel: **Höstsonaten**
Deutscher Originaltitel: **Herbstsonate**
Erstaufführung: 8. Oktober 1978

*Regie*: Ingmar Bergman – *Idee und Drehbuch*: Ingmar Bergman – *Kamera* (Farbfilm): Sven Nykvist – *Ausstattung*: Anna Asp – *Schnitt*: Sylvia Ingemarsson – *Produktionsleitung*: Katinka Faragò – *Produktion*: Personafilm (München) – *Vertrieb*: Svensk Filmindustri – *Länge*: 93 min.

PERSONEN UND IHRE DARSTELLER

Ingrid Bergman (*Charlotte*), Liv Ullmann (*Eva*), Lena Nyman (*Helena*), Halvar Bjork (*Viktor*), Marianne Aminoff (*Charlottes Sekretärin*), Erland Josephson (*Josef*), Arne Bang-Hansen (*Onkel Otto*), Gunnar Björnstrand (*Paul*), Georg Lokkeberg (*Leonardo*), Mimi Pollak (*die Klavierlehrerin*), Linn Ullmann (*Eva als Kind*).

**Fårödokumen (1979)**

Originaltitel: **Fårödokumen**
Erstaufführung: 24. Dezember 1979 – Fernsehen

*Regie*: Ingmar Bergman – *Idee und Drehbuch*: Ingmar Bergman – *Kamera* (Farbfilm): Arne Carlsson – *Musik*: Svante Pettersson, Sigvard Huldt, Dag und Lena, Ingmar Nordstroms, Strix Q., Rock de Luxe, Ola and the Janglers – *Schnitt*: Sylvia Ingemarsson – *Produktionsleitung*: Lars-Owe Carlberg – *Produktion*: Cinematograph, Sveriges Radio TV2 1977/79 – *Länge*: 103 min.

DARSTELLER

Die Einwohner von Fårö.

**Aus dem Leben der Marionetten (1979/80)**

Schwedischer Originaltitel: **Ur marjonetternas liv**
Deutscher Originaltitel: **Aus dem Leben der Marionetten**
Erstaufführung: 24. Januar 1981 – Grand

*Regie*: Ingmar Bergman – *Idee und Drehbuch*: Ingmar Bergman – *Kamera* (Schwarz-Weiß/Farbe): Sven Nykvist – *Ausstattung*: Rolf Zehetbauer – *Musik*: Rolf Wilhelm – *Schnitt*: Petra von Ölffen – *Produzenten*: Horst Wendlandt, Ingmar Bergman – *Produktion*: Personafilm (München) – *Vertrieb*: Sandrews – *Länge*: 104 min.

PERSONEN UND IHRE DARSTELLER

Robert Atzorn (*Peter Egerman*), Christine Buchegger (*Katarina Egerman*), Martin Benrath (*Mogens Jensen*), Rita Russek (*Ka*), Lola Muethel (*Cordelia Egerman*), Walter Schmidinger (*Tim*), Heinz Bennent (*Arthur Brenner*), Ruth Olafs (*die Krankenschwester*), Karl Heinz Pelser (*der leitende Vernehmungsbeamte*), Gaby Dohm (*die Sekretärin*), Toni Berger (*der Amtsdiener*).

**Fanny und Alexander (1981/82)**

Originaltitel: **Fanny och Alexander**
Erstaufführung: 17. Dezember 1982 – Astoria – *Länge*: 197 min.
Erstaufführung: 17. Dezember 1983 – Grand 2 – *Länge*: 312 min.

*Regie*: Ingmar Bergman – *Idee und Drehbuch*: Ingmar Bergman – *Kamera* (Farbfilm): Sven Nykvist – *Ausstattung*: Anna Asp – *Schnitt*: Sylvia Ingemarsson – *Produzent*: Jörn Donner – *Produktion*: Cinematograph for Filminstitutet, Sveriges Television 1, Gaumont (Paris), Personafilm (München), Tobis Filmkunst (Berlin) – *Vertrieb*: Sandrews.

PERSONEN UND IHRE DARSTELLER

Pernilla Allwin (*Fanny Ekdahl*), Bertil Guve (*Alexander Ekdahl*), Börje Ahlstedt (*Carl Ekdahl*), Harriet Andersson (*Justina, das Küchenmädchen*), Pernilla Ostergren (*Mai, das Kindermädchen*), Mats Bergman (*Aron*), Gunnar Björnstrand (*Filip Landhal*), Allan Edwall (*Oscar Ekdahl*), Stina Ekblad (*Ismael*), Ewa Froling (*Emilie Ekdahl*), Erland Josephson (*Isak Jacobi*), Jarl Kulle (*Gustav Adolf Ekdahl*), Kabi Laretei (*Tante Anna*), Mona Malm (*Alma Ekdahl*), Jan Malmsjö (*der Bischof Edvard Vergérus*), Christina Schollin (*Lydia Ekdahl*), Gunn Wallgren (*Helena Ekdahl*), Kerstin Tidelius (*Henrietta Vergérus*), Anna Bergman (*Fräulein Anna Schwartz*), Sonya Hedenbratt (*Tante Emma*), Svea Holst-Widén (*Fräulein Ester*), Majlis Granlund (*Fräulein Vega*), Maria Granlund (*Petra*), Emilie Werko (*Jenny*), Christian Almgren (*Putte*), Angelica Wallgren (*Eva*), Siv Erics (*Alida*), Inga Alenius (*Lisen*), Kristina Adolphson (*Siri*), Eva von Hanno (*Berta*).

**Nach der Probe (1983)**

Originaltitel: **Efter repetitionen**
Erstaufführung: 9 April 1984 – Fernsehen
*Regie*: Ingmar Bergman – *Idee und Drehbuch*: Ingmar Bergman – *Kamera* (Farbfilm): Sven Nykvist – *Ausstattung*: Anna Asp – *Schnitt*: Sylvia Ingemarsson – *Produzent*: Jörn Donner – *Produktion*: Personafilm (München) – *Länge*: 70 min.

PERSONEN UND IHRE DARSTELLER

Erland Josephson (*Henrik Vogler*), Lena Olin (*Anna*), Ingrid Thulin (*RÅkel*).

**De två saliga (die zwei Seligen) (1985)**

Originaltitel: **De två saliga**
Erstaufführung: 19. Februar 1986 – Fernsehen

*Regie*: Ingmar Bergman – *Idee*: nach dem gleichnamigen Roman von Ulla Isaksson – *Drehbuch*: Ulla Isaksson – *Kamera* (Farbfilm): Per Norén – *Ausstattung*: Birgitta Bensén – *Produzenten*: Pia Ehrnvall, Katinka Faragò – *Länge*: 81 min.

PERSONEN UND IHRE DARSTELLER

Harriet Andersson (*Viveka Burman*), Per Myrberg (*Sune Burman*), Christina Schollin (*Annika*), Lasse Poysti (*Doktor Dettow*), Irma Christenson (*Frau Storm*), Björn Gustafson (*ein Nachbar*), Majlis Granlund (*die Putzfrau in der Schule*), Kristina Adolphson (*eine Krankenschwester in der psychatrischen Klinik*), Margreth Weivers, Bertil Norström, Johan Rabaeus, Lennart Tollén, Lars-Owe Carlberg.

**Das "Fanny und Alexander"-Dokument (1985)**

Originaltitel: **Dokument Fanny och Alexander**
Erstaufführung: 18. August 1986 – Fernsehen

*Regie*: Ingmar Bergman – *Idee und Drehbuch*: Ingmar Bergman – *Kamera* (Farbfilm): Arne Carlsson – *Schnitt*: Sylvia Ingemarsson – *Produktion*: Cinematograph, Filminstitutet – *Länge*: 10 min.

**Karins Gesicht (1986)**

Originaltitel: **Karins ansikte**
Erstaufführung: 29. September 1986 – Fernsehen

*Regie*: Ingmar Bergman – *Idee und Drehbuch*: Ingmar Bergman – *Musik*: Kabi Laretei – *Produktion*: Cinematograph, Filminstitutet – *Länge*: 14 min.

**Die besten Absichten (1992)**

Originaltitel: **Den goda viljan**

*Regie:* Bille August – *Idee und Drehbuch:* Ingmar Bergman – *Kamera:* Jörgen Persson – *Ausstattung:* Anna Asp – *Musik:* Stefan Nilsson – *Schnitt:* Janus Billeskov Jansen – *Produktionsleitung:* Elisabeth Liljeqvist – *Kostüme:* Ann Mari Antilla – *Produktion:* Ingrid Dahlberg für Sveriges Television – *Vertrieb:* B.I.M. – *Länge:* 185 min.

PERSONEN UND IHRE DARSTELLER

Samuel Froler *(Henrik Bergman)*, Pernilla August *(Anna Åkerblom-Bergman)*, Max von Sydow *(Johan Åkerblom, Annas Vater)*, Ghita Norby *(Karin Åkerblom, Annas Mutter)*, Björn Kiellman *(Ernst Åkerblom, Annas Bruder)*, Börje Ahlstedt *(Carl Åkerblom, Annas Stiefbruder)*, Björn Granath *(Oscar Åkerblom, Annas Stiefbruder)*, Mikael Segerström *(Gustav Åkerblom, Annas Stiefbruder)*, Eva Grondahl *(Martha, Gustavs Frau)*, Sven Woller *(der Bischof Nathan Soderblom)*, Mona Malm *(Alma Bergman, Henriks Mutter)*, Viveka Seldahl *(Frau Johansson)*.

**Sonntagskinder (1993)**

Originaltitel: **Söndagsbarn**

*Regie:* Daniel Bergman – *Idee und Drehbuch:* Ingmar Bergman – *Kamera:* Tony Forsberg – *Musik:* Rune Gustafsson, Zoltán Kodály, *Produktion:* Katinka Faragó für Sandrew Film und Theater – *Länge:* 118 min.

PERSONEN UND IHRE DARSTELLER

Thommy Berggren *(Henrik)*, Lena Endre *(Karin)*, Henrik Linnros *(Pul)*, Jakob Leygraf *(Dag)*, Malin Ek *((Martha)*, Börje Ahlstedt *(Onkel Carl)*, Marie Richardson *(Marianne)*, Anna Linnkos *(Lillian)*, Irma Christenson *(Emma)*.